中国物流发展报告

China Logistics Development Report

（2009—2010）

中国物流与采购联合会
China Federation of Logistics & Purchasing

中国物流学会
China Society of Logistics

中国物资出版社
China Logistics Publishing House

图书在版编目（CIP）数据

中国物流发展报告．2009—2010/中国物流与采购联合会，中国物流学会编．—北京：中国物资出版社，2010.5

ISBN 978－7－5047－3384－9

Ⅰ．中…　Ⅱ．中…　Ⅲ．物流—经济发展—研究报告—中国—2009～2010　Ⅳ．F259.22

中国版本图书馆 CIP 数据核字（2010）第 066810 号

策划编辑　马　军
责任编辑　王佳蕾
责任印制　何崇杭
责任校对　孙会香　梁　凡　杨小静

中国物资出版社出版发行
网址：http：//www.clph.cn
社址：北京市西城区月坛北街 25 号
电话：（010）68589540　邮编：100834
全国新华书店经销
中国农业出版社印刷厂印刷

开本：787mm×1092mm　1/16　印张：27.5　字数：554 千字
2010 年 5 月第 1 版　2010 年 5 月第 1 次印刷
书号：ISBN 978－7－5047－3384－9/F・1340
印数：0001—2500 册
定价：80.00 元

《中国物流发展报告》（2009—2010）

编 辑 人 员

主　　编：何黎明
副 主 编：戴定一
执行主编：贺登才

主要成员：胡郁林　周志成　黄　萍

联系方式：
联合会研究室：010－58566588 转 133、135、132
网　　址：中国物流与采购网（www.chinawuliu.com.cn）
电子信箱：yanjiushibj@163.com

《中国物流发展报告》（2009—2010）

编 委 会

调结构　上水平
以物流服务促进国民经济平稳较快发展

——2009年我国物流业发展的特点及2010年展望

（代前言）

一、2009年我国物流业发展的一些特点

2009年是新世纪以来我国经济发展最为困难的一年。党中央、国务院审时度势，果断决策，连续推出并不断完善应对国际金融危机的“一揽子计划”和相关政策，较快地扭转了经济增速下滑的局面，实现了国民经济总体回升向好。据国家统计局发布的最新数据，我国GDP全年增长8.7%，全社会固定资产投资增长30.1%，社会消费品零售总额增长15.5%。据中国物流与采购联合会统计，全年生产资料销售总额增长13.8%。反映宏观经济发展的先行性指标——制造业采购经理指数（PMI）已连续12个月回升，10个月保持在50%以上，12月达到56.6%。

在经济总体形势回升企稳的推动下，在国务院《物流业调整和振兴规划》（以下简称《规划》）的精神鼓舞下，我国物流行业抓住机遇，迎难而上，运行速度止跌回稳，为国民经济较快复苏提供了有力支撑。据统计测算，2009年，我国社会物流总额同比增长7.4%，物流业增加值同比增长7.3%；社会物流总费用与GDP的比率与上年持平。

回顾2009年我国物流业发展，有以下一些新的特点：

（一）国务院发布《物流业调整和振兴规划》，各地区、各部门共推物流业发展

2008年四季度以后，受国际金融危机严重冲击，我国物流业需

求萎缩，市场低迷，困难加剧，信心不足。2009年3月，国务院发布《物流业调整和振兴规划》，把促进物流业发展纳入应对国际金融危机的“一揽子计划”，上升到国家战略层面，极大地提振了全行业的信心，提升了物流业在国民经济全局发展中的地位。

物流业发展受到国务院有关部门重视。由国家发改委牵头，包括国务院办公厅在内的15个部门组成联合调研组，深入长三角和珠三角地区进行专题调研，调研报告已获国务院领导同志批示。国家发改委设立专项资金，对列入《规划》的“九大工程”以贴息贷款方式予以支持。第5批93家试点物流企业经国家税务总局发文确认，物流税收试点企业总数已达487家。商务部组织开展了流通领域现代物流示范城市的创建和评审工作，首批46个示范城市名单已经确定。财政部设立农村物流服务体系发展专项资金、促进服务业发展专项资金和服务业聚集功能区专项资金，对农村物流、商贸物流、物流基础设施建设等项目给予资金支持。自2009年1月1日起，国务院批准实施成品油价格和税费改革。到2009年年底已有13个省市取消了政府还贷二级公路收费，撤销站点1430个，占全国同类站点的74%。交通运输部等五个部门联合下发《关于促进甩挂运输发展的通知》，以引导和推动甩挂运输的发展。教育部、科技部、工业和信息化部、铁道部、海关总署、国家工商总局、质检总局、国家统计局、国家标准委、国家邮政局、民航局等部门，都在结合自身工作职能，研究落实支持物流业发展的政策措施。中国物流与采购联合会通过深入调研，提出了税收、交通、投融资、物流企业、物流园区和制造业与物流业联动发展六个方面的“60条”政策建议，为有关部门研究制定具体政策作决策参考。

各级地方政府加大对物流业的支持力度。全国已有超过半数的省份出台了《物流业调整和振兴规划》，提出了支持物流业发展的政策措施。上海市确定物流业作为现代服务业的支柱产业，制定了八项具体扶持政策。已有47家物流企业享受了差额征收营业税的试点政策；99家物流企业享受了洋山保税港区免征物流运输等环节营业税的政策。河北省开始实施推进物流业发展的“六大工程”，并谋划100个物流重点建设项目。福建省人大立法组正加快制定

《福建省促进现代物流业发展条例》，推进物流业法规建设。成都市强化物流办职能，确保规划落地。沈阳市、青岛市出台具体的财税扶持政策，鼓励工商企业分离外包物流业务。一些省市政府还成立了主管物流工作的常设机构，开始制定相应的专项法规，物流业发展的政策环境进一步好转。

（二）物流市场总体上企稳回暖，结构性变化明显

2009 年，是我国物流业应对危机走向复苏的一年，也是物流格局加快调整的一年，呈现出明显的季节性和结构性变化。社会物流总额增速前低后高，一季度下降 3.3%，上半年下降 0.8%，三季度转为增长 2%，到年底同比增长 7.4%。在社会物流总额构成中，进口物流总额同比下降 12.8%；工业品物流总额同比增长 9.4%。在国家扩大内需政策的推动下，汽车、家电、电子产品物流高速增长；基础设施建设、灾后重建等物流需求大幅增长；农产品、食品和日用消费品等物流需求稳定增长；与此相关的城市配送、仓储中转、货运快递等保持了较快发展势头。从区域来看，东部沿海地区受外需萎缩影响较大，增速放缓；中西部地区以内需为主，加上产业转移，仍然保持了较快的增长速度。

（三）物流企业向规模化经营和专业化服务扩展

物流企业兼并重组形式多样，步伐加快。如中外运长航集团合并重组，中国邮政集团完成了速递和物流两大专业总部的整合。福建、河北、河南等地交通运输行业整合重组，辽宁、河北、山东和广西等地港口资源整合。诚通集团与中铁快运、中铁集运签署战略合作协议。江苏新宁物流作为首批创业板公司之一，开始在深交所挂牌交易。专攻医药物流的九州通和专攻冷链物流的山东荣庆等物流企业，先后获得投资机构注资。中小型物流企业探索新型联盟模式，实行组合式营销。一些物流企业与大客户结成战略联盟，在承包物流业务的同时，参与客户营销活动。一些有实力的物流企业与重点城市结盟，参与当地物流基础设施的规划、开发和运营。通过物流资源要素整合，物流企业的集中度进一步提高。2009 年，中国

物流企业50强主营业务收入同比增长14.7%。

物流企业走专业化服务的道路。中远物流侧重于供应链的高增值及与海运业和跨国运输相关的物流服务。中储物流以仓储资源为基础，形成现货市场、动产监管、大宗贸易、加工配送、货运代理等有机结合的综合物流业务模式。马士基航运、普洛斯地产及四大国际快递巨头纷纷采取更加稳健务实的经营策略。远成集团在巩固铁路干线运输的同时，开辟公路新干线，发展区域配送。顺丰速运在地面网络加速覆盖的基础上，成立航空公司，首架自有飞机开始运营。许多物流企业的创新型业务和增值型服务，如供应商管理库存、供应链金融、保税物流等显示了较强的抗风险能力。

（四）产业物流加快融合互动

制造业与物流业联动发展增强了共识。国务院把物流业与其他九大产业一起列入调整和振兴的十大产业，表明物流业在产业链中的地位和作用受到重视。2009年10月，国家发展和改革委、云南省人民政府和中国物流与采购联合会联合举办了“第二届制造业与物流业联动发展大会”，近500位代表到会，100多家企业提供了书面材料，30多家制造企业和物流企业现场对话，交流了联动发展的做法与经验。总体来看，汽车、家电、电子等先进制造业与物流业融合速度加快，供应链一体化增强。钢铁、有色、建材等行业集中整合物流业务，与物流企业结成战略合作伙伴关系。“两业”联动逐步延伸到采购、生产、销售等环节，供应链金融介入产业链物流运作。

2009年，在扩大内需政策的推动下，我国社会消费品零售总额和生产资料销售总额分别达到12万亿元和27.74万亿元，因此带来流通业物流量快速增长。传统的各类批发市场提升改造物流功能，连锁零售企业重构物流系统，新兴的电子商务、网上购物、期货交割等业态，越来越依赖于第三方物流企业。2009年中央一号文件对农业物流予以重点关注，提出了具体政策。交通运输部等六部门联合下发了《关于推动农村邮政物流发展的意见》。要求各地区把农村邮政基础设施和邮政“三农”服务网点建设，纳入新农村建设规划，给予政策支持，统筹协调推动。

（五）物流基础设施建设突飞猛进

2009年，是物流基础设施建设发展最快的一年。全国铁路全年完成基本建设投资6000亿元，超过“九五”和“十五”的总和；营业里程达8.6万公里，跃居世界第2位。全年全社会公路水路民航固定资产投资完成1.13万亿元，同比增长31%。新增公路通车里程9.8万公里；新增万吨级以上深水泊位96个；改善内河航道里程1192公里；民用机场航站楼总建筑面积增加66万平方米。2009年，我国新修通高速公路4719公里。到年底，高速公路通车总里程达6.5万公里，继续居世界第2位。

在落实《物流业调整和振兴规划》的背景下，物流园区获得新的发展机遇。根据联合会收集到的10个省会城市、3个直辖市的数据，这13个城市规划、在建和运营的物流园区有132个。前几年运行情况较好的物流园区，如北京空港物流基地、苏州物流中心等实现了逆势增长；浙江传化物流基地、济南盖家沟物流园区等加速连锁复制；普罗斯中国地产被收购之后，继续发展物流地产业务，其他国外物流地产商也在加快征地建库的步伐。

（六）物流行业基础工作扎实推进

国家标准化管理委员会会同国家发改委等有关部门编制的《2009年—2011年物流标准专项规划》基本定稿，一批新的行业标准正在抓紧制定。依据《物流企业分类与评估指标国家标准》评审认定的A级物流企业已有743家。被评为物流行业A级信用的物流企业已有92家。社会物流统计制度定期发布，企业物流统计工作逐步扩大，采购经理指数（PMI）受到国务院领导重视和社会广泛关注。开设物流专业的各类院校发展到2000余所，在校生突破100万人；超过10万人参加了物流师资格培训，其中近7万人取得高级物流师、物流师和助理物流师资格。物流理论研究迈上新台阶，仅第8次中国物流学术年会就收到论文860篇，研究课题112个，国内外、港澳台、产学研各界近千人参加了年度物流学术盛会。

在回顾总结2009年物流工作新进展的同时，我们也发现一些深层次矛盾依然存在。比如，企业物流“小而全”“大而全”，社会化需求不足；物流企业“散、小、差、弱”，供应服务能力不强；物流市场分割，地方保护、不规范竞争等。更为紧迫的是，《物流业调整和振兴规划》落实的进度，与物流业发展的需要差距较大。比如，缺乏国家层面落实《规划》的“实施细则”，具体政策亟待落实；扶持物流业发展的专项资金不仅总量不足，而且分散使用、重点不突出；国家层面落实《规划》协调难度大，需要加强和完善综合协调机制。

二、2010年我国物流业发展需要特别关注的几个问题

2010年是实施“十一五”规划的最后一年，也是贯彻落实《物流业调整和振兴规划》的关键年。中国物流业经过30年持续高速增长，总量已达到相当规模，但粗放式经营的格局没有根本改变，物流服务体系还不能够适应经济平稳较快发展的需要。当前，世界经济虽然步入复苏进程，但许多不确定因素依然存在。我国经济虽然企稳回升，但一些深层次问题还需要解决，结构性矛盾仍很突出。中央经济工作会议提出的总体要求、大政方针和主要任务，特别是要更加注重提高经济增长的质量和效益，更加注重推动经济发展方式转变和经济结构调整，也对物流业发展提出了新的要求。

在新的一年里，我们要深入贯彻科学发展观，推动落实国务院《物流业调整和振兴规划》，加快物流业结构调整和业务转型，全面提升物流服务能力和水平，努力构建现代物流服务体系，以物流服务促进国民经济平稳较快发展。

根据物流业发展环境的变化和自身发展的实际，我们应该特别关注这样一些问题：

（一）物流总量持续增长，结构调整步伐加快

随着世界经济缓慢复苏，国家宏观经济政策保持连续性和稳定性，我国经济将会保持平稳较快增长。因此，2010年我国物流业增

幅将会高于2009年。社会物流总额估计会有15%左右的增长，物流业增加值增长可达10%上下，社会物流总费用与GDP的比率将会继续有所下降。与此同时，物流业的需求结构、地区结构、行业结构等，都会加快调整的步伐，对物流服务质量的要求将进一步提高。

（二）物流服务的专业化和精细化要求越来越高

随着经济发展和结构调整，物流市场的专业细分化速度加快，物流服务需求多样化和个性化趋势明显。从供需结构来看，一般性的服务、传统的运输和仓储服务，难以满足专业化、个性化需求；专业化、定制化、供应链一体化的服务严重不足。从发展趋势看，能够适应企业专业生产需要的专业物流服务，适应精益化生产需要的精细化服务，将会获得更大发展空间；而缺乏专业特色、简单粗放的物流企业生存空间将会进一步压缩。物流与商流、信息流、资金流相配套，物流业与制造业、流通业、金融业等多业融合，供应链一体化服务需求将会快速增长。

（三）物流企业成本上升压力加大，兼并重组加速

按照目前情况分析，国际油价进入上升通道，通胀预期增强，人力成本、土地资源成本继续升高，物流企业运营所需的各种要素价格呈上涨态势。加上市场竞争加剧，服务价格难以相应提高。受成本和价格的双重挤压，物流企业的利润空间将进一步缩小。与此同时，私募基金、风险投资基金和产业投资基金，更多地向物流企业注资，推动物流企业结构调整和兼并重组。物流企业尤其是中小型物流企业出于“抱团取暖”的需要，也将进行新一轮的整合与重组。

（四）区域经济一体化与城镇化对物流业的影响

近年来，特别是2009年，国务院密集出台推进区域经济发展的规划与政策，区域经济一体化步伐加快。在经济发展的推动和国家政策鼓励下，我国每年将有1000万人口由农村进入城镇，对物

流服务的数量和质量提出了新的要求。我们应该重视区域物流一体化和城镇化发展，适时调整物流服务布局。应该更多地关注和支持中西部地区、东北老工业基地、同城化发展地区以及城乡一体化的物流服务。

（五）物流基础设施建设新格局对物流业的影响

由于国家加大基础设施投资力度，促进了综合运输体系加快形成。一批客运专线建成投用，铁路运能将快速释放，为客货分线创造了条件。高速公路网逐步形成，公路运输格局将有新的调整。公路为铁路和水运集疏运功能进一步显现，多种运输方式衔接的联运、转运枢纽面临重新布局。各地贯彻《物流业调整和振兴规划》，物流园区、配送中心建设将会加快进度。如何按照《规划》的要求，建立现代物流服务体系，同时避免重复建设，将是一个新的课题。

（六）“低碳经济”对物流业的影响

遏制气候变暖，拯救地球家园，是全人类共同的使命。我国政府为此作出庄严承诺，减排目标将作为约束性指标纳入国民经济和社会发展的中长期规划。“低碳经济”的要求已对“绿色物流”形成某种倒逼机制，物流运作模式必须做出重大改变。

此外，还有许多问题应该引起我们的关注。比如，物联网关键技术的研发和应用，外贸结构多元化带来的物流格局变化，我国企业“走出去”引发的物流需求，以及国外物流的新动向等。我们要密切关注宏观环境的变化，深入研究行业发展的趋势，在调结构、上水平方面多下工夫，以适应经济平稳较快发展的需要。

三、关于物流政策的落实问题

《物流业调整和振兴规划》提出，要抓紧解决影响当前物流业发展的土地、税收、收费、融资和交通管理等方面的问题。国务院通过《规划》已有11个月，三年规划期即将过去一年，落实物流业具体政策的时间已经相当紧迫，广大物流企业翘首以盼。我会经过深入调研，感到以下几个方面，是业内反映最为强烈的问题。

（一）适当调整物流业税收政策

按照物流业一体化运作的需要和公平税赋的原则，将物流业仓储等环节营业税税率统一调整为3%；抓紧解决物流税收试点工作中存在的主要问题，放宽“自开票纳税人”的相关规定；在3年规划期内，对试点物流企业营业税实行减半征收；仓储设施土地使用税税率，以2006年年底为基数，按照低档、下限调整；出租仓库只缴纳单一的营业税，取消库房租金适用税率；允许物流企业以营业税享受增值税转型政策，支持物流企业设备更新；允许物流企业统一计算与缴纳所得税，支持物流企业网络化经营；研究设计物流业专用发票，为“一票到底”物流业务提供方便等。

（二）改进和规范交通管理

清理各类“大吨小标”商用车辆目录，从根本上解决“大吨小标”商用车的管理问题；进一步控制收费公路规模，撤并收费站点；研究相关管理办法，为城市配送车辆进城通行停靠和装卸作业提供便利；建立集装箱多式联运管理服务体系；支持甩挂运输发展；切实解决大件运输的相关问题；借鉴国外做法，推动中置轴挂车在国内的开发和应用；清理各地不同执法标准，设立全国性的统一执法与处罚标准。

（三）切实加大投融资力度

积极引导商业银行在防范资金风险的前提下，放宽物流企业贷款融资条件，降低其融资成本。鼓励金融机构对信用记录好、有竞争力、有市场、有订单，只是暂时出现经营或财务困难的物流企业给予信贷支持。鼓励民间资本参与物流业融资，发挥民间金融在支持中小型企业发展、满足民间多样化需求中的独特优势。建立支持物流企业贷款的专业担保机构，开展物流产业投资基金试点，为物流企业上市、发行债券和其他融资创造方便条件。探讨建立“中国物流银行”。

（四）进一步完善土地政策

对纳入国家规划的物流园区土地征用给予重点保障；对重点物流企业以原划拨土地改建物流项目的，应优先办理土地出让手续；物流企业异地搬迁，原土地拍卖所得可返还用于搬迁安置；建设多层库房的，应减免相关规费。鼓励利用工业厂房、仓储用地兴办物流企业，或交给物流企业托管经营，支持盘活存量土地资源。对于资金短缺而成长性又较好的物流企业，允许其租用物流园区土地进行项目建设。重点物流项目用地，在地价上等同或低于工业用地，相关规费按照下限收取或减征、免征、先征后返。

（五）支持物流企业做强做大

要进一步明确支持物流企业做强做大的政策导向，从工商登记、财政税收、统计信息、法律事务等经济管理的各个层面，对物流企业进行界定，明确物流行业的主体地位和主管部门。制定相关政策措施，鼓励物流企业兼并重组；要允许物流企业分支机构使用总部取得的各类资质，简化国有大型物流企业内部产权转让程序；为物流企业设立分支机构提供方便，允许物流企业设立非独立核算的法人单位；加快物流企业综合评估工作进度，开展重点物流企业综合改革试点工作。

（六）促进制造业与物流业联动发展

要把“两业”联动作为推进制造业产业升级的重点工程；加快推进制造企业物流服务社会化；大力支持物流企业增强一体化服务能力；整合提升制造业集聚区物流功能；构建物流服务市场体系和公共信息平台；鼓励物流企业托管置换制造企业物流要素；促进制造业与物流业信息共享、标准对接；建立分行业的物流运行评价体系；采取鼓励联动发展的财税政策；组织实施联动发展示范工程和重点项目。

2009 年，中国物流与采购联合会经过深入调研，提出了 60 条政策建议，9 月就已提交政府有关部门。根据现在掌握的情况，国家发改委正在起草相关文件，与有关部门协调。作为行业社团组织，中国物流与采购联合会将把推动物流政策的出台和落实作为新一年工作的头等大事，继续为政府和企业搞好相关服务工作。

2009 年中国物流业的新进展已经载入史册，2010 年的艰巨任务摆在我们面前。让我们携起手来，认真贯彻落实国务院《物流业调整和振兴规划》，促进物流业调结构，上水平，为国民经济平稳较快发展作出新的贡献。

（作者　何黎明，中国物流与采购联合会常务副会长、中国物流学会会长。本文是作者于 2010 年 1 月 22 日在 2010 中国物流发展报告会暨 A 级物流企业授牌大会上的讲话。）

Characteristics and Prospects of China's Logistics Industry Development

(Preface)

1. Characteristics of 2009 China's Logistics Industry Development

According to the statistics of China Federation of Logistics and Purchasing, the annual sales of capital goods grew 13.8% in 2009, showing that the advanced indicator of the macroeconomic development—Purchase Management Index (PMI), has been constantly recovered for 12 months, remained at 50% or above for 10 months and reached 56.6% in December 2009.

Pushed by the recovery and stabilization of the economic overall situation and driven by the spirit of the "Planning of Restructuring and Revitalization of Logistics Industry" issued by the State Council, China's logistics industry seized the opportunities and overcame the difficulties and its operation speed regained stability instead of drop, that provides a strong support to the faster recovery of the national economy. According to preliminary estimates, in 2009, our total social logistics grew by around 7.4% compared to the same period of last year; the logistics added value grew by around 7.3% compared to the same period of last year; and the ratio of logistics costs to GDP declined slightly compared to the previous year.

The development of China's Logistics Industry in 2009 has some new characteristics as follows:

(1) The State Council issued the "Planning of Restructuring and Revitalization of Logistics Industry" and various localities and departments jointly promoted the development of logistics industry. Due to a serious impact of the international financial crisis, after the fourth quarter of 2008, China's logistics industry had a shrunk demand, a downturn market, the exacerbated difficulties and a lack of confidence. In March 2009, the State Council issued the "Planning of Restructuring and Revitalization of Logistics Industry", bringing the promotion of the logistics industry development into the "package planning" of coping with the global financial crisis and promoting it to the national strategies, that greatly boost the confidence of the entire industry and raised the status

of the logistics industry in the national economy development.

(2) The logistics market generally has stabilized with significant structural changes. 2009 was a year that China's logistics industry coped with the crisis to win the recovery and the logistics structure got a speedy adjustment, showing a significant seasonal and structural change. The total social logistics decreased by 3.3% in the first quarter and 0.8% during the first half of the year, turning in a growth of 2% in the third quarter and 15% in the fourth quarter. In the constituents of the total amount of social logistics, the total amount of imports logistics fell by 12.8% compared to the same period of last year; the total amount of industrial products logistics grew 9.4% compared to the same period of last year. Driven by the national policy of expanding domestic demand, the logistics of automotive, appliance and electronic products grew in a high speed; the logistics demand of infrastructure, post-disaster reconstruction increased greatly; the logistics demand of agricultural, food and consumer goods grew steadily; and the corresponding urban distribution, storage transshipment and cargo express delivery remained a rapid development trend. From a regional point of view, the eastern coastal regions were influenced by the decline in the external demand and their growth slowed down; the central and western regions have the priority to the domestic demands together with the industry transformation and hence still remained a rapid growth.

(3) The logistics enterprises develop the large – scale businesses and professional services. Logistics enterprises merger and restructure in various ways with an accelerated speed. By integrating the elements of logistics resources, logistics enterprises get further concentrated. In 2009, the main business income of Chinese top 50 logistics enterprises increased by 14.7% compared to the same period of last year.

(4) The industrial logistics accelerates its integration and interaction. The manufacturing industries and logistics industries jointly developed and increased consensus. The State Council included the logistics industry together with other nine industries in the list of 10 restructuring and revitalization industries, indicating that the status and role of the logistics industry in industrial chain have been paid close attention. Overall, the fusion speed of the advanced manufacturing industries such as automotive, appliance and electronics etc. and logistics industry has accelerated, and the integration of their supply chains has enhanced. Iron and steel, nonferrous metals and building materials, etc. industries focused on integrating logistics businesses, developed a strategic cooperation partnership with logistics enterprises. "Two industry" joint

development gradually extended to the stages of procurement, production and marketing, and the finance of their supply chain entered the operation of their industrial chain logistics.

(5) The logistics infrastructure was rapidly developed. 2009 is the year that the logistics infrastructure got fastest developed. The national railway put 600 billion yuan of infrastructure investment, more than the total investment in the "Ninth Five – Year" and the "Tenth Five – Year"; completed 86 000 kilometer of mileage, ranking the second place in the world. Highway, waterway and civil aviation society invested 1.13 trillion yuan in the fixed assets, increasing by 31% compared to the same period of last year, having new Highway of 98 000 km mileage, increasing 96 new deep – water berths for the ten – thousand – ton class or large ships, improving inland waterways of 1 192 km mileage and increasing the total construction area of civilian airport terminal by 660 000 square meters. In 2009, China built 4 719 km new expressway. By the end of the year, the total mileage of expressway reached 65 000 km, continuously ranking the second in the world.

(6) The fundamental work in the logistics industry made a solid progress. The "2009 – 2011 Logistics Standards Industry Planning", compiled by the National Standardization Administration Committee together with the National Development and Reform Committee and other relevant departments, was initially finalized; a number of new industrial standards are quickly being established. There are 743 logistics enterprises with Grade A, assessed based on the "National Standard of Logistics Enterprise Classification and Assessment Index" and 92 logistics enterprise with Grade A credit in the logistics industry. The statistics system of social logistics was regularly published, the business of logistics statistics was progressively expanded, and the PMI was paid attention by the State Council and concerned by the public society. There were more than 2000 colleges and universities setting up the logistics professional, having more than 1 million students; and more than 100 thousand people participated in the training for the logistics specialist qualification, of which nearly 70 thousand people received the Senior Logistics Manager, Logistics Manager and Assistant Logistics Manager qualifications.

2. Several Issues that China Logistics Industry Development Need to Pay Special Attention in 2010

2010 is the last year of implementing the "Eleventh Five – Year Plan" and also the crucial year of implementing the "Planning of Restructuring and Revitalization of

Logistics Industry". After 30 years of constantly rapid growth of China's logistics industry, the total amount of the industry has reached a considerable scale. However, the pattern of extensive operation has not been fundamentally changed, and the logistics service system has nor been able to meet the need of stable and rapid development of the economic. Currently, the world economy is on the way of recovery, but many uncertainties still remain. Although the Chinese economy is stabilized and recovered, but some deep - rooted issues still need to be addressed and structural contradictions are still prominent. The general requirements, major policies and major tasks proposed by the central economic work conference, particularly, to more focus on enhancing the quality and efficiency of economic growth and, to more emphasize on promoting the change of economic development mode and the adjustment of economic structure, made new requirements to the logistics industry development.

According to the environment change of logistics industry development and the reality of its development, we should pay special attention to some issues as follows.

(1) The total amount of logistics continuously increased and the structure adjustment accelerated. With the slow recovery of world economy, national macroeconomic policies remain continuity and stability and China's economy will keep steady and rapid growth. Therefore, the increase of China's logistics industry in 2010 will be higher than that in 2009. It was estimated that the total amount of the social logistics will increase about 15%, the growth of the logistics added value will reach about 10%, and the ratio of the social logistics costs to GDP will continue to decline. At the same time, the demand structure, regional structure and industrial structure etc. of the logistics industry will speed up the adjustment pace and the requirements to the logistics service quality will be further enhanced.

(2) The specialization and refinement of the logistics services get increasingly demanded. With the economic development and the structural adjustment, the specialization and refinement of the logistics market is accelerated and the logistics services demand is diversified and personalized in an apparent trend. From the supply and demand structure, it is difficult for the general services and the traditional transport and warehousing services to meet the need of specialization and individualization; the services of specialization, customization and supply chain integration is in a serious shortage. From the development trend, the specialization logistics services which are able to meet to the demand of enterprise professional refinement production and the logistics services which meet the need of the refinement production will have a greater space

for development; whilst the existence space for those simple logistics enterprises lack of professional features will be further compressed. Logistics will complement to business flow, information flow and capital flow; logistics industry will integrate with manufacturing, distribution and financial services etc. industries; and the supply chain integration services demand will grow rapidly.

(3) The cost raise pressure of the logistics enterprises increases and their merger and acquisition accelerates. According to the current situation analysis, the international oil prices are in the growing path, the inflation is expected to increase, the labor costs and land resource costs continue to rise, and the prices of every kind of elements that the logistics enterprises require for their operation are in a rising trend. Together with the intensified market competition, it is difficult for the service price to get a corresponding increase. Double squeezed by both costs and prices, the profit margins of the logistics enterprises will be further reduced. Meanwhile, the private equity, the venture capital funds and the industrial investment fund invest more funding to logistics enterprises, promoting the restructuring and mergers and acquisitions of the logistics enterprises. To warm up themselves by embracing each other, logistics enterprises, especially small and medium sized logistics enterprises, will also carry out a new round of consolidation and restructuring.

(4) Effect of the regional economic integration and urbanization on the logistics industry. In recent years, particularly in 2009, the State Council intensively promulgated some planning and policies to promote the regional economic development and thus the integration of the regional economic accelerated. Promoted by the economic development and encouraged by the national policies, there were 10 million people each year moving to the cities and towns from the countryside, making new requirements on the quantity and quality of the logistics services. We should attach importance to the regional logistics integration and urbanization development and well – timed adjust the layout of the logistics services. We should pay more attention to the logistics services in the central and western regions, the northeast old industrial base, the urban – integration development areas and the urban and rural integration areas.

(5) Effect of the new pattern of the logistics infrastructure on the logistics industry. As the state has increased investment in the infrastructure, that promotes a quick formation of the integrated transport system. A number of passenger special lines will be built and put into use, the railway transportation capacity will be quickly released, creating an opportunity to separate the passenger and freight transports. With the grad-

ual formation of the expressway network, the pattern of highway transport will have a new adjustment. The functionality of collection and distribution of the highway for the railway and water transport will further emerge, and the intermodal transportation and trans – shipment hubs of linking multi transports will face a relayout. All regions will implement the"Planning of Restructuring and Revitalization of Logistics Industry"; the construction of Logistics Parks and distribution centers will accelerate its progress. It will be a new topic how to establish a modern logistics services system and avoid their duplication in accordance with the"planning" requirements.

(6) Effect of the"low – carbon economy"on the logistics industry. It is the common mission of the entire mankind to curb the global warming and rescue the Earth. Our state government made a solemn commitment that emission reduction targets will be considered as a binding target taken into the middle and long term planning for our national economic and social development. The demands of"low – carbon economy" have formed a reversed transmission of the pressure for the"green logistics", forcing the logistics operation to make significant changes.

3. On the Issues of Implementation of the Logistics Policy

The"Restructuring and Revitalization of Logistics Planning"proposes that we need to work quickly to resolve some issues about land, taxes, fees, financing and traffic management, etc. that affect the current development of the logistics industry. The State Council has approved the"plan"for 11 months and the three – year plan period will be passing one year, the time to implement the specific policies of the logistics industry is hence considerably tight and the majority of logistics enterprises are looking forward. Some problems most strongly concerned in the industry are list as follows:

(1) To appropriately adjust the tax policy of the logistics industry. In accordance with the need of logistics integratisation operation and the principle of fair taxation, we should adjust the business tax rate of the logistics industry storage to 3%, work quickly to resolve the main problems encountering in the trial work of logistics revenue, and broaden the relevant policy for the self – billing taxpayers; in the three – year plan period, halve the business tax of the trial logistics enterprises; based on the tax rate at the end of 2006, adjust the tax rate of the storage facilities and land use to the low – end and lower limit; only pay a single business tax for the warehouse letting and abandon the tax rate of warehouse rent; allow the logistics enterprises to benefit the policy of the VAT transfer by the business tax and support the equipment renewal of the logistics enterprises; allow the logistics enterprise to calculate and pay their income tax

and support the network management of the logistics enterprise; research and design the special invoices of the logistics industry, providing convenience for the logistics services with "one invoice for all".

(2) To improve and standardize the traffic management. We should manage the commercial vehicle catalog of all kinds of "large weight with small mark" label, fundamentally resolving the management problem of the commercial vehicles with the "large weight with small mark" label; further control the scale of the toll highways and remove or merge the road fee collection points; research the relevant management methods, providing convenience for the city delivery vehicles to pass, dock, load and unload in the cities; establish the inter – modal container management system; support the development of the dropping and pulling transport transports; effectively resolve the issues related to the large – item transportation; draw lessons from foreign practices to promote the domestic development and application of the centre axle trailer; manage the different law enforcement standards in all regions and establish a unified national standard for the law enforcement and punishment.

(3) To practically increase the investment and financing. We should actively guide the commercial banks to loosen the conditions of loans and financing for the logistics enterprises under the premise of preventing the financial risks, reducing their financing costs; encourage the financial institutions to provide the credit supports to those logistics enterprises that have a good credit history, a competitive capacity, a high market and orders placed but temporarily have management or financial difficulties; encourage the private capital to participate the logistics industry finance, giving a play to the unique advantage of the private finance supporting the development of the small and medium enterprises and meeting the diverse needs of the civil society; establish the professional collateral institutions that support the logistics enterprise loans and develop the trial units of the logistics industrial investment fund, creating convenient conditions for the logistics enterprises to be list on the market, issue bonds and other financing; and investigate the establishment of China Logistics Bank.

(4) To further improve the land policy. We should give a protection to the land requisition of logistics parks included in the state planning; give priority to the land transfer for the key logistics enterprises to rebuild the logistics projects. When the logistics enterprises relocate, the auction income of original land can be used for relocation settlement. We should reduce the relevant fees for those enterprise building multi-layer storehouses, encourage using industrial plants and storage sites for establishing

logistics enterprises or entrusting for management and operation, support revitalizing the remnant land resources, allow these logistics enterprises lacking funds but developing well to hire the logistics park land for development of projects. The lands used for key logistics project have the same or lower price as or than these used for industry and the relevant fees are collected based on the lower limit or reduced, exempted, or collected first and returned later.

(5) To support the logistics enterprise to be stronger and bigger. We should further make clear the policy direction of supporting the logistics enterprises to be bigger and stronger, define the logistics enterprises from all aspects of economic management, such as the industrial and commercial registration, finance and taxation, statistics information and legal affairs etc., clarifying the principal position and the administrative authorities of the logistics industry. We should constitute relevant policies and measures to encourage the merger and restructuring of the logistics enterprises; allow the branches of logistics enterprises to use all resources obtained their general headquarters qualifications, simplify the internal property rights transfer procedure in large state - owned logistics enterprises; provide convenience for the logistics enterprises to establish their branches, allow the logistics enterprises to establish their corporate units of non - independent accounting; speed up the comprehensive assessment progress of the logistics enterprises, carrying out trail projects of comprehensive reforms in the key logistics enterprises.

(6) To promote the joint development of manufacturing industry and logistics industry. We should consider the "two industries" linkage as a key project to push the industrial upgrading of the manufacturing industry; speed up socialization of the logistics services of the manufacturing enterprise; greatly support the logistics enterprises to enhance their the integration service ability; promote the logistics functionality of the manufacturing industrial concentration area; build the market system and public information platform of the logistics services; encourage the logistics enterprises to interchange the logistics elements of the manufacturing enterprises; promote information sharing and standard docking of the manufacturing industry and the logistics industry; establish the logistics operation evaluation system of different industries; adopt the finance and tax policy of encouraging the joint development; organize demonstration projects and key projects of implementing joint development.

He Liming

目　录

第一篇　综合报告

第二篇　专题研究

第三篇　资料汇编

CONTENTS

Part 1 General Reports

Part 2 Special Topics

Part 3 Information Collection

第一篇

综 合 报 告

第一章

2009 年中国物流业发展的环境

2009 年，是我国物流业应对危机走向复苏的一年。宏观环境的变化，一些重大事件的发生，深刻地影响着我国物流业发展的进程。

一、国民经济形势总体回升向好

2009 年是新世纪以来我国经济发展最为困难的一年。2008 年四季度以后，国际金融危机扩散蔓延，世界经济深度衰退，我国经济受到严重冲击，经济增速陡然下滑。在异常困难的情况下，党中央、国务院审时度势，从容应对国际金融危机的冲击。我国实行积极的财政政策和适度宽松的货币政策，全面实施并不断完善应对国际金融危机的“一揽子计划”，在世界率先实现经济回升向好，为物流业止跌回稳创造了较好的经济环境。

（一）国内生产总值稳步增长

初步核算，全年国内生产总值 33.54 万亿元，比上年增长 8.7%，如图 1 所示。分产业来看，第一产业增加值增长 4.2%，第二产业增加值增长 9.5%，第三产业增加值增长 8.9%。第一产业增加值占国内生产总值的比重为 10.6%，比上年下降 0.1 个百分点；第二产业增加值比重为 46.8%，下降 0.7 个百分点；第三产业增加值比重为 42.6%，上升 0.8 个百分点。

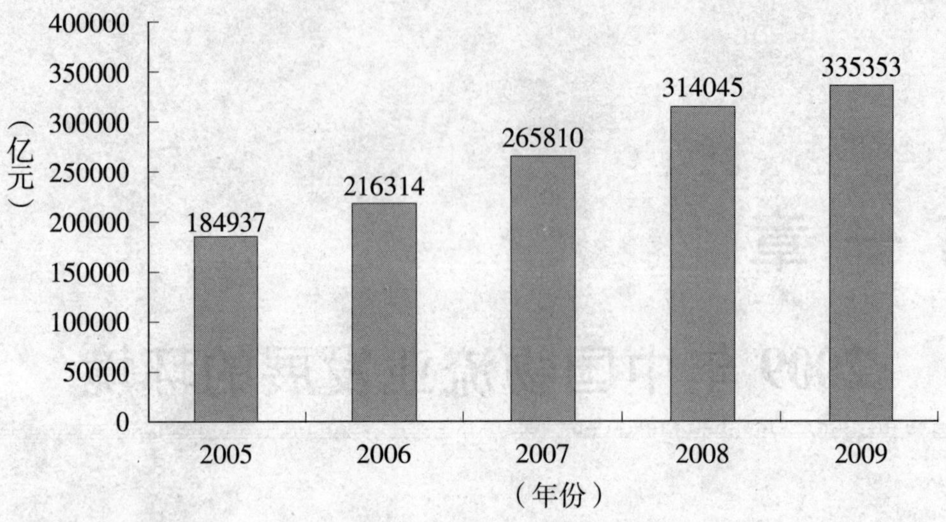

图1　2005—2009 年国内生产总值

资料来源：《2009 年国民经济和社会发展统计公报》

（二）工业生产恢复性增长

全年全部工业增加值 134625 亿元，比上年增长 8.3%，如图 2 所示。规模以上工业增加值增长 11.0%，其中国有及国有控股企业增长 6.9%；集体企业增长 10.2%；股份制企业增长 13.3%；外商及台港澳商投资企业增长 6.2%；私营企业增长 18.7%。分轻重工业看，轻工业增长 9.7%，重工业增长 11.5%。

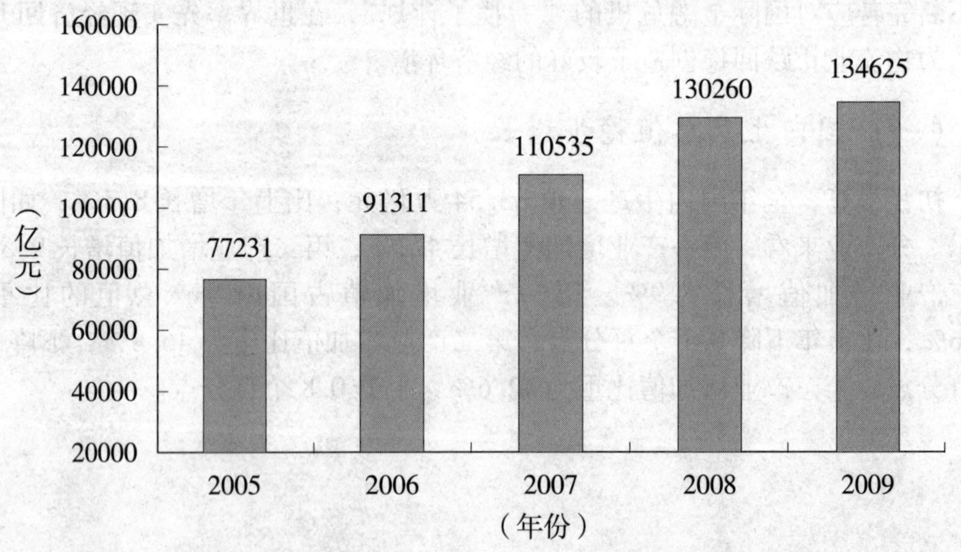

图2　2005—2009 年工业增加值

资料来源：《2009 年国民经济和社会发展统计公报》

（三）社会消费品零售总额快速增长

全年社会消费品零售总额125343亿元，比上年增长15.5%，如图3所示。分地域看，城市消费品零售额85133亿元，增长15.5%；县以及县以下消费品零售额40210亿元，增长15.7%。分行业看，批发和零售业零售额105413亿元，增长15.6%；住宿和餐饮业零售额17998亿元，增长16.8%；其他行业零售额1932亿元，增长2.5%。

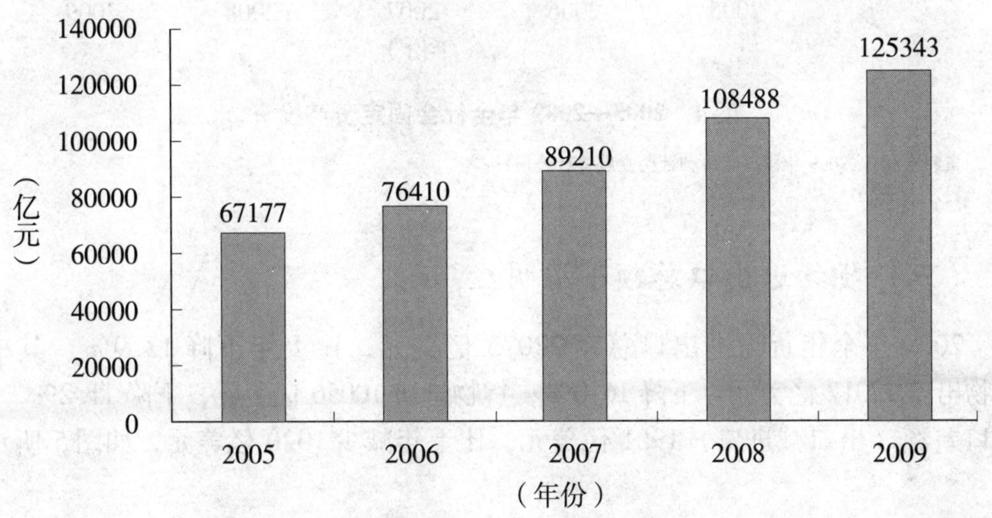

图3　2005—2009年社会消费品零售总额

资料来源：《2009年国民经济和社会发展统计公报》

（四）固定资产投资高位运行

全年全社会固定资产投资224846亿元，比上年增长30.1%，如图4所示。分城乡看，城镇投资194139亿元，增长30.5%；农村投资30707亿元，增长27.5%。分地区看，东部地区投资95653亿元，比上年增长23.0%；中部地区投资49846亿元，增长35.8%；西部地区投资49662亿元，增长38.1%；东北地区投资23733亿元，增长26.8%。在城镇投资中，第一产业投资3373亿元，比上年增长49.9%；第二产业投资82277亿元，增长26.8%；第三产业投资108489亿元，增长33.0%。其中，以公路、铁路、机场为代表的物流基础设施建设占据了较大份额，为物流业的长远发展奠定了基础。

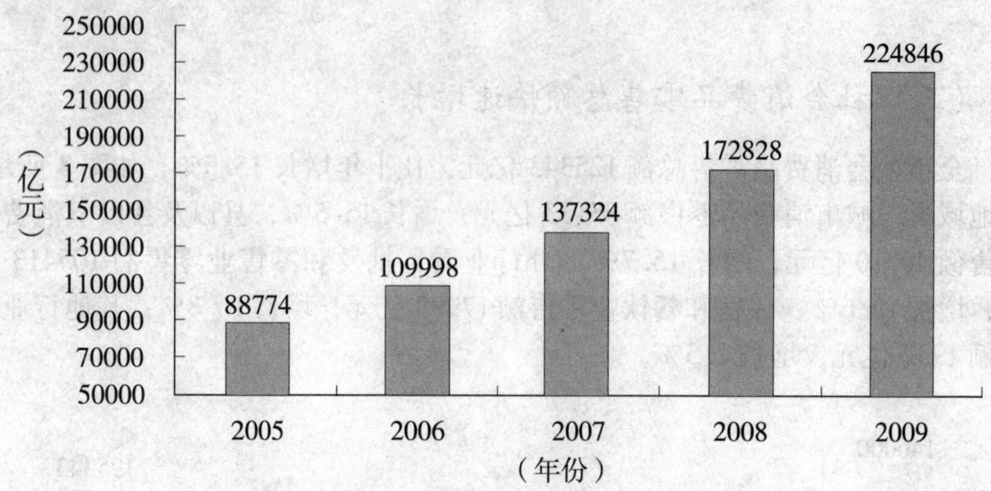

图4　2005—2009 年全社会固定资产投资

资料来源：《2009 年国民经济和社会发展统计公报》

（五）货物进出口总额下滑明显

2009 年全年货物进出口总额 22073 亿美元，比上年下降 13.9%。其中，货物出口 12017 亿美元，下降 16.0%；货物进口 10056 亿美元，下降 11.2%。进出口差额（出口减进口）1961 亿美元，比上年减少 1020 亿美元，如图 5 所示。

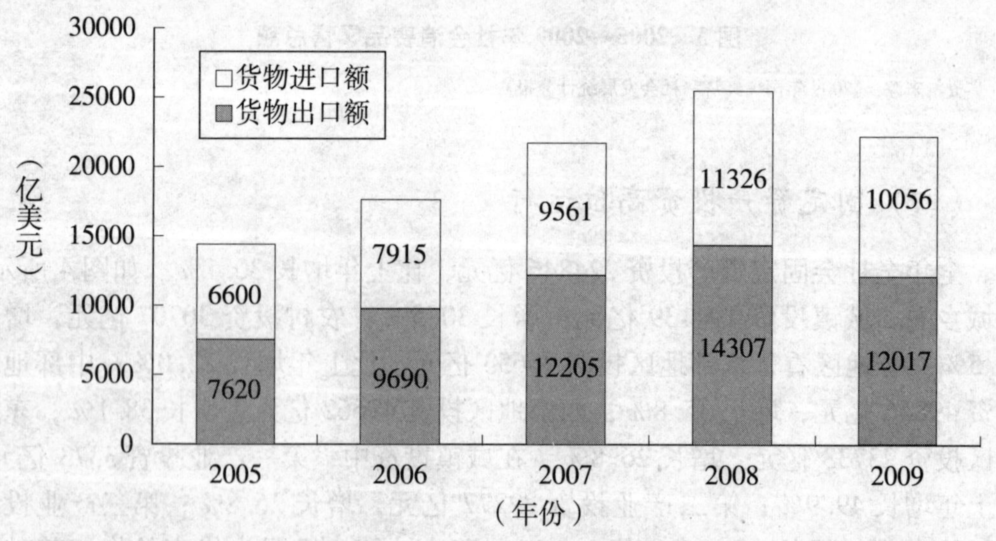

图5　2005—2009 年货物进出口总额

资料来源：《2009 年国民经济和社会发展统计公报》

二、国务院发布《物流业调整和振兴规划》

2009 年 2 月 25 日，国务院总理温家宝主持召开国务院常务会议，审议并原则通过了《物流业调整和振兴规划》（以下简称《规划》）。3 月 10 日，国务院以国发［2009］8 号文发布《物流业调整和振兴规划》。《规划》共分 6 大部分：发展现状与面临的形势，指导思想、原则和目标，主要任务，重点工程，政策措施和规划实施。规划期为 2009—2011 年。

《规划》在"指导思想"中提出"建立现代物流服务体系，以物流服务促进其他产业发展"。《规划》提出的主要目标是：力争在 2009 年改善物流企业经营困难的状况，保持产业的稳定发展。到 2011 年，培育一批具有国际竞争力的大型综合物流企业集团，初步建立起布局合理、技术先进、节能环保、便捷高效、安全有序并具有一定国际竞争力的现代物流服务体系，物流服务能力进一步增强；物流的社会化、专业化水平明显提高，第三方物流的比重有所增加，物流业规模进一步扩大，物流业增加值年均递增 10% 以上；物流整体运行效率显著提高，全社会物流总费用与 GDP 的比率比目前的水平有所下降。

《规划》提出的 10 项主要任务是：积极扩大物流市场需求，大力推进物流服务的社会化和专业化，加快物流企业兼并重组，推动重点领域物流发展，加快国际物流和保税物流发展，优化物流业发展的区域布局，加强物流基础设施建设的衔接与协调，提高物流信息化水平，完善物流标准化体系，加强物流新技术的开发和应用。

《规划》提出的 9 大工程是：多式联运、转运设施工程，物流园区工程，城市配送工程，大宗商品和农村物流工程，制造业与物流业联动发展工程，物流标准和技术推广工程，物流公共信息平台工程，物流科技攻关工程，应急物流工程。

《规划》提出的 9 项保障措施是：加强组织和协调，改革物流管理体制，完善物流政策法规体系，制订落实专项规划，多渠道增加对物流业的投入，完善物流统计指标体系，继续推进物流业对外开放和国际合作，加快物流人才培养，发挥行业社团组织的作用。

这是我国出台的第一个物流业专项规划，也是十大产业中唯一的服务业规划。党中央、国务院把促进物流业发展纳入应对国际金融危机的"一揽子计划"，上升到国家战略层面，极大地提振了全行业的信心，提升了物流业在国民经济全局发展中的地位。

三、各地方、各部门推动《规划》落实

（一）国务院相关部门组织协调

《规划》出台后，国家发改委牵头制定了《落实物流业调整和振兴规划部门分工方案》（发改经贸［2009］1018号），并牵头成立了落实物流业调整和振兴规划工作小组，把《规划》涉及的58个问题分别落实到33个部门和4个行业协会。2009年年中，由国家发改委牵头，包括国务院办公厅在内的15个部门组成联合调研组，深入长三角和珠三角地区进行专题调研，调研报告已获国务院领导同志批示。

（二）各部门为落实《规划》所做的主要工作

1. 国家发改委设立专项资金

按照《规划》要求，国家发改委设立专项资金，对列入《规划》“九大工程”的200多个物流业项目，以贴息贷款方式予以支持，吸引和带动了地方及社会投资。

2. 国家发改委推进制造业与物流业联动发展，编制《应急物流专项规划》

国家发改委组织制造业与物流业联动发展相关研究，并拟定政策指导意见。2009年10月，国家发改委、云南省人民政府、中国物流与采购联合会在昆明组织召开“第二届制造业与物流业联动发展大会”，积极推进“两业联动”。同时，启动《应急物流专项规划》的研究编制工作。

3. 国家发改委、国家税务总局继续扩大税收试点

经中国物流与采购联合会推荐，国家发改委审核，国家税务总局公布了第五批试点物流企业名单（国税函［2009］663号），明确93家物流企业纳入试点范围。自2005年起，国家税务总局先后确认了5批、487家物流企业纳入营业税差额纳税试点范围。

4. 商务部推进商贸物流业发展

按照《物流业调整和振兴规划》的要求，商务部组织《商贸物流业发展专项规划》的起草拟订工作。2009年8月，商务部下发《商务部关于开展流通领域现代物流示范工作的通知（商商贸发［2009］434号）》，决定在全国范围内组织开展流通领域现代物流示范工作。经中国物流与采购联合会组织专家评审、实地考察和网上公示，最终确定北京等46个城市为流通领域现代物流示范城市。2009年，商务部颁布《境外投资管理办法》（商务部令2009第5号），进一步简化境外投资核准程序。

5. 财政部分类设立专项资金

2009 年，中央财政预算安排“农村物流服务体系发展专项资金”31 亿元，重点支持了农家店改造、农村配送中心建设、农超对接、农村公共物流信息平台、电子交易平台建设等项目。2009 年，财政部发布《关于 2009 年服务业集聚功能区项目资金申报指南的通知（财办建［2009］122 号）》，重点支持商贸园区、物流园区的建设和升级改造项目。共有 100 多个物流和商贸集聚功能区项目，获得财政资金支持。

6. 铁道部扩大运能、发展物流

在大规模推进路网建设的基础上，铁道部优化运输组织，积极推进战略装车点建设和路企直通运输，深化货运组织改革。到 2009 年年底，全路大客户数量已达 200 家，大客户运量占全路总运量的 40% 以上；全路战略装车点总数达 630 个，货物发送量占全路货运发送总量的 45% 以上。同时，推进运输与物流服务融合，推出一批快捷货运产品。

7. 交通运输部提出做大做强现代物流业

交通运输部鼓励和支持各地交通运输部门推动物流业发展的实践和探索。支持物流园区公共交通运输基础设施建设，培育发展物流市场，推动公共信息平台建设。交通运输部、国家发展改革委、公安部、海关总署、保监会五部门联合下发《关于促进甩挂运输发展的通知》（交运发［2009］808 号），有效引导和推动甩挂运输的发展。通知要求，完善政策和管理制度，为甩挂运输营造良好的发展环境；加大资金投入，完善枢纽站场设施；开展试点工程，发挥示范效应。同时，对大件运输中存在的问题组织调研，积极协调和解决相关问题。

8. 工业和信息化部推进物流信息化建设

工信部组织力量研究起草了《运用信息技术提升改造物流业的政策措施》，开展了《工业领域物流发展监测评估体系研究》，编制了《物流信息化发展规划（2010—2015）》，明确地提出了物流信息化发展的目标和主要任务。指导、支持和协调相关工业区域和领域物流发展，组织开展了物流信息化试点、示范工作。

9. 海关总署推动分类通关改革试点

2009 年 5 月，海关总署决定在北京、天津等 15 个海关开展出口货物分类通关试点改革，15 个海关于 6 月底开始相继在本关区出口现场启动了分类通关改革试点工作。随后，进口分类通关改革试点又在黄埔等海关进行。

10. 国家民航局支持航空货运发展

2009 年，国家民航局提出了《关于进一步促进航空货运发展的政策措施》（征求意见稿），进一步放宽国内航空货运市场准入，鼓励、支持航空物流企业设立和发展。到 2009 年年底，使用独立代码的 42 家航空运输企业中，已有 10 家全货运航空公司。经中航协认可的销售代理企业 10278 家，其中货运销售代理企业2797家。目前，我国已与59个国家通航，共有16家航空公司开辟了至49个国家的定期客货航班。

11. 国家邮政局加强法规建设

为配合《邮政法》实施，国家邮政局先后发布了《邮政普遍服务管理办法》《快递业务经营许可管理办法》等规章。2009年2月和6月，又分别发布了《长江三角洲地区快递服务发展规划》和《珠江三角洲地区快递服务发展规划》，提出了今后五年区域快递发展的目标、主要任务和政策措施。

12. 国家标准委加快推动物流标准规划制定和实施

国家标准化管理委员会会同国家发改委，委托中国物流与采购联合会组织专家编制的《2009年—2011年物流标准专项规划》已基本定稿。《规划》确定了2009—2011年物流标准化工作的指导思想、主要目标，并依据国务院《规划》，提出了通用基础、公共类物流、专业类物流领域中的13个重点物流领域制修订国家标准和行业标准的任务以及具体标准计划项目，建立了新的物流标准体系框架。

13. 中国物流与采购联合会提出物流业发展“60条”政策建议

中国物流与采购联合会按照《规划》的要求和国家发改委的委托，通过深入调研，提出了税收、交通、投融资、物流企业、物流园区和制造业与物流业联动发展六个方面的“60条”政策建议，为有关部门研究制定具体政策作决策参考。

（三）各级地方政府加大对物流业的支持力度

全国已有超过半数的省份出台了《物流业调整和振兴规划》，提出了支持物流业发展的政策措施。上海市确定物流业作为现代服务业的支柱产业，制定了八项具体扶持政策。已有47家物流企业享受了差额征收营业税的试点政策；99家物流企业享受了洋山保税港区免征物流运输等环节营业税的政策。河北省开始实施推进物流业发展的“六大工程”，并谋划100个物流重点建设项目。福建省人大立法组正加快制定《福建省促进现代物流业发展条例》，推进物流业法规建设。成都市强化物流办职能，确保规划落实。沈阳市、青岛市出台具体的财税扶持政策，鼓励工商企业分离外包物流业务。一些省市政府还成立了主管物流工作的常设机构，开始制定相应的专项法规，物流业发展的政策环境进一步好转。

四、成品油价格和税费改革影响深远

2009年1月1日起，国务院批准实施成品油价格和税费改革。公路养路费等6项收费被一次性取消。到2009年年底已有13个省市取消了政府还贷二级公路收费，撤销站点1430个，减少了7.74万公里收费公路里程，占全国同类站点的74%。成品油价格和税费改革进一步理顺了税费关系，体现了多用油多负担的机制，改变了公路运输市场传统的超载赢利模式，供方议价能力增强，有利于形成合理的供需市场关系。通过提高现行成品油消费税单位税额，发挥了税收杠杆促进节能减排、环境保护和优化经济结构的积极作用，公路货运车辆选型日益向着“更低油耗、绿色环保”方向发展。此外，成品油价格和税费改革也对长期以来公路货运市场挂靠机制产生了重大影响，迫使一部分不适应新形势的挂靠公司陆续退出市场。

五、物流要素市场价格全面提高

（一）国际油价重回较高水平

受国际金融危机的影响，2009年年初国际油价一路走低。基本上在每桶39~41美元徘徊。3月下旬以后，受全球主要经济体推出一系列救市政策、大量资金流入市场的影响，国际油价开始止跌回升，并呈现出震荡上行且攀升速度逐渐加快的趋势。10月21日，国际油价创下每桶81.03美元的年内高点。受美元贬值和经济复苏、信心恢复的影响，整个2009年油价上涨约78%，年涨幅创下1999年以来新高。

按照改革方案确定的新成品油价格形成机制，一年来国家对成品油价格进行了五升四降九次调整，目前汽、柴油出厂价格分别比改革前每吨提高了620元和290元，成本压力继续增大。

（二）劳动力成本显著提升

2008年1月《劳动合同法》实施两年来，各项管理细则陆续推广执行，一些不规范的劳动力使用问题得到了纠正，企业人力资源成本迅速增加。由于物流业具有劳动密集、工作时间灵活、人员诚信度要求高等特点，劳动力成本上涨压力较其他行业更加明显。

（三）土地使用成本增加过快

物流用地价格大大超过物流业的承受能力。建设成本成倍增加，许多物流园区已无法运作物流业务。2006年年底，国务院对《城镇土地使用税暂行条例》进行了修改，税率比原来提高了1~3倍。部分地区由于土地使用税等级范围和单位税额标准调整幅度过大，增幅甚至高达10~15倍，全额缴纳就会出现巨额亏损。其他与土地使用相关的税费，也有负担过重的问题。

六、区域规划推动物流格局调整

2009 年，国务院密集批复了《促进中部地区崛起规划》等 12 个上升为国家战略的区域发展规划，加大区域经济统筹协调力度。这些区域规划都不同程度地涉及区域内物流布局、体系建设、资源整合等问题。如《珠江三角洲地区改革发展规划纲要》提出，要推进白云空港、宝安空港、广州港、深圳港等一批枢纽型现代物流园区建设，完善与现代物流业相匹配的基础设施，带动广东建设世界一流的物流中心。在《支持福建加快海峡西岸经济区的若干意见》中提出，要加强与台湾现代服务业合作，建设海峡西岸物流中心。《辽宁沿海经济带发展规划》提出，要把沿海经济带发展成为特色突出、竞争力强、国内一流的临港产业集聚带，东北亚国际航运中心和国际物流中心。《促进中部地区崛起规划》提出，要建设一批粮食储备和中转物流设施，重点支持郑州小麦物流节点和武汉、长沙、九江等稻谷物流节点建设。这些区域规划体现了国家的战略意图和地方的比较优势，提出了本区域内物流发展的战略选择，必将对全国物流业发展格局产生重大而深远的影响，如表 1 所示。

表 1　　2009 年出台的区域发展规划

规划名称	通过时间
《珠江三角洲地区改革发展规划纲要》	1 月 7 日
《支持福建加快海峡西岸经济区的若干意见》	5 月 14 日
《江苏沿海地区发展规划》	6 月 10 日
《横琴总体发展规划》	6 月 24 日
《关中—天水经济区发展规划》	6 月 25 日
《辽宁沿海经济带发展规划》	7 月 1 日
《促进中部地区崛起规划》	9 月 23 日
《中国图们江区域合作开发规划纲要》	11 月 16 日
《黄河三角洲高效生态经济区发展规划》	11 月 23 日
《鄱阳湖生态经济区规划》	12 月 12 日
《甘肃省循环经济总体规划》	12 月 24 日
《关于推进海南国际旅游岛建设发展的若干意见》	12 月 31 日

七、“低碳经济”对“绿色物流”形成倒逼机制

从1990年的《联合国气候变化框架公约》到1997年的《京都议定书》，到2008年的“巴厘岛路线图”，再到2009年的哥本哈根气候变化峰会，世界对低碳经济的期望日益加深。2009年12月，联合国气候变化框架公约第十五次缔约方会议和京都议定书第五次缔约方会议在丹麦首都哥本哈根召开。194个国家派代表参会，119位国家元首和政府首脑出席，促进了全球对气候变化问题的关注。会议通过了《哥本哈根协议》，维护了“共同但有区别的责任”原则，在发达国家强制减排和发展中国家采取自主行动上取得了新的进展，在长期目标、资金和行动透明度问题上达成重要共识。

我国是当今世界最大的发展中国家。为贯彻落实科学发展观，建设资源节约型、环境友好型社会，我国“十一五”规划纲要中提出，“十一五”期间单位国内生产总值能耗降低20%左右、主要污染物排放总量减少10%。2009年11月25日，国务院常务会议决定，到2020年中国单位国内生产总值二氧化碳排放量比2005年下降40%～45%，作为约束性指标纳入国民经济和社会发展中长期规划。

物流业是能源消费的重要行业，油品消耗量约占全社会油品消耗总量的1/3，是我国节能减排的重点行业。随着物流需求的快速增长，节能减排任务加重，“低碳经济”对“绿色物流”形成倒逼机制。采取多种科学方式，大力发展更加节能、环保、高效的绿色物流，已经成为中国物流产业实现可持续发展的必然选择。

八、信息技术进步提供发展新机遇

当前，物联网技术引导的全球信息技术革命正悄然兴起。物联网就是“物物相连的互联网”，通过射频识别（RFID）、红外感应器、全球定位系统、激光扫描器等信息传感设备，按约定的协议，把任何物品与互联网连接起来，进行信息交换和通信，以实现智能化识别、定位、跟踪、监控和管理。在此基础上，人类可以用更加精细和动态的方式管理生产和生活，实现对物品的有效管理以及人与物的对话、物与物的交流。2009年11月3日，温家宝总理在人民大会堂向首都科技界发表了题为《让科技引领中国可持续发展》的讲话，强调科学选择新兴战略性产业非常重要，并指示要着力突破传感网、物联网等关键技术。

物联网具有广阔的行业应用需求，交通、物流、安防、零售、电力、金融、环保、医疗等将成为物联网行业应用的重点领域。物联网的建立将直接促进供应链可视化的实现，通过统一标准、统一标识，实现商品的实时查询、跟踪、路径优化和资源调配，大大优化全球供应链的性能，这将对物流业的发展产生革命性的影响。

九、全球海运和航空市场对中国物流的影响

（一）国际海运市场冷热不均

干散货船运输市场逆势上扬。2008 年下半年开始的金融危机严重影响了 2009 年国际散货的贸易量，国际散货运量也随之有所减少。2009 年，国际散货海运贸易量约为 29 亿吨，同比下降 3. 7%。由于发达国家的经济不景气，使得发展中国家的贸易需求成为国际贸易中的支柱，尤其是中国对铁矿石的进口成为 2009 年国际散货市场的一个亮点。2009 年新年开市后，波罗的海干散货综合运价指数（BDI）从 773 点的极端低位起步，其后在 2 月 11 日、5 月 27 日和 6 月 2 日分别突破 2000 点、3000 点和 4000 点三大关口，并于 11 月 19 日再创 4661 点新高，率先实现从全球航运市场总体低迷困局中的突围反弹。目前，中国在全球干散货市场中已经占有 70% 左右的份额。

集装箱船运输市场缓慢复苏。由于集装箱主要用于汽车、电子产品、纺织品等下游制成品的运输，因而受金融危机的冲击最为直接，2009 年全球集装箱运量出现 9. 4% 的下降幅度。另外，大量的新船仍在持续不断地交付，可用运力的规模延续近几年的上升趋势。截至 2009 年 12 月 1 日，世界集装箱船舶运力规模达到 1283 万标准箱，同比上升 6. 7%。持续不断的新船交付量与大幅萎缩的运输需求，导致了 2009 年上半年班轮运价的急剧滑坡。中国出口集装箱综合运价指数（CCFI）年初时为 930. 93 点，而到 6 月 23 日已降到 763. 31 点，降幅达 18%。随着出口市场的逐步好转，以及航运公司自律能力的加强，下半年集装箱船舶运力市场明显反弹。从 7 月班轮公司在东西向主干航线上宣布提价起，班轮运价水平一路走高。至 12 月 18 日，中国出口集装箱综合运价指数已回升至 990. 98 点，超过了 2008 年同期的运价指数水平。

（二）国际航空货运市场反弹复苏

国际航空货运市场在 2009 年出现了明显的反弹，并最终演变成一种复苏。世界航空货运增幅在 2008 年 12 月出现深幅下滑，在 2009 年 1 月跌入谷底，出现 25% 的负增长；之后，跌幅就一路收窄。从世界范围来看，2009 年航空货

运最明显的特征是，国内强于国际，亚太地区、中东地区强于其他地区，拉丁美洲及加勒比海地区最弱。尤其是亚太地区，在2009年11月成功实现了正增长，增幅达到2%。而从累计数据来看，2009年1～10月，中东地区走势最强，与2008年同期相比，只是出现了微弱的下降幅度，如表2所示。

表2　　　　2009年10月世界各地区航空货运量及增长幅度

地　区	当月货运量（吨）	增长幅度（%）	年度累计货运量（吨）	增长幅度（%）
非洲	184549	-12.70	1708211	-8.40
亚太	2391685	2.00	18229246	-12.20
欧洲	1275618	-7.70	10624958	-16.50
拉丁美洲及加勒比海	279391	-10.70	2302023	-18.30
中东	323649	-0.80	2737000	-1.10
北美	1893748	-4.20	15931087	-15.10
ACI成员	6348640	-3.10	51532524	-13.70

亚太市场呈现一枝独秀的局面。根据国际机场协会（ACI）公布的2009年1～9月国际航空货运排名中，前4位的都是亚洲机场（香港、仁川、浦东、成田），而且都集中在我国周边或在我国国内，值得庆幸的是，我国内地上海的浦东机场位列其中，并成功跻身于第3名，如表3所示。

表3　　　　2009年1～9月全球机场国际货量排名

排　名	机　场	年度累计（吨）	增幅（%）
1	香港	304000	-4.3
2	仁川	204136	3.9
3	浦东	174634	3.8
4	成田	171370	-2.2
5	迪拜	161910	3.4
6	法兰克福	155230	-4.8
7	新加坡	140790	-12.5
8	台北	128285	6.4
9	安克雷奇	116463	-5
10	迈阿密	110707	-11.1

第 二 章

2009 年中国物流业发展的特点

一、物流业运行情况当年企稳回升，增幅比 2008 年有所回落

（一）社会物流总额同比增长 7.4%，增幅比 2008 年回落 12.1 个百分点

2009 年全国社会物流总额 96.65 万亿元，呈现前低后高、逐季回升的态势。其中，一季度下降 3.3%，上半年下降 0.8%，到三季度由降转升，增长 2%，到年底同比增长 7.4%。但与上年增长 19.5% 相比，增幅回落 12.1 个百分点，是五年来最低增幅，也是自社会物流统计制度建立以来，社会物流总额首次低于 GDP 增长。其中的原因，既有国民经济统计数据调整、价格变动的因素，也有金融危机导致实体经济特别是进出口实物量下滑的影响，如表 1 所示。

表 1　　近 5 年社会物流总额统计

年份	社会物流总额（亿元）	同比增长（%）	需求系数
2005	481983	25.6	2.6
2006	595976	23.7	2.8
2007	752283	26.2	2.9
2008	899907	19.6	3.1
2009	966500	7.4	2.9

资料来源：中国物流与采购联合会

从构成情况看，工业品物流总额87.41万亿元，同比增长9.4%，占社会物流总额的比重为90.4%，同比提高1.7个百分点，是带动社会物流总额增长的主要因素。进口货物物流总额6.86万亿元，同比下降12.8%，占社会物流总额的比重为7.1%，同比下降1.6个百分点。农产品物流总额、再生资源物流总额和单位与居民物品物流总额同比分别增长4.3%、12.3%和16.4%，如表2所示。

表2　　2009年社会物流总额构成及增长变动情况

项　目	同比增长（%）	在物流总额中所占比重（%）
农产品物流总额	4.3	2.0
工业品物流总额	9.4	90.4
进口货物物流总额	-12.8	7.1
再生资源物流总额	12.3	0.3
单位与居民物品物流总额	16.4	0.2

资料来源：中国物流与采购联合会

（二）社会物流总费用增长7.2%，增幅比2008年回落9个百分点

2009年全国社会物流总费用6.08万亿元，同比增长7.2%，与GDP的比率为18.1%，同比持平。分季度情况看，一季度增长3.3%，上半年增长4.8%，前三季度增长6.4%，增幅呈逐季提高态势，如表3所示。

表3　　近5年社会物流总费用统计

年份	社会物流总费用（亿元）	运输费用与GDP比率（%）	保管费用与GDP比率（%）	管理费用与GDP比率（%）
2005	33860	10.2	5.8	2.5
2006	38414	10.0	6.0	2.4
2007	46954	9.8	6.0	2.4
2008	56716	9.5	6.3	2.3
2009	60800	10.0	5.9	2.2

资料来源：中国物流与采购联合会

从构成情况看，运输费用3.36万亿元，同比增长7%，占社会物流总费用的比重为55.3%，同比下降0.1个百分点；保管费用2万亿元，同比增长7.5%，占社会物流总费用的比重为32.8%，同比提高0.1个百分点；管理费用0.72万亿元，同比增长7.4%，占社会物流总费用的比重为11.9%，同比持平，如图1所示。

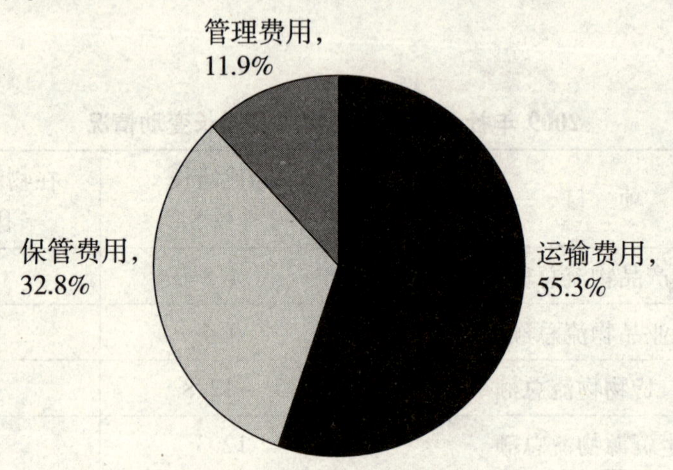

图1　2009年社会物流总费用构成

资料来源：中国物流与采购联合会

（三）物流业增加值增长7.3%，增幅比2008年回落8.1个百分点

2009年全国物流业增加值为2.31万亿元，同比增长7.3%，占GDP的6.9%，比2008年提高0.1个百分点；占服务业增加值的16.1%，比2008年下降0.3个百分点。分季度情况看，一季度增长1.2%，上半年增长2.1%，前三季度增长4%，增幅亦呈逐季提高态势，如表4所示。

表4　近5年物流业增加值统计

年份	物流业增加值（亿元）	同比增长（%）	占服务业比重（%）	占GDP比例（%）
2005	12271	13.9	16.8	6.7
2006	14120	15.1	16.7	6.7
2007	17925	22.5	16.6	6.7
2008	21528	20.1	16.4	6.8
2009	23100	7.3	16.1	6.9

资料来源：中国物流与采购联合会

全年交通运输、仓储和邮政业增加值17058亿元，比上年增长3.7%。从构成情况看，交通运输业增加值为1.68万亿元，增长6%，仓储业增加值增长10.6%，贸易业、邮政业增加值分别增长10.6%和14%。

（四）物流业固定资产投资同比增长47.6%，增幅提高25个百分点

2009年，我国物流业固定资产投资为2.6万亿元，同比增长47.6%，增幅创近年新高，比2008年提高25个百分点，比同期全社会固定资产投资高出18个百分点。从投资构成看，交通运输业投资额为1.9万亿元，同比增长48.4%，比2008年提高29个百分点，占物流业固定资产投资的76%。仓储、邮政业投资额为1766亿元，同比增长57.5%，贸易业投资额为4451亿元，同比增长40.6%，均保持较快增长。反映出国家加大物流相关产业基础建设投资措施取得成效。

（五）货物运输总量和周转量同比分别增长7.5%和9.8%

2009年，全国完成货物运输总量278.8亿吨，货物运输周转量121211.3亿吨公里，同比分别增加7.5%和9.8%，增幅分别下降1.9个百分点和上升6个百分点。其中，公路货运量保持了较高的增长，货运总量和周转量分别增长9.4%和10.7%；水路货运量回升明显，货运总量和周转量分别增长3%和14%；民航货运量逐步复苏，货运总量和周转量分别增长9.3%和5.6%；铁路货运量增幅较小，货运总量和周转量分别增长1.9%和0.5%，如表5所示。

全年规模以上港口完成货物吞吐量69.1亿吨，比上年增长8.2%，其中外贸货物吞吐量21.4亿吨，增长8.6%。港口集装箱吞吐量12082万标准箱，同比下降5.8%。2009年全国又有江阴、厦门、湛江和湖州4个港口进入亿吨大港之列，我国亿吨港的总数达到了20个。其中，上海港完成货物吞吐量5.9亿吨，继续位居世界第一。

表5　　2009年各种运输方式完成货物运输量及其增长速度

指　标	绝对数	比上年增长（%）
货物运输总量（亿吨）	278.8	7.5
铁路（亿吨）	33.3	1.9
公路（亿吨）	209.7	9.4
水运（亿吨）	31.4	3.0
民航（万吨）	445.5	9.3

续表

指　标	绝对数	比上年增长（%）
管道（亿吨）	4.4	1.3
货物运输周转量（亿吨公里）	121211.3	9.8
铁路（亿吨公里）	25239.2	0.5
公路（亿吨公里）	36383.5	10.7
水运（亿吨公里）	57439.9	14.0
民航（亿吨公里）	126.3	5.6
管道（亿吨公里）	2022.4	4.1

资料来源：《2009 年国民经济和社会发展统计公报》

（六）仓储面积保有量持续增长

2009 年，仓储业主要指标走出了一个 U 形线路。年初下滑，年中回升，年底基本恢复到金融危机爆发前的水平。据中国物资储运协会对全国 61 个大型仓储企业的调查，57 家企业赢利，4 家亏损，亏损面为 6.6%，亏损额略有降低。实现主营业务收入 180 亿元，比上年下降 13.6%；实现利润 3.57 亿元，比上年增长 11.7%；完成货物吞吐量 8019 万吨，比上年增长 1.1%；期末社会库存为 440 万吨，比上年增加 27.9%；货物周转次数 9.11 次，与上年基本持平。库房空仓率进一步降低，全年为 3%。

根据中国物流与采购联合会收集到的 10 个省会城市、3 个直辖市的数据显示，13 个城市拥有 132 个物流园区，占地 113.4 平方公里。13 座城市拥有仓储面积 5456.6 万平方米，平均每个城市为 419 万平方米。按照仓储面积与占地面积 1∶2 的比例计算，13 个城市仓储占地面积约为 10913.2 万平方米。13 个城市拥有货运站 717 个，占地面积 1135 万平方米，平均每个城市拥有货运站 55 个，平均每个货运站占地面积 1.58 万平方米。如此推算，13 个城市拥有仓储、货运站、物流园区的总占地面积约为 182 平方公里，平均每个城市为 14 平方公里。平均每平方公里每年支持的货运量（类似物流强度）为 1787.7 万吨。特种仓储面积如化工危险库、液体库、冷藏库的需求较大。上述 13 个城市拥有特种库房 328 万平方米，占整个仓储面积的 5.67%，平均每个城市特种库房拥有量为 25.2 万平方米，仍不能满足需求。随着期货交易机构和交易品种的扩大，有色、黑色、粮食、塑料、石油的期货交易量增长较快，相应的交割库需求较大。

二、物流市场结构性变化明显，集中度进一步提高

（一）需求结构变化较大

在国家扩大内需政策的推动下，汽车、家电、电子产品物流需求高速增长，农产品、医药、食品和日用消费品等物流需求稳步增长，与此相关的城市配送、仓储中转、货运快递等保持了较快的发展势头。在原料价格上涨、劳动力成本增加、金融危机影响持续的背景下，制造业、商贸业面临前所未有的生存压力，行业物流需求加快释放，对物流供应链管理进行改造提升的需求增强。在国家积极的财政政策和适度宽松的货币政策支持下，基础设施建设、农村物流、灾后重建等物流需求大幅增长。从区域来看，东部沿海地区受外需萎缩影响较大，增速放缓；中西部地区以内需为主，随着沿海地区的生产制造业务加快向内陆转移，带动社会物流需求快速上升；中西部地区物流市场面临着前所未有的发展机遇。

（二）基础性服务各有特色

公路货运加快规范和整合零担市场。从2009年公路货运市场综合价格指数看，继2008年11月以来一直在70左右徘徊，2009年2月、3月、8月更是低至66左右，11月受需求回升和油价上涨的共同影响达到79.2，12月又有所回调，为78.3，环比下降0.9个百分点，如图2所示。由于公路货运市场进入门槛低，价格竞争激烈，市场价格提升明显低于成本上涨幅度。为改变零担货运市场无序低价竞争的局面，一些规模企业加快推出“城际货运班车”品牌。如天地华宇集团启动“定日达”公路快运服务，远成集团推出“公路运输新干线”运营模式，上海佳吉快运有限公司推出“红色快线”服务等，加上原有的德邦物流、新邦物流等企业，城际货运班车快速扩容，充分发挥“品牌化、集约化、精准化”的特点，服务水平显著提升。一些货运场站和物流基地逐渐成为城际货运班车的调度平台。目前，浙江传化物流基地零担快运中心有100多条零担专线，成都基地将开通200多条线路，而苏州基地规划建设运营185条线路，整个城际货车“客运化”服务网络将覆盖全国28个省市自治区，服务网点遍布220多个中心城市。

水运市场出现转机。我国沿海水运市场以煤炭、铁矿石、粮食等大宗干散货为主。虽然2009年水运市场持续低迷，却是沿海运力的交付高峰期。2009年沿海运力净增620万吨，1万吨以上的船运力上升34%。截至2009年10月，市场保有量约为2900万吨。占沿海运输主要市场份额的几个船公司有中海发展、长航凤凰、深圳远洋、浙江海运、宁波海运和福建冠海等。2009年沿海

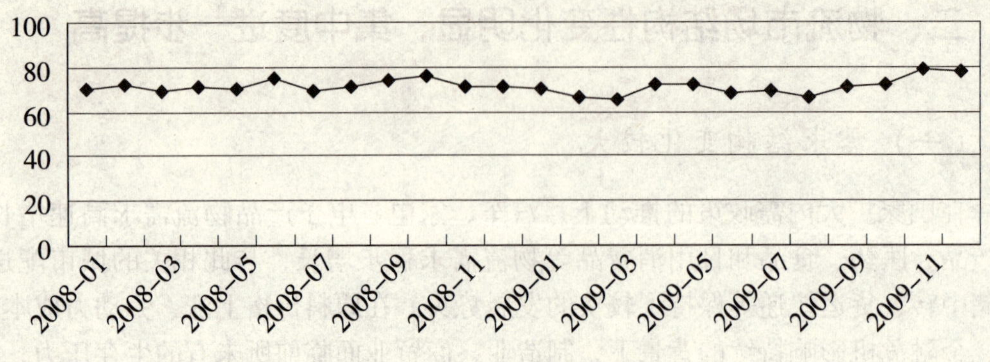

图2　公路运价指数变化情况

资料来源：中国物流与采购联合会

（散货）运价前三季度一直在低位震荡前行，颓势频现。到了第四季度，沿海散货海运市场出现转机。11月中旬，沿海运输市场开始出现飙升行情，这主要是受到煤炭运输市场的拉动，接连数周保持了快速上升的态势，如图3所示。此外，内河水运市场得到各方面重视。内河水运即是国内能源和重要基础原材料运输的主要形式，也是国际航运通道的重要组成部分。在大宗散货运输市场上继续保持较高市场份额的同时，内河水运凭借其通江达海的优势在外贸货物和集装箱运输方面的地位也不断提高。上港集团实行"长江战略"保证了占其90%的外贸集装箱货源及60%的内贸集装箱货源能够稳定发展。

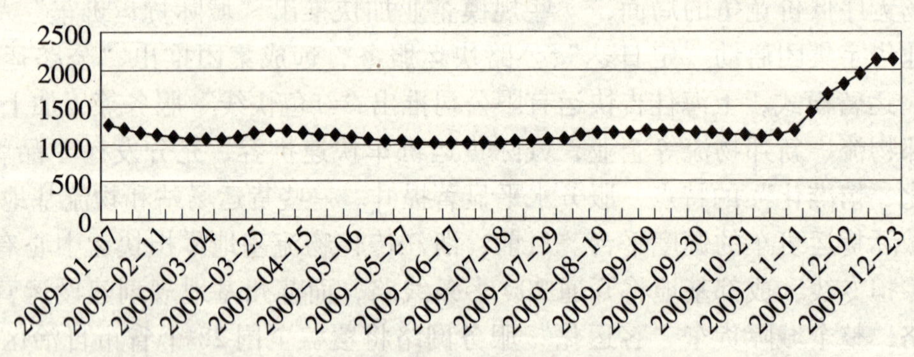

图3　中国沿海（散货）综合运价指数走势

资料来源：上海航运交易所

铁路货运市场逐步恢复。受经济危机影响，上半年铁路货运市场日均发送量连续6个月同比下降。以第一季度为例，全国铁路日均装车13.6万车，同比下降6%。下半年以来，随着国内经济形势企稳回升和电煤、矿石等大宗物资需求的回暖，铁路货运需求快速恢复，运力紧张的局面重新出现。铁路部门通过实行优先安排运输计划、优先配置车辆、优先装车、优先挂运、优先卸车等措施，把90%以上的运力用于煤炭、石油、粮食、农用物资、灾后重建等重点物资运输。通过积极推进战略装车点建设和路企直通运输，深化大客户战略，深入挖掘运输效率。在专业运输市场上，有关铁路运输企业自主研发了铁路45英尺冷藏集装箱，并试运成功，拓展了铁路冷链物流服务；扩大了小汽车班列开行范围，全年完成小汽车运量60万台，加快开发了汽车零配件运输物流业务。随着高速铁路和铁路物流中心的陆续投入使用，铁路货运市场的运能将持续释放，运行效率进一步提升，在普通货物运输中的比重稳步放大，将逐步发挥出运输大动脉的作用。为缓解铁路货物运输价格偏低的矛盾，发改委与铁道部决定自2009年12月13日起，将国家铁路货物统一运价平均每吨公里提高0.7分，即现行价格平均提高幅度为7.28%，其中运营价格平均提高幅度为11.09%。

航空货运市场全面复苏。与世界航空货运相比较，中国航空货运一枝独秀。自2009年年初出现高达30%左右的跌幅之后，我国航空货运就开始一路反弹，并且在8月实现全面正增长。从不同的航线市场来看，国内航线在2009年的2月就实现了正增长，之后（除3月外）就一直保持正向增长的态势，并且在11月出现了高达33.7%的增幅。国际航线受金融危机影响，一直到2009年7月才开始出现正向增长，但之后增幅一直保持在10%以上，到11月达到近40%的增长，进入12月，更是高达73.1%的增长，这是有该统计数据以来的最大涨幅，如图4所示。货物大量积压而航班严重不足让国内的航空货运价格大幅提高。以上海飞往欧洲的航线为例，3月的运价是21元/公斤，年底已涨到每公斤40多元，而从深圳始发的欧洲航线，报价曾一度高达50元/公斤，相比2007年的最高报价27元/公斤，将近翻了一番。为缓解运能压力，进入12月以来的短短不到半个月的时间里，民航局就已经连续审核了国航、东航等递交的开通13条国际航线的申请。自2009年11月14日起，国内航线旅客运输燃油附加费将由现行的“统一规定收取标准”的方式，改为“与国内航油综合采购成本实行联动，航空公司在规定范围内自主确定收取标准”，这将大幅缓解航空公司因航油价格上涨带来的成本压力。

快递市场持续增长。据国家邮政局统计，2009年，全国规模以上快递企业业务量累计完成18.6亿件，同比增长22.8%；业务收入累计完成479亿元，同比增长17.3%。快递市场格局初步呈现：邮政快递（EMS）及“四大国际快递”（DHL、FedEx、UPS、TNT）在国际快递市场处于主导地位；邮政快递（EMS）、顺丰速运将在国内快递的中高端市场处于主导地位，以主导商务快递为主；特许加盟模式民营快递在国内快递的经济型市场处于主导地位，以提供

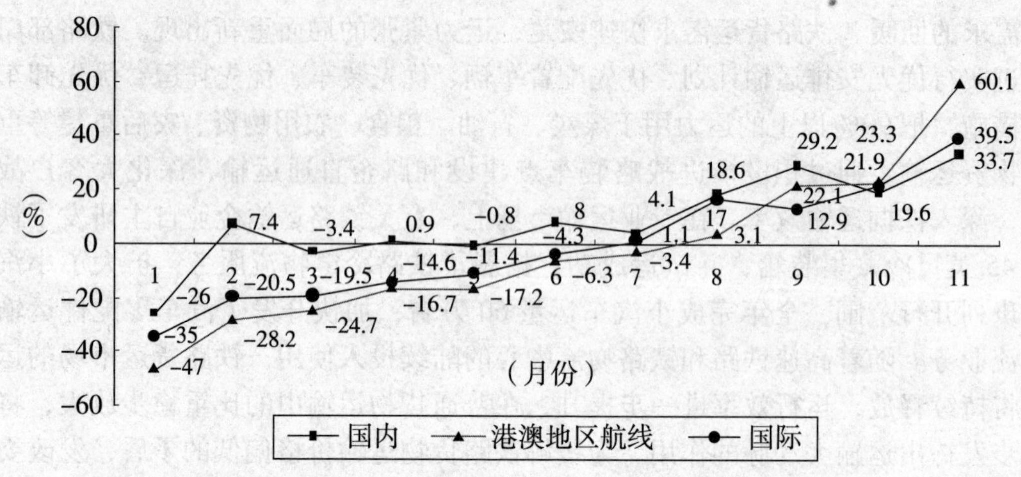

图4　2008年10月～2009年10月世界航空货运发展趋势

"网购"快递服务为主、商务快递为辅。目前，快递服务产品细分、增值服务与承诺服务正成为快递业新的竞争热点。例如，在以重时效为先的限时服务产品方面，已有多家中外快递企业推出了"当日达"、"次晨达"、"次日达"、"隔日达"、"限时达"、"上午取件下午达"、"下午取件次日达"等多样化的快递服务产品；在满足专业化快递服务方面，许多快递企业提供传统快递、电子商务配送、物流配送等多种配送服务。2009年年底民营企业涨价未遂事件，暴露了民营快递低价竞争对自身发展升级的限制，也显示了快递业由价格竞争向质量竞争转型的迫切性。2009年，顺丰速运（集团）有限公司旗下顺丰航空实现首航，标志着我国快递竞争向高端化发展。

（三）市场集中度进一步提高

大型物流企业加紧兼并重组。2009年，中外运长航集团完成重组，正式挂牌，并提出"向世界500强迈进"的阶段性目标。中国邮政集团公司旗下的中国速递服务公司和中邮物流有限责任公司，总部层面的合并于2009年完成，新成立的中国速递物流公司已经注册，各地子公司的速递和物流业务也在陆续合并。中国国际航空公司以现金方式收购首都机场持有的中国国际货运航空有限公司24%的股权，国货航成为中国国航的全资子公司。2009年3月，海航集团组建的注册资金10亿元人民币、总资产50亿元的大新华物流集团在上海挂牌。大新华物流旗下已拥有5家海运公司，1家航空货运公司，1家地面物流公司，1家码头公司，1家置业公司，1家船舶管理公司和1家船员管理公司。此外，福建、河北、河南等地交通运输行业加快整合重组，辽宁、河北、山东和广西等地港口推动资源整合。

外部资本注资物流企业。随着我国金融和资本市场的成熟和物流业发展，各类基金、股权、外部资本等资金来源注资物流业，进行并购整合。2009 年，新时代国际运输服务有限公司借助国际集团的财务支持，收购通成物流集团，进军国内零担货物和包裹运输市场。江苏新宁物流作为首批创业板公司之一，开始在深交所挂牌交易。专攻医药物流的九州通医药集团和专攻冷链物流的山东荣庆集团等物流企业，先后获得投资机构注资。

根据国家发改委、国家统计局和中国物流与采购联合会联合发布的《2009 年全国重点物流企业统计调查报告》显示，前 50 位物流企业主营业务收入共达 4756 亿元，比上年增长 14.7%，市场集中度进一步提升。在 50 强企业中，中国远洋运输（集团）总公司主营业务收入超过千亿元，中国海运集团总公司等 6 家企业主营业务收入超过百亿元，同比增加 3 家；前 43 家企业主营业务收入超过 10 亿元。排名第 50 位物流企业的主营业务收入达到 7.6 亿元，同比增长 2.7%，如表 6 所示。

表 6　　2009 中国物流企业 50 强企业名单

名　次	名　称	主营业务收入（万元）
1	中国远洋运输（集团）总公司	14796217
2	中国海运（集团）总公司	7424966
3	中国对外贸易运输（集团）总公司	6333499
4	中国物资储运总公司	2025907
5	厦门象屿集团有限公司	1762451
6	中国租船公司	1361980
7	开滦（集团）国际物流有限责任公司	1032586
8	中国石油天然气运输公司	880756
9	中铁物资集团有限公司	857423
10	中铁集装箱运输有限责任公司	842105
11	中铁快运股份有限公司	749027
12	中国国际货运航空有限公司	680266
13	重庆港务物流集团有限公司	585845
14	远成集团有限公司	580921
15	顺丰速运（集团）有限公司	547020
16	北京华油天然气有限责任公司	524218

续表

名次	名称	主营业务收入（万元）
17	山西太铁联合物流有限公司	490482
18	中国石油化工股份有限公司管道储运分公司	485064
19	山东海丰国际航运集团有限公司	462087
20	东方国际物流（集团）有限公司	385759
21	中钢国际货运公司	353767
22	青岛福兴祥物流股份有限公司	325080
23	广东省航运集团有限公司	314338
24	中外运—敦豪国际航空快件有限公司	281465
25	联邦快递（中国）有限公司	241463
26	云南物流产业集团有限公司	241009
27	中国物流公司	237259
28	南京蓝燕石化储运实业有限公司	215371
29	武汉商贸国有控股集团有限公司	169426
30	中铁特货运输有限责任公司	166192
31	甘肃西部物流有限责任公司	164113
32	深圳市亦禾供应链管理有限公司	155868
33	青岛海尔物流有限公司	152639
34	招商局物流集团有限公司	141258
35	宁波海运股份有限公司	130759
36	烟台交运集团有限责任公司	117756
37	五矿国际货运有限责任公司	109812
38	上海现代物流投资发展有限公司	109353
39	中国货运邮政航空有限责任公司	108564
40	江苏江阴长江港口综合物流园区交易市场有限公司	108187
41	中经得美国际快运代理有限公司	105164
42	湖南一力股份有限公司	101754
43	无锡山禾集团医药物流股份有限公司	101303

续表

名　次	名　称	主营业务收入（万元）
44	江苏无锡朝阳集团股份有限公司	96794
45	广东鱼珠物流基地有限公司	92524
46	南京远洋运输股份有限公司	87431
47	浙江省八达物流有限公司	83750
48	江苏远洋运输有限公司	81784
49	保定市白沟鑫通源物流有限责任公司	81679
50	南京昌昊国际贸易有限公司	76248

资料来源：中国物流与采购联合会

（四）市场监管力度加大

快递市场提高准入门槛。2009 年 10 月 1 日，新《邮政法》及其配套法规《快递业务经营许可管理办法》正式施行。新法规定，申请快递业务经营许可证，应当具备下列条件：①符合企业法人条件；②在省、自治区、直辖市范围内经营的，注册资本不低于人民币 50 万元，跨省、自治区、直辖市经营的，注册资本不低于人民币 100 万元，经营国际快递业务的，注册资本不低于人民币 200 万元。另外，规范行为、资费、服务标准要进行公示，要把赔偿制度写进合约，明确告知用户，业务员还必须持证上岗。新法规定，各市场主体必须在 2010 年 9 月 30 日前取得快递业务经营许可证。截至 2010 年 1 月 5 日，全国已经有 13 家快递企业首批获得邮政管理部门颁发的快递业务经营许可证。在准入门槛抬高的情况下，一些不具备条件的快递公司将不能取得资质，快递行业面临重新洗牌。

冷链物流规范化开始起步。2009 年 2 月 28 日，第十一届全国人民代表大会常务委员会第七次会议通过《食品安全法》，并于 2009 年 6 月 1 日起施行。《食品安全法》与我国之前施行的《食品卫生法》相比，除了安全评价系统更加严密、统一了食品安全标准等方面的差别外，还就食品运输问题做了特别阐述。《食品安全法》第二十七条规定：贮存、运输和装卸食品的容器、工具、设备应当安全、无害，保持清洁，防止食品污染，并符合保证食品安全所需的温度等特殊要求。《食品安全法》对温度的明确要求，正式承认了冷链的法律地位。由于城乡居民生活水平的提高，食品安全已越来越引起全民的关注，冷链物流越来越受到重视。为规范冷链物流市场发展，国家标准化管理委员会下达了2009年第二批国家标准制（修）订计划，其中包括五项冷链物流标准，分别是《冷链物流企业服务条件评估》《水产品冷链物流服务规范》《医药生物冷藏箱通用规范》《医药生物冷链物流运作规范》和《医药物流服务规范》。这对我国冷链物流的发展，将会起到引导和规范的作用。

三、物流企业求新求变，积极应对国际金融危机挑战

（一）经营策略调整应变

据中国物流与采购联合会对全国重点物流企业统计调查结果显示，我国重点物流企业2009年三季度经营效益虽然好于上半年，但仍呈普遍下降趋势。其中，主营业务利润额下降17%。在调查企业中，近6成企业利润额同比负增长，17%的企业亏损。面对严峻形势，物流企业积极调整经营策略，发展专业化、一体化、集成化的综合物流服务。中国远洋物流有限公司创新业务发展模式，向仓储、分拨、即时中心管理、供应商管理以及整合服务的物流服务供应链方向发展。远成集团有限公司从铁路干线运输起步，向以铁路运输、公路快运、航空海运、仓储配送及物流个性化方案策划为主导，集实业投资和国际贸易为一体的综合性现代化企业集团转型。中国物资储运总公司以仓储资源为基础，建成金属材料、建筑材料、汽车、木材、塑料、闲置设备、农副产品、化肥、日用百货等现货市场近30个，形成现货市场、动产监管、大宗贸易、加工配送、货运代理等有机结合的综合物流业务新模式。中铁快运股份有限公司依托铁路资源优势，通过实施区域经营、协同链接、客户细分、网络统一战略，打造全程服务链条，提供端到端的物流服务，把公司建设成为网络化、集约化、专业化、信息化、国际化的快捷运输企业和现代物流服务集成供应商。吉林省长久实业集团有限公司从整车物流起步，未来目标是发展成为以整车物流规划、零部件物流、普货物流、仓储、运输、配送、汽车销售、售后服务等领域的集约化综合服务集团公司。从2009年的情况看，这些物流企业通过调整经营策略，有效抵御了国际金融危机的冲击，扩大了市场份额，找到了新的生存发展空间。

（二）服务领域向供应链延伸

随着企业物流供应链一体化需求日益增强，物流企业向供应链上下游延伸服务。2009年，中远物流承接的飞利浦物流业务，从下游的成品配送业务延伸至上游采购环节的VMI（供应商管理库存）业务，和生产环节的入厂上线服

务，满足客户JIT（精益管理）要求。中邮物流有限责任公司与戴尔电脑公司的合作从最初为其直销模式提供供应链下游的运输配送服务，逐步延伸到其供应链上游的库存管理、货物组配以及样机管理、会议巡展、维修件返程等一系列增值服务。广东嘉诚物流集团在家电制造供应链管理过程中，以物流服务为基础，逐渐延伸至制造加工和销售代理等业务领域，推行物流、商流、资金流、信息流"四流合一"的供应链管理模式。物流与销售代理业务的无缝衔接，不仅可以向客户提供高附加值的物流管理，而且能够减少物流环节，更好地响应最终客户的需求。此外，怡亚通的采购与分销执行模式，越海物流的物流与分销一体化供应链管理模式等，都取得了较好效果。

（三）网络覆盖加快拓展

大型物流企业推行基地战略。2009年，浙江传化物流基地有限公司"公路港"物流平台在成都和苏州实现区域复制，两地传化物流基地先后正式运营。远成集团全国七大物流基地相继开工，布局东北、西北、西南、华中、华东、华南及重庆市场。多年来，宝供物流企业集团在全国15个经济发达城市投资建设大型现代化的综合性物流基地，网络布局逐步完善。中邮物流建立了基于八大集散中心的五大物流配送区域，并通过31个省级分拨中心，通达全国31个省、300多个城市、1800多个县。顺丰速运在国内已建有3个分拨中心、近100个中转场以及2000多个营业网点，覆盖了国内31个省近200个大中城市及900多个县级市或城镇。天地华宇公路快运服务递送网络涵盖全国56个转运中心，在2009年年底前其运营网点将增加至1500个，服务覆盖全国600个城市。

（四）合作联盟出现多种形式

联盟合作共享资源、优势互补。中国物流公司与中铁快运股份有限公司、中铁集装箱运输有限责任公司签署了战略合作协议。通过战略合作，中铁快运铁路综合运输能力和网络优势，加上中国物流公司辐射全国的物流场站、大型仓储基地、区域优势和专业运作能力，实现资源互补和共赢发展。中国外运与中国国航签订战略合作框架协议，共同推动货物运输订舱平台等的对接，探索保税物流园区货站前移业务模式的合作，共同拓展海外市场等。顺丰速运（天津）有限公司与天津市邮政速递公司签订战略合作协议。双方将充分发挥各自优势，在客户、网络等方面实现资源共享与业务共赢。阿里巴巴公司与天天快递、韵达快递、申通快递、圆通快递四家物流企业签订战略合作协议，并将其纳入"中国中小企业商务服务伙伴计划"。首批四家物流企业与阿里巴巴实现了信息平台对接，网商可直接在阿里巴巴网站选择物流企业下订单，实现下订单、分拨、配送、查询等一条龙服务。

一些有实力的物流企业与重点城市结盟，参与当地物流基础设施的规划、开发和运营。海航集团与浙江省签订战略合作框架协议，展开全面战略合作，共同打造现代化的综合物流体系。中外运长航集团与武汉签订框架协议，以武汉新港开发建设为契机，在物流、航运、修造船、燃油贸易、规划设计、旅游等方面与武汉市进行全方位、多层次的合作。中国诚通集团与连云港市政府签订合作协议，根据协议，诚通集团将在连云港建设以现代物流中心为主体的大型综合功能园区及其配套服务设施，一期项目投资规模为50亿元。

中小型企业间抱团取暖抵御危机。2009年5月，68家上海物流公司启动了中国首家“品牌物流超市”，以超市为零担货运平台，做专做精做深专线物流，坚持统一品牌、统一标准、统一服务质量、统一企业形象、统一价格体系的思路，逐步改变传统零担货运物流模式。珠三角300多家物流中小型物流企业组建物流诚信联盟，并进行了首次评审，评出各家物流公司的诚信星级情况，其中有2家物流公司因严重违背诚信被勒令退出联盟，以联盟诚信为基础，改善了中小型物流企业的信誉状况。

四、企业物流战略性调整，促进整体竞争力提升

（一）企业物流提升战略地位

面对市场竞争的压力，物流战略对企业形成自身核心竞争力起着越来越关键的作用，许多制造企业和商贸企业将提供满意物流服务纳入企业总体长远的发展战略。苏宁电器集团将物流作为自身核心竞争力之一，建立了区域配送中心、城市配送中心、转配点三级物流网络，依托WMS、TMS等先进信息系统，实现了长途配送、短途调拨与零售配送到户一体化运作，平均配送半径80～300公里，日最大配送能力17万台套，实现24小时送货到户，有效支持了企业快速响应的竞争战略。海尔集团为支持家电下乡战略，2009年推进“即需即供物流网”战略，配送网络开始由网络的广度向深度发展，从一二级城市不断向三四级城市及农村市场延伸。搭建了送货到门的村单配送模式，提出了多级配送、过站式配送、专线配送等多种物流配送模式，整合更多优质的仓储、配送资源，提升对客户订单的响应速度，实现到客户24小时即需即送的配送速度。

（二）运作模式带动物流系统变革

对于制造企业，订单驱动的生产方式越来越普及，带来了采购、物流系统

的深化变革。潍柴动力股份有限公司为适应按订单生产的模式，调整现有物流运作流程，通过应用“零库存”管理和供应商库存管理方式，柴油机物料配送储备资金占用由月产3000台时的1000万元，下降到现在的月产1万台的不足15万元，仓储面积由原来的25000平方米的库区，减少到2000平方米。华晨金杯汽车有限公司通过委托第三方管理模式与上线自管模式并行，使配套零部件供应商发货到第三方物流公司，由第三方物流负责按照整车生产企业的生产计划组织分拣、配送到各生产线前段配送中心，再由企业内的物流部门送到各生产线，初步适应了精益管理的要求。

对于商贸企业，快速响应的商业模式，精细化、一体化管理对物流系统改造和建设提出了更高的要求。物美商业集团股份有限公司为强化产品价格优势和提升客户响应速度，加快推动主力供应商集中采购及统一配送，将采购端的进价优势转换为销售端的售价优势，使配送中心由传统的成本中心转型为利润中心。京东商城为保证客户服务的速度和质量，在全国25个城市已经建有配送队伍，并投资2000万元在上海成立“上海圆迈快递公司”，提供物流配送、货到付款、移动POS刷卡、上门取换件等服务，提升了客户整体满意度。

（三）流程再造强化物流控制力

流程再造既包含企业内部的流程再造，也包括企业外部的流程再造。通过业务的整合和模式的调整，一方面能够减少内部的重复和浪费，降低成本，提高效率，更重要的是理顺了物流、商流、信息流和资金流在供应链中的关系，减少不确定性，实现精细化控制。上海大众汽车有限公司通过销售部门与生产计划部门的联合攻关，并在广大供应商和物流商的通力支持下，建立了短期计划的产销柔性协同机制，加强和完善了周销售和生产计划的柔性和忠诚度，更大限度地满足了短期市场变化的需求。同时推出“订单预配车”概念，客户订单在生产线上即与生产订单进行精确匹配，从而使车辆在生产时即得到客户、经销商订单信息，通过优先级区分，率先保证客户订单的生产。在此基础上，与物流商实现无缝协作，改进了日计划的模式，有效提升了运量及准确性。通过供应链各方的紧密配合，及时响应批售模式的战略性变化，在流程再造、资源规划、系统开发等方面迅速适应新的服务需求。

（四）多种方式分离外包物流业务

企业分离外包物流业务，从而将有限的资源集中到主业上，能够充分发挥社会分工的专业化优势，实现多方共赢。制造企业和商贸企业通过多种方式加快分离外包物流业务。一是主辅分离，成立专业化物流公司。在所有权不发生转移的前提下，将企业原有的运输、仓储、包装、配送等业务从主业中分离出来，设立新的物流公司，独立核算，自负盈亏，在满足企业物流服务的基础上承接社会物流业务。如上海安吉汽车物流有限公司、广州风神物流有限公司、北京三元双日物流公司等。2009 年，上汽集团将旗下的物流相关业务全部整合纳入安吉汽车物流有限公司，使安吉物流成为全国最大的汽车物流服务供应商。二是合资合作，实施战略联盟。通过这种方式，企业既保留了物流资源的控制权，又共享了物流企业的专业化知识，通过深度合作，实现了自身物流运作方式的变革。如青岛啤酒招商物流有限公司、安泰达物流有限公司。青啤集团与招商局物流集团合资组建了物流公司，将所有的物流操作职能划归合资物流公司负责，2009 年推广驻厂物流模式，进一步提升服务水平。三是全面外包，实现系统接管。制造企业和商贸企业把物流业务全盘委托物流企业管理，相关车辆、设备和人员由物流企业接管。海信集团将海信电器的生产基地仓库、全国各地设置的成品仓库以及全国的配送业务，外包给中远、中海、中外运 3 家专业的物流公司运作，3 家公司占海信电器物流业务的份额分别为 58%、32% 和 10%。物流业务外包以来，双方企业都获得了良好的效益。

（五）供应链管理能力显著提升

供应链管理的目标是实现供应链整体价值的最大化。联想集团有限公司采取一体化供应链的运作体系。把采购、生产、分销以及物流整合成一个统一的系统，从战略层、执行层在整个集团有一个统一的策略、统一的协调。近年来，联想正在加快从库存驱动模式满足客户需求向根据客户需求来确定整个供应链管理的供应模式转变，以达到采购、生产和分销的协调。首钢电装公司将自身仓库全部外包给招商局海通物流有限公司，逐步对供应商的货物实施集中管理，解决了供应商点多面广、送货不及时导致停线的问题。随着合作的进一步深入和合作范围的扩大，安排物流公司介入前置生产环节，承担原来在工厂内完成的拆箱分拣、工位配送、看板管理等流程，实现了生产与物流紧密对接和精益管理。通过对自身供应链流程的再造和整合，强化了供应链控制能力和制造企业的核心竞争力。

五、重点行业物流加快发展，推动物流模式创新

（一）钢铁物流

（1）钢铁物流需求稳步上升。2009 年，我国钢铁产量再创新高，粗钢和钢材产量分别为 5.68 亿吨和 6.96 亿吨，同比增长 12.9% 和 15.2%，铁矿石进口达 6.28 亿吨，与 2008 年的 4.436 亿吨相比激增 42%，钢铁物流市场需求快速上升。同时，受成本上涨和库存影响，我国钢铁行业利润大幅下滑。中钢协

发布的数据显示，2009年国内68户大中型钢铁企业实现利润553.88亿元，比上年下降31.43%。2009年钢铁行业的平均销售利润率只有2.43%，远远低于全国工业平均销售利润率5.47%的水平。经中国证监会批准，3月27日，钢材期货正式在上海期货交易所挂牌上市交易，中国由此成为继日本、印度、英国等之后又一个上市钢材期货的国家。

（2）钢材贸易商加快转型。据初步估算，我国现有钢铁流通企业15万余家，其中，销售量超过100万吨的有10多家，销售量在10万～100万吨的不足100家，其余都是低于10万吨的小型经销商。2009年，钢铁市场价格大幅波动，钢铁贸易商风险加大，传统的现货交易模式已经难以适应市场变化。钢贸企业加快向服务转型，在现货交易市场上，出现了一批集仓储、加工、包装、运输等一条龙服务的贸易商。小型企业力量薄弱的钢贸商加快采取“抱团”整合。2009年年底，温州金属行业协会已带头整合了70多家钢铁流通企业。辽宁、吉林等地的钢材贸易商也正在组建联合体。

（3）钢材加工配送中心渐显规模。我国现有300余家钢材加工配送中心，主要分布在华南、华东、中南部等经济发达地区，主要为汽车、家电、电子、建筑、轻工、钢窗、办公设备等行业提供服务。大型钢铁企业加快投资建设钢材加工配送中心，延伸产品规格范围，提高直供用户比例，为用户提供更为便捷、优质的服务。宝钢集团目前已拥有各类剪切加工配送中心27家，覆盖华东、华南、东北、华北、西南、西北六大区域18个重点用钢城市；有实力的钢铁贸易商积极拓展经营触角，投资建设钢材剪切加工配送中心。以五矿、中钢为代表的钢材流通企业具有规模的钢材加工中心有110家左右；国外企业如韩国浦项、日本商社等在我国投资建设钢材剪切加工配送中心；终端用户如造船、汽车、家电等生产企业自建分条、横切、冲片、套裁、激光拼焊生产线，在满足自用后，向社会提供加工配送服务。值得关注的是，民营钢铁流通企业合资或独资建设钢材加工中心，正在成为市场上的新生力量。

（4）钢铁物流园区不断涌现。华南、华北、西南、西北、华中等区域的钢铁物流节点城市都陆续建设了钢铁物流园区。广东乐从钢铁物流基地、江苏惠龙港国际钢铁物流中心、天津国际金属物流园区等如今已成长为中国规模较大的钢铁交易园区和钢铁贸易集散地。天津北辰钢铁物流园区被列入天津市20项重大服务业项目和天津区县重大项目。“石家庄大型钢铁物流中心”项目被列入2009年河北省级重点项目。一批传统的钢铁交易市场通过设施升级改造以及钢铁贸易商的重新整合，转型为钢铁物流园区；一些大型钢铁生产企业为实现专业化、现代化管理而投资建设钢铁物流园区，如广州钢铁集团2009年与广州港集团签订南沙钢铁综合物流园合作意向书，正式启动综合钢铁物流园；此外，一些有实力的流通企业开始兴建现代化钢铁物流园区，实现生产和流通的有效衔接。如成都西联钢铁物流港正式开工建设，建成后将具备仓储中心、加工配送中心、钢铁交易中心、电子商务中心、中转分拨中心（铁路专用线）、融资担保中心、钢材总部基地等功能。

钢铁行业电子商务发展迅猛。我国钢铁行业的电子商务日益成熟，在促进钢铁大物流的形成、活跃钢材流通市场、降低物流成本、增加信息的透明度等方面起到应有的作用。我国的钢铁行业的电子商务主要有以下四类：①以钢铁资讯为主，如兰格钢铁网、我的钢铁、中国联合钢铁网、钢之家以及中华商务网等；②以钢铁远期合约为主，国内前三甲分别是上海大宗钢铁电子交易中心、兰格钢铁电子交易市场以及中国钢铁电子交易中心；③以钢铁现货交易为主，如宝钢的东方钢铁在线、上海中金钢铁电子交易中心、西本新干线；④以钢铁产品搜索引擎为主，如兰格搜钢、上海搜钢网等。

（二）汽车物流

（1）总体规模高速增长。2009 年，国家出台了一系列拉动汽车消费的政策：降低汽车成品油价格，取消养路费等六项收费；推出汽车产业振兴规划；1.6 升及以下乘用车购置税减半；汽车下乡政策；鼓励农村消费；增加老旧汽车报废更新补贴资金等。这些政策有力地促进了汽车生产。2009 年我国汽车产销分别完成 1379.10 万辆和 1364.48 万辆，同比分别增长 48% 和 46%，其中乘用车产销分别完成 1038.38 万辆和 1033.13 万辆，同比分别增长 54% 和 53%；商用车产销分别完成 340.72 万辆和 331.35 万辆，同比分别增长 33% 和 28%。受此影响，汽车物流市场实现“爆发式”的增长。安吉汽车物流有限公司年运输总量达 300 万辆，实现了 30% 的增长。长久物流有限公司业务量也实现了 70% 的增长，年运输总量达到 90 万辆。

（2）“两业联动”深入发展。汽车生产企业对供应链一体化、精益化管理要求较高，物流外包比较普遍，与物流商的合作往往涉及重大战略决策层面。安吉物流将从研究主机厂订单式生产方式到合理的安全库存开始，将物流运行中包括从整车和零部件的集中配送，将静态的库存管理转变为动态的配送，从本地到异地，从国内到国外等各个环节进行闭环管理的一体化的精益物流链。中远物流承接上海通用汽车外包业务，做到生产零部件 JIT（Just In Time）直送工位，准点供应，建立战略合作伙伴的关系。目前，汽车物流的发展已进入以整车物流为主、向零部件入厂物流、零部件售后物流以及进出口物流方向延伸的竞争新格局，需要汽车生产厂商和物流企业的更加紧密的合作。

（3）多种运输方式打造绿色物流体系。目前，公路运输凭借门到门快捷高效的服务优势，占据了 80% 以上的汽车物流运输市场份额。随着汽车生产企业对成本和可持续发展要求的提升，单纯依靠公路的运输方式正在发生变化。安吉物流目前拥有运输车辆3000多辆、铁路专列348节、江轮3艘、海轮5艘、专用滚装码头2座、仓库总数33座。通过与铁道部下属的中铁特货建立的上海安东、上海安北两个合资公司，从事整车铁路运输，打造覆盖各主机厂、各铁路站台的铁路运输平台。水路运输方面，安吉物流则通过建设外高桥海通码头六期项目，建立水上综合运输枢纽，形成滚装码头、整车仓储、零部件集运中心。广州本田开始尝试水运方式，采取专船专线的方式，周班运作，每班装载车辆约500台，主要负责东北三省的整车物流任务。2009年，以中铁特货公司为主的铁路汽车物流的全方位适应市场化需要，服务已覆盖除丰田外全国主要各商品汽车品牌，并形成了上汽、一汽、广本、长安、奇瑞、东风六大重点领域布局，形成了全国南北纵横、东西贯通的汽车物流运输网络。多种运输方式的综合使用，节约了物流成本，减少了物流运作中的碳排放，有助于构建更精益、更高效、更环保的绿色物流体系。

（4）物流基础设施加快布局。大连、天津、上海、广州四大沿海港口用巨资布阵汽车物流市场，竞争格局已经显现。长春、京津、武汉、上海、广州、重庆六大汽车物流集群已经形成。一汽集团在成都计划投资8.6亿元兴建长春陆捷物流有限公司成都物流基地项目与一汽集团进出口公司成都物流基地项目，为成都一汽大众提供产前、产中和产后全过程物流服务。吉利汽车有限公司将建立兰州、济南、成都三大中转库，作为吉利商品车运输的物流枢纽。捷豹路虎建立的售后备件物流中心正式开业，该中心位于苏州普洛斯物流园。长久物流在天津建立区域配送中心，承担全国转运配送工作。

（三）化工物流

（1）化工物流快速发展。2009年国家出台了《石化产业调整和振兴规划》，全年石油和化工行业经济出现了企稳回升、总体向好的发展局面。全行业工业增加值实现了两位数增长，行业工业增加值占全国工业增加值的12.00%，同比增长10.13%。我国石化产业的格局未发生大的变化，重心仍在东部沿海一带，但部分产业正由东部向中西部地区转移。在产业整体转好的带动下，2009年化工物流产业发展也呈现V形反弹，快速发展态势。国内生产多数产品产量出现恢复性增长带动化工物流增长。主要液体化工品进口快速成长，带动化工进口物流快速成长。

（2）国内油气管道建设飞速发展。我国最长的成品油管道、中部成品油运输大动脉——中国石油兰州—郑州—长沙成品油管道全线贯通；中国石化加工原油近半实现管道运输，并实现了北起河北曹妃甸，南至浙江册子岛、大榭岛全长3000公里的中国石化东部原油管网全网连通；中国海油陆上成品油管道建设取得进展，惠州—东莞—立沙成品油管道正式打通；陕西延长石油集团建成投产了延炼—西安成品油管道；2009 年年底，西气东输二线西段建成投运，并与中国—中亚输气管线成功对接。

（3）化工物流企业经济效益较好。主要从事化工品仓储的保税科技，预计 2009 年 1～12 月实现净利润比上年同期增长 40%～70%。主要从事化工品运输的中化国际物流板块 2009 年 1～6 月共实现水运量 231 万吨，同比增长 36%；实现销售收入 75871.94 万元，同比增长 19%，销售毛利率上升 1.4%。国内另一从事化工品运输的长航油运，化工品运输，营业利润率则增加 6.63%。

（4）化工物流企业积极扩张。2009 年长江国际上马 116500 立方米储罐扩建工程项目，该项目建设投资为 9795 万元人民币，建设用地费 2964 万元，项目总投资 12759 万元人民币；华西村集团控股的江阴华西化工码头有限公司拟新建液体化工储罐 11 万立方米，投资估算 6700 万元人民币。中化国际截至 6 月底公司控制船舶 37 艘、控制运力 30.3 万吨，拥有集装罐 2547 个。

（四）医药物流

（1）医药物流明确发展方向。2009 年 4 月，中共中央、国务院印发《关于深化医药卫生体制改革的意见》（以下简称《医改意见》）及近期重点实施方案，提出 2020 年医药卫生体制改革的目标、原则和政策措施，医改工作全面启动。其中，明确提出要建立健全药品供应保障体系。要求在政府宏观调控下充分发挥市场机制的作用，基本药物实行公开招标采购，统一配送，减少中间环节，保障群众基本用药。同时提出，发展药品现代物流和连锁经营，促进药品生产、流通企业的整合；建立便民惠农的农村药品供应网；完善药品储备制度。《医改意见》的出台，对下一阶段我国医药物流的发展方向和模式选择将产生深远的影响。

（2）医药物流集中度较低。目前全国药品批发企业已达 1.65 万家，零售企业近 14 万家，全国零售药店总数 12 万家。但覆盖全国性的医药商业企业各自为政、分散经营，规模化、集约化、网络化的程度较低。2009 年出台的新医改方案对医药物流市场将产生深远影响。按照国家基本药物制度的安排，基本药物实行公开招标采购，统一配送，并要促进流通企业的整合。这将有利于大型医药流通企业的快速扩张，医药流通领域的集中度将进一步增强。新医改中的基本药物配送招标对医药企业的物流能力提出了明确的要求。目前不少省份如河南、江苏等地的基本药物配送试点招标中就已提出了现代物流的若干要素，如仓库面积、RF 终端数量、车辆数量等都作为评分项目；而以现代医药物流建设的名义获取土地是相对容易的，不少医药企业正在积极拿地运作物流项目。

（3）医药流通企业加快兼并重组。大型医药商业企业加大在珠三角、长三角和首都经济圈布局的基础上，在各自的空白区域加紧通过收购或以开分公司等方式不断抢占市场份额。中国医药集团总公司（国药集团）接连收购新疆药业、宁夏医药、天津太平医药商业企业、郑州九瑞等区域性医药商业企业，联手山东当地企业，高调进驻山东市场；九州通医药集团计划三年内在全国范围逐步建立 15 家子公司、100 家二级配送中心、5000 家连锁零售店；通过吸收合并 3 家医药上市公司打造的"新上药"，宣布收购 4 家地方性分销企业；中国医药集团 2009 年 3 月收购华立九州，迅速在一线城市建立起覆盖当地全部三甲医院的分销网络；安徽华源医药股份有限公司在部分省市参股、并购了一些中小商业公司。各主要医药商业企业加快布局各主要省级物流市场，为自己在医药领域争取更多的话语权。

（4）企业向供应链延伸服务。2009 年，中国医药流通企业加快向专业化医药保健品供应链综合服务商转型。南京医药联合南京三宝科技股份有限公司成立的南京医药供应链管理有限公司，上海医药集团联合苏州物流中心成立的苏州上药供应链有限公司在苏州挂牌成立，新成立的南药供应链公司将以 RFID 技术为基础，结合南京医药商业流通主营业务模式，打造信息化的现代医药集成供应链体系。苏州上药供应链有限公司以轻结构方式，以"医药生产物流"为定位，拓展江苏、华东乃至全国市场，加强上药对上海以及长三角核心市场的掌控能力。上海九州通现代医药物流中心将采用九州通医药集团完全自主研发并拥有自主知识产权的 LMIS 物流管理信息系统、WCS 设备控制系统、TMS 车辆管理系统以及应用 RFID 技术的全程冷链管理系统等 20 多项现代物流技术。越来越多的大型医药流通企业在扩张过程中，试图利用现代物流和供应链管理技术来降低成本、打造核心竞争力。

（5）医药物流基础设施加快建设。国药集团旗下一致药业成立国控广州物流中心，加强华南的物流配送能力。国药控股甘肃有限公司计划投资 1.5 亿元建设医药物流中心。国药控股的湖北、湖南物流中心也相继开工建设。南京医药股份有限公司的医药物流项目奠基开工。九州通集团建成的北京现代医药物流中心投入使用，上海物流中心开工建设，陆续还将在主要城市建立一批物流中心。鉴于自建物流中心成本较高，与专业物流公司合作，在节省成本和时间的同时，大幅度提高了扩张的效率。上海医药集团（上药集团）与普洛斯签订战略合作协议，租赁普洛斯虹桥物流园区约 9400 平方米的现代化物流配送设施，作为上海医药在上海西部的物流基地。上药控股的苏州上药供应链有限公司与苏州普洛斯物流园区签订租赁意向，意向租赁 6200 平方米的仓储设施作为苏州医药物流中心。

（6）联盟合作开始兴起。2009 年成立的医药联盟有：齐鲁医药商业联盟、浙江社区医药服务共同体、中国蓝海医药联盟、河南圣光医药战略联盟、河北中健医药贸易集团有限公司等。由 12 家商业公司共同出资成立的中健医药集团定位为发展医药卫生定点配送和终端药品配送的现代化医药物流集团，专注于药品配送，已经成为河北省较大的专业医药物流配送企业。在区域性商业联盟不断涌现的同时，联盟的触角开始伸向省外，圣光联盟与四川蓝海联盟的跨省合作也在运作中。

（五）食品冷链物流

（1）冷链物流需求难以满足。2009 年，全年肉类总产量 7642 万吨，比上年增长 5.0%。全年水产品产量 5120 万吨，增长 4.6%。随着消费者消费水平的提升，食品消费总量和质量要求进入高速发展期。仅食品行业的冷链物流年需求量就在 1 亿吨左右，现有冷链物流供应能力难以满足要求。目前，我国商用冷藏库面积有 700 多万平方米，保温车约 3 万辆，铁路冷藏车 6900 辆，而且设备陈旧、标准落后、操作不当，与日益增长的社会需求差距较大。

（2）现代化冷链设施加快建设。投资 10 亿元的武汉白沙洲冷链食品大市场 2009 年年底落成，一期 6 万吨低温冷库投入使用，年冻品交易量约 180 万吨。投资 6 亿元的重庆万吨冻品交易市场扩建工程正在建设中，拟扩建低温冷库 6 万吨，改造冷库 2 万吨。北京新发地即将投入使用的 7000 平方米交易大厅，进一步扩大了北京冷链物流中心的中转能力。总投资 6 亿元的云南东盟国际冷链物流中心开工建设。国家也加大了农产品冷链物流体系建设的支持力度，预计我国的公共冷冻仓储设施在未来 5 年中的增长速度将超过 20%。

（3）冷链物流标准继续推进。2009 年，国家出台的有关政策对冷链物流发展提出了更高的要求。《物流业调整和振兴规划》提出要加强农产品质量标准体系建设，发展农产品冷链物流；6 月 1 日实施的《食品安全法》提升了对冷链物流市场发展的要求。与之相适应，国家冷链物流标准项目加快推进。全国物流标准化技术委员会制定的《冷链食品物流包装标志运输和存储标准》《冷藏食品物流包装标志运输和存储标准》即将出台。国家标准委发布的《全国服务业标准（2009 年—2013 年）发展规划》将冷链配送服务要求、冷链物流企业服务条件评估、冷链物流信息服务要求、水产品冷链物流服务规范、医药物流服务规范五项重要关系我国冷链物流产业未来发展的服务标准在规范中突出体现，其他 11 项标注年项目也在开始申报。

（4）食品生产企业物流服务外部化。一是剥离物流业务，成立第三方物流企业。生产企业将原有已建成的食品全过程冷链设备、技术、资金和人员单独成立专业化的第三方物流企业，为更多的企业服务。如河南双汇物流投资有限公司、天津康新物流有限公司、上海光明领鲜物流有限公司等。二是与物流企业合资、合作。生产企业具有一定资金和管理实力却不具备实际操作实力和客户资源，与具有一定规模和实力的第三方物流企业合作。如由北京三元集团有限责任公司与日本双日株式会社及双日（中国）有限公司三方共同出资成立的北京三元双日物流公司等。

（5）外资加快进入中国冷链市场。澳洲太古公司与广东省食品进出口集团共同投资组建广东太古冷链物流有限公司，占据合资公司60%股权，新公司冷库容量将达到4万吨。北美最大的公众冷库物流供应商普菲斯公司宣布将在上海建设中国最先进、占地2.6万平方米的单层冷库，并计划在中国战略性港口建立一个现代冷库的全面网络。敦豪全球货运物流位于浦东国际机场的温控仓库正式投入使用，仓库面积为180平方米，温控范围为摄氏15度~25度，旨在保证冷链物流递送的质量和时效。百胜餐饮集团中国事业部在杭州建立配销中心，提供完整的冷链物流服务。

（六）连锁零售物流

（1）配送中心和基地建设进入高潮。2009年，我国社会消费品零售总额达12.5万亿元，比上年增长15.5%，消费对经济增长的拉动作用明显增强，推动了连锁零售物流业加快发展。目前，全国较大型的连锁企业都在建设自己的配送中心。据中国连锁经营协会统计数据显示，国内连锁百强企业当中，有80%的企业拥有自己的配送中心，配送中心的平均面积达到9693平方米。山西美特好物流有限公司投资建设的配送中心年底可投入使用，物美新的生鲜配送中心即将投用，福建永辉将在北京建立物流中心，武汉中百7月募集了6.2亿元资金主要用于新物流和配送中心的建设，步步高、山东家佳乐等超市也都在开建物流配送中心。11月，苏宁电器募集资金30.55亿元，计划约10亿元投入六地物流基地建设项目。随着连锁零售企业规模的扩大，物流配送中心的建设正出现新的高潮。

（2）零售商推动物流模式创新。华联配送通过越库配送的方式，将部分商品的库存周期降至2~3天。所谓越库配送，是指商品到了配送中心以后，不进库，直接在站台上向需要的客户进行配送，促使物流成本大大地降低。物美集团实行集中采购模式，供应商数量从原来的2000多家精简到1000多家。通过与主力供应商建立战略合作，形成策略联盟，目前前30名主力供应商占采购量的25%；压缩供应链，通过信息系统的建立，中间商从原来的73%下降到50%。物美和外贸企业联手，主动将玩具、服饰、小家电等外贸产品转为国内销售。

（3）物流网络覆盖面逐步扩大。苏宁电器积极推动密集布店物流基地战略，计划在2012年之前投资120亿元，在全国建设60个物流中心。目前，除了在北京、杭州、南京建成了三大物流基地外，天津、重庆、沈阳、合肥、成都、无锡、徐州等地物流基地在建设中，2009年新开工的物流基地增加10个以上，包括长春、济南、广州、厦门、福州、杭州、武汉、哈尔滨、西安等。物流网络布局加快向二三级市场延伸，配送范围覆盖主要三四级市场。国美在东北、华北、华南、华中、西北、西南的配送中心也已经陆续开发、建设和使用。未来通过在区域重点城市建立6～7个大区级CDC，在一级市场规划建设40个区域RDC，在二级市场以DC覆盖城镇及乡村的方式来构建国美电器的三级物流网络。作为以物流战略支撑商业模式的跨国连锁企业，沃尔玛先后在深圳、嘉兴和天津设有物流配送中心，基本覆盖了沿海经济发达的一二级市场。

（4）“农超对接”取得实效。在商务部的推动下，超市与农产品生产基地直接对接，减少中间环节，为农民和城市消费者带来实惠。目前，“农超对接”已经在全国24个省市试点。很多企业，如物美、福建永辉、家家悦等，或是建立农超之间的产业链，或通过与供销合作社等组织的密切合作，进一步提升了生鲜食品的经营水平和利润空间。

（七）电子商务物流

（1）网购物流业务规模快速增长。2009年，我国网络购物市场加速扩容。据中国互联网信息中心（CNNIC）调查统计，截至2009年年底，我国网民规模已达3.84亿，其中，有近1亿的网购用户，年增幅达45.9%，比2004年翻了近两番，规模呈持续快速增长势头。据艾瑞咨询统计，2009年全国网络购物消费金额总计为2483.5亿元，同比增长93.7%，占社会消费品零售总额2%。网民在C2C和B2C购物网站花费金额分别为2210.3亿和273.2亿，在C2C购物网站上的购物支出占网购总金额的89%。受网络购物市场持续高速发展带动，网购物流业务规模呈爆发式增长。

（2）网购物流服务体系加快建设。大型网购企业自建物流中心越来越普遍。2009年，当当网在武汉沌口新建的物流仓储中心正式落成并投入试运营，面积达15000平方米。卓越亚马逊入住成都的西部运营中心，面积约18000平方米。京东商城也在北京、上海、广州设有配送中心，并计划2009年进行三地配送中心的扩建和改造工程，增加配送站点数量，以实现辐射范围小，配送效率高。为便利客户交易，货到付款业务在领先企业中普遍推开。当当网开通货到付款的地区已经达到1238个，并且在很多核心城市已开通加急服务，当当网还在北京地区为联营商城商户开通了货到付款服务。凡客诚品支持货到付款的区域已经超过862个城市。其中，全境覆盖的省（含直辖市）包括北京、上海、天津、山东、江苏、浙江等。淘宝网每日新增的交易量中货到付款业务稳定在2000~3000笔的水平。

（3）网购企业和物流企业加强联盟合作。为规范网购物流市场，淘宝网积极推行“推荐物流”制度。通过与物流企业签约，签约的物流企业进入淘宝的推荐物流企业行列，可直接通过与淘宝对接的信息平台上接受其用户的订单。据统计，网商中使用推荐物流的用户已经达到了70%，申通、圆通等较早加入推荐物流平台的快递企业，电子商务业务每年增长在100%以上，目前每天的业务量已经达到50万单。10月末，B2C网站阿里巴巴与天天快递、韵达快运、申通快递、圆通速递等签约，四家快递公司正式成为阿里巴巴的“合作伙伴”。成为合作伙伴之后，快递公司获得了阿里巴巴的45万诚信通会员资源，阿里巴巴的诚信通会员可以在这四家物流企业市场价基础上享受6~9折不等的优惠。

（4）大宗商品电子交易市场规模不断扩大。大宗商品电子交易市场是提供大宗商品交易的第三方多对多、动态定价的B2B电子交易市场。2009年，上海大宗钢铁电子交易中心成交量达到1.128亿吨，占全国钢铁生产总量的19.8%；成交额达4141亿元，税收贡献5300多万元，其交易商包括钢铁供应链上的企业会员7100多家。广西糖网食糖批发市场2009年全年单边交收量317.5万吨，比2008年增长30.93%，占全国总产量的26%。浙江塑料城网上交易市场开业五年来，已累计成交塑料1460万吨，成交额达1638亿元。全国各地5000多家从事塑料生产、经营、加工的企业成为网上市场的交易商，交易商客户遍布全国30多个省、区、市，成为目前国内规模最大、交易品种最多的塑料电子交易中心。

（5）大宗商品电子交易市场数量快速增长。截至2009年12月31日的统计，全国目前共有大宗商品电子交易市场128家，分布在23个省、市、自治区，其中2009年新增市场35家。其中的56家规模较大的电子交易市场2009年的交易金额达到1.8万亿元。在2009年新开业的35家电子交易市场中，有21家市场定位于农产品领域，交易的品种为农产品，占新开业市场的比例达到60%。一方面农产品生产受天气影响较大，产量不确定性较大，因而该领域的企业避险需求较为强烈；另一方面农产品的供销渠道相对较不稳固，中小型企业较多，更易于加入到电子交易行业中来。这些农产品市场交易品种包含苹果、棉花、白糖、玉米、淀粉、红枣、木材、猪肉等，涵盖种植业、畜牧业、林业、副业等多个领域。

六、区域物流全面推进，一体化发展渐成趋势

（一）物流功能集聚区逐步形成

一批先行先试的物流功能集聚区显示了良好的社会经济效益。上海外高桥保税物流园区依托国际采购、国际配送、国际中转和国际转口贸易四大功能，初步形成了国际采购配送中心的雏形，引进了日本最大的全球百元连锁超市大创产业，酒业巨头三得利配送中心，美国工业零件ACE配送中心，日本汽车巨头尼桑零部件分拨中心等一批20余家国际物流企业。这些产业的集聚为物流园区国际物流的发展，监管体系的完善创造了条件。传化物流基地定位于“物流平台整合运营商”，通过打造以信息交易为核心、以公路运输为依托、以国内物流为基础的物流企业集群发展的平台，发挥物流集聚效应。到目前为止，已有480余家来自省内外的专业运输、仓储、零担、货代等物流企业进驻传化物流基地。基地整合了近40万辆的社会车源运输网络，日成交量达5000条以上，全年货物承载量达1300万吨。2009年，随着各地对整合物流资源、发挥集聚效应的重视，一批紧密结合当地产业结构，综合采购配送、产品加工、电子交易、展览展示、配套服务的产业物流集聚区纷纷开工建设和投入运营，主要涉及钢铁、粮食、煤炭、石化、冷链、农资等众多领域。如郑州市结合产业优势，建设粮食物流园区；山东省寿光市农产品物流园已经正式开业；辽宁省鞍山市北方钢铁交易中心建成投入使用。

（二）区域物流合作进一步加强

2009年，国务院密集批复了《促进中部地区崛起规划》等12个上升为国家战略的区域发展规划，加大区域经济统筹协调力度，推进了区域物流合作步伐。长三角公路货运一体化进程迈出坚实一步。浙江、江苏、上海联合发布“一体化发展”管理意见：自7月1日起，在三地共建的“大物流圈”内，集装箱车可互享同城待遇。“两省一市”召开2009年长三角地区现代物流联动发展大会，签署《长三角地区推进医药物流标准化工作合作备忘录》，重点推进长三角地区医药物流领域的合作与交流。浙江省还牵头发起建设11省区市间的物流公共信息平台，并在杭州签订了《省际物流公共信息平台共建协议》。深圳加快引导跨区域物流合作发展。5月，深圳与福建、江西、湖南、广西、海南等省市在广州正式签署《泛珠三角区域九省、区口岸合作备忘录》；7月，深圳与东北、大连积极互动，探讨合作空间。此外，6月，陕西与湖北、江苏、山东三省政府及宜昌港务集团、徐州港务集团、连云港港口集团和日照港集团

签订战略合作协议，共同构建现代煤炭物流体系。区域物流一体化的推进，不仅让区内企业得到了效益，更重要的是有效地克服了区域壁垒，有利于整个区域物流服务综合竞争力的提升。

（三）国际物流中心加快推进

目前，我国正在建设以渤海湾、长三角、珠三角三大港口群为依托的三大国际航运中心。2009 年 3 月，国务院常务会议通过《关于推进上海加快发展现代服务业和先进制造业，建设国际金融中心和国际航运中心的意见》（以下简称《意见》）。关于国际航运中心建设，《意见》从优化现代航运集疏运体系、发展现代航运服务体系、探索建立国际航运发展综合试验区、完善现代航运发展配套支持政策等方面提出了具体要求。作为唯一的综合试验区，洋山港加大营业税政策优惠力度，明确提出注册在洋山保税港区的纳税人从事海上国际航运业务或货物运输、仓储、装卸搬运业务取得的收入享受免征营业税政策。天津滨海新区也表示力争在 5 ~6 年初步建成服务中国北方、东北亚、中西亚的北方国际航运中心。大连则通过建设“数字口岸”，逐步向东北亚航运中心迈进。随着《深圳市综合配套改革总体方案》的公布，深港物流合作规划更具操作性，深圳与香港物流正在加强合作，通过功能互补、错位发展共建全球性物流中心。此外，随着中国—东盟自由贸易区的全面启动，带动广西区域物流格局加快调整，南宁、钦州、防城港、北海、凭祥等物流节点正在加快向区域物流中心转型。

（四）城市物流受到更多关注

城市物流是以城市为依托的区域物流，以商业配送、快递运输等业态为主，服务于城市经济发展的需要，与人民生活息息相关。随着人们消费水平的提高，城市物流服务体系建设日益受到重视。为落实《物流业调整和振兴规划》提出的“城市配送工程”，越来越多的省市出台了相关政策措施。截至 2009 年 12 月底，天津、山西、吉林、广东、上海、安徽、山东、辽宁、湖南、青海、河北等省市先后出台了相关政策，重点解决配送车辆进城通行、停靠和装卸作业等问题。此外，一些城市尝试首先从运输车辆入手，规范城市配送，着手完善城市物流体系。2009 年 4 月，上海市在全国率先推出的《城市配送物流车营运技术规范》（以下简称《规范》）开始试行。《规范》规定了城市配送物流车辆的基本技术条件及特殊条件、车辆维护要求、运输过程控制等要求。此外，《规范》将物流企业普遍关注的整体式箱式货车正式纳入城市配送物流车的行列。

（五）保税物流全面拓展

2009 年，经过两年试点，全国出口加工区开始全面拓展保税物流功能和开展研发、检测、维修业务。入区企业的经营范围相应扩大，从原来只允许加工制造企业进入，扩大至允许保税仓储、设计研发、国际采购、国际配送、检测维修等企业入区经营；从原来只允许加工制造企业销售经实质性加工的产品，扩大至允许加工制造企业进行简单加工以及零配件采购和销售。2009 年海关继续推动设立综合保税区，将一些距离相近的特殊区域和保税监管场所进行优化合并，实现“强强联合”。综合保税区是设立在内陆地区具有保税港区功能的海关特殊监管区域，实行封闭管理，是目前我国开放层次最高、政策最优惠、功能最齐全的海关特殊监管区域，是国家开放金融、贸易、投资、服务、运输等领域的试验区和先行区。2009 年获批的综合保税区包括：海南海口、广西凭祥、黑龙江绥芬河、上海浦东机场、江苏昆山综合保税区。截至 2009 年年底，我国共设有海关特殊监管区域 96 个。其中，保税港区 13 个，综合保税区 8 个，出口加工区 55 个，保税物流园区 6 个，保税区 12 个，珠澳跨境工业区 1 个，中哈霍尔果斯边境经济合作中心中方配套区 1 个。2009 年，这些区域实现进出口总值 2794 亿美元，在经受国际金融危机冲击、外需下降的困难形势下，同比降幅比全国进出口总体降幅低 7.2 个百分点。经过 20 年的发展，海关特殊监管区域已成为我国引进外资和加工贸易发展的重点区域，成为电子信息、生物制药、航空航天等先进制造业集聚区。

七、物流基础设施建设进度加快，物流运作条件有较大改善

（一）交通运输基础设施建设大规模提速

2009 年，为应对国际金融危机冲击，国家实施总额 4 万亿元的两年投资计划，其中，铁路、公路、水路等交通基础设施占到较大比重，建设速度明显加快。全年全社会公路、水路、民航固定资产投资完成 1.13 万亿元。新建公路 12.13 公里，新增公路通车里程 9.8 万公里，其中高速公路 4719 公里；新增万吨级以上深水泊位 96 个；改善内河航道里程 1192 公里。民用机场航站楼总建筑面积增加 66 万平方米。到年底，高速公路通车总里程达 6.5 万公里，继续居世界第 2 位。一批重点项目相继开工投入运营。大广高速公路北京至承德三期工程、连霍高速公路宝鸡至天水段、舟山跨海大桥、沪瑞高速公路坝陵河大桥、洋山深水港区三期工程、广州港出海航道二期工程、长江纳溪至娄溪沟航道工程、天津滨海机场飞行区改造工程、腾冲驼峰机场等重点项目建成投入运营。

全年铁路完成基本建设投资 6000 亿元，比上一年增长 79%。共完成新线铺轨 5461 公里、复线铺轨 4063 公里；投产新线 5557 公里，其中客运专线

2319 公里；投产复线 4129 公里、电气化铁路 8448 公里，如表 7 所示。截至 2009 年年底，我国铁路营业里程达到 8.6 万公里，跃居世界第 2 位。一大批重点工程开工建设。上海—杭州、南京—杭州、杭州—宁波、南京—安庆、西安—宝鸡等客运专线，兰新铁路第二双线、山西中南部铁路通道等区际干线，以及贵阳市域快速铁路网，武汉城市圈、中原城市群城际铁路等相继开工建设。在建工程项目进展顺利，京沪高速铁路累计完成总投资的 56.2%，哈尔滨—大连、上海—南京客运专线线下工程基本完成；北京—石家庄、石家庄—武汉、天津—秦皇岛、广州—深圳（香港）、上海—杭州等客运专线和上海—武汉—成都、太原—中卫（银川）、兰州—重庆、贵阳—广州、南宁—广州等区际大通道项目加快推进。一批重点项目建成投产，宁波—台州—温州、温州—福州、福州—厦门等客运专线相继建成通车，特别是世界上里程最长、时速 350 公里的武广高速铁路开通运营，成为中国高速铁路发展的又一里程碑。武汉、长沙南等 104 座新客站投入使用，那曲物流中心竣工运营。

表 7　　2009 年物流相关固定资产投资新增主要生产能力

指　标	绝对数	增幅（%）
新建铁路投产里程（公里）	5557	233.3
增建铁路复线投产里程（公里）	4129	113.4
电气化铁路投产里程（公里）	8448	332.1
新建公路（公里）	121013	21.2
其中：高速公路（公里）	4391	-31.7
港口万吨级码头泊位新增吞吐能力（万吨）	31318	-5.4

（二）多式联运加快推广

随着我国综合运输体系的逐步完善，为多式联运创造了条件。在各种运输方式中，铁路一直是长途运输的骨干渠道。随着近年来铁路基础设施建设加大投入，铁路运能紧张的局面逐步缓解，多式联运方式的推广面临有利机会。2009 年，铁路物流中心发展加快推进，基于集装箱中心站的 18 个铁路物流中心陆续开建和运营，一些重点路局启动了局管内的铁路物流中心规划建设工作，引导公铁联运全面展开。沿海集装箱港口的海铁联运发展较快。7 月，东北及内蒙古地区有关各方签署了《东北铁海联运战略合作框架协议》，提出最大程度整合东北及内蒙古地区的优势资源，在大连口岸和东北内陆间形成一条快速、高效、便捷的物流黄金通道，大幅降低了东北地区的物流成本。此外，厦门港承接中海集团的海铁联运业务，主要服务福建及周边地区；青岛港转口贸易发展迅速，众多日韩轻工业产品通过青岛港转口到中亚和俄罗斯，带动青岛港海铁联运的发展；山西通过宝特国际物流中心与连云港、青岛、日照、天津等港务局建立战略联合体，实现海铁联运；宁波港与中铁联合国际集装箱有限公司签署协议，共同出资组建合资公司，经营宁波港北仑港区铁路集装箱办理站；深圳盐田港陆续将海铁联运业务由沿海向内陆地区延伸，目前已在广州大朗、江西赣州、湖南醴陵、云南昆明等7个地方开设海铁联运业务。基于航空枢纽的空铁联运也在规划中，新虹桥客运站毗邻上海虹桥机场，计划建成该地区的空铁联运综合交通枢纽。

（三）物流园区（基地、中心）成为投资热点

随着《物流业调整与振兴规划》的出台，2009年各级地方政府投入高度热情，积极制定物流业发展规划，研究部署本地区的物流基础设施，物流园区等设施日益成为国内外企业的投资热点。以物流园区、物流中心、配送中心、分拨中心、物流仓库等为主体的物流节点设施建设继续保持了旺盛的发展态势。值得关注的是，地县级区域物流园区开发热度上升，一线城市以外的开发出现大幅度增长。

外资物流地产商加快收购改造。2003年以来，美国的普洛斯、美国的AMB、日本的新熙地集团、新加坡的丰树信托和腾飞集团等有物流地产背景的外资企业通过既有项目收购和新地产开发方式在我国大力开展物流地产投资，为客户提供现代化物流仓储设施租赁服务。2009年，外商继续开拓中国物流地产市场，积极寻求新的发展机遇。这些物流地产投资商逐渐由二线城市回归一线城市，不断寻求市场机会，而收购改造成为物流地产市场重要的投资方式。通过收购现有厂房设施，并将其改造为更高标准的物流仓库，提供专业化的物流仓储租赁服务，成为外资进一步抢占国内物流地产市场的重要方式。2009年3月，普洛斯公司宣布完成苏州工业园区建屋发展集团有限公司下属两家专业公司50%的股权收购，并以15亿元人民币的总投资获得苏州新加坡工业园区67万平方米的工业及物流设施。尽管中国经济总体发展趋缓，但普洛斯表示依然看好物流市场前景，将重点在中国一二线城市继续扩大投资，预计未来两年大约有10亿美元的投资额度投向中国地产市场。

本土物流地产商投资热情高涨。国内众多的地产巨头如美林基业、合生创展、富力地产、恒大地产、珠江投资和和记黄埔等纷纷将物流地产作为近期发展的重要方向。中储、中远、中铁、中外运、宝供等本身有物流业务的物流企业积极投身于物流基地建设，以打造通畅、高效、完善的物流基地网络，规模

超过了其自用需求，成为涉足物流地产的主要力量。而深圳宝湾、浙江传化等企业则在建立伊始就主要致力于物流基地建设和提供专业的物流仓储租赁业务。2009 年，在中国房地产市场迅猛发展的形势下，物流地产作为一类新兴的工业地产，受到广泛地关注，众多的国内企业投身于物流园区的建设。

物流地产开发涌现新模式。在城镇化进程快速推进的过程中，城市的二次布局成为历史发展的必然选择。在这种形势下，物流地产开发出现新的趋势，物流园区与商贸城的产业衔接推动了物流集聚区的产生和发展。物流业作为商贸业的支撑产业，为商贸业的发展提供基础服务；商贸业的不断增长，也推动着物流业的提升和转变，进一步衍生出更广泛的物流服务需求，为现代物流业注入新的活力。物流集聚区正是在这种物流与商贸良性互动的环境中产生和发展，它依托于各种产业集群或实现城市的配套服务需要，利用现代化物流设施与信息管理技术，融合多种服务业态，为全球、全国及区域性供应链提供生产、消费、流通全方位物流服务的服务地域综合体。

八、物流技术装备业经受较大冲击，结构调整幅度较大

（一）国际金融危机对物流装备业冲击较大

国际金融危机对中国物流技术装备业影响巨大。它直接影响了中国物流装备产品的出口，使得 2009 年中国叉车等重要物流装备出口呈现自由落体式的大幅下滑。尽管四季度以来全球经济出现复苏迹象，中国物流装备产品出口的严峻形势略有好转，但前景依然很不乐观，出口市场还未见复苏迹象。

从中国物流装备的国内市场来看，据调查分析，2009 年国际金融危机对中国物流装备市场的不利因素远远大于有利因素。受金融危机的冲击，2009 年一季度中国物流装备业出现整体大幅下滑。据中国物流技术协会信息中心的调查统计：关于国际金融危机对企业物流装备采购意向的影响，回答有利的为 0，说明没有企业受益；回答没有影响的占 25%，主要集中在食品、烟草、医药、商贸流通等行业，这些行业主要集中在国内市场，行业特点较为特殊；回答受到较大负面影响的占 51%，受到严重冲击的占 24%；合计起来看：受到严重冲击和较大负面影响的企业比例达到 75%。这一调研结果说明中国物流装备市场受到的国际金融危机的冲击很大。

（二）叉车生产与销售大落大起

据监测分析，中国叉车行业自 2008 年 4 月产销达到高峰以来，从 2008 年 5 月起逐月回落，到 2009 年 1 月达到谷底。产销量也从 2008 年 4 月每月产销 2

万台左右下降到2009年1月6000台左右，下降了近3/4。从2009年2月中国叉车企业产销开始逐月缓慢回升，2009年3～7月在低位徘徊，8月开始回升加快，四季度月度产销出现历史新高。

尽管2009年中国叉车市场增长幅度不大，但相对于国际上叉车市场的下降，中国叉车市场仍是世界最好的市场，是世界叉车市场的亮点，更是世界上发展最快的，规模最大的叉车市场。

（三）托盘与货架行业微幅增长

受国际金融危机的冲击，中国托盘与货架行业在2009年上半年也出现了一定幅度的负增长。据监测分析，托盘与货架行业也是在一季度达到谷底，二季度开始触底回升，但回升幅度有限，从三季度开始回升幅度加快，四季度出现较大幅度的增长。全年来看，可实现微幅增长。

2009年中国托盘市场需求与货架市场类似，但上半年市场下降幅度大于货架行业。托盘行业也是从二季度开是触底回升，三季度回升加快，四季度出现加大增长，但全年也仅仅与上年持平而已。

（四）自动仓储系统平稳发展

2009年虽受金融危机影响，但在烟草、医药、食品、铁路、电力等行业的拉动下，自动仓储系统市场需求和项目建设基本保持平稳。

2008年、2009年，烟草行业“十一五”技改项目建设达到高峰期，对自动仓储系统的需求和投资在生产物流、商业配送物流两条主线上依然需求较大。2010年是“十一五”计划的最后一年，技改工作趋于收官阶段，在烟草工业方面，预计项目数量比上年略有下降，但在烟草商业方面需求量会增加。

自动仓储系统在食品饮料行业将有更多的应用。同时，冷链市场逐渐升温，许多企业已着手规划和建设冷链仓库，但由于技术和成本的原因，自动化物流装备应用还较少，国内供应商将加大自动冷库技术和产品的开发。

医药行业受金融危机影响较小，2009年和2010年的市场需求比较平稳。随着国家新医改政策的实施，市场需求预计会呈小幅上升趋势。

机械制造行业受金融危机影响较大，影响了对自动仓储系统的需求。由于企业已感受到生产配送型零部件装配自动仓储系统的优势，预计2010年市场需求会有较大提升。

（五）输送分拣设备行业加快升级调整

2009年年初，金融危机使物流装备需求趋缓，但受合同执行周期长影响及国家振兴经济方案刺激，2009年下半年输送分拣设备需求明显好转，呈先抑后扬态势。据初步估算，2009 年输送分拣设备行业总产值增量较前几年低，为 8%～15%。同时，供求关系也呈现出新的态势。

行业需求从粗放式转向精益化。2009 年是我国物流装备业的整合时期，也是行业从粗放式经营向精益化发展的阶段，反映在用户的投资心态更趋理性。不仅注重系统的投入产出、运行和维护成本，在系统筹建期间，还积极配合集成商参与系统规划及工艺流程设计评审，其目的是获得高性价比。

同时，金融危机引发业内企业洗牌。国内一些资金雄厚的企业借此契机开始考虑并购，在加强自身资源优势的同时，积极物色有互补技术特色（如软件、专业装备制造）的企业，通过合作、并购等形式组成战略联盟或产业整合，其目的是扩大企业规模和提供物流系统集成的全方位服务，形成国内系统集成领域的“航母”地位。

九、物流信息化全面推进，运用成果取得实效

（一）物流企业信息化促进运营管理升级

物流企业对信息管理系统提出更高要求。中远物流根据业务发展的需要，自主开发了 5156 系统、船代在线、FOCUS、仓储管理等核心物流信息系统。其中 FOCUS 系统有力地支持了中远物流的货运业务从分散于各个口岸货运代理向有实力的无船承运人的成功转型，并实现了总部和区域中心的集中采购、统一结算和精细化管理。远成集团已先后开发和应用了远成物流信息系统（YCLIS）、车辆全球定位系统（GPS）、财务金蝶 EAS 系统、仓储 INFOR WMS 系统。这些信息化技术的普遍应用，有效地满足了现代化物流查询、监控、跟踪、结算、配送等需求。2009 年，远成集团与 INFOR 公司实现强强联手，在信息化建设多个领域进行密切合作。华联配送建立了一个较完善的管理信息系统，把大量的销售信息转化为对零售企业、对生产企业、中间的批发都非常有用的数据和信息。把顾客的信息转化为对生产和配送的指导，并根据客户需求，完成库存的自动补货和提供储存、加工（有时需要捆绑销售）等附加服务。将库存周转天数从 30 天降低到 18～22 天。而且还能保证商品配送的及时安全，提高商品的满足率在 15 个百分点以上。

（二）区域公共信息平台加快落实

一些地区按照规划统筹构建起来的综合物流信息平台已经初步形成。7 月上旬，浙江省牵头与上海等 16 个省市区签订物流公共信息平台共建协议；与中国电信集团签订框架协议，利用该“平台”开展 3G 手机物流服务业务；由

浙江交通综合物流协会牵头，建立30多家企业参加的物流公共信息系统共建联盟。2009年年底，“全国物流协同平台”在惠州开通。该平台是由惠州金泽集团自主开发的物流信息技术应用平台，通过将中国电信3G通信技术、卫星定位导航技术、物流管理支撑系统等技术融合，应用3G手机、GPS、RFID、二维码、条形码等技术，实现通信和物流管理的“一揽子”解决方案，能在全国范围内为物流企业和企业物流提供全程全网的综合协同服务及供应链管理服务。

（三）跨部门公共信息平台加深合作

除了物流中涉及例如通关、税收、交通、保税监管等主管部门的电子政务平台建设和应用外，已经出现了一些跨部门的合作。例如商务部与海关、银行的电子政务平台合作，正在把与内外贸业务有关的企业安全证书逐步过渡到电子口岸统一身份认证系统，建立“一卡通”和一体化服务体系。新白云机场“空港物流监管信息平台”的开发与建设，是海关与新机场合作的信息平台，该信息平台以舱单数据为依据，将卡口管理系统、仓储管理系统、快件通关系统、电子地磅等与通关系统联网。此外，在技术服务方面如数据交换平台、GPS/GIS、利用手机通信网络进行定位/跟踪的信息系统等有许多应用案例出现。

（四）公共信息平台服务功能逐步延伸

海关的电子商务和综合物流服务平台逐步开发完成，实现了由政务向商务、物流服务的延伸。在青岛，药品医疗器械电子监管网已经建立并投入运行，有效实现了对药械流通的实时监管，通过对药械的生产、经营单位的资质和物流过程实施监管，大大提高了药品监管部门的监管能力和工作效率。该网还可以通过与全国其他监管信息系统进行数据交换，实现对进出青岛市区的药械物流的远程监管，避免监管的断层。

（五）商业性公共信息平台发挥集聚效应

商业性公共信息平台以实体基地为依托。传化物流搭建平台，集聚起大批第三方物流企业和社会车辆，为他们提供货物交易信息的电子平台，打造诚信的司机信息认证系统，建立类似客运班车一样的货运班车市场，然而传化从不直接承接物流业务。在传化公路港物流基地，物流企业只需专注于自己最专长的核心业务，其余业务会通过传化的服务帮助其解决。湖南天骄快车系统以货源信息整合车辆资源，以担保服务带动网上交易，突破了此类平台只能传信息，不能在线交易的难题。

（六）产业物流信息化推动变革

产业物流对信息化的依赖程度加深。开滦集团2009年投入使用的综合物流管理信息系统与生产、销售、财务、人力等信息系统的数据共享，在煤炭行业首开供应、销售、仓储、运输一体化管理的先河。通过搭建第三方物流电子商务公共服务平台，为各类企业贸易活动提供社会化交易平台。在有效整合企业内部信息资源的基础上，通过网络与相关企业在供应、生产、物流、需求等流程上同步集成，引入供应商管理库存模式，辅以连续补货程序，有效降低了上下游企业的库存和资金占用，提升了物流服务质量。福田物流公司应用先进的信息技术手段，通过计算机技术、网络技术、电子数据交换技术、条形码技术等信息技术构建物流管理信息系统，先后配合福田汽车集团上线并应用WMS系统、CMMP系统，使得福田物流公司的管理更加自动化、高效化，运输及时性得以保证。安钢智能物流管理系统集众家所长，并紧密结合安钢自身的特点，充分利用信息化资源，视频监控等技术，实现对所有进出厂车辆的监控，真正实现物流与信息流的同步，改变了传统的计量方式。通过视频监控、ID、IC卡等技术手段，对厂区汽车运输实施，从开始进厂一直到出厂的所有物流环节进行全程跟踪监控。计量员远程进行集中控制计量，保证了计量数据的准确可靠，进一步增强了防作弊能力，实现了科技保廉。河北钢铁集团在集团级产销一体化方面，集团ERP平台和各子公司ERP平台达到无缝衔接，体现出“利润中心”和“成本中心”的职能和作用，使集中管控和生产物流有效地衔接。

十、行业基础性工作扎实推进，各个领域有所突破

（一）物流标准化工作

国家标准化管理委员会会同国家发改委等有关部门编制的《2009年—2011年物流标准专项规划》基本定稿。2009年，完成并正式发布了6项物流国家标准，包括4项通用基础标准，即：《第三方物流服务质量要求》《多式联运服务质量要求》《社会物流统计指标体系》和《物流中心分类与基本要求》；还有2项冷链物流标准：《冷冻食品物流包装、标志、运输和储存》和《冷藏食品物流包装、标志、运输和储存》。此外，还完成了一批行业标准的制定，即将发布，如《货架术语》《易腐食品机动车辆冷藏运输要求》《物流企业客户满意度评估规范》等。选择大型物流企业和园区部署物流标准化试点，作为国家级服务业标准化试点项目。先后成立了全国物流标准化技术委员会下属的

物流作业、托盘、第三方物流服务、物流管理、冷链物流和仓储六个分技术委员会，进一步完善了技术机构建设。

（二）企业评估认证，诚信、示范评审工作

按照《物流企业分类与评估指标》国家标准评估认定的A级物流企业品牌价值不断提升。2009年参评企业非常踊跃，先后有两批共397家经评估认定为A级物流企业。到2009年年底，我国共有743家A级物流企业，其中5A级物流企业55家，4A级物流企业240家，3A级物流企业321家，2A级物流企业126家。根据商务部、国务院国资委的统一部署，按照《物流企业信用评级管理办法》，2009年评出A级物流信用企业26家。到2009年年底，A级物流信用企业已达92家。2009年，经中国物流与采购联合会评审命名，新增中国物流示范基地3家，中国物流实验基地7家。到年底，中国物流示范基地累计23家，实验基地累计32家。

（三）物流统计工作

由中国物流与采购联合会每月定期发布的制造业和非制造业采购经理指数（PMI），继2008年上半年率先发布经济下滑信号后，2009年年初又准确地预测到3月经济运行出现的拐点，受到社会各界和国内外的广泛关注。温家宝总理在参加国际会议时，首次向与会各国谈到了中国PMI指数；李克强副总理就PMI指数做了重要批示。2009年11月，国家发改委、国家统计局和中国物流与采购联合会联合组织了2009年物流统计工作会议，统一部署下一阶段物流统计工作。目前，全国已经有21个省市区开展物流统计工作，为政府和企业决策提供了重要的数据参考。中国物流与采购联合会通过统计信息，分析物流产业安全形势，据以开展物流业产业损害预警调查工作。

（四）物流教育培训工作

据不完全统计，全国已有开设物流专业的各类院校2000余所，在校生突破100万人。物流师职业资格培训与认证工作自2003年11月开展以来，已有超过10万人参加了培训，接近7万人通过全国统一考试，取得了高级物流师、物流师或助理物流师资格证书。2009年参加物流师职业资格培训达2万多人，1.3万余人通过全国统一考试，取得了资格证书。

（五）物流学术理论研究和科技创新工作

物流理论研究迈上新台阶，仅第8次中国物流学术年会就收到论文860篇，研究课题112个，国内外、港澳台、产学研各界近千人参加了年度物流学

术盛会。这些论文和课题的研究水平和质量比往届明显提升。在中国物流与采购联合会的推动下，物流理论和学术研究在产学研结合方面有了长足进展，2009 年新增产学研基地 33 个（产学研基地总数已达 62 个）。从 2002 年开始中国物流与采购联合会设立了科学技术奖，受到了社会各界的广泛关注。2009 年新评出获奖项目 26 项，其中一等奖 4 项，二等奖 9 项，三等奖 13 项。中国物流发展专项基金“宝供物流奖”在行业内的影响日益扩大。2009 年评出“宝供物流理论创新奖”、“宝供物流科技创新奖”、“宝供物流推动贡献奖”共 10 项，另有 40 所院校 80 名学生获得宝供物流奖学金。

第三章

2009年中国物流业发展存在的问题

在回顾总结2009年物流工作新进展的同时，我们也发现，不仅一些深层次矛盾依然存在，还出现了许多新的问题，特别是《物流业调整和振兴规划》提出的政策措施，到年底尚未出台。

一、物流业服务能力和发展水平仍然不能满足国民经济平稳较快发展的需要

物流业是新兴的复合型服务产业，是国民经济的重要组成部分，涉及领域广，吸纳就业人数多，促进生产、拉动消费作用大，在促进产业结构调整、转变经济发展方式和增强国民经济竞争力等方面发挥着重要作用。

进入新世纪以来，我国物流业总体规模快速增长，服务水平显著提高，发展的环境和条件不断改善，为进一步稳定发展奠定了基础。但从总体上来看，我国物流业的服务能力和发展水平，仍然不能满足国民经济平稳较快发展的需要。特别是2008年第四季度以来，经过国际金融危机的严峻考验，更加暴露了我国物流业发展中存在的突出问题。

2009年，全国社会物流总额96.65万亿元，同比增长7.4%，增幅比上年的19.5%回落12.1个百分点，是五年来最低增幅；也是自我国社会物流统计制度建立以来，社会物流总额首次低于GDP增长。2009年全国物流业增加值为2.31万亿元，同比增长7.3%，增幅比上年回落8.1个百分点；占服务业增加值的16.1%，比2008年下降0.3个百分点。由此可见，我国物流业发展的基础还比较脆弱，服务能力不强，发展水平还很不稳固。

二、物流业结构性失衡依然存在

我国物流业的服务能力和发展水平，不能够适应国民经济平稳较快发展和经济发展方式转变的需要，不仅表现在总体规模上，结构失衡的问题也很突出。

一是供需结构不平衡。2009 年，我国工业品物流总额 87.41 万亿元，占社会物流总额的比重为 90.4%，是社会化物流需求的主要来源。而“大而全”、“小而全”的企业物流运作模式还相当普遍，社会化的物流需求增长缓慢。在金融危机的冲击下，一些企业进一步强化自营物流，需求不足的问题更加突出。与此同时，物流企业“小、散、差、弱”的问题依然存在，专业化物流供给能力不够。不少物流企业技术装备落后，标准化水平低，增值服务少，不能够满足供应链一体化的物流需求。社会化的物流需求不足和专业化的服务能力不够的矛盾同时存在，是制约我国物流业加快发展的突出问题。

二是行业发展不平衡。汽车、家电、电子等先进制造业，需要现代物流业相配套，社会化程度比较高；烟草、医药等集中度和附加价值较高的行业，一体化运作、供应链管理等现代物流管理模式发展较快；与消费市场紧密相连的连锁零售、网上购物、城市配送、快递服务等行业物流需求旺盛，供给能力较强。处于产业链上游、资本密集型的钢材、煤炭、矿石等大宗物资物流发展相对滞后；农产品生产和流通的集中度低，季节性和保鲜度要求高，受自然条件影响大，物流发展相对滞后，也是我国物流业发展的“短板”。

三是区域发展不平衡。东部沿海地区经济发展较快，特别是以外向型经济为主导的格局带动了旺盛的物流需求，物流基础设施相对发达，物流管理水平相对较高。同时，受国际金融危机的冲击较大。中西部地区经济以区域内生性需求为主，跨区域物流需求较低，物流基础设施和管理水平相对落后。在“稳外需、扩内需”和产业梯次转移的大背景下，区域物流发展不平衡的矛盾更加突出。随着城镇化的推进，城乡之间物流发展不平衡的问题日益显现，城乡一体化的物流服务体系应加快筹划。

三、物流运行效率仍然不高

极高的社会物流总费用，与极低的物流企业利润，形成强烈反差。一方面，我国社会物流总费用与 GDP 的比率，比发达国家高出一倍左右；另一方面，我国物流企业是在“低价格、高成本、微利润”的状态下生存，发展后劲明显不足。

资源利用不充分，运行效率不高，是产生这一问题的主要原因。比如，在物流基础设施方面，内资企业平均拥有量远大于外资企业。而传统的制造和商贸企业习惯于自成体系、自我服务，企业内部物流基础设施规模较大，存在物流资源闲置与浪费现象。由于标准不统一，各类企业不贯通，基本的集装单元不固定，一体化运作难度大。货物运输和仓储过程中往往出现多次中转、分拆和倒装。虽然有些是必需的，但也有不少是重复劳动、无效劳动。由于信息不对称和运输组织方面的问题，车辆空驶、迂回运输，无效运输比例较高。由于线路和节点配套性差，联运、转运设施不足，不同运输方式不能够方便地衔接和转换，海铁联运、公铁联运等比例不高。目前，世界海铁联运发展迅速，以鹿特丹等港口为例，海铁联运集装箱数量的比重达到了20%。但是，由于多种原因制约，我国海铁联运集装箱比重不到2%。

四、物流市场环境需要规范

物流企业的赢利能力越来越低。由于产业集中度不够，同质化竞争日益加剧，降低了物流企业自身的议价能力，形成了“低价格、低成本、低技术含量”的物流运作模式，产业自身积累能力较弱，直接影响了产业的转型升级。2009年，公路货运市场综合价格指数和沿海干散货综合运价指数长期低迷，反映出物流服务价格依然呈下降趋势。而随着石油价格上涨、劳动力成本上升以及土地获取难度加大，物流企业成本大幅上涨，利润空间大大压缩。2009年发生的快递企业集体提价未遂事件，深刻反映出依赖低价竞争的企业难以摆脱被动的价格接受者角色，在产业链博弈中难以实现自身能力的提升。

物流市场失范问题越来越严重。近年来，各地连续发生拖欠货款、货物丢失损坏、卷款逃跑等恶性事件。特别是发生在2010年年初的东道物流因资金链断裂引发的群体性事件，在社会上造成极大影响，也引起了政府的高度重视。

一些地方还存在着地方封锁和地方保护的问题。涉及跨区域的物流基础设施衔接、市场准入规定、分支机构设置、资源兼并整合等问题日益成为企业做大做强的制约因素。

五、物流业相关政策亟待落实

2009年3月，国务院《物流业调整和振兴规划》提出，“要抓紧时间解决影响当前物流业发展的土地、税收、收费、融资和交通管理等方面的问题。”同年，中国物流与采购联合会经过深入调研，提出了60条政策建议。政府有关部门虽然做了大量工作，但相关的政策到年底仍未出台。物流企业最为关心的政策有以下几个方面：

（一）适当调整物流业税收政策

按照物流业一体化运作的需要和公平税赋的原则，将物流业仓储等环节营业税税率统一调整为3%；抓紧时间解决物流税收试点工作中存在的主要问题，放宽“自开票纳税人”的相关规定；在3年规划期内，对试点物流企业营业税实行减半征收；仓储设施土地使用税税率，以2006年年底为基数，按照低档、下限调整；出租仓库只缴纳单一的营业税，取消库房租金适用税率；允许物流企业以营业税享受增值税转型政策，支持物流企业设备更新；允许物流企业统一计算与缴纳所得税，支持物流企业网络化经营；研究设计物流业专用发票，为“一票到底”物流业务提供方便等。

（二）改进和规范交通管理

清理各类“大吨小标”商用车辆目录，从根本上解决“大吨小标”商用车的管理问题；进一步控制收费公路规模，撤并收费站点；研究相关管理办法，为城市配送车辆进城通行停靠和装卸作业提供便利；建立集装箱多式联运管理服务体系；支持甩挂运输发展；切实解决大件运输的相关问题；借鉴国外做法，推动中置轴挂车在国内的开发和应用；清理各地不同执法标准，设立全国性的统一执法与处罚标准。

（三）切实加大投融资力度

扩大物流业发展专项资金规模，加大财政支持力度，加强对项目的考核、评估、认定工作；积极引导商业银行在防范资金风险的前提下，放宽物流企业贷款融资条件，降低其融资成本。鼓励金融机构对信用记录好、有竞争力、有市场、有订单，只是暂时出现经营或财务困难的物流企业给予信贷支持。鼓励民间资本参与物流业融资，发挥民间金融在支持中小企业发展、满足民间多样化需求中的独特优势。建立支持物流企业贷款的专业担保机构，开展物流产业投资基金试点，为物流企业上市、发行债券和其他融资创造方便条件。探讨建立“中国物流银行”。

（四）进一步完善土地政策

对纳入国家规划的物流园区土地征用给予重点保障；对重点物流企业以原划拨土地改建物流项目的，应优先办理土地出让手续；物流企业异地搬迁，原土地拍卖所得可返还用于搬迁安置；建设多层库房的，应减免相关规费。鼓励利用工业厂房、仓储用地兴办物流企业，或交给物流企业托管经营，支持盘活存量土地资源。对于资金短缺而成长性又较好的物流企业，允许其租用物流园区土地进行项目建设。重点物流项目用地，在地价上等同或低于工业用地，相关规费按照下限收取或减征、免征、先征后返。

（五）支持物流企业做强做大

要进一步明确支持物流企业做强做大的政策导向，从工商登记、财政税收、统计信息、法律事务等经济管理的各个层面，对物流企业进行界定，明确物流行业的主体地位和主管部门。制定相关政策措施，鼓励物流企业兼并重组；要允许物流企业分支机构使用总部取得的各类资质，简化国有大型物流企业内部产权转让程序；为物流企业设立分支机构提供方便，允许物流企业设立非独立核算的法人单位；加快物流企业综合评估工作进度，开展重点物流企业综合改革试点工作。

（六）促进制造业与物流业联动发展

要把“两业”联动作为推进制造业产业升级的重点工程；加快推进制造企业物流服务社会化；大力支持物流企业增强一体化服务能力；整合提升制造业集聚区物流功能；构建物流服务市场体系和公共信息平台；鼓励物流企业托管置换制造企业物流要素；促进制造业与物流业信息共享、标准对接；建立分行业的物流运行评价体系；采取鼓励联动发展的财税政策；组织实施联动发展示范工程和重点项目。

物流业是复合型的服务产业，涉及几乎所有的经济管理部门，有关政策问题协调难度大。因此，必须强化综合协调机制，形成支持物流业发展的合力。

第四章

2010 年中国物流业发展展望

2010 年，是继续应对国际金融危机、保持经济平稳较快发展、加快转变经济发展方式的关键一年，是全面实施“十一五”规划目标，为“十二五”打好基础的重要一年。

展望 2010 年及今后一个时期，我国物流业发展将会出现一些新的趋势：

一、总量持续增长与结构加快调整的趋势

2009 年，我国社会物流总额及物流业增加值等主要经济指标增长幅度，首次低于 GDP 增长。当前，世界经济虽然步入复苏进程，但需求不足、金融风险、高失业率、贸易保护等问题依然存在。我国经济虽然企稳回升，但一些深层次问题尚未得到解决，结构性矛盾仍很突出。2010 年，随着世界经济缓慢复苏，我国宏观经济政策保持连续性，8% 的预期增长目标可望实现。综合各方面因素考虑，2010 年，我国社会物流总额和物流业增加值的增幅，大体上处于一个相对稳定的增长区间，社会物流总费用与 GDP 的比率有可能维持在 18% 上下。

我国物流业经过 30 年连续高速增长，总量已达到相当规模，但粗放式经营的格局没有根本改变。为适应经济结构调整和发展方式转变的需要，物流业的需求结构、地区结构、行业结构、品种结构、企业结构和服务结构等，都会加快调整的步伐。因此，2010 年也是我国物流业发展由规模扩张向结构调整转折的关键年。我们要深入贯彻科学发展观，推动落实国务院《物流业调整和振兴规划》，加快物流业结构调整和业务转型，全面提升物流服务能力和水平，努力构建现代物流服务体系，为促进国民经济平稳较快发展提供物流保障。

二、产业物流社会化与多元化的趋势

制造业、流通业和农业等产业物流，是物流业发展的需求基础。产业物流的需求变化，对物流业发展起着决定性作用。我国制造业领域多数行业面临需求不足和产能过剩的矛盾，淘汰落后产能和推动产业升级的任务十分紧迫。这就给制造企业带来了集成整合物流资源、分离外包物流业务、提升改造物流系统的压力和动力。连锁配送、电子商务、网上购物等新型业态快速发展，传统批发市场提升改造物流功能，家电下乡、汽车下乡、建材下乡等一系列扩大内需政策的推行，都需要相应的物流服务来支撑。农产品进城、农资和日用工业品下乡，也要求建立和完善农村物流服务体系。物流企业必须关注产业物流的变化，深入研究产业物流需求，在为产业物流的服务中明确市场定位，开拓发展空间。

三、物流企业专业化与精细化的趋势

随着物流业发展规模趋稳和结构调整，物流市场的专业细分速度加快。不同的行业、在不同的时间和地点，会有不同的物流服务需求。这就要求物流企业必须专业化分工、精细化服务。从供需结构来看，一般性的服务、传统的运输和仓储服务，明显供大于求；而许多专业化的服务、供应链一体化的服务、能够满足特殊企业需要的个性化服务严重不足。从发展趋势来看，能够适应企业专业化生产需要的专业物流服务，适应精益化生产需要的精细化服务，将会获得更大的发展空间；而缺乏专业特色、简单粗放的物流企业生存空间将进一步缩小。物流企业重组洗牌的速度将进一步加快，进而促进物流业转型升级。

四、物流市场竞争加剧、经营风险加大的趋势

随着物流业地位提升，我国物流业正在成为新的投资热点。有实力的大型企业和企业集团向物流业渗透扩张，国内外投资机构注资物流业，兼并重组扩张的势头进一步发展，更加剧了物流市场的竞争。劳动力成本提高，油价进入上升通道，中小企业融资难度加大，各种要素资源价格看涨。低附加值的仓储、运输领域竞相压价，“价格战”愈演愈烈。受运营成本和市场价格双重挤压，物流企业的利润空间进一步压缩，经营风险进一步加大。物流企业在完成基础业务整合后，将加快挖掘客户业务需求，推出个性化的增值服务产品。新一轮竞争，将从业务模式和管理创新等更新更高的层面展开。

五、物流基础设施快速发展与协调分流的趋势

近年来，特别是2009年国家实施积极的财政政策，加大基础设施投资力度，促进了综合物流体系加快形成。一大批高速铁路建成投用，铁路运能快速释放，为客货分线，公路、铁路、水路、空运等多种运输方式合理分工创造了条件。如果铁路“一票难求”、“一车难求”的问题得以缓解，公路过远运输就会寻求新的出路，公路为铁路和水运集疏运功能进一步显现。分属不同地区、不同部门的物流园区、配送中心、货运场站等基础设施，在综合物流体系中改造提升，多种运输方式衔接的联运、转运枢纽面临重新布局。

六、商流、物流与资金流融合配套的趋势

在市场竞争的压力和相关政策的推动下，制造企业将要求物流企业更深地介入生产领域，提供采购、供应、生产、销售及回收全程一体化的物流服务。流通企业将强化物流功能，在组织贸易的基础上，参与物流业务；物流企业在提供物流服务的基础上，将介入采购、分销环节，物流业与流通业融合的趋势进一步增强。同时，金融业与物流业的融合已经从代收货款、代理结算等简单业务，发展到仓单质押融资、供应链金融服务等物流服务的全流程。物流业与多业有机融合、联动发展，对传统经营模式提出了新的挑战，在不断开拓发展新空间的同时，也带来了新的经营风险。

七、区域物流一体化与城镇化的趋势

经过金融危机的考验，外向型经济受到严重冲击，我国区域经济东中西梯次转移速度加快。内陆地区经济发展的潜力加速释放，区域物流市场将加快形成。近年来，特别是2009年，国务院密集出台推进区域经济发展的规划与政策，区域经济一体化步伐加快，区域物流集中度较快提高。在经济发展的推动和国家政策鼓励下，越来越多的农民进入城镇。新市民对物流服务需求的数量和质量提出了新的要求。区域物流一体化和城镇化的趋势，必然引发区域物流服务布局的调整，促进城乡一体化物流服务体系的形成和发展。

八、以物联网为代表的新技术加快研发和应用的趋势

《物流业调整和振兴规划》指出，大力推广集装技术和单元化装载技术，

推行托盘化单元装载运输方式，大力发展大吨位厢式货车和甩挂运输组织方式，推广网络化运输。完善并推广物品编码体系，广泛应用条形码、智能标签、无线射频识别（RFID）等自动识别、标识技术以及电子数据交换（EDI）技术，发展可视化技术、货物跟踪技术和货物快速分拣技术，加大对RFID和移动物流信息服务技术、标准的研发和应用的投入。当前，传感网、物联网关键技术发展很快，已引起高层领导高度重视。物联网“物—物”相连的基本属性，决定了物流业是重点推广应用领域。事实上，在我国铁路、民航、水运等方面，已有成功案例。未来几年，将会得到更快推广，能否掌握和运用这项技术，将会成为物流企业的重要竞争手段之一。

九、低碳经济“倒逼”绿色物流发展的趋势

气候变化是当今全球面临的重大挑战。遏制气候变暖，拯救地球家园，是全人类共同的使命。我国政府为此作出庄严承诺，到2020年单位国内生产总值二氧化碳排放量比2005年下降40%～45%，减排目标将作为约束性指标纳入国民经济和社会发展的中长期规划。物流行业是能源消耗的重点行业，节能减排的任务相当艰巨。发展低碳经济，实现可持续发展，是物流企业的社会责任，也是重要的考核指标。低碳经济已对绿色物流形成某种倒逼机制，必须尽快告别高耗能、高排放的物流运作模式，千方百计减轻物流运作对资源和环境的压力。

十、各级政府更加重视和支持物流业发展的趋势

《物流业调整和振兴规划》提出，要抓紧解决影响当前物流业发展的土地、税收、收费、融资和交通管理等方面的问题。2009年有关部门开展了政策调研，中国物流与采购联合会提出了相关的政策建议，相信国家层面落实《规划》的具体政策措施，应该在2010年陆续出台，各个专项规划也会相继制定。特别是许多地方政府对物流业重视程度空前提高，政策措施越来越具体实用。同时，我们也要看到，物流业涉及领域广，相关管理部门多，协调难度大，对于政策落实的时机和力度，也不能抱有过高期望。

（撰稿：贺登才　周志成）

参考资料

[1] 何黎明：调结构 上水平 以物流服务促进国民经济平稳较快发展——

2009 年我国物流业发展的特点及 2010 年展望.
[2] 戴定一：2009 年物流标准化工作回顾与 2010 年展望.
[3] 姜超峰：2009 年仓储业市场回顾与 2010 年展望.
[4] 郭玉华、潘华、张晓东：2009 年铁路物流发展回顾与 2010 年展望.
[5] 张舰：2009 年物流企业的新进展及 2010 年展望.
[6] 刘伟华：2009 年中国制造业物流发展回顾与 2010 年展望.
[7] 王继祥：2009 年中国物流装备市场回顾与 2010 年展望.
[8] 真虹，李钢，张永锋：2009 年国际散货海运市场回顾与 2010 年展望.
[9] 真虹，李钢，张永锋：2009 年沿海散货海运市场回顾与 2010 年展望.
[10] 黄竞：2009 年集装箱运输市场回顾及 2010 年展望.
[11] 邹建军：2009 年航空货运市场回顾与 2010 年展望.
[12] 冯耕中，陈宝峰，孙新宇，刘建华：2009 年物流地产业发展回顾与 2010 年展望.
[13] 马增荣：2009 年汽车行业物流回顾与 2010 年展望.
[14] 张永泽：2009 年化工行业物流回顾与 2010 年展望.
[15] 张签名：2009 年食品行业物流回顾与 2010 年展望.
[16] 王银学：2009 年医药行业物流市场回顾与 2010 年展望.
[17] 周志成，程松海，杨博：2009 年连锁零售物流回顾与 2010 年展望.
[18] 冯耕中，何朝阳，石晓梅，汪寿阳：2009 年大宗商品电子交易市场发展回顾与 2010 年展望.
[19] 国家统计局：中华人民共和国 2009 年国民经济和社会发展统计公报.
[20] 国家发展和改革委员会，国家统计局，中国物流与采购联合会：2009 年全国物流运行情况通报.
[21] 中国物流与采购联合会：2009 年全国重点物流企业统计调查报告.
[22] 中国物流与采购联合会：2010 中国物流发展报告会暨 A 级物流企业授牌大会资料汇编.

第二篇

专 题 研 究

第一章

物流服务业

2009 年铁路物流发展回顾与 2010 年展望

一、2009 年铁路物流发展总体情况

2009 年是我国铁路空前发展的一年。铁路部门认真贯彻落实党中央、国务院关于加快铁路发展的部署，在扩内需、保增长、保民生中发挥了重要作用。为应对国际金融危机带来的严峻挑战，铁路迅速采取了一系列坚决果断措施，在铁路建设、技术创新、运输经营、铁路改革等各方面做了大量卓有成效的工作，完成固定资产投资 7000 亿元，铁路建设创历史新水平，技术装备现代化取得新的重大进展。大规模铁路建设全面开展，路网规模进一步完善，货运营销强化和运输组织加强，节能减排取得新成效，铁路物流网络化、信息化、专业化水平不断提高，铁路货运服务经济社会发展的能力进一步提升，为现代物流的发展创造了良好条件。

（一）铁路基础建设全面展开

2009 年是我国铁路历史上投资规模最大、投产新线最多的一年。全年全国铁路完成基本建设投资 6000 亿元，同比增加 2650 亿元，增长 79%。项目前期工作加快推进，全年开展前期工作项目达 200 多项，批复立项 75 项，批复可研 150 项。一大批重点工程相继开工，全年新开工项目 123 项，在建新线规模达 3.3 万公里，投资规模达 2.1 万亿元。在建工程项目进展顺利，京沪高速铁路累计完成投资 1224 亿元，为总投资的 56.2%。一批重点项目建成投产，宁

波—台州—温州、温州—福州、福州—厦门等客运专线相继建成通车，世界最长、时速350公里的武广高速铁路开通运营，成为中国高速铁路发展的又一里程碑。武汉、长沙南等104座新客站投入使用，铁路现代化枢纽建设取得新成果。截至2009年年底，我国铁路营业里程达到8.6万公里，跃居世界第2位。

（二）货运生产经营主要指标稳步增长

为克服国际金融危机带来的困难，全路货运系统强化货运营销，加强运输组织，实现增运增收。一是加强大秦、侯月线和东北、西北、西南区域运输组织，通过增配和谐型大功率机车、优化调整车流径路、提高分界口能力等措施，有效提升了区域间运输能力特别是入川能力；二是认真落实重点运输保障机制，全力保证煤炭、石油、粮食、灾后重建等重点物资运输。2009年，全国铁路货物发送量完成33.2亿吨，同比增加6113万吨，增长1.9%；货物周转量完成24943.49亿吨公里，同比增加120.49亿吨公里，增长0.5%。日均装车完成145162车，同比增加294车，增长0.2%。货车净载重完成62.6吨，同比提高0.6吨。

（三）货运规模化生产和集约化经营进程日益加快

坚持走规模化生产、集约化经营道路，转变粗放经营方式，向优化运输组织和推进货运组织改革创新方向稳步发展。一是战略装卸车点建设继续扎实推进，到2009年年底，全路已建成战略装车点625个，同比增加45个，增长7.8%，基本覆盖了全国主要煤矿、钢厂、油田、炼油厂、港口及铁路口岸，完成的货物发送量已占全路总量的45%，规模效益进一步提高。二是大客户战略取得新的进展，全路货运大客户已发展到180家，同比增加28家，增长18.4%，运量比重达到40%以上。三是路企直通运输战略扎实推进，已有220家企业实现直通运输，形成了路企双方优势互补、良性互动、合作共赢的协调发展格局。四是客车化货运直达班列开行效果显著，自2009年6月21日至年底，胶济线开行客车化货物列车3191列，兑现率达92%，列车平均旅行速度由26.6公里/小时提高到54.5公里/小时，提高105%；平均旅行时间由14小时缩短到7.15小时，压缩49%，胶济线节约支出1472万元，济南铁路局日均货物发送量8428万吨，同期增加1.6万吨，提高3.6%。

（四）“集中受理、优化装车”取得阶段性进展

积极推进“集中受理、优化装车”战略，取得阶段性进展。一是信息系统平台构建完成，至2009年年底，全路共有17个铁路局完成了信息系统平台的构建，为全路深入推进改革工作奠定了良好基础。二是网上受理服务加快推

行，除大部分客户外，目前全路629家企业客户成为系统首批网上受理客户；部分铁路局将铁路多经企业和专业运输公司纳入网上受理客户进行管理。三是合署办公机制取得新的进展，目前成都、昆明等铁路局已实现货运计划、货工、货调人员的合署办公，共同优化确定装车方案，货源与运力资源结合更加紧密。

（五）节能减排工作取得新成效

2009年全球气候变化和能耗污染等环境问题广受观注，为适应国家节能减排发展战略要求，铁路积极响应和发挥其独特技术经济优势，进行了一系列节能减排改善措施，至2009年年末，节能减排工作取得新成效，铁路单位运输工作量综合能耗、化学需氧量、二氧化硫排放量同比分别下降4.8%、2.0%、5.2%，为我国环境保护和优化资源利用工作作出了重要贡献。

（六）铁路物流节点网络初步形成

铁路结合国家及各有关省市的交通运输和物流园区发展规划，统筹考虑铁路货运场站布局和分工，进一步优化铁路物流中心规划，同时加快规划与在建物流中心的建设步伐。18个铁路物流中心中，新增重庆铁路物流中心建成运营，成都、郑州、大连、青岛铁路物流中心建设工作快速推进，西安、深圳铁路物流中心已开工建设；那曲铁路物流中心竣工运营，增强了青藏铁路的辐射功能；北京、呼和浩特等部分铁路局启动了局管内的铁路物流中心规划建设工作。

（七）铁路物流信息化建设积极推进

铁路物流信息化进程不断加快，信息化建设取得新的成果。一是同步开发物流信息系统，同步研发铁路物流中心管理信息系统，开展铁路物流信息平台总体方案研究。二是加快推进完成系统方案，完成铁路货物运单、电子货票信息系统总体方案，完成系统研发和大秦线试点；完成铁路客户服务中心总体技术方案，通过互联网、手机短信、电话语音三种方式提供相关信息查询服务。三是扩展完善既有系统，完成了中铁集装箱公司信息系统整合、完善了中铁特货公司信息系统应用功能、扩大了中铁快运公司行包管理系统应用。

（八）铁路专业运输与物流发展良好

中铁集装箱、特货、快运三家专业运输公司依托铁路运输优势，增强市场竞争意识，细化客户服务工作，加快了向现代物流企业的发展速度。集装箱运输方面，自主研发了铁路45英尺冷藏集装箱，并试运成功，拓展了铁路冷链物流服务。特货运输方面，扩大了小汽车班列开行范围，全年完成小汽车运量60万台，加快开发了汽车零配件运输物流业务。由700条大宗货物直达列车运行线、149条五定班列运行线、21对行包行邮专列和一批根据市场变化适时开行的海铁联运集装箱班列构成的铁路快捷货运网络初步形成。

二、当前铁路物流发展面临的形势

（一）当前的政策环境对加快铁路物流发展极为有利

中央经济工作会议确定，进一步加大经济结构调整力度，加快建设资源节约型、环境友好型社会，这对于发挥铁路节约资源、有利环保的优势非常有利。在哥本哈根召开的联合国气候变化大会上形成《哥本哈根协议》之前，我国政府承诺单位国内生产总值二氧化碳排放2020年要比2005年减少40%～45%。发展铁路从而减少二氧化碳排放成为发展低碳经济的必然要求。2009年国务院发布了《物流业调整和振兴规划》，重点指出了要着力发展海铁联运、公铁联运，各地物流园区规划要充分发挥铁路优势。这为铁路物流发展创造了极为有利的发展环境，当前和今后一段时间，将成为铁路发展现代物流的重要时期。

（二）当前是大规模铁路建设最高峰时期

2010—2012年这3年，是我国铁路现代化建设最为关键的阶段。到2009年年底，我国铁路在建新线里程达3.3万公里，其中，客运专线1.5万公里；在建项目投资规模2.1万亿元。预计2010—2012年，新线投入运营将达到2.6万公里，其中客运专线9200公里。到2012年年底，我国铁路营业里程将达到11万公里以上，建成新客站800多座。大规模铁路基础建设和新技术装备投入运用，必将为未来实现铁路物流系统升级和快速发展奠定良好的物质基础。

（三）当前是铁路现代化建设由量的积累向质的飞跃的关键阶段

从铁路现代化建设进程看，加快推进铁路货运发展是适应未来几年运输市场环境变化、提高铁路运输市场竞争力、提高发展质量和服务水平的必然选择。随着未来大规模路网建设高峰出现和客货分线运输的逐步实施，区域之间大通道能力迅速释放，铁路运输能力紧张状况将有效缓解并逐步发展到相对的宽松富余，铁路货物运输将由以满足运量需求为主向以满足质量需求为主的转变，铁路货运正处于从传统货运向现代物流方向转变的质的飞跃阶段。

三、2010 年铁路物流发展展望

（一）面临繁重的建设任务

大规模实施铁路基础建设在扩大内需、拉动相关产业、改善人民生活和增加就业方面发挥着重要的作用。2010 年全国铁路营业里程将增至 9.1 万公里，全年全路基本建设投资 7000 亿元，计划新线铺轨 3690 公里，复线铺轨 3150 公里，新线投产 4613 公里，复线投产 3438 公里，电气化投产 6401 公里。计划新开工项目 70 个，加快推进北京—沈阳等客运专线，重庆—贵阳铁路等 10 个重大项目，建设任务繁重而艰巨。

（二）深化货运组织改革

铁路继续深化“两整合一建设”货运组织改革，提高运输效率。全面做好路企直通运输工作，加快推进集疏运一体化建设，实现点线能力的协调发展和作业过程的无缝衔接，实现铁路物流业与制造业的“两业联动”发展，着力打造具有铁路特色的“两业联动”国家级示范工程。加强机列衔接，实现分界口大进大出。强化卸车组织，大力提高夜卸车比重，全路夜卸率力争达到 55%，全路货车周转时间压缩到 4.68 天以内。实施巧装满载，提高货车净载重。

（三）进一步完善铁路物流网络

2010 年年内铁路将有成都、郑州、大连等 9 个铁路物流中心建成投入运营，铁路物流节点网络将初步形成，具有开行货运客车化直达班列的设施能力基础。一批新的铁路物流中心的开工建设，将进一步完善铁路物流网络。全路战略装卸车点将在原有基础上增加补充，并对既有货运场站进行布局优化和改造调整。

（四）加大通道运输组织力度

铁路部门将继续重点抓好“两线三区域”及东部沿海地区货源开发，用好通道运输能力，扩大货物运量。增加大秦线 2 万吨重载列车数量，实现年运量 4 亿吨；侯月线增加 5500 吨重载列车数量，实现年运量 1.7 亿吨。组织好东北、西北、西南地区和区域间运输，扩大区域内直达列车开行，实现增运 5400 万吨。加强东部沿海地区的货运组织，搞好铁路与港口的衔接，大力推进海铁联运，加大货物列车重来重去和客车化开行组织力度，实现东部沿海和其他地区增运3100万吨。抓好煤炭、石油、粮食、军事、抢险救灾等重点物资运输，完善与地方政府、重点企业的协调机制，实施运力倾斜政策，提高重点物资运输保障能力。

（五）积极开发现代物流产品

铁路部门将继续注重对物流企业的培育，支持铁路运输和多元经营物流企业向现代物流企业转型，实现全路效益的最大化。中铁集装箱、特货、快运三家专业运输公司将在既有基础上，进一步强化市场、服务及现代物流理念，加大市场开发力度，深化产品和业务创新，积极开发适应客货分线的货运产品，加快铁路物流发展研究，在提高既有“五定”班列开行质量的基础上，灵活开行小编组城际快速货运班列和“点对点”集装箱快速班列，扩大铁路在高附加值物流市场的占有份额。铁路部门坚持多元化经营与运输主业“长期共存、相辅相成、互为促进”的战略定位，继续推动多元经营又好又快发展，发展物资采购供应、站车商业配送等业务，依托新线新站开发实业实体和商业服务、配餐、洗涤、保洁等站车服务业务。

（六）完善推广铁路客户服务中心

铁路将进一步优化业务流程、完善“集中受理、优化装车”系统功能，拓展网上受理客户的数量和规模，推进货运计划的集中受理，计划2011年实现系统向社会全面开放；对内实现运力资源的集约化经营，实施从计划提报、方案执行、装卸组织到售后服务全过程的闭环管理，逐步形成中国铁路货运营销商务平台。

（铁道部运输局　郭玉华　韩伯领
北京交通大学交通运输学院　潘　华　张晓东）

2009 年港口物流发展回顾与 2010 年展望

港口物流是指以建立货运中心、配送中心、物流信息中心和商品交易中心为目的，将运输、仓储、装卸搬运、代理、包装加工、配送、信息处理等物流环节有机结合，形成完整的供应链，能为用户提供多功能、一体化的综合物流服务。

港口作为全球综合运输网络中的一个无可替代的节点，完成整个供应链物流系统中基本的物流服务和衍生的增值服务。现代港口正成为贸易发展的催化剂，对周边地区和腹地产生巨大的商业辐射功能，推动区域经济和产业的协调发展。

我国拥有 1.8 万公里海岸线，11 万公里内河航道，承担着 9% 的国内贸易运输和 85% 以上的外贸货物运输。目前全国港口数量为 413 个。年吞吐量在 1000 万吨以上的沿海港口 36 个，200 万吨以上的内河港口 87 个。全国港口拥有生产用码头泊位 31050 个，其中万吨级及以上泊位 1416 个。全国沿海港口拥有生产用码头泊位 5119 个，其中万吨级及以上泊位 1157 个。内河港口拥有生产用码头泊位 25931 个，其中万吨级及以上泊位 259 个。2009 年全国又有江阴、厦门、湛江和湖州 4 个港口进入亿吨大港之列，这使得亿吨港的总数达到了 20 个。

但是，我国港口物流目前未能完全满足实际货物吞吐量的需要，与国民经济高速发展的客观要求有一定的距离。港口物流的国际化、市场化、现代化程度偏低，结构性矛盾突出。

一、2009 年港口物流回顾

（一）金融海啸对港口运量影响仍未消除，运量正在恢复

自 2008 年国际金融危机全面爆发并向实体经济蔓延以来，港航市场形势急转直下，2009 年排全球前 20 位的港口上半年只有天津和青岛集装箱吞吐量有正的增长。

我国港口货物吞吐量增幅收窄。2008 年 11 月的增幅从 10 月的 4.5% 锐降至 0.6%，2009 年 1 月，更创下了 5.9% 的负增长。2 月开始收窄至 2.7%，5 月开始重返正增长。交通运输部 2009 年 11 月披露的数据显示，前三季度，全

国规模以上港口完成货物吞吐量51.2亿吨，同比增长6.1%，比上半年提高3.5个百分点。其中，外贸货物吞吐量15.9亿吨，下降4.2%，比上半年收窄4个百分点。前三季度，完成集装箱吞吐量8897万标准箱，同比下降7.8%，降幅比上半年收窄3.2个百分点。经预测，2009年全国港口货物吞吐量将完成64.8亿吨，同比增长4%，其中集装箱吞吐量有望达到1.2亿标准箱，同比将下降7%左右。从港口货物吞吐量、外贸货物吞吐量、集装箱吞吐量三项主要指标来看，前三季均较前两季增幅收窄了3个以上的百分点。作为国民经济的"晴雨表"，港口跟随我国宏观经济的V形反转态势，逐月、逐季好转相当明显，如图1所示。

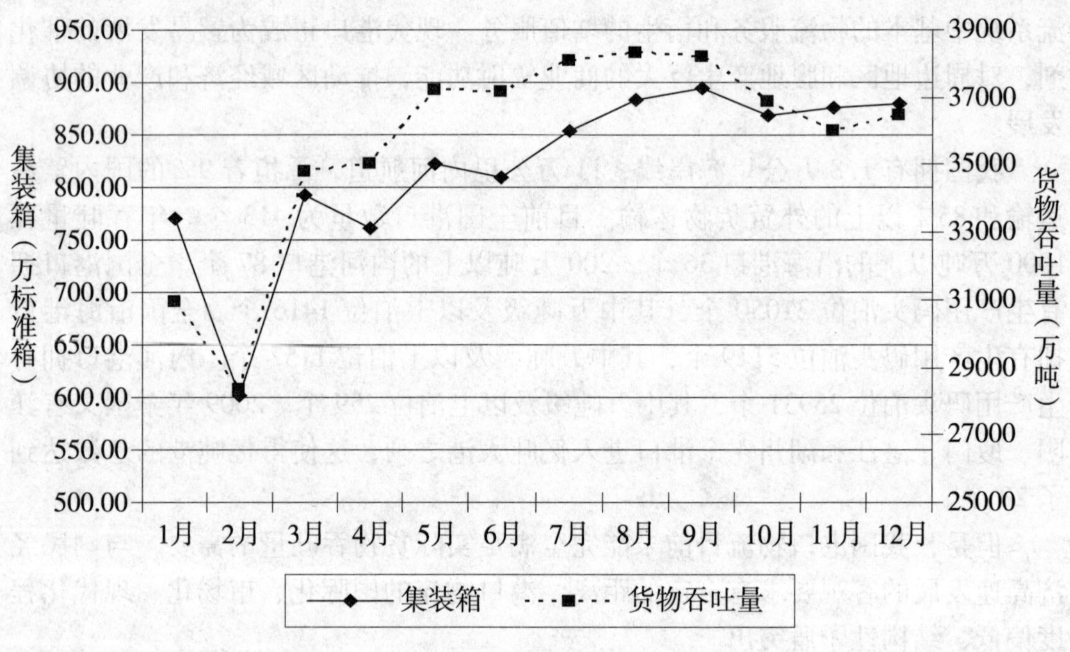

图1　2009年全国规模以上港口吞吐量

"长三角、珠三角、环渤海"三大港口群具有历史传统优势，规模最大，其主要布局是：围绕上海为中心，江浙为两翼的上海国际航运中心，上海、宁波两港为主体的长三角港口群；围绕香港国际航运中心，发展香港、广州、深圳三港为主体的珠三角港口群；围绕建设东北亚重要国际航运中心，大连、天津、青岛三港各自形成特色发展为主体的环渤海区域港口群。2009年三大港口群的货物吞吐量和集装箱吞吐量分别占全国总量的63%和78%。

2008年全国完成货运吞吐量70.2亿吨，集装箱吞吐量1.28亿标准箱，同比分别增加8.6%和14%。根据预测，2009年全国完成货运吞吐量73亿吨，同比增长4%。其中长三角增长2.65%、珠三角下降0.20%、环渤海增长

7.65%、东南沿海地区增长14.49%、西南沿海地区增长27.88%。集装箱吞吐量有望达到1.2亿标准箱，同比将下降7%左右，其中长三角下降8.85%、珠三角下降10.09%、环渤海增长11.52%、东南沿海地区下降7.69%，集装箱运量的下降与外贸货物量有直接关系。

表1　　2007—2009年港口群货物吞吐量与集装箱吞吐量①

港口群	货物吞吐量（万吨）			集装箱吞吐量（万标准箱）		
	2007年	2008年	2009年	2007年	2008年	2009年
长三角	158025	170571	175223	3758	4194	3853
珠三角	60333	62717	62592	3036	3241	2944
环渤海	140026	157537	170595	2174	2305	2605
东南沿海地区	14550	16405	19186	462	504	468
西南沿海地区	11480	12997	18021			

资料来源：2008、2009年中国港口年鉴、交通运输部统计公报

港口物流受国内外经济基本面影响，持续向好的基础仍不稳定，成效还不够巩固，物流增长水平仍然落后于宏观经济增长。2009年前三季度，社会物流总额同比增长6.9%，低于同期GDP7.7%的增长水平。根据历年我国社会物流总额增长速度与GDP增长速度的弹性系数核算，前三季度社会物流总额的增长速度应该超过10%。物流增长低于宏观经济增长水平，从一定程度上反映出实体经济增长仍然相对滞后。据分析，港口物流增长水平略高于社会物流增长的同期水平。

（二）海铁联运在港口迅速发展

在《物流业调整和振兴规划》中指出，依托已有的港口、铁路和公路货站、机场等交通运输设施，选择重点地区和综合交通枢纽，建设一批集装箱多式联运中转设施和连接两种以上运输方式的转运设施，提高铁路集装箱运输能力，重点解决港口与铁路、铁路与公路、民用航空与地面交通等枢纽不衔接以及各种交通枢纽相互分离带来的货物在运输过程中多次搬倒、拆装等问题，促进物流基础设施协调配套运行，实现多种运输方式“无缝衔接”，提高运输效率。

① 统计口径：货物吞吐量统计的港口为2008年货物吞吐量达到6000万吨的沿海港口和5000万吨的内河港口，集装箱统计的港口为2008年集装箱吞吐量达到200万标准箱的港口。

港口在2009年大力发展集装箱海铁联运。集装箱海铁联运作为一种物流形式，是指以集装箱为运输单元，将铁路、水运这两种不同的运输方式有机地结合在一起，通过一次托运、一次计费、一张单证、一次保险，由各运输区段的承运人共同完成货物运输为目标的经济活动。海铁联运作为多式联运的重要形式之一，对于降低供应链成本，促进交通运输节能减排和可持续发展都有着重要作用。同时据了解，利用集装箱班列进行运输比利用公路运输集装箱的成本要节省50%左右。

（1）深圳与成都（盐田、蛇口）、韶关（盐田港）、云南昆明、广州大朗、江西赣州、湖南株洲（盐田港）、长沙（赤湾和蛇口）、吉安（盐田港）、醴陵和南昌（赤湾）等地区建立“五定”集装箱火车专列，同时开展汽车滚装运输。

（2）南昌开通了南昌—深圳（香港）、南昌—厦门、南昌—上海三条海铁联运线路。

（3）营口港2009年海铁联运内贸集装箱量已达17.7万标准箱，同比增长37.7%，占港口集装箱总量的7.6%，创全国沿海港口海铁联运内贸集装箱总量、增长速度和占港口集装箱份额三项第一。

（4）日照港通过铁路将集装箱发往陕西宝鸡。

（5）厦门海铁联运在福建三明和永安，江西的南昌、赣州、鹰潭设立了业务网点，近期内将开通江西新余、萍乡及湖南醴陵、永州等网点。

（6）天津港先后在新疆乌鲁木齐、河北石家庄、河南郑州等地开设海铁联运。

（7）广州港加强周边道路网建设。目前与广珠铁路接轨的南沙支线已完成前期规划，计划2011年前进入南沙港区，届时实现铁路输港，将加强广州港与内陆经济腹地的联系。

（8）青岛和郑州间的集装箱班列已由单层改为双层，运输量大大增加。据有关统计资料，货主的成本一般可以下降20%左右。

（三）临港物流园发展迅速，但仍需规划引导，错位竞争

2009年临港物流园蓬勃发展。占全国总物流园区的17%。各个临港物流园都围绕自己的核心产业，加快公共码头、堆场、仓储设施建设，形成产品的集散中心。同时发展建设完善集装箱堆场和集装箱专业设施、保税仓库和电子口岸，打造区域性港口物流服务和国际性物流节点。

区港联动是我国现有国际环境下，模拟自由港区的有益尝试。所谓区港联动，就是将保税区的保税仓储功能与临近港口的装卸、运输功能整合起来，实现保税区与港口的一体化运作，重点发展仓储和物流业，并赋予其国际中转、

国际配送、国际采购和国际转口贸易四大功能。联动区域除享受保税区缓征关税和进口环节税、海关的特殊监管等方面的政策外，还叠加了出口加工区的政策，国内货物入区视同出口办理报关手续，实行退税。区内货物内销按货物进口的有关规定办理报关手续，货物按实际状态征税。区内享受“境内关外”的待遇，货物在区内可以自由流通，不征增值税和消费税。

2009 年芜湖港与上海港共同筹建的安徽省最大的现代集装箱物流基地，为促进芜湖经济发展构建了一个服务于安徽省及长江沿线的物流平台。

大连港物流园区为物流商提供园区临港集装箱运输服务功能、保税功能、先导区的物流服务功能，进出口产品的加工和分拨、配送功能及向内陆辐射的物流功能，逐步将大连国际物流园区发展成为集运输、仓储、保税、分拨、流通加工、信息服务、咨询、国际商贸及物流增值服务于一体的综合性国际物流中心。其最终发展目标是通过建设国际物流园把港区和保税区结合为一体，建成东北亚符合国际惯例的自由贸易港。

江阴港区结合地缘优势、港口优势和保税区的政策、功能优势，实现腹地经济与保税区产业联动、资源共享，为国际物流延伸和辐射海峡西岸经济腹地打开最佳通道，推动江阴港朝着自由港的方向发展，成为东南亚航运中心。

由深圳赤湾石油基地股份有限公司投资兴建的天津物流园区，位于塘沽海洋高新技术开发区北侧、京山铁路和北环铁路交汇处，总占地面积 31.7 万平方米，整个工程将分两期建设，建成后为滨海新区企业提供临港物流、海运物流、海洋石油服务、陆路物流和城市配套物流服务，提高滨海新区企业营运效率。

深圳市政府 2002 年 10 月印发的关于《加快发展深圳现代物流业的若干意见》中明确指出，“重点建设六大物流园区和扶持一批大型现代物流企业”。前海物流园区作为深圳六大物流园区之一，具有临近港口、集散公路网发达的地理优势。为加快前海物流园的建设，对园区的自身条件及发展因素进行了分析，并对功能定位进行了探讨和研究，提出了规划设计构想。

上海洋山港物流园结合装备工业和现代物流，处在东海大桥陆域桥头堡的临港产业区，势必成为上海转型国际航运中心的急先锋。

扬州“公铁水集聚区”东依京杭大运河，建有扬州内河最大的港口，北侧为国家Ⅰ级干线——宁启铁路的扬州货运站，是扬州唯一拥有公路、铁路、水路多式联运优势的综合型物流园。

梅山保税港区位于宁波—舟山港的核心区域，东临国际主航道和国际锚地，北靠北仑港区，南接六横、佛渡等舟山诸岛，西连象山港，距宁波市中心 60 公里，北仑城区 40 公里。依托港口优势，该园区功能上强化国际中转、国际配送、国际采购、国际转口贸易和出口加工、国际金融业务等现代国际物流业务，将成为国家重要的区域性资源配置中心和长三角对外开放门户。

南京江宁滨江开发区钢铁物流园将被打造成长江口岸最具规模的钢铁物流基地，到2012年，钢铁物流年交易额将达600亿元。

封关运作的张家港保税物流园区，是对国际物流实行保税政策的一个特殊经济区域，它设立于境内关外，依托港口和保税区的双重优势，同时具备国际中转、国际配送、国际采购和国际贸易四大功能。

广州计划到2020年形成空港、南沙、黄埔三大国际物流园和五个区域物流园，实现“3+5”物流建设思路。再加上东莞、中山、佛山等地，目前，珠三角方圆4万多平方公里的土地上规划的物流园已经超过30个。

虽然临港物流园区发展迅速，各地都在建设、扩建物流园区，都在将其发展成为当地、区域甚至国际物流中心。但由于缺乏市场需求分析和合理规划，很多物流园存在目标市场重叠、功能相近等问题。在同一地区有效辐射范围内的重复建设，导致土地、人力、财力和相关资源的严重浪费，造成社会物流系统的供需不平衡。从而引起物流园区间的恶性竞争，物流园的前景并不乐观。

临港物流园需要针对特定目标市场确定差异化发展战略，与相邻物流园区错位竞争，实现比较优势。

（四）港口集团可以提升港口运营效率

港口的发展极大促进了外贸增长和国民经济的进步，港口货物吞吐量增长与GDP、外贸进出口增长的相关系数分别达到0.9856和0.9947。港口的发展水平已经成为衡量一个国家或地区经济发展水平的重要标志之一。港口运营的效率变成了影响国家竞争力的重要因素。

根据2006年全球排名的前10位港口集团占市场份额的56%。其中已有6家在中国投资。目前，中国沿海和内河集装箱主要码头合资率分别占集装箱泊位总数和集装箱泊位总通过能力的64.2%和72.24%。其中和记黄埔港口参与经营珠海高栏、珠海九洲、惠州、惠州大亚湾、江门、南海、宁波北仑、上海集装箱、上海明东、上海浦东、汕头、深圳盐田、厦门等港口。马士基已在中国的大连、天津、青岛、上海、深圳等地投资了13个码头，股权比例从5%~50%不等，同时在筹划介入重庆、防城港等中西部码头。新加坡国际港务集团投资大连、东莞、福州、广州、天津、香港等港口。迪拜环球港务目前在中国经营五个集装箱码头，包括香港的葵涌3号及8号（西）码头、烟台环球码头、青岛前湾集装箱码头和天津东方海陆集装箱码头。法国达飞海运投资厦门与天津港。菲律宾国际集装箱获得烟台港70%的股权。在沿海主要港口中，大连、秦皇岛、天津、青岛、上海、福州、厦门、汕头、深圳、珠海等港，以及长江的南京港、张家港港均早有中外合资集装箱码头。

这些港口集团可以分为码头搬运（Stevedore）与航运公司（Carrier）。根据作者通过1997—2004年随机生产前沿函数的研究，单体港口加入港口集团可以提升港口运行效率，其中码头搬运公司的港口比航运公司的港口运行效率更高，如图2所示。

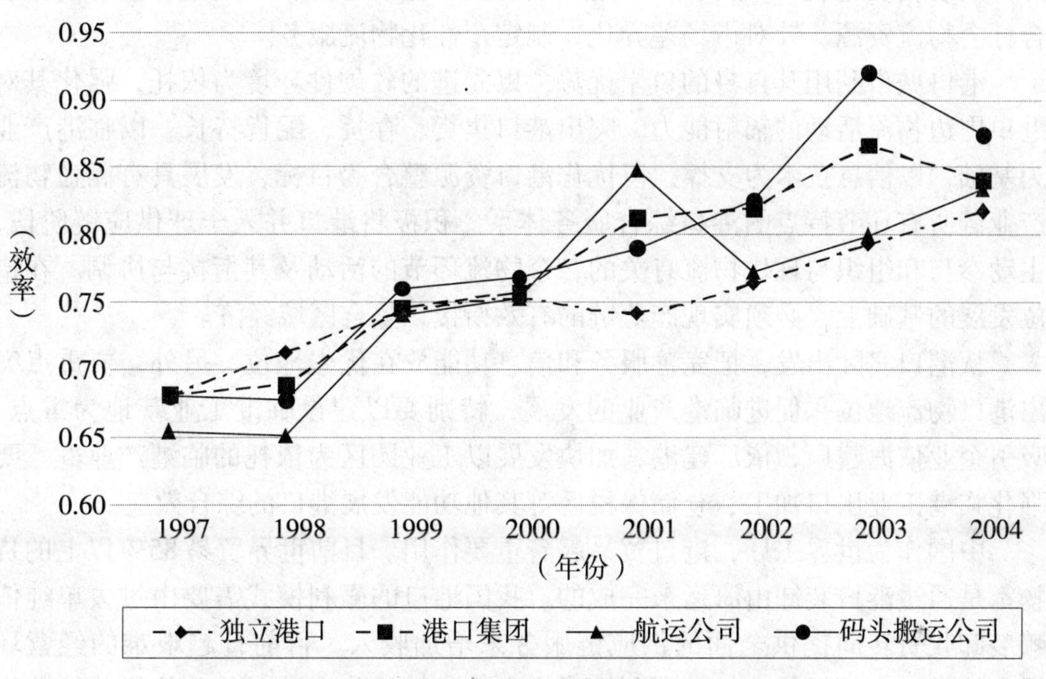

图2　独立港口与港口集团拥有港口的效率对比

二、2010年港口物流展望

（一）港口大力发展现代服务业，促进港口升级

根据国家《物流业调整与振兴规划》，制定全国港口物流园专项发展规划。各地根据自身特点与发展优势，明确港口物流园规划布局的原则与发展方向，确保港口物流健康有序发展。

现代港口的发展趋势，主要表现在功能的演变。第一代港口主要功能是装卸和仓储，以伦敦为代表；第二代港口主要功能是提供分拨、配送等增值业务，以中国香港、东京和新加坡为代表；第三代港口主要功能是为客户提供全方位、高附加值的物流服务，发展中的中国香港和新加坡为代表。

我国港口已进入第三代港口发展的初级阶段，集装箱运输已成为主要运输方式，集装箱、干散货和液态散货运输船舶向大型化发展，泊位向深水化、专业化发展。跨国公司的加入，提出了及时服务、零库存等要求，围绕着运输链的起始点，港口活动的范围已大大超出了传统的港口界限。港口已成为我国对外开放的重要门户和窗口。我国对外开放的港口已有140多个，已与50多个国家签订了海运协定，已有30多个国家近百家境外航运公司获准在中国港口开辟集装箱班轮航线。所以，为适应经济全球化的趋势，我国港口也已经在整合社会物流资源，针对市场差异化，制定个性化物流服务。

港口城市利用其自身的口岸优势，以先进的软硬件环境为依托，强化其对港口周边物流活动的辐射能力，突出港口集货、存货、配货特长，以临港产业为基础，以信息技术为支撑，以优化港口资源整合为目标，发展具有涵盖物流产业链所有环节特点的港口综合服务体系。积极将港口并入全球供应链阶段，主动参与和组织与现代物流有关的各个物流环节的活动及其衔接与协调。在错位发展的基础上，必须实现产业链的有效衔接，整合区域经济。

从港口实际出发，把完善服务和信息功能放在优先地位。另外，要重点突出港口物流地位，促进临港产业的发展，特别要以建设临港工业基地为重点，吸引企业依海建厂，依厂建港，加快发展以工业园区为依托的临港产业群。要强化临港工业出口加工、仓储保税区等其他功能发展港口的综合效应。

中国作为世界工厂，港口贸易起着重要作用。目前世界贸易85%以上的货物都是通过港口装卸由海运来完成的。我国港口的赢利模式需要由过去单纯依赖装卸收费转向提供全面的供应链服务来增加收入。目前日趋艰难的经营环境，从另一方面促使港口的赢利模式进入供应链时代。港口单单依靠装卸费作为利润来源的时代已成历史，越来越多的国内港口开始发展由装卸业务衍生而来的相关物流业务，如土地经济、物流、驳船运输、银行、修船、物流金融等配套服务。

（二）发展无水港，扩大港口腹地、盘活内陆城市

全球经济一体化的发展和我国外贸量的逐年攀升使得现代港口正朝着成为供应链的一个环节的方向发展，如何在内陆地区找到下一个高效运转的环节以保证整个供应链的畅通是一个值得研究的课题。随着港口数量的增多，港口间的竞争势必愈演愈烈，如何争取到更广阔的经济腹地和更多的货源将是港口经营者现在最关心的事情。

无水港是与海港直接由铁路连接的内陆多模式码头，与港口联合提供物流运输服务，成为与海港直接功能性相连的内陆综合物流中心，如图3所示。

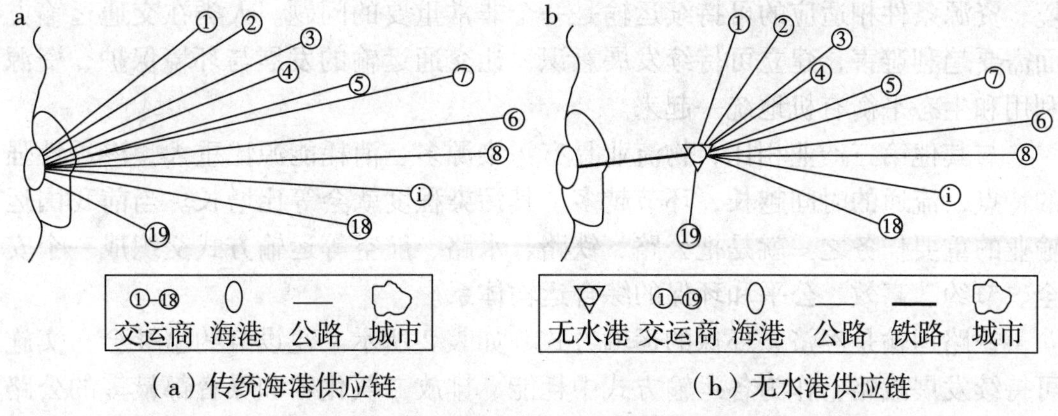

（a）传统海港供应链　　（b）无水港供应链

图3　传统海港与无水港供应链比较

在内陆地区建立的具有报关、报验、签发提单等港口服务功能的物流中心。在无水港内设置有海关、动植物检疫、商检、卫检等监督机构为客户通关提供服务。同时，货代、船代和船公司也在无水港内设立分支机构，以便收货、还箱、签发以当地为起运港或终点港的多式联运提单。内陆的进出口商则可以在当地完成订舱、报关、报检等手续，将货物交给货代或船公司。与企业传统的自主完成运输、报关、检验、吊装、港杂和港口操作费等相比，每标准箱至少可降低300元，按进出口贸易1万标准箱计算，可节约费用300万元。

港口之间的竞争正在演变为港口所参与的供应链之间的竞争。港口已经不是作为运输链中独立的一个点或中心，而是作为供应链中的一个组成环节而存在。这个供应链运行效率的高低不仅取决于港口这个环节，还依赖于与港口连接的每一个环节的运行情况。

沿海港港方为争取货源主动和内陆地区合建无水港。无水港的建设有利于港口扩大腹地和增加货源，对其良性发展起到很好的支持作用。内陆地区为发展本地经济建立无水港。无水港的建设有利于提升内陆城市的国际地位，加快对外贸易与经济交往。

此外现代的无水港还是一个物流中心，是港口所参与的供应链的一个环节，起着为货源地疏散/汇集货物的作用。无水港功能的强弱和运转的好坏直接影响着整个供应链是否流通顺畅，进而影响着港口功能的发挥和竞争能力的提高。

（三）发展物流循环经济，倡导低碳物流与绿色港口

交通运输作为国民经济的一个重要部门，作为人类进步、社会发展的一个重要推动力，其发展模式正在对环境产生越来越重要的影响。传统的运输方式已经不能满足环境保护、经济发展以及交通运输本身发展的需求，探寻与环

境、资源条件相适应的可持续运输是一个非常重要的问题。人类在交通运输方面需要趋利避害，建立可持续发展意识，让交通运输的发展与环境保护、资源利用和生态平衡有机地统一起来。

与其他第三产业相比，物流业具有污染源多、消耗能源比重大、渗透性强的特点，流通的时间越长，环节越多，其污染程度就会等比增长。当前我国运输业的重要任务之一就是把公路、铁路、水路、航空等运输方式交织成一个安全、节约、高效、公平和环保的综合运输体系。

铁路运输是经济、环保的运输方式，如表2所示。建设节约型社会，实施可持续发展战略，作为各运输方式中耗能、排放二氧化碳和噪音都最多的公路运输业，将面临着巨大的挑战。国家I级双线铁路与四车道的高速公路工程总体占地比约为1∶1.24，单位货运能力占地比约为1∶1.87；铁路（以内燃机车消耗为基准）与公路货运的能耗比为1∶20～1∶30；卡车的废气排放与铁路相比，一氧化碳为3.5倍，二氧化碳为4.6倍，碳氢化合物为46倍。因此，建设节约型社会将为海铁联运的发展提供良好的机会。

表2　　　　不同运输方式的碳排放量比较

运输方式	碳排放量占运输总排放的比例（%）	成本（元/吨公里）
铁路	2	0.50
水路	10	0.07
公路	76	0.30
空运	12	3

资料来源：World Business Council for Sustainable Development（2004），World Resources Institute（2006）

加快发展海铁联运对我国港口物流节能减排具有极大的促进作用。集装箱集疏运中，海铁联运国际上通常都在20%。目前我国公路和水路各占约84%和14%，铁路仅占1.5%左右；铁路集装箱运量占铁路货物运输总量的比重仅为3%左右，基本依赖于公路运输。从节能减排角度来看，长距离的公路运输并不是经济环保的运输方式。公路运输的有效半径应在300公里以内。要大力发展多式联运，倡导物流循环经济，逐步提升物流业水平和质量。

在高速发展的同时，要采用新技术、新方法保护港区生态环境，开展道路运输结构优化、水路运输结构优化、港口设施技术改造。把港口发展和资源利用、环境保护有机结合起来，实施港口资源科学布局与合理利用，走资源消耗低、环境污染少、增长方式优、规模效应强的可持续发展之路。

（四）加强物流基础设施建设的衔接与协调

按照全国货物的主要流向及物流发展的需要，依据《综合交通网中长期发展规划》、《中长期铁路网规划》、《国家高速公路网规划》、《全国沿海港口布局规划》、《全国内河航道与港口布局规划》及《全国民用机场布局规划》，加强交通运输设施建设，完善综合运输网络布局，促进各种运输方式的衔接和配套，提高资源使用效率和物流运行效率。发展多式联运，加强集疏运体系建设，使铁路、港口码头、机场及公路实现"无缝对接"，着力提高物流设施的系统性、兼容性。充分发挥市场机制的作用，整合现有运输、仓储等物流基础设施，加快盘活存量资产，通过资源的整合、功能的拓展和服务的提升，满足物流组织与管理服务的需要。加强新建铁路、港口、公路和机场转运设施的统一规划和建设，合理布局物流园区，完善中转联运设施，防止产生新的分割和不衔接。加强仓储设施建设，在大中城市周边和制造业基地附近合理规划、改造和建设一批现代化的配送中心。

（五）加强内河航运发展

内河航运拥有运能大、占地少和能耗小的比较优势，是未来我国综合运输大力发展的方向之一。加强对长江、西江和京杭大运河等干支流的航道治理，支持以内河主要港口为节点的区域物流枢纽建设。形成国际航线、内支线、国内航线多方面发展的格局，解决能源紧张、减少温室气体排放和缓解公路压力。

（香港理工大学物流与航运学系　董浩云
国际海事研究中心　孙新宇　刘建华　叶子良）

参考文献

［1］王凌云，若讷.2009 港口物流步履铿锵又一年［N］.中国水运报，2010-01-01.
［2］张丽君，等.现代港口物流［M］.北京：中国经济出版社，2005.
［3］国务院.物流业调整和振兴规划，2009 年.
［4］代应，王振锋.港口物流服务供应链的形成与发展［J］.物流科技，2009（11）：43-45.
［5］世界银行网站.中国统计年鉴.Containerisation International Yearbook.
［6］许瑞.关于我国可持续运输问题的探讨［J］.贵阳金筑大学学报，2005（12）：37-39.

[7] 吕顺坚，董延丹. 我国无水港的发展 [J]. 水运管理，29 (8)：20 - 22.

[8] 斐松. 大连东北亚国际航运中心发展问题研究 [D]. 大连海事大学，2008.

[9] 吴采旺. 南京打造钢铁物流园 [J]. 中国水运报，2009 - 07 - 18.

[10] 曹玲. 减排承诺掷地有声，现代物流势在必行 [N]. 中国水运报，2009 - 12 - 30.

[11] 何方，陈永海. 浙江重点扶持梅山保税港区物流园 [N]. 中国水运报，2009 - 02 - 18.

[12] VIOLETA ROSO. Evaluation of the dry port concept from an environmental perspective：A note [J]. Transportation Research Part D，2007 (12)：523 - 527.

[13] T. L. YIP，XINYU SUN，JOHN J. LIU. Group Competition of Global Ports，IAME 2009 Conference [C]. 26 - 28 June，2009：Copenhagen，Denmark.

[14] YAN，JIA，XINYU SUN，JOHN J. LIU. Assessing Container Operator Efficiency with Heterogeneous and Time - Varying Production Frontiers [J]. Transportation Research Part B，2009 (43)：172 - 185.

[15] JOSE TONGZON. Efficiency measurement of selected Australian and other international ports using data development analysis [J]. Transportation Research Part A，2001 (35)：107 - 122.

2009年集装箱运输市场回顾与2010年展望

2008年以来，肇始于美国的全球金融危机致使世界经济从高峰跌落谷底，陷入前所未有的困境。2009年是20世纪30年代大萧条以来全球经济最为艰难的一年，国际航运业成为此次危机的重灾区，航运市场经营环境异常险恶。展望2010年，全球经济复苏值得期待，集装箱运输市场也有望走出低谷，步入温和上升的通道。

一、2009年集装箱航运市场回顾

1. 全球经贸深受重创，后期逐步走出低谷

在经历罕见严重的大衰退之后，由于全球范围内广泛的公共干预支撑了需求并降低了金融市场的不确定性和系统性风险，2009年全球经济增长"转负为正"，逐季好转，但复苏过程仍显得缓慢。

IMF目前预计2009年全球经济降幅为0.8%，主要发达国家和经济体经济均预计为负增长。联合国12月份则预测，2009年全球GDP将下跌2.2%。

受经济衰退的影响，2009年全球贸易量大幅下降。WTO预计2009年全球贸易出口量同比下跌10%，是二战以来的最大降幅。其中发达国家下降14%，发展中国家下降7%。IMF预计，2009年全球贸易量将下降12.3%。

总体来看，2009年全球经济是前低后高，基本可以判断，此波金融危机引起的全球经济最糟糕时期已经过去。

2. 总体货运需求疲弱，市场供求失衡严重

受金融危机打击，2009年班轮市场需求疲弱。目前，权威机构对2009年全球集装箱货量的增长预测基本在-10%左右。其中，CLARKSON预测为-9.8%；德鲁里维持-11.7%的预测；汇丰银行的预测为下跌10%。

考虑到订单推迟交付、拆船量上升等因素，CLARKSON、ALPHALINER、DREWRY等机构将2009年集装箱运力增幅下调至7%以内，比年初10%以上的增幅预测明显降低。尽管如此，2009年整体班轮市场供给仍明显大于需求，失衡情况较为严重。

德鲁里分析的2009年市场供求指数为84.2，是最近十多年以来的最低点，如表1所示。

表 1　　2002—2010 年全球集装箱海运市场供求指数

年　份	2002	2003	2004	2005	2006	2007	2008	2009
市场供求指数	94.5	98.9	106.25	105.6	104.34	104.9	99.8	84.2

资料来源：Drewry

3. 航线运量大幅滑坡，主干航线尤为明显

经济低迷使货量大幅滑坡。据 PIERS 统计，从 2008 年 6 月开始太平洋航线东行货量同比持续负增长，2009 年 1 ~ 10 月远东出口美国航线市场运量约 847.3 万标准箱，同比下降 16.7%。ELAA 数据显示 2009 年 1 ~ 11 月，亚欧航线西行累计箱量 1039.5 万标准箱，同比下跌 16.7%。预计 2009 年全年太平洋航线东行和亚欧航线西行货量同比跌幅可能在 15% ~ 17%。

2009 年澳大利亚、南非南美、波斯湾一些资源性国家相关航线货运需求预计同比也呈下跌态势，但其受到的打击要小于欧美航线，2009 年下半年运量环比恢复形势也好于主干航线。预计波斯湾航线西行、澳洲航线南行、南非南美航线西行 2009 年货量同比跌幅在 10% 左右。

4. 市场运价前低后高，多数航线仍陷亏损

由于市场货量低迷，各航线运价从 2008 年 10 月开始一路下滑，2009 年市场运价急剧下跌。上海航交所统计的中国出口集装箱运价指数，2009 年 6 月底综合指数比 2008 年 6 月底下跌了 33%。三季度进入旺季，受货量增长刺激，航线运价提升明显：亚欧航线 6 月中下旬至 8 月主要船公司分步实现 300 美元/标准箱左右的运价提升，9 月再次上调 200 ~ 300 美元/标准箱；太平洋线通过征收 CRP 和旺季附加费，运价比今年最低点上涨了 10% ~ 15%；澳大利亚线、新西兰线、波斯湾线、南非南美线等也均实现了不同程度的运价提升。总体看，由于上半年价格巨幅滑落，2009 全年市场运价比 2008 年明显下跌。即使经过下半年旺季的逐步恢复，2009 年 1 ~ 12 月中国出口集装箱运价平均综合指数仍比 2008 年同期下跌了 21%。

集装箱运输市场“量价齐跌”的局面严重拖累班轮公司业绩，各公司在营业收入同比大幅度下跌的情况下，全行业出现巨额亏损。2009 年全球集装箱班轮业收入将减少 550 亿美元，剔除通过内部挖潜节省出的 300 多亿美元，最终亏损仍可能会超出 200 亿美元。总体看，前十大班轮公司的亏损金额都在 6 亿美元以上。

5. 中国市场率先恢复，全球地位持续上升

2009 年以来，世界经济大幅下滑，国际市场需求严重萎缩，中国外贸发展遇到前所未有的困难。但是受益于应对金融危机的大规模经济刺激计划和宽松

的货币政策，中国经济在2009年令全球瞩目。中国国家统计局公布的数据显示，2009年中国GDP总值达335353亿元，同比增长8.7%，顺利实现“保八”目标；其中一季度增长6.1%、二季度增长7.9%、三季度增长8.9%、四季度增长10.7%。

就2009年全年外贸形势看，在世界经济大幅下滑、国际市场严重萎缩的严峻形势下，中国进出口规模逐步扩大、降幅收窄。全年进出口总值为22072.7亿美元，同比下降13.9%，其中：出口12016.6亿美元，下降16%；进口10056亿美元，下降11.2%。这一成绩的取得来之不易，如表2所示。

表2　　2004—2009年中国进出口增长情况

年份	进出口		出口		进口		差额（亿美元）
	金额（亿美元）	增速（%）	金额（亿美元）	增速（%）	金额（亿美元）	增速（%）	
2004	11545.5	35.7	5933.3	35.4	5612.3	36.0	321.0
2005	14219.1	23.2	7619.5	28.4	6599.5	17.6	1020.0
2006	17604.4	23.8	9689.8	27.2	7914.6	19.9	1775.1
2007	21765.7	23.6	12204.6	26.0	9561.2	20.8	2643.4
2008	25632.6	17.8	14306.9	17.3	11325.7	18.5	2981.3
2009	22072.7	-13.9	12016.6	-16.0	10056.1	-11.2	1960.5

资料来源：海关统计

受中国外贸形势逐步好转的拉动，中国集装箱港口吞吐量逐步恢复，自2009年9月开始港口集装箱吞吐量同比显现增长。2009年12月中国主要港口集装箱吞吐量同比上涨9.3%。上海港12月首次实现正增长，广州港增幅则达64%。2009全年全国规模以上港口完成国际标准集装箱吞吐量1.21亿标准箱，同比下降6%。如表3所示。

表3　　2009年全年各月港口集装箱吞吐量比较

	1月	2月	3月	4月	5月	6月
吞吐量（万标准箱）	899.1	706.0	942.9	935.9	1020.5	1003.3
同比（%）	-13.9	-16.0	-8.2	-11.0	-4.35	-8.76
环比（%）	-16.0	-21.5	33.5	-1.5	9.04	-1.68

续表

	7月	8月	9月	10月	11月	12月
吞吐量（万标准箱）	1056.4	1088.9	1107.1	1078.1	1085.2	1170
同比（%）	-3.12	-0.51	3.03	0.66	4.21	9.3
环比（%）	5.29	3.07	1.67	-2.62	0.66	7.8

资料来源：中国集装箱港口网及相关资料

2009年中国不仅引领全球经济走出衰退，而且整体经济地位进一步提升：从GDP来说，超过33.5万亿元，有望超越日本，跻身全球第二大经济体。从对外贸易额来讲，2009年中国的出口总值超过德国，成为全球第一大出口国。

二、2010年集装箱航运市场展望

1. 全球经贸温和复苏，走势总体向好

得益于再库存的启动和财政刺激对经济的暂时拉动，美欧经济体于2009年三季度走出衰退，形成下半年的V型反弹。在经历了2009年的全面调整后，在发达经济体逐步复苏和新兴经济体高速增长的带动下，预计2010年全球经济和贸易将恢复正增长，但是仍然低于危机前的水平。IMF预计2010年全球经济增幅为3.9%，联合国预计2010年全球GDP将增长2.4%。对于2010年全球贸易走势，WTO预计2010年中期开始止跌回升，IMF、OECD和联合国的预计则是全年贸易量整体将同比增长，如表4所示。

表4　各机构对2009年及2010年全球及主要经济体经济增长预测

（单位:%）

区域	IMF（2010年1月）		世界银行（2010年1月）		OECD（2009年11月）		联合国（2009年12月）	
	2009年	2010年	2009年	2010年	2009年	2010年	2009年	2010年
全球	-0.8	3.9	-2.2	2.7	-3.5	1.9	-2.2	2.4
美国	-2.5	2.7	-2.5	2.5	-2.5	2.5	-2.5	2.1
欧元区	-3.9	1.0	-3.9	1.0	-4.0	0.9	-4.1	0.4
日本	-5.3	1.7	-5.4	1.3	-5.3	1.8	-5.6	0.9
中国	8.7	10	8.4	9.0	8.3	10.2	8.1	8.8

注：OECD对全球的预测是对其30个成员国的预测

金融危机影响下，经济回调期贸易保护主义将重新抬头，预计2010年贸易保护主义仍将持续蔓延。尤其是“绿色”壁垒可能大幅增加。在贸易保护主义浪潮下，世界贸易的恢复将依赖于全球贸易失衡的调解和新兴市场经济体间贸易往来的扩展。复苏态势已经明确，但复苏之路可能出现反复。在下一个繁荣期到来之前，包括货运业在内的全球经济仍将经受严峻考验。

2. 供大于求仍将持续，但差异明显缩小

目前来看，主要机构对2010年全球集装箱运输市场运量增长预测在3%左右。虽然班轮公司推迟部分新船订单、并取消部分订单，使得市场总运力的增长要小于年初时的预测，总体看各机构对市场运力增长预测基本在7%左右，2010年市场仍将处于供大于求的失衡状态，不过供需差距明显缩小。

不过目前全球有约140万标准箱的运力闲置，占全球总运力的11%。这部分闲置运力对市场的供需平衡也是一个潜在威胁。这些运力一旦再次投入市场，会对市场运价及稳定性产生冲击。

由于集装箱贸易量增幅由负转正，加之集装箱运力增幅有限，将使2010年全球班轮运输市场供求关系明显好转，有助于运价市场进一步恢复到合理水平，如表5所示。

表5　2009—2010年全球集装箱贸易量和集装箱营运运力增幅预测

（单位:%）

		集装箱贸易量	集装箱运力	供需差异
2010年	DREWRY	3.4	7.4	4.0
	CLARKSON	3.9	5.8	1.9
2009年	DREWRY	-11.7	6.7	18.4
	CLARKSON	-9.8	5.6	15.4

3. 欧美失业率居高，困扰市场运量增长

今年以来欧美干线运量持续下滑，明年可能会缓慢复苏。但居高不下的欧美高失业率严重困扰着全球经济复苏进程和欧美航线货量增长。目前欧美失业率持续攀升，这在一定程度上影响了投资及商业信心。如果失业率持续维持在高位，将对明年欧美航线的货量增长产生阻碍。

但考虑到欧美进口商库存消化之后，会有补充库存的需要；且一旦欧美就业情况出现好转，一方面会直接促进消费回升，另一方面也会提振商业信心，促进采购商扩大库存，两方面拉动有望促进货量激增。预计2010年远东出口欧美航线运量需求要好于今年，出现5%左右的同比增幅。

4. 新兴市场是亮点，有望重返增长轨道

2009年澳大利亚、南非南美、波斯湾一些资源性国家相关航线货运需求同比也呈下跌态势，预计为10%左右；但其受到的打击要小于欧美航线。IMF10月预计，中东、印度和巴西2010年的经济增长率将分别达到6.4%、4.2%、3.5%，均高于全球平均增速。考虑到明年全球及各相关国家经济的恢复；澳洲贸易商库存逐渐消化；随着油价和美元的不断走强，中东地区会积聚更多财富，其消费能力会再次释放；南非南美地区的矿产资源促进经济发展等因素；2010年波斯湾航线西行、澳洲线和南非南美线南行运量将重返增长轨道。

5. 内贸航线有机遇，警惕运力过剩风险

2010年，在全球经济平稳的前提下，中国经济有望持续回升，并成为带动世界经济走出衰退的重要力量。由于2009年年初开始的国家及地方基建项目，时限一般为3~5年，可以乐观地估计，2010年国内投资量将基本维持2009年水平。而随着2010年世博的临近，相关场馆、配套设施建设将进入最后阶段，预计明年一季度将带动上海口岸货量增长，内贸线将有所获益。

因此，2010年内贸集装箱运输由于中国经济的复苏及世博会将存在一定的机遇，预计全年货量较2009年有个位数增长。但不容忽视的是，2010年经营内贸航线的主要船公司可能将投入更多运力至内贸运营，要警惕运力过剩风险。

6. 运价恢复有支撑，运价水平高于2009年

2009年下半年市场运价在局部供求关系改善、市场信心逐步恢复等利好的推动下稳步上扬，2010年将继续受惠于以下因素：

一是成本补偿型的运价提升。世界经济恢复将刺激2010年原油需求较明显增长，燃油成本的提升将进一步推升燃油附加费调涨；

二是班轮公司积极控制运力的各项措施发挥作用，班轮运输市场供求压力得以缓解，有助于运价进一步提升；

三是班轮公司提升运价的决心增强，受2009年上半年“量价齐跌”严重拖累，班轮公司业绩出现全面亏损，全行业年内可能巨亏超过200亿美元，行业意识到，运价必须进一步恢复才能有效走出困境；

四是交通部的运价报备制度一定程度上遏止恶性超低运价出现。

受供需基本面的影响，以及部分利好因素的促进，预计2010年整体运价水平将高于2009年。

7. 全面实施加船减速，驶入低碳经济时代

哥本哈根会议的召开正式宣告世界进入低碳经济时代。未来出口货物可能

会面临 30 ~ 60 美元/吨的“碳关税”。尽管航运是最具碳效率的一种运输方式，作为低碳经济的重要组成部分，船舶温室气体（GHG）减排工作成为当前国际航运业发展的必经之路。不止欧盟，未来美国等也可能制订海运业碳减排的标准。一旦海运碳减排标准出台，对航运业的营运成本，船舶效率、船员作业方式、船上能耗管理、航速和荷载系数等都会产生一系列的影响。

由于燃油价格持续攀升，班轮公司正在越来越多地在长航线中实施加船减速低速航行。这一点在欧地线表现得尤为突出：目前 85% 的西北欧线采用 9 条以及 9 条以上的船舶运营，而两年前的主流方式是使用 8 条船，约 7 成的航线使用 8 条甚至更少的船舶。地中海线目前也有 2/3 的航线采用 9 条及以上船舶运营，而两年前，约 8 成的航线使用 8 条甚至更少的船舶。大船低速运营趋势正日益明显，如表 6 所示。

表 6　西北欧线与地中海线不同数量投航方案比较　（单位：%）

航线使用的船舶艘数	西北欧线不同数量投船方案的比重		地中海线不同数量投船方案的比重	
	目前比重	两年前比重	目前比重	两年前比重
10 条船及以上	35	10	44	11
9 条船	50	19	19	11
8 条船	15	58	31	40
7 条船	0	10	6	38

资料来源：德鲁里季报

同时，低速还有助于缓解运力过剩。如果全行业在欧地等长航线上全部实施加船减速，有望消化 60 万标准箱的运力，如果在美西、中东等航线上实施加船减速，有望消化 25 万标准箱的运力。因此，预计 2010 年将有更多的航运公司加入超低速运营的低碳海运模式。

8. 班轮公司加强合作，进一步挖潜增效

前几年，班轮公司间的竞争在很大程度上表现为实力与规模的较量，主要班轮公司争相订购大船，快速扩展运力规模。而金融危机以来，随着市场需求的萎缩，班轮公司停止了运力扩张，转而将重点放在相互合作上，特别是 2009 年，班轮公司的合作出现空前活跃景象。预计 2010 年班轮公司广泛合作的竞争态势将继续成为主旋律，除了大型班轮公司和联盟继续深化合作外，可能还会有更多的中小型班轮公司在不同的区域航线上开展合作。

受金融危机打击，2009 年的航运市场形势惨淡，需求大幅下跌，运价直线下降，如前所述，班轮公司均落得巨大亏损。为渡过难关，各班轮公司在运力控制、内部组织机构优化以及资金筹措等方面使出了各种招数保障资金链、改善现金流、节支成本。

2010 年虽然市场预计比今年有所起色，但持续的亏损必然会给班轮公司以不小的经营压力。因此，可以预计，保障资金量、加强成本挖潜仍然是 2010 年班轮公司经营的重点之一。赫伯罗特、以星、日邮、南美轮船等公司的注资融资正在进行之中，2010 年还将继续；韩进、商船三井等公司的内部机构调整优化工作也将延续至 2010 年。

2009 年集装箱航运市场形势是严峻的，但同时也应该看到：美国经济自由落体式的下降速度已经有所放慢，经济已经出现回暖；主要市场的信心指数都呈现上行态势，市场货量已经呈现复苏迹象，同时，班轮公司在运力管控上采取积极措施，订单推迟、取消、旧船拆解以及封存运力都对缓解运力压力发挥了积极作用。

2010 年整体集装箱航运市场虽然仍处于供大于求的状况，但是已经出现明显好转，货量有望出现增长，运价正在步入上升通道，整体的复苏期中可能仍有一系列不确定因素会对市场发展造成波动，或许 2010 年集装箱运输市场的发展机遇正在这些市场波动中。

（中远集装箱运输有限公司战略发展部　黄　竞）

2009 年国际散货海运市场回顾与 2010 年展望

一、2009 年国际散货海运市场回顾

（一）2009 年国际散货海运市场运量分析

1. 2009 年国际散货海运总量分析

在过去 4 年里，世界散货贸易一直保持着稳定的增长。但 2008 年的经济危机严重影响了 2009 年国际散货的贸易量，国际散货运量也随之有所减少。2009 年，国际散货海运贸易量约为 29 亿吨，同比下降 3.7%。由于发达国家的经济不景气，使得发展中国家的贸易需求成为国际贸易中的支柱，尤其是中国对铁矿石“天量”的进口成为 2009 年国际散货市场的一个亮点。

2. 2009 年国际铁矿石海运市场运量分析

在中国进口需求的带动下，2009 年，全球铁矿石的运量有所增加，进口量超过 9 亿吨，同比增长 4.3%，继 2008 年后，铁矿石的进口量又有一次创下全年进口纪录。铁矿石的运量占据了整个散货运量的 1/3，此外它又能够直接影响炼焦煤、焦炭、钢材的贸易量，铁矿石的贸易量的增加对推动 2009 年的整个散货市场起了非常重要的作用。

3. 2009 年国际煤炭海运市场运量分析

（1）炼焦煤。2009 年，全球炼焦煤的海运进口量为 2.03 亿吨，同比下降 19.1%，下降幅度较大。从地区分布来看，世界整体进口量都是处于下降趋势，只有中国一枝独秀。欧盟的进口量下降 21.8%，日本和韩国的进口量分别下降 18.0% 和 17.3%。而由于煤炭价格的下降，还有自身需求量的增加，中国已由一个传统的煤炭出口国变为一个煤炭进口国。截至 2009 年 10 月，中国炼焦煤进口 2806 万吨，其进口量相比于 2008 年同期增长 4 倍。

（2）动力煤。2009 年，全球的动力煤的进口量下降较大，仅为 5.08 亿吨，同比下降 11.9%，造成进口量下降的主要原因是因为动力煤的 2/3 都被用于工业锅炉供热和发电。受金融危机的影响，工业生产大幅下降，其电力以及锅炉供热需求都相应下降，再加上对动力煤需求的国家多为经济发达国家，受金融危机影响也比较大，因此，动力煤的需求大幅减少。

4. 2009 年国际谷物海运市场运量分析

从总体来看，2009 年的谷物海运市场还是相对比较稳定的，2009 年的谷物产量比 2008 年略有降低，但下降幅度并不大。由于美国玉米在工业用途用量的放缓，世界粮食的库存量有望继续恢复。另外由于俄罗斯和乌克兰粮食的丰收，全球粮食的出口供应量也有望在 2010 年充足。但也应该注意到，供需不平衡矛盾仍然存在，并且在加剧。在粮食需求方面，全球谷物需求增加量为 3.4%，小于 2008 年的谷物需求增加量。

5. 2009 年国际小宗散货海运市场运量分析

小宗散货贸易在国际散货贸易中一直占据着重要的位置，保持着 1/3 以上的份额，对整个散货市场的稳定起着重要作用。2009 年，小宗散货的贸易量为 9.26 亿吨，相比于 2008 年下降 6%，虽然贸易量有所下降，但总体来看还是保持在高位。

（二）2009 年国际散货海运市场运力分析

1. 2009 年总运力分析

2009 年世界散货船队继续扩容，总运力较 2008 年有大幅提升，船舶数量增加了 270 艘，载重吨也相应增加了 0.39 亿吨，增幅分别为 4% 和 9.4%，据克拉克松统计，截至 2009 年 11 月，世界散货船队共有 7249 艘（1 万载重吨以上的散货船），4.55 亿吨，其中海岬型船（指吨位在 10 万吨以上的船舶，下同）运力为 1.67 亿吨，占 37%，巴拿马型船（指吨位在 6 万 ~ 10 万吨的船舶，下同）运力为 1.21 亿吨，占 26%，大灵便型船（指吨位在 5 万 ~ 6 万吨的船舶，下同）运力为 0.91 亿吨，占 20%，灵便型船（指吨位在 1 万 ~ 4 万吨的船舶，下同）运力为 0.76 亿吨，占 17%。

2. 2009 年新船交付分析

新船在 2009 年进入集中交付阶段，观察每月新船交付量的数据发现，除 2009 年 1 月的数据比 2008 年的少，在全年的其他月份中 2009 年的数据都比 2008 年同期的要多，而且两者之间的差距有拉大的趋势，新船交付渐渐进入集中段。据克拉克松统计，截至 2009 年 11 月，新船交付总量为 462 艘、0.37 亿吨，较 2008 年增加了 93.8%。

3. 2009 年旧船拆解分析

2009 年旧船拆解量飙升，每个月的拆解量都较 2008 年同期大幅上涨，高者甚至达到单月拆船 180 万吨。主要是因为 2009 年航运市场不稳，很多船东纷纷选择大量缩减运力，拆解一些船龄较大的船舶，来降低运营成本。据克拉克松统计，截至 2009 年 11 月共有 235 艘、957 万吨的船舶被拆解，是 2008 年全年拆解量的 3.5 倍还不止，创下了 10 年以来的新高。

4. 2009 年二手船买卖分析

2009 年二手船市场总体成交量较 2008 年有所上升，其中 4～7 月二手船市场较其他时候活跃，二手船买卖成交量也相对较大，由于受到季节因素影响，国际航运市场行情回暖，促进了二手船买卖市场的活跃。截至 2009 年 11 月，2009 年二手船买卖总量为 616 艘、0.36 亿吨，比 2008 年的 0.23 亿吨，上涨了 55.3%。

（三）2009 年国际散货海运市场运价分析

1. 2009 年运价指数分析

2009 年上半年受需求推动，各指数震荡上行，并在 5 月达到 2009 年的第一个小高峰。年中由于季节因素影响以及需求和供给的此消彼涨，使得运价指数经历了 7～10 月的震荡调整。然而调整之后，各指数在 11 月开始一路上行，BDI 指数还触及了 4661 点 2009 年的最高位。随后的 12 月，在淡季因素影响下，各指数开始放量下跌。

2. 2009 年运价和租金分析

2009 年各航线运价略有上扬，其中以谷物航线上扬幅度最为明显。在期租市场上出现了比较反常的现象，巴拿马型船和灵便型船一年期期租金较三年期期租金低，说明了市场各方对未来一年的市场走势不乐观，认为返本机会很小；相对应的，各方皆着眼于未来两三年的市场，期待市场的好转；此外同一类期租中三大船型的租金之间的差距在 2009 年变得非常小，体现了整体租船活动的薄弱。

二、2010 年国际散货海运市场展望

（一）世界经济展望

1. 全球性的金融风暴袭击世界经济

根据国际货币基金组织的预测，2010 年全球的经济增长将从 2009 年的 -1.1% 上升到 3.1%，其中发展中国家经济增长 5.1%，发达经济体经济增长 1.3%。美国国际经济研究所更为乐观地估计 2010 年的全球经济增速将达到 4.2%，其中发展中国家经济增长 5.4%，发达经济体经济增长 3.3%。摩根士丹利预计 2010 年世界经济将增长 4%，新兴经济体总体增长将达到 6.5%。

2. 2010 年美国经济展望

伴随着失业率的不断上涨，财政刺激的临时性，以及贸易伙伴经济增速未达到理想状态，2010 年美国经济增长仍将处于迟缓状态。

3. 2010 年欧洲经济展望

2010 年欧洲经济复苏主要面临以下几个问题。第一，尽管欧洲金融市场业已出现反弹，但整个银行体系的重构仍需花费很长时间。第二，信贷的收缩导致目前欧洲私人投资的大幅减少，同时，经济刺激计划的退出可能导致未来欧洲经济的不确定性增加。第三，居高不下的失业率导致欧洲消费市场一直不能得到有效的恢复。第四，欧洲各国经济复苏进程不一致，希腊、西班牙以及葡萄牙等国纷纷陷入危机。

4. 2010 年亚洲经济展望

对于 2010 年，亚洲各国的表现将不尽相同。作为东亚经济发展引擎的中国，2009 年 GDP 增长对全球经济增长的贡献率超过 50%，而有乐观的估计认为 2010 年中国经济将有更加精彩的表现。

5. 2010 年非洲经济展望

世界经济坚冰初化，非洲经济也开始在危机中寻求复苏。一些分析人士指出，正如国际金融危机对非洲的打击要晚于对世界其他地区一样，非洲经济的复苏也将滞后并更为艰难。

但是可喜的是，非洲经济在 2009 年依然保持了正常运转，表现出了顽强的抗风险能力。近期，非洲国家经济普遍出现企稳回升迹象。IMF 最新预测，2010 年非洲经济增长将恢复到 4%，未能回到危机前的水平。其中作为非洲经济领头羊的南非 2010 年将恢复正增长，经济增速为 1.7%。

（二）2010 年世界散货海运贸易量展望

1. 世界海运贸易发展展望

本报告依据趋势预测法对 2010 年的世界大宗散货的海运量进行了分析，结合上海国际航运研究中心的“中国航运景气指数”以及对市场的判断，经过修正后，本报告认为 2010 年世界大宗散货的海运贸易量将有所增加，虽然还未从金融危机的阴影中全部走出，但世界经济已经开始好转，世界进出口贸易也将会有所增加。本报告估计，2010 年大宗散货的海运贸易总量约为 30.91 亿吨，同比增长 5.7%。

2. 铁矿石贸易发展展望

2009 年铁矿石贸易量的增长无论在需求方面还是在供给方面都已经大大出乎人们的预料，在 2009 年国际散货贸易量普遍下降的情况下，铁矿石贸易量依然保持着强劲的增长势头。本报告预计，2010 年，世界铁矿石的贸易量仍将继续上升，达到 10.11 亿吨，增幅为 9.5%。

3. 煤炭贸易发展展望

在经过 2009 年的低谷之后，2010 年的煤炭贸易量将有所回升，随着各国经济的不断好转，其钢铁需求量以及工业发电量也将不断增加，这样的需求也使得2010年的煤炭市场被普遍看好。

4. 谷物贸易发展展望

谷物的产量与当年天气情况关系较大，所以对于谷物的产量预测难度较大。但谷物为生活必需品，每年的贸易量相对稳定。本报告预计，2010年的谷物产量会有所下降，其贸易量也会随之减少。

5. 小宗散货贸易发展展望

小宗散货的贸易量在全球海运贸易中占据了相当大的比重。预计2010年，小宗散货中的的糖类、农产品等生活必需品贸易量将保持稳定，而钢铁制品、水泥等工业产品将随着经济的好转，贸易量也有所增加。总体来看，小宗散货市场海运贸易量将保持上升的态势。

（三）2010年世界散货船队运力投放分析

1. 总运力投放展望

如果不考虑撤单和延迟交付，2010年新船交付量将达到1.1亿吨，相当于现有船队规模的24.9%；在船舶拆解方面，预计旧船拆解量将不会超过900万吨。本报告认为2010年的市场行情将小幅回升，船东对未来比较看好，新船交付较2009年有所增加，与此同时拆船计划推后暂缓。在此条件下，预测2010年运力实际增长将在10%左右，略高于2009年的水平。

2. 各船型运力投放展望

海岬型船运力投放：2010年船队规模将超过1.9亿载重吨，增幅在17%以上。其中新船交付量在0.3亿载重吨以上；旧船拆解量将达13艘，0.02亿载重吨，与2009年的拆解量基本持平。

巴拿马型船运力投放：2010年船队规模将达到1.3亿载重吨，其中新船交付量143艘，0.11亿载重吨；旧船拆解量将达59艘，0.04亿载重吨，较2009年的拆解水平有所上升。

大灵便型船运力投放：2010年运力规模将达到1亿载重吨以上，增幅超过12%。预计2010年大灵便型船订单将达到380艘，0.21亿载重吨。

灵便型船运力投放：2010年船队规模将保持稳定，总载重吨在0.78亿载重吨左右。其中新船交付量194艘，0.06亿载重吨；旧船拆解量将达82艘，0.02亿载重吨。

（四）2010年世界散货运价走势分析

1. 影响未来运价走势的主要因素

（1）2010年海运需求小幅回暖：随着世界经济的好转，世界进出口贸易也将有所增加。预计2010年国际大宗散货海运贸易总量将增长5.7%，高于2009年。

（2）运力增速创新高：从2004年开始，运力发展进入“快车道”，每年保持6%以上的增长速度，在2009年其增速更是达到8.1%，创10年之最高。鉴于大量的订单将在2010年交付且拆解量又不会进一步增加，本报告预计2010年世界散货海运船队运力增长速将高于2009年。

（3）国际油价震荡上升。

（4）国际投机资金将介入远期市场。

（5）铁矿石谈判即将展开。

2. 运价走势和BDI指数走势分析

本报告认为，随着2010年世界经济贸易、海运贸易需求的进一步回暖，运价和BDI指数较之2009年有所好转，但考虑到2010年运力过剩的压力将增大，供求矛盾日趋严重，整体市场将处于弱势并在低位徘徊一段时间。前两季度BDI指数将先抑后扬，指数从3000点震荡走高，高点可能达到5000点左右；下半年指数将有所下滑，但到第四季度时又可能出现一波上涨潮，指数可能重新回到5000点高位。预计全年BDI指数均值在3500左右浮动。

三、对策与建议

1. 与服务对象建立长期稳定合作关系

现在航运市场正处于由谷底逐渐回升的阶段，但是由于供求矛盾日益激化再加之炒作等因素的影响，市场运价波动比较剧烈，因此船东与货主，尤其是海岬型船东，倾向与货主签订长期运输合同（COA）以求共担风险、共享利益。

2. 关注FFA市场

就中国船东和货主而言，可以利用FFA作为一种避险工具，但须对市场和市场心理有一个深入的研究，切勿重蹈覆辙，更加应该防止参与投机和炒作。在航运市场波动较大的情况下，中国大多数贸易企业和航运企业只能被动地接受运费的波幅，因此中国的航运供需方应该尽快学习运用FFA来进行保值以期规避风险。

3. 预防海盗风险

如何避免被海盗劫持，是现在各船东尤其是中国船东面临的一个重要难题。作为欧亚航线上的主要贸易国，索马里海盗对中国影响较大，最近被海盗劫持的“德新海”号散货船就是一个案例。本报告也提出了几个规避海盗风险的方法。

4. 适时优化船队结构

就整个航运市场而言，现阶段的运力扩张会对未来的航运市场造成不良的影响。但就单个船公司而言，现在扩张运力则是在危机中的机遇。

5. 航运企业间的合作

航运业要理性竞争，共同维护市场稳定。困难当前，航运企业不应该盲目地相互竞争，这样做只会给行业发展带来伤害。

6. 积极进行资本运作，增强发展后劲

航运企业是重资产的行业，存在高投入、高风险的特点，受行业周期影响非常大。为克服行业景气周期影响，在行业低谷期能够生存和发展，航运企业除了控制好风险，量力而行，进行稳健经营外，还必须充分借助资本市场，积极进行资本运作，通过上市进行融资，利用社会资本分散资金风险，提高持续经营能力。

7. 进一步严控成本

严格控制业务扩展和项目投资并加大对老旧船的处理力度，快速削减非赢利运力的规模；在运力安排上，坚持以效益为中心，采取灵活、波段、短线等快进快出的策略。

8. 与港口企业合作

港口企业可与航运企业进行合作。比如，港口可在码头装卸费，货物堆存费用等方面给予各航运公司一定优惠，而航运企业也要与港口签订长期合同，确保此腹地附近货物都是通过此港装卸，增加港口的营业额。此举对港航双方都有利，也为双方的长期合作发展打下基础。

9. 政府要给予相应扶持

作为政府来讲，在航运业如此不景气的时候，应给予航运企业大力支持，以保证航运经济的可持续发展。首先，政府可协调各金融部门加大对航运企业支持力度。其次，建议在税务上给予一定的减免。最后，给予航运业特殊补贴。

10. 培养和引进高端人才，并进行企业文化建设

当前国际金融危机带来了新一轮航运人才尤其是高端航运人才大流动，有利于航运业集聚人才。为此，航运企业要以应对国际金融危机为契机，积极培养、全面引进航运人才队伍，为企业可持续发展储备人才。

（上海国际航运研究中心　真　虹　李　钢　张永锋）

2009 年沿海散货海运市场回顾与 2010 年展望

一、2009 年沿海散货海运市场回顾

（一）运力分析

虽然2009年航运市场持续低迷，却是沿海运力的高峰交付期，虽然相当部分的订单取消或者推迟，供需失衡状况仍较为明显，航运市场形势依然严峻。2009年沿海运力净增620万吨，1万吨以上的船运力上升34%。截至2009年10月，市场保有量约2900万吨。占沿海运输主要市场份额的几个船公司有中海发展、长航凤凰、深圳远洋、浙江海运、宁波海运和福建冠海等。

（二）运量分析

1. 煤炭运量分析

2009年，作为沿海散货海运市场最大的货种煤炭，运量较2008年大幅下降，但从第三季度开始，呈现出企稳上升的趋势，同比降幅不断缩小。与2008年同期相比，1~10月沿海主要港口煤炭发运量都是负增长。其中6月煤炭发运量较2008年同期下降了20%左右。

2. 铁矿石运量分析

2009年沿海铁矿石运量先低后高，总体需求下降。上半年国内铁矿石下游产业需求低迷，沿海运量增速放缓；下半年，随着需求的不断走强和钢厂的补库行为，铁矿石进口量巨幅上涨，沿海二程矿石运量也随着进口量而水涨船高。2009年前三季度沿海二程矿石运量约9000万吨，同比下降2%。

3. 粮食运量分析

2009年，沿海粮食需求总体稳定，运量保持小幅增长状态。

（三）运价分析

1. CCBFI 分析

2009年沿海（散货）运价前三季度一直在低位震荡前行，颓势频现。到了第四季度，沿海散货海运市场出现转机。11月中旬，沿海运输市场开始出现飙升行情，这主要是受到煤炭运输市场的拉动，接连数周保持了狂飙猛进的

态势。

2. 煤炭运输市场运价分析

2009 年，煤炭运价前三季度在低位震荡，到了第四季度止跌反弹出现飙涨行情。第一阶段（前三季度）：低位震荡；第二阶段（第四季度）：止跌反弹，行情飙涨。

3. 铁矿石运输市场运价分析

2009 年沿海铁矿石运输市场行情可以分为三个阶段。第一阶段（1 ~ 7 月）：行情不断震荡下行；第二阶段（8 ~ 9 月）：企稳阶段；第三阶段（10 ~ 12 月）：出现回升趋势。

4. 粮食运输市场运价分析

2009 年，沿海粮食运输市场呈现了逐级攀升的企稳向好行情，到年末出现飙升行情。第一阶段（1 ~ 10 月）：行情企稳向好，运价阶梯式逐步上涨；第二阶段（11 ~ 12 月）：出现飙升行情。

（四）沿海干散货市场供需分析

1. 煤炭市场供需情况

（1）2009 年煤炭产量稳步增长。

（2）煤炭进口量激增。2009 年，我国首次成为煤炭净进口国。海关总署 10 月 26 日发布的数据显示，前三季度中国的煤炭进口量为 8570 万吨，同比增长 167%。其中，1 ~ 6 月，我国煤炭进口量快速增长，上半年共进口煤炭 4827 万吨，同比增长 1. 26 倍，比 2008 年同期多进口 1005 万吨。

（3）港口库存起伏波动。2009 年煤炭港口库存起伏波动，以秦皇岛为例，总体呈现出一个大"W"型，有两次达到 800 万吨的历史高位，也有两次跌破 400 万吨，上下落差很大。这其中有市场真实供需关系的反映，也有其他因素的影响。

（4）企业库存先宽后紧。2009 年电厂煤炭库存呈现出前宽后紧的态势。从大年初一到 9 月，电厂存煤一直比较宽松。截至 9 月初可用天数为 16 天，到了 11 月底，我国出现大范围雨雪天气，南方电厂煤炭库存频频告急。

（5）企业用煤总体需求前低后高。

2. 铁矿石供需情况

（1）铁矿石产量同比稳步向上。据国家统计局数据显示，1 ~ 10 月全国累计生产铁矿石 7. 03 亿吨，同比增产 3604 万吨，同比增长 5. 4%。但同天量进口和国内粗钢产量增长速度大幅上升的情况相比，国内铁矿石产量增长显得有些微不足道。

（2）"天量"进口。2009 年进口铁矿石可谓是"天量"。1 ~ 10 月中国累计进口铁矿石 5. 15 亿吨，同比增长了 36. 8%。除 1 月外，其他各月均超过 2008 年最高水平。9 月进口铁矿石达到 6455 万吨，刷新了历史最高记录，10 月虽大幅回落，但进口量仍达到 4547 万吨。

（3）钢铁产量：积极向上。年前三季度全国新增钢材资源总量 5. 15 亿吨，比 2008 年同期增长 12. 3%，增幅比上半年提高 6. 8 个百分点。分季度来看，逐季走高。其中，一季度新增资源 1. 47 亿吨；二季度为 1. 77 亿吨，比一季度上升 20. 4%；三季度为 1. 89 亿吨，比二季度上升 6. 8%。

3. 粮食供需情况

2009 年我国玉米产量预估为 1. 63 亿吨，较 2008 年的 1. 6592 亿吨减少了 29. 2 万吨，降幅 1. 76%，这是自 2003 年实现连续 5 年增产后的首度减产。整体而言，2009 年我国玉米消费呈现“先抑后扬”的态势。2009 年年初受 2008 年下半年爆发的金融危机的影响，养殖业低迷，造成玉米需求疲软，但其后随着各项刺激经济计划的逐步落实，以及 6 月冷冻猪肉收购政策的启动，国内肉蛋禽价格全面回升，带动了饲料消费的回暖。

二、2010 年沿海散货海运市场展望

（一）2010 国内经济形势展望

本报告认为：2010 年宏观经济将进一步向好，宏观经济引起的运输需求将支持沿海运输市场保持在一个相对高位上。

（二）2010 年沿海散货海运市场运力投放展望

本报告认为，2010 年，我国将暂停部分船舶的进口，但尽管如此，由于造船业的进一步发展，沿海运力增速仍有 10% 左右，运力过剩的局面将长期存在。

（三）2010 年国内干散货市场吞吐量预测

1. 煤炭

展望 2010 年国内煤炭供需情况：产能将继续调整，煤炭产量增速将放缓；需求将稳步增长，供需总体平衡局部紧张。本报告对 2010 年沿海主要港口煤炭吞吐量进行了定量预测（采用弹性系数法），并在此基础上综合考虑各因素的影响，对其加以修正之后，预计 2010 年主要港口煤炭吞吐量增幅将达到 10% 左右。

2. 铁矿石

展望2010年，铁矿石需求将持续保持旺盛，原因是钢材消费仍然旺盛。本报告对2010年沿海主要港口铁矿石吞吐量进行了定量预测（采用弹性系数法），并在此基础上综合考虑各因素影响，对其加以修正之后，预计2010年主要港口铁矿石吞吐量增幅将达到8%左右。

3. 粮食

展望2010年，粮食市场需求比较稳定。本报告对2010年沿海主要港口粮食吞吐量进行了定量预测（采用弹性系数法），并在此基础上综合考虑各因素影响，对其加以修正得到预测之后，预计2010年主要港口粮食吞吐量增幅将达到3%左右。

（四）2010年沿海散货海运市场运价走势预测

1. 煤炭

本报告认为，2010年沿海煤炭运价走势春节前将延续2009年12月底的高位，并震荡前行；春节后将回归理性，季节性因素仍然凸显，总体仍然维持较低的行情，运价指数在1200～1700点左右。

2. 铁矿石

本报告认为，在国内基建需求的稳步拉动下，2010年沿海铁矿石运价走势总体将呈现阶梯型向好的态势，综合运价指数将在1000～1500点左右。

3. 粮食

本报告认为，2010年沿海粮食运价走势受相关货种运输市场影响大，季节性因素凸显，综合运价指数将在1000～1500点左右。

三、2010年沿海散货海运市场建议

（一）对策建议

1. 进一步调整船舶结构，加快推进船型标准化

建议政府加快推进船型标准化，加大对运力结构调整的投入，建立专项基金，对提前报废的老旧船并购置标准船型新船的企业给予适当补贴，从而加快淘汰以危险品运输的船队和会产生高污染的内河船队为重点的老旧船舶。

建议企业进一步拆解老旧船。对船东来讲，拆解闲置老旧废船，在节省一笔不菲支出的同时，获得现金收入；对市场而言则可以减少市场运力和碳化物排放，响应低碳经济的号召。

2. 科学发展，打造低碳航运

建议政府应紧密结合IMO的发展动态，研究出台相关行业管理政策和法

规，继续强化海运业的能源节约和产业结构优化，坚持推进船舶节能减排措施，大力发展新能源、可再生能源技术和节能新技术，促进碳吸收技术和各种适应性技术的发展，综合控制船舶 GHG 排放。

对于航运企业而言，要进一步调整船队结构，淘汰老旧船，趁市场低谷期调整内部结构，为低碳航运的到来做好充分准备。

3. 引进融资租赁模式

建议政府引进国际上通行的融资租赁模式，鼓励成立船舶投资募集公司，通过银行及投资人的资金投入建立类似封闭式基金而实现融资。

4. 建立风险管理机制

航运企业应对市场动态的信息实时把握，建立风险动态管理机制，收集分析国际国内宏观经济、金融、航运、船舶市场等战略环境信息，研究其对公司战略发展和生产经营的影响，并根据形势变化及时调整风险应对措施。

5. 营造政策环境，严格执法监管

建议政府积极营造良好的政策环境来帮助企业渡过难关，在营造政策环境的同时，应当严格执法和监管，使相关政策落到实处。特别是要严厉打击恶意竞争和扰乱市场的行为，促进国内沿海运输市场健康、平稳发展。

6. 进一步严控成本

严格控制业务扩展和项目投资，停止高风险业务和租入船业务，对高租金租入船逐一进行核查，展开减租和退租谈判；同时加大对老旧船的处理力度，快速削减非赢利运力的规模；在运力安排上，坚持以效益为中心，采取灵活、波段、短线等快进快出的策略。

7. 争取包运合同

建议企业进一步提高 COA 在经营中的比重，继续加强与国内大货主的战略合作，共同防御风险。

8. 加强合作，平稳过渡

航运企业应调整客户关系，加强与货主、贸易商、码头、银行、造船厂等多方面合作，相互协作。从而在低谷时抓住机遇，坚定信心，为迎接市场波峰做好准备。

（二）2010 年沿海散货海运市场热点

1. 2010 年煤炭交易市场化机制将趋于完善

2009 年，国家发展改革委下发的《关于完善煤炭产运需衔接工作的指导意见》和《2010 年跨省区煤炭铁路运力配置意向框架》，对加快煤炭交易的市场化改革，促进煤炭交易的完全市场化起到了有力的推动作用。

2. 2010 铁矿石价格谈判展望

展望2010 年铁矿石谈判，还是困难重重。首先，2010 年中国铁矿石需求预期继续增加。其次，铁矿石三巨头欲缩减供货，控制中国市场。最后，印度开征铁矿石出口税，加剧供应紧张。

（上海国际航运研究中心 真 虹 李 钢 张永锋）

2009年航空货运市场发展回顾与2010年展望

一、2009年回顾

受益于世界各国和国际组织实施的一系列的经济刺激政策，2009年，世界经济出现复苏的迹象。自2009年上半年以来全球经济开始缓慢复苏，主要发达国家GDP基本停止下降，美国、欧元区和日本等主要发达经济体均在2009年第二季度实现止跌反弹。全球贸易在第二季度开始反弹，其中全球货物出口额比第一季度增长7.6%。根据国际货币基金组织（IMF）的最新预计，2009年世界经济下降的幅度将缩减到1.1%，2010年将恢复增长3.1%左右。

作为国际经济交流的直接反映，国际航空货运在2009年出现了明显的反弹，并最终演变成一种复苏。从图1来看，世界航空货运增幅在2008年12月出现深幅下滑，在2009年1月跌入谷底，出现25%的负增长，之后，跌幅就一路收窄。从世界范围来看，2009年航空货运最明显的特征是：国内强于国际；亚太地区、中东地区强于其他地区；拉丁美洲及加勒比海地区最弱。尤其是亚太地区，在2009年11月成功实现了正增长，增幅达到2%。而从累计数据来看，2009年1～10月，中东地区走势最强，与2008年同期相比，只是出现了微弱的下降幅度。表1所示是2009年10月世界各地区航空货运量及增长幅度。

表1　　2009年10月世界各地区航空货运量及增长幅度

地　区	当月货运量（吨）	增长（%）	年度累计货运量（吨）	增长（%）
非洲	184549	-12.70	1708211	-8.40
亚太	2391685	2.00	18229246	-12.20
欧洲	1275618	-7.70	10624958	-16.50
拉丁美洲及加勒比海	279391	-10.70	2302023	-18.30
中东	323649	-0.80	2737000	-1.10
北美	1893748	-4.20	15931087	-15.10
ACI成员	6348640	-3.10	51532524	-13.70

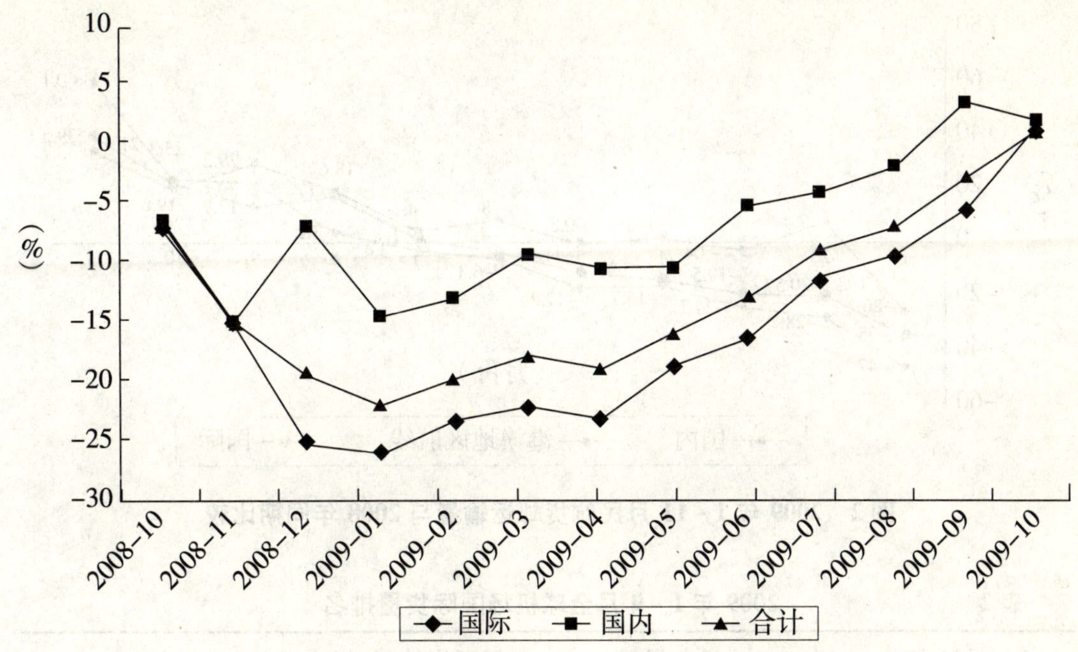

图1　2008 年 10 月～2009 年 10 月世界航空货运发展趋势

与世界航空货运相比较，中国航空货运与中国经济一样，仍然是一枝独秀。自年初出现深达 30% 左右的跌幅之后，我国航空货运就开始一路反弹，并且在 8 月实现全面正增长。从不同的航线市场来看，国内航线在 2009 年的 2 月就实现了正增长，之后（除 3 月外）就一直保持正向增长的态势，并且在 11 月出现了高达 33.7% 的增幅；受国际金融危机，以及国际贸易保护主义影响最大的国际航线，一直到 2009 年 7 月才开始出现正向增长，但之后增幅一直保持在 10% 以上，到 11 月竟然出现了高达近 40% 的增长；而近两年降幅一直较大的地区航线（港澳地区），在 2009 年 1 月出现了近 50% 的负增长，远远高于国内航线与国际航线的降幅，并且，复苏的速度也远远慢于其他两个市场，直到 2009 年 8 月才开始出现正向增长，不过，在 11 月却出现了高达 60% 的正向增长的反常现象，如图 2 所示。

但是，从世界航空货运与我国市场 2008—2009 年的发展情况来看，航空货运已发生了明显变化：

一是亚太地区机场在全球排名中占据绝对优势。根据国际机场协会（ACI）公布的 2009 年 1～9 月国际航空货运排名中，前四位的都是亚洲机场（香港、仁川、浦东、成田），而且都集中在我国周边或在我国国内，值得庆幸的是，我国上海的浦东机场位列其中，并成功跻身于第 3 名，如表 2 所示。

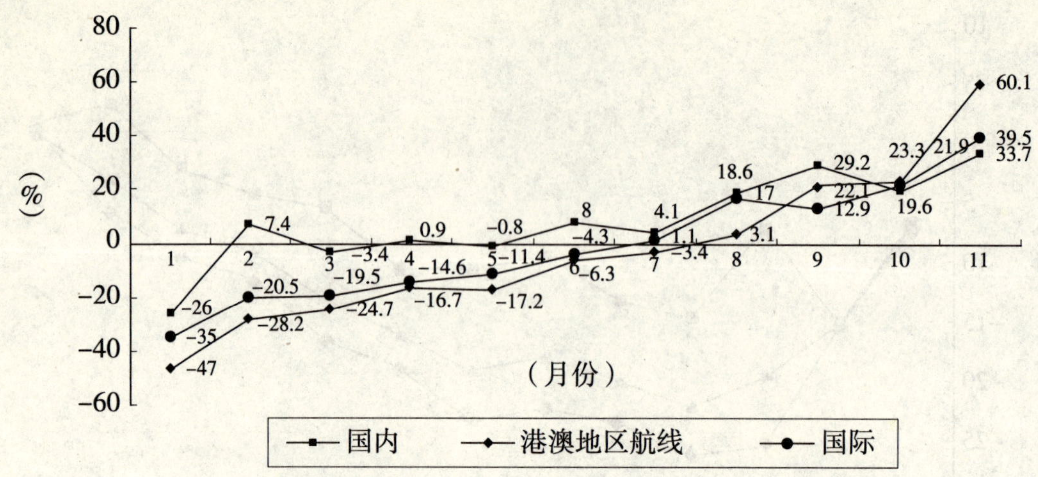

图2　2009 年 1 ~ 11 月民航货邮运输量与 2008 年同期比较

表2　　　　2009 年 1 ~ 9 月全球机场国际货量排名

排　名	机　场	年度累计（吨）	增幅（%）
1	香港	304000	-4. 3
2	仁川	204136	3. 9
3	浦东	174634	3. 8
4	成田	171370	-2. 2
5	迪拜	161910	3. 4
6	法兰克福	155230	-4. 8
7	新加坡	140790	-12. 5
8	台北	128285	6. 4
9	安克雷奇	116463	-5
10	迈阿密	110707	-11. 1

二是作为新兴经济体的代表，我国航空货运在金融危机之后，出港量与进港量的差距明显加大。从我国机场的实际情况来看，能够真实反映我国航空货运走势的可以说只能是浦东机场了。自 2003 年到 2009 年 10 月，上海浦东机场国际航空货运出港量一直大于进港量，其间比值大多在 1. 5 以上，如图 3 所示。但在 2008 年金融危机出现之后，这个比值明显加大，并且在 2009 年 2 月达到极限（超过 2. 5），这无疑给我国航空公司的货运经营带来了极大了困难。

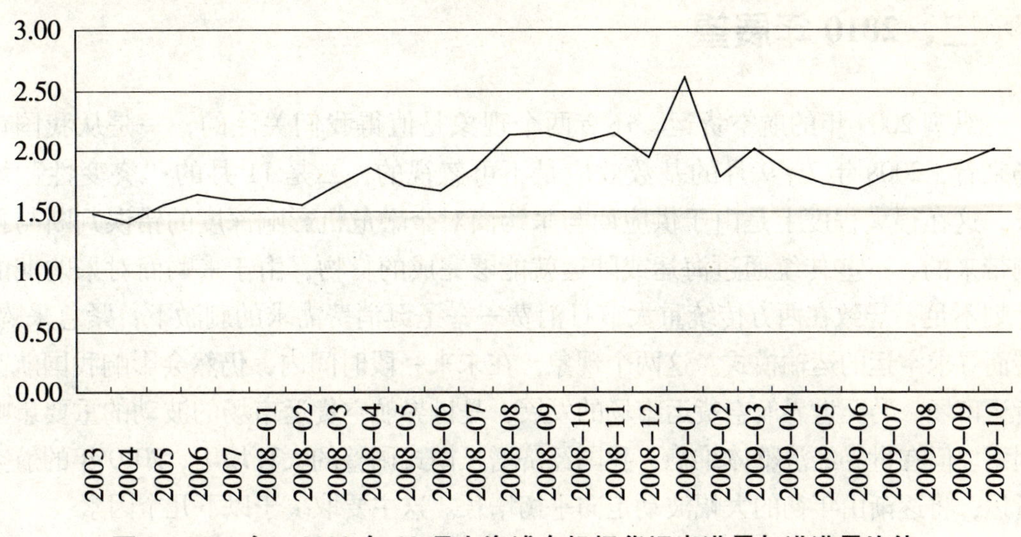

图3　2003年~2009年10月上海浦东机场货运出港量与进港量比值

三是外航比例逐渐降低。仍然借助上海浦东机场的数据，自2005年，外航占我国航空货运市场的比例突然上升到75%左右，在2006年达到顶点之后，2007年、2008年、2009年，这处比例处于下降趋势，尤其是在金融危机影响下的2009年，如图4所示。其中主要原因，在于我国航空公司货运战略的加强，以及行业的支持政策。

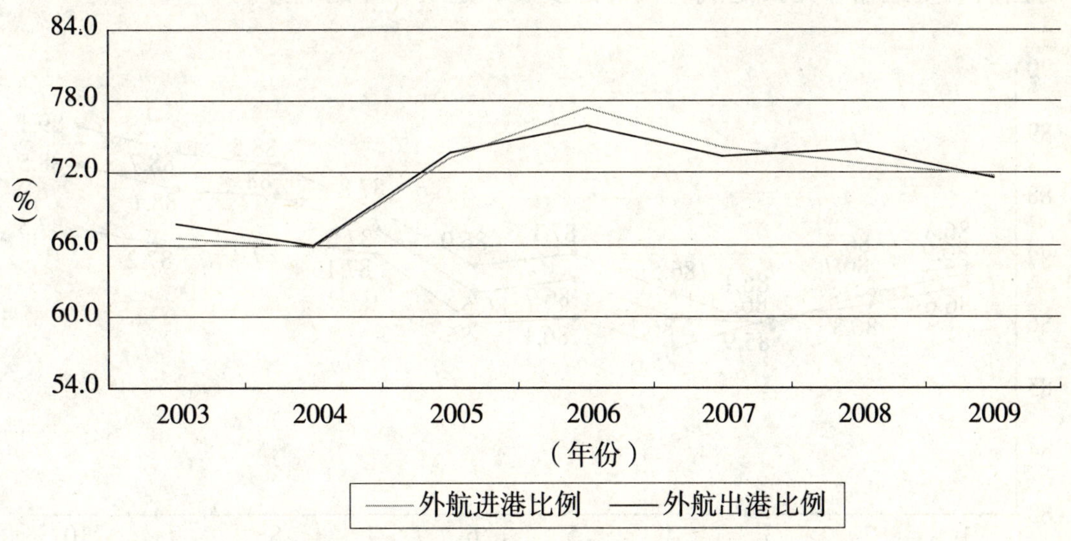

图4　2003—2009年上海浦东机场外航比例

二、2010 年展望

纵观2009年的航空货运，还有两个现象是值得我们关注的，一是从我国市场来看，2008年7～9月的基数效应是不可忽视的；二是11月的“突变性”增长，这在很大程度上是由于供应商与采购商对金融危机影响深度的错误判断与预测带来的，一些传统通过海运或陆运就能够完成的货物，由于采购商对采购期的计划不足，导致在西方传统重大节日消费——圣诞消费需求的刺激下，紧急采购，转而寻求空运的运输模式。这两个现象，在未来一段时间内，仍然会影响我国航空货运市场，乃至世界航空货运市场的发展，是世界航空货运市场的波动的重要影响因素。但在世界经济整体维稳、我国经济增长模式调整的大环境下，2010年的航空货运，将逐渐由年初的大幅波动走向平衡增长。这主要取决于以下几个因素：

一是，宏观经济维稳趋势明显。根据相关机构分析，世界经济已于2009年成功走出衰退，2010年将开始出现相应的增长；中国的经济刺激政策仍将延续，货币政策基调为“宽松适度”，财政政策会保持适度灵活，但资金流向将进行结构性调整，更多流向与消费有关的领域，技术研发创新和社会领域的投资将会加大。这就意味着，我国宏观经济不全出现大幅波动，仍将保持稳定增长的态势。在这种政策与环境下，居民消费意愿明显加强，如图5所示，尤其是物联网的快速发展、居民消费方式的变化，以及电子商务模式的快速崛起，对国内航空运输，尤其是航空快件的发展，是个明显的利好。

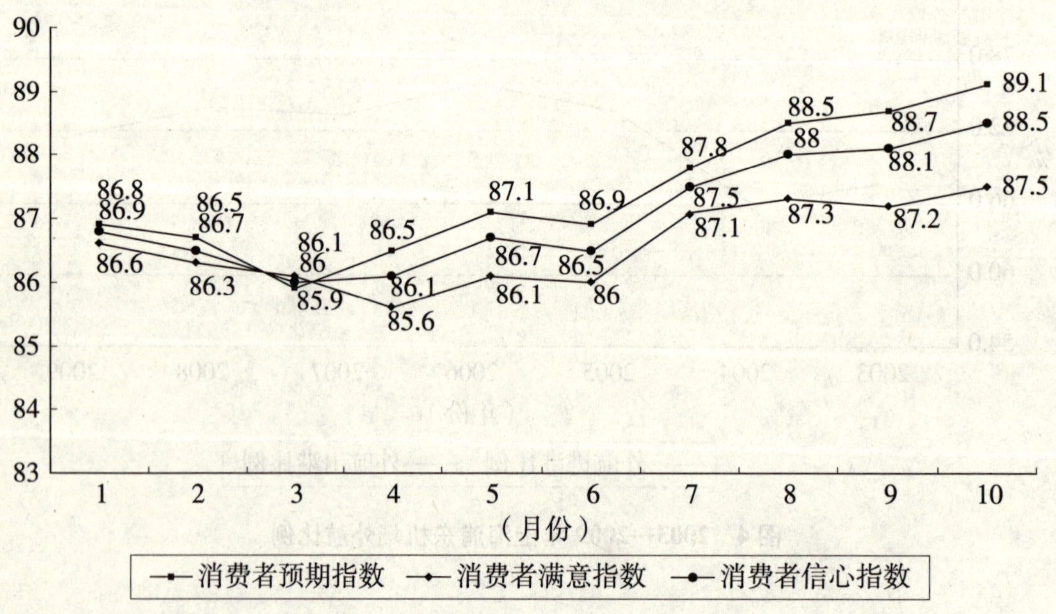

图5　2009年1～10月消费者指数变化

二是，外贸进出口开始出现恢复性增长。应该说，受金融危机影响最大的还是我国的对外贸易，尤其是在贸易保护主义抬头，甚至是出现盛行趋势下，迫使我国长期依赖外向性经济的增长模式转向促进内需的增长模式调整，对外贸易增长速度明显放缓。在金融危机影响下，我国对外贸易复苏步伐并没有出现强劲增长势头。即便是在“圣诞消费”需求刺激下的11月，我国对外出口也仍然处于负增长状态，如图6所示。但是，在进口的带动下，进出口总值出现了正向增长。2010年，在我国经济稳步增长的影响下，我国对外贸易总额将明显出现正向的稳定增长，这一点是肯定的。这对于航空货运市场来说，无疑有利于国际航空运输市场的发展。

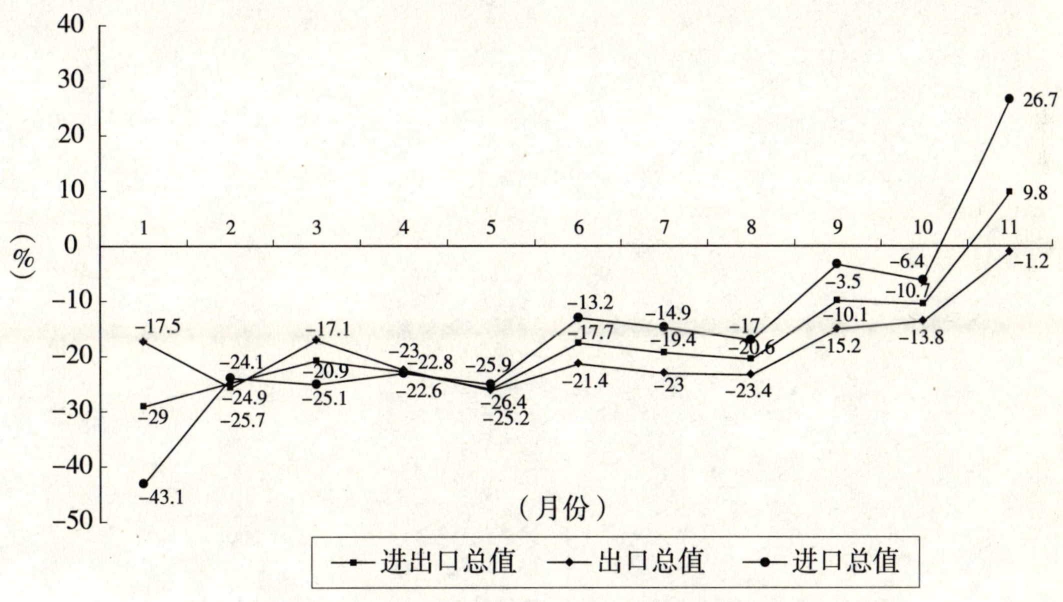

图6 2009年1~11月外贸进出口增长情况

三是，航空快递巨头国际转运中心效应将得到较大程度发挥。2009年，FedEx白云国际机场转运中心投入使用，对整个珠江三角洲地区的航空运输格局产生了较大的影响，香港机场原有的对珠三角地区“虹吸”作用受到了明显的制约，而白云机场也在为金融危机环境下的一枝独秀，国际货运保持快速的正向增长。2010年，UPS在深圳机场的国际转运中心也有可能投入使用，届时，两大转运中心的效应将有可能得到较大程度的发挥，从而引起我国珠江三角洲地区，乃至“泛珠三角地区”航空货运竞争格局的巨大变化。

当然，我们也应该看到，金融危机影响下的一些不利因素仍然存在，甚至存在很大的不确定性。如贸易和投资保护主义的回潮。在金融危机应对策略中，一些发达国家经济回升主要依靠回补库存和减少贸易逆差来实现，但其根本的问题，如失业率仍居高不下，企业开工率不高，经济复苏动力不足等问题始终没有得到很好的解决。特别是引领世界经济进一步复苏的新增长点尚不明朗，缺乏新一轮科技重大突破和新兴产业作支撑的全球经济复苏将曲折缓慢。这一切，都为世界航空运输的发展，尤其是航空货运的发展带来了较大的影响，年初的波动将不可避免。但是，经济稳定是世界各国都希望的发展目标，缓慢且平稳的复苏将会成2010年世界经济发展的主要特征。而作为经济的晴雨表，航空运输同样会由此获得平稳增长的机会，2010年的航空货运将明显表现出由波动向平稳增长转变的主要特征。

（中国民航管理干部学院　邹建军）

2009年仓储业市场回顾与2010年展望

一、2009年仓储业发展回顾

2009年仓储业的主要指标正如我们去年预测的一样，走出了一个U形线路，年初下滑，年中回升，年底基本恢复到金融危机爆发前的水平。主要得益于中央刺激经济的政策和企业的努力。

1. 主要指标

根据中国物资储运协会对全国65个大型仓储企业的调查，58家企业赢利，7家亏损，亏损面为10.7%，亏损额略有降低。实现主营业务收入185亿元，比2008年下降11%；实现利润3.41亿元，比2008年增长9.6%；完成货物吞吐量8458万吨，比2008年增长0.4%；期末社会库存457万吨，比2008年增加30.2%；货物周转次数9.25次，基本与2008年持平。

上述指标中，期末库存量的增加令人担忧，它意味着客户销售不畅、商品积压，市场并未恢复到良性循环。

2. 仓储业应对金融危机的主要措施

面对突如其来的金融危机，仓储企业有过震惊和担忧，但很快稳定了精神状态，积极采取措施，确保了行业的稳定和发展。

一是增加服务功能，提高服务质量。在仓储保管业务的基础上，加大了运输配送、贸易、加工、动产监管、期货交割库和电子商务交割库、进厂物流等综合业务的业务量。中储浦东分公司进入上海造船厂，利用船厂资源提供船板仓储管理和配送服务，成为第三方物流与制造业联动的范例。

二是维护客户资源，稳定仓储市场。在危机到来时，仓储企业与客户共处一条船上，只有同心协力才能渡过难关。仓储企业采取了降低价格、改善环境、提高信息服务水平等措施，客户数量不仅没有减少，反而增加了4%。库房空仓率进一步降低，全年为3%。

三是苦练企业内功，有效控制风险。金融危机刚刚袭来时，各种风险骤升，弃单、弃库、弃厂事件频频发生。最典型的例子是常熟科弘经营高管一夜失踪，留下50多亿元的债务。中储监管的货物高达10亿元，有面临被哄抢和查封的风险。企业领导据理力争，加上基础工作扎实，使得法院认可了中储的权利，避免了一场灭顶之灾。在这一年里，仓储企业加强风险分析和控制，使案发率大大下降。

3. 仓储业发展的新特点

一是物流园区逆市增长。在国家振兴规划的引领下，物流业获得了新的发展机遇，最突出的表现是物流园区发展。在2008年全国有475家物流园区的基础上，2009年又新增近200家规划、在建和建成的物流园区。规划占地面积43134万平方米。根据联合会收集到的10个省会城市、3个直辖市的数据，13个城市拥有132个物流园区，占地113.4平方公里。物流园区迅速增长的原因是：政府把园区经济作为增加GDP的重要抓手。在新增园区中绝大部分为市场型物流园区，其目的就是聚拢人气、聚拢税源、聚拢物流要素。成都传化投资15亿元，占地1150亩，建有8万平米的信息大楼、货运场站、司机之家等，是一座现代化的公路港，解决了出川货车没有基地的问题。

二是仓储面积保有量继续增长。13个城市拥有仓储面积5456.6万平方米，平均每个城市为419万平方米，按照仓储面积与占地面积1:2的比例计算，13个城市仓储占地面积约为10912万平方米。货运站717个，占地面积1135万平方米，平均每个城市拥有货运站55个，平均每个货运站占地面积1.58万平方米。

三是物流强度增大。13个城市拥有仓储、货运站、物流园区的总占地面积为182平方公里，平均每个城市为14平方公里。平均每平方公里每年支持的货运量（类似物流强度）为1787.7万吨。拥有港口水运的城市物流强度较大，而内陆城市的物流强度明显较小，为700万吨~900万吨。

四是特种仓储面积需求增长。主要表现在化工危险库、液体库、冷藏库的需求增长较大。上述13个城市拥有特种库房328万平方米，占整个仓储面积的5.67%，平均每个城市特种库房拥有量为25.2万平方米，不能满足需求。首先是冷库缺口大。目前，我国大约有冷库容积1500万立方米，年增长速度11%左右，是全世界的6%，是美国的1/4。其次是石油储备度缺口大。目前我国国家级石油储备库增长很快，一期4个库投产，储备量1640万立方米，二期工程已经开始，总容量2680万立方米，但不足以保证国家的石油安全，因为我国每天的原油消耗为153万吨左右。另外化工危险品库需求量大。由于环保因素，使得化工危险库无处安身。民营的化工库绕过安检大量出现，使得隐患增加。

五是期货交割库和电子商务交割库需求增大。随着经济的发展，期货交易机构的交易品种迅速增加，有色、黑色、粮食、塑料、石油的交易量在迅速增长，这就需要有足够的交割度。同时，由于互联网、物联网的发展，电子商务公司如雨后春笋般涌现，对实体仓库的需求也在增加。阿里巴巴、当当、易趣、卓越等公司都建立了自己的物流中心和配送中心。交割库成为期货交易和电子交易的关键环节，没有可靠的足够的交割库，交易的风险会急剧增大。

六是仓储物流的技术水平在不断提高。由于土地紧缺和土地价格的攀升，仓库建设在向空中发展，上海、广州、厦门、深圳等大城市出现了大批的楼库，有的已达六层，这就加大了仓库运营成本。自动化立体仓库大量涌现。信息化、机械化和自动化水平有较大提高。

七是物流地产有新进展。普罗斯中国地产被收购之后，仍然继续发展物流地产业务。其他国外物流地产商也在加快征地建库的步伐。物流地产业的发展前提是：土地紧缺，土地价格持续上涨；有足够的客户和运营收入；有充足的资金来源。这几个条件将在 20 年之内持续存在，因此，物流地产行业仍有较大发展前景。

八是质押监管业务增速放缓。累计融资额比 2008 年增长 20%，主要原因是该项业务风险增大和监管人进行业务调整。同时监管费率下调幅度达 15% 以上。在地方保护和利益的驱动下，金融机构和出质人会联合起来，向监管方追偿。出现纠纷后，法庭判决往往不利于监管方，这是因为有关法律体系尚不完善，把监管视同为担保和保管。

九是政府部门对物流中心的支持力度增大。国家发改委、财政部、商务部、工信部从不同角度支持物流中心和物流聚集区的发展。分别出台贴息、补助、示范、引导等政策措施，让仓储业得到国家振兴措施的实惠。证监会放宽了 IPO 的限制，使上市公司在资本市场上募集资金的渠道更加畅通。

二、仓储业发展中存在的问题

1. 国家缺少对仓储行业的管理

至今为止，仓储业未有国家层面的主管部门，缺少对仓储行业的整体规划、规则制订、信息渠道和完整的统计体系，致使对全国仓储业的发展、问题和方向心中无数。

2. 仓储业的税率过重

物流业调整与振兴规划的发布，曾给我们带来巨大惊喜，但税率过重的问题仍然没有解决。土地使用税有增无减，5% 的营业税不合理的状况仍无改变。

3. 仓储业的区域规划有点乱

物流园区中大部分是仓储物流设施，园区的规划乱会造成资源的大量浪费和相对过剩。此外，仓储业整体装备水平不高，信息化建设滞后，仓储业服务标准未与世界接轨等仍无明显改善。

三、2010 年展望

仓储业界普遍对 2010 年的发展充满信心，估计主要指标会增长 10% 以上。

但也有一些担忧，主要是经济环境发生变化、仓储设施供需变化较大等。

1. 仓储业将受到国内国际经济的影响

这次金融危机给世界的影响是极其深远的。一是影响了世界产业转移和布局的变化。欧美国家民众的消费观念发生变化，提高了储蓄率，放慢了奢侈品的消费速度；就近采购商品和安排生产：物流线路、物流数量、集结地点有可能发生变化。从而影响到我国出口商品的结构、数量、港口物流中心业务量。二是我国经济结构调整和发展方式转变。高污染企业，高耗能、高耗水的行业到处不受欢迎。物流业以其现代服务业的鲜明特征而被各地政府当作支柱产业，把自己的城市当作区域经济的核心。所以，物流园区尤其是贸易型的物流园区被推为首选。三是低碳经济的要求越来越紧迫，科学合理的物流园区、物流中心能有助于减少碳排放量，主要表现在减少货物的迂流、减少车辆的空载、多式联运的发展等。

2. 仓储资源将出现拐点，普通库房供大于求不可避免

经过多年的宣传和推动，物流产业被各级政府所认识，出台了一系列的支持物流发展的政策，确定了当地的现代物流业发展的规划。所有的规划都涉及仓储设施的建设。物流园区，物流中心的增长速度很快，一般地说省会城市规划的物流园区面积都在10平方公里以上，有的高达几十平方公里；二级城市也在几平方公里到十多平方公里。这些仓储设施一旦建成，将大幅度提高库房供给量，将会出现空仓率增加，租金下降的现象。

3. 仓储业务综合化、精细化成为仓储业竞争的主要手段

在供大于求的情况下，单纯的出租库房或只提供简单服务，将在竞争中处于劣势。自2004年以来，中储协会一直倡导仓储业务综合化，即在仓储保管的基础上，大力发展增值服务，如开办市场、开展加工、包装、配送、质押监管等业务。2009年，在营业收入的构成中，传统的保管业务收入只占43%，而综合业务收入占57%，比2008年略有下降。所谓精细化，就是引入新的管理理念，为客户量身定做业务模式、业务流程、服务标准和服务质量，裁减冗余，节约成本，只有这样，才能处于优势位置。

4. 一些物流园区（包括保税物流园区）的运营出现困难

主要原因：一是部分园区将土地切块卖掉了，自己手上没留任何可以出租或运营的资产，收入来源短缺；二是保税物流园过大，保税货物的量不足以支撑保税物流园的支出；三是一次性投资过大，入园企业少，成本无法回收。这就要求我们在规划园区时精心策划，要有财务测算，否则便会陷入困境。

（中国物资储运协会　姜超峰）

2009 年货代业发展回顾与 2010 年展望

一、2009 年货代业回顾

(一) 2009 年货代业发展总体概况

2009 年，我国结束了连续 30 年的外贸增长，首次出现进出口贸易总值的同比下降。全年进出口总值 2.2 万亿美元，同比下降 13.9%。其中出口 1.2 万亿美元，下降 16%；进口 1 万亿美元，下降 11.2%。根据商务部的不完全统计，我国所有的进出口商品中，80% 通过海运、90% 通过航空货代企业不同程度的参与完成。进出口的下降直接导致了国际货运代理业总体需求的下降。

尽管在我国经济刺激政策作用下，对铁矿石等大宗商品需求的带动进口水路货运代理量在年中以后缓慢回升，但全年全球贸易仍然低迷，我国外贸集装箱海运代理量基本处于低位。2009 年全国规模以上港口集装箱吞吐量同比下降约 6%，近 10 年来首次出现负增长。其中，沿海港口完成 10900 万标准箱，同比下降 5.9%，内河港口完成 1200 万标准箱，同比下降 7.4%。几家国内大型货代企业统计显示，2009 年全年水路货代业务总量同比下降接近 8%，而其中集装箱货物代理量同比下降超过 10%。

国际航空运输协会发布的公报显示，尽管 2009 年年末国际航空运输业形势有所改善，但全年国际货运业务仍下降 10.1%，创“第二次世界大战”以来历史新低。2009 年是航空运输业最糟糕的一年，国际航空货代市场深受打击，航空货代业务量同比下降超过 20%。

2009 年国内货运代理总量呈现缓慢回升态势。2009 年我国水路货运量完成 31.4 亿吨，同比增长 3%。航空货邮运输量完成 445 万吨，同比增长 9.3%。从全年发展趋势看，一季度，国内、国际货运代理市场均处于低谷，需求严重不足，效益明显下滑。即便是长期处于运力紧张、运能不足的铁路货运代理量，也呈现需求不足；二季度，随着扩内需政策效果初显，国内经济趋稳。国内铁路、公路货运量降幅开始收窄；民航国内货邮运输量显现回暖；沿海煤炭运输、集装箱内贸运输运量开始回升；三四季度以来，受益于国民经济回升向好，国内大宗商品需求迅速增长，铁路、公路、航空和沿海运输货运量均实现了不同程度的回升。全年全国港口货物吞吐量保持了 5% 的微幅增长，其中沿海港口的外贸货物吞吐量增长17.6%。

（二）2009年货代业的新特点

1. 货代企业积极应对金融危机

尽管货代物流行业经历了前所未有的冲击，进出口量的缩减使很多企业承受巨大的经营压力；尽管国内几家大型货代企业全年业务收入有2%～4%的微弱增长，但利润普遍下降，有的甚至出现亏损，中、小型货代企业则更加难以承受。但是，货代企业自身的特点如固定成本较低、资金需求相对较小、运转灵活等，决定了它们具有顽强的生命力。截至2009年年底，在商务部备案的国际货代企业有20387家，仍比2008年增长约2.7%。其中，80%为规模小、地域性、服务功能较单一的中小型货代物流企业。

许多企业在危机中认识到自身存在的问题，转而努力提高服务品质，维护企业信誉，树立风险防范意识，规范企业运作方式和流程。例如，一些航空货代企业通过连锁加盟等方式积极拓展服务网络，争取成为遍布全球的货代供应商；有的水运货代企业积极开发操作网络和信息服务网络，降低成本，整合客户资源，提供“一站式”综合物流服务，拓展服务价值链条。危机甚至帮助整个货代行业改变了一些原有的不规范竞争方式。这次危机，不但造就了一些规模更大、竞争力更强的企业，而且推动了整个行业更为规范和健康地发展。

2. 行业规范发展迈出重要步伐

自2008年年底开始正式实施的《国际货运代理作业规范》、《国际货运代理业务统计导则》、《国际货运代理通用交易条件》、《国际货运代理服务质量要求》和《国际货运代理企业资质和等级评价指标》五项标准（以下简称五项标准）以来，我国的国际货运代理行业经营管理进一步规范。尤其是在货代行业遭受重大打击的2009年，更突显其促进货代企业的自律和健康发展的重要意义。

随着五项标准的有效实施，国际货代企业进一步提高了服务质量，减少了“无单放货”、恶意欺诈等情况的发生；同时注重人员培训，提升作业规范、业务统计、统计资信管理的水平。截至2009年年底，行业“国际货运代理岗位专业证书”累计参考人员超过14万人。金融危机背景下，及时有效地规范行业竞争环境，更有利于解决行业长期存在的人才、资金、设施、网络、客户、信息等资源分散、抗风险能力不强、专业化程度不高等问题。

3. 货代行业信用环境逐步优化

货运代理行业的诚信经营一直是行业发展中面临的主要问题之一。商务部在《关于进一步推进商务领域信用建设的意见》中着重强调建立健全信用环境，推动企业“诚信经营”。自2007年正式启动货代物流行业企业信用评价工作以来，至2009年年底中国国际货代协会共评选出四批共173家货代物流诚信企业，其中A级企业1家、AA级企业32家、AAA级141家，行业信用环境逐步优化。

此外，专门针对货代企业开发的“国际货运代理人责任保险”和“国际货运提单责任保险”，不但填补了我国保险领域的空白，更有利于货代业的健康发展。这两类责任保险得到商务部、保监会的大力支持和认同，被认定为国际货运代理企业备案、年度业务备案的责任保险，对货代企业控制风险、诚信经营意义重大。

二、2010年货代业展望

展望2010年，金融危机最糟糕的阶段虽可能已经过去，但全球经济复苏依然脆弱。世界银行判断，世界贸易量在经历了2009年14.4%的大幅下降后，2010年和2011年预计分别增长4.3%和6.2%。相应地，2010年全球集装箱海运量约有2%的增长①，航空货运量约有5%的增长②。因此，我国货代行业的发展将具有如下特点：

1. 货代行业稳步复苏

从全球市场需求看，美国就业市场或已触底，消费者信心恢复、支出增加以及市场补充库存和基础设施升级等需求将促进货运代理市场的进一步恢复。自2009年12月以来，集装箱运输市场的需求大大恢复，全球主要航线的舱位使用率维持高位，有些甚至出现了空箱紧缺的情况。

与此同时，中国自2010年开始与东盟10国自由贸易区实行的零关税政策，也将大大提升货代物流行业的景气度。东盟贸易区内各国受金融危机的冲击相对较少，而且东盟各国与中国的贸易额年年俱增。实施零关税后，预计海运货代量将随之增加。此外，海峡两岸海上直航也得到进一步发展。截至2009年12月28日，共有38艘集装箱船从事两岸间集装箱货物运输，开辟直航班轮航线21条，全年共运送集装箱140万标准箱。如果两岸能在2010年顺利签下ECFA，则贸易量将会进一步扩大，更有利于货代业发展。

伴随着全球贸易复苏，中国的外贸出口额结束了13个月的下滑势头，于2009年12月转正，同比增长17.7%。随着货量的稳步增加，从中国主要集装箱港出发的航线运价普遍上涨超过20%。2010年货代物流行业恢复增长值得期待。但是，在经历了20多年的井喷式增长后，未来我国外贸进出口在多重

① 伦敦德鲁里海运咨询机构2010年初预测。

② 国际航空运输协会2010年初预测。

因素的作用下，很难再现井喷式的快速增长。随着国家加大调整出口产品结构，以及加工贸易业的升级换代，港口集装箱吞吐量的增势也将随之趋缓。预计2010年全国港口货物吞吐量同比将增长13%左右；外贸货物吞吐量同比增长12%左右；集装箱吞吐量同比会增长2%左右。国际货代业务总量将略有增长。

2. 货代业将处于有利的政策环境

国家政策导向有利于物流行业的长远发展。自2009年3月国务院出台《物流业调整和振兴规划》以来，政府相关部门经过近一年的调研，起草了煤炭、粮食、农产品冷链、物流园区、应急物流、商贸物流六个专项规划，预计2010年年初将出台。细化的措施将会增大对物流业的政策支持力度，不仅为物流业开辟了市场，而且使货代物流企业在税收、注册等多方面真正得到实惠。

此外，各省在2010年年初也分别相继出台了各自的物流振兴规划，统筹考虑物流基础设施的发展要求，制定科学合理的物流发展蓝图；采取积极措施，促进物流信息系统、物流标准化发展进程，并在减税、建立物流银行等方面提出了具体的建议。

2010年我国经济工作的首要任务是“调结构”，将采取控制贷款规模、优化贷款结构等保障措施。其中重要的方面就是银行加大中小企业贷款支持力度。以中小企业为主体的货代物流企业在资金支持将得到更多支持。这一系列举措将会有力改善货代企业的生存环境，促进中国物流体系的质量和效率迅速提高。

展望2010年，中国货代业将以物流行业振兴规划为契机，通过政府支持优化物流业发展的区域布局，推进综合物流体系建设，加快行业的优化升级与结构调整，推动货代物流产业的升级。

3. 货代物流企业在应对危机中提高自身竞争力

受全球经济影响，货代市场环境迅速变化，不但体现在地理分布和业务种类的分化，也表现在货代间竞争格局的更替，货代企业间的竞争格局随之调整。经过这次危机，许多货代物流企业深入梳理自身存在的问题，努力提高服务品质，维护企业信誉，树立风险防范意识，规范企业运作方式和流程，甚至改变一些原有的不规范竞争方式。而那些生存能力差，缺乏核心竞争力和不符合市场发展规律的企业被自然淘汰。相信危机将造就一些货代物流企业未来的成功。

（中国外运长航集团有限公司发展研究部　徐　文）

2009年快递服务业发展回顾与2010年展望

2009年中国快递服务业在全球金融危机继续广泛影响我国经济的情况下的取得了良好业绩。本文从影响快递业发展的主要因素，即市场环境变化、国家政策法律导向、企业发展应对与调整、行业组织作用等方面，主要分析如下。

一、2009年我国快递服务业的发展

（一）快递服务业实现逆势增长，市场规模创历史新高

2009年是新世纪以来我国经济发展最为困难的一年。但由于国家果断实施了一系列的宏观调控政策，带领人民从容应对全球金融危机，较快扭转了经济增速下滑的局面，在全球率先实现了经济整体回升向好，GDP达到33.5万亿元，比上年增长8.7%，推动了社会对快递服务需求的增加；各类快递企业迎难而上，再创历史新高。据国家邮政局统计，2009年邮政业务收入（不包括邮政储蓄银行直接营业收入）完成1095亿元，同比增长14%。其中，全国规模以上快递企业的业务收入完成479亿元，同比增长17.3%，占行业总收入的比重达43.7%；快递业务量完成18.6亿件，同比增长22.8%。从国内有官方快递统计（2006年）以来的数据看，实现了连续增长。而业内预计，加上未统计的上万家规模以下中小快递企业的收入，2009年我国快递市场的总规模超过650亿元，如表1、表2所示。

表1　　2009年我国快递业务分类统计情况

序号		全部快递经营业务		同城快递业务		异地快递业务		国际及港澳台快递	
		总量	占总量（%）	分量	占总量（%）	分量	占总量（%）	分量	占总量（%）
1	收入（亿元）	479	100	34.9	7.3	266.8	55.7	151.8	31.7
2	业务量（亿件）	18.58	100	4.36	23.5	13.08	70.4	1.13	6.1

资料来源：根据国家邮政局公布的2009年度邮政行业业务统计数据整理

表2　　2006—2009年中国规模以上快递企业的发展概况

项目 年份	规模以上快递企业（家）	同比（%）	营业总收入（亿元）	同比（%）	快递业量（亿件）	同比（%）	快递员工（万人）	同比（%）
2006	2422	20	299.7	25	10.6	22.4	22.7	36.3
2007	—	—	342.6	17.4	12.0	20.4	23.4	3.1
2008	—	—	408.4	19.2	15.1	25.9	24	2.6
2009	—	—	479	17.3	18.6	22.8	—	—

注：规模以上（年业务收入200万元以上）快递法人企业，指国内不含分支机构，包括国有、民营、外资的各类快递企业

资料来源：根据国家统计局、国家邮政局公布的2006—2009年度数据整理

（二）政策法规环境有了重大改善

1. 国务院出台《物流业调整与振兴规划》，提升物流业战略地位

2008年四季度以后，受国际金融危机的严重冲击，包括快递业在内的我国物流各业的市场需求萎缩，企业困难加剧，信心不足。为有效应对国际金融危机，国务院先后发布了包括物流业在内的十大产业调整和振兴规划。2009年3月发布的国务院《物流业调整和振兴规划》（国发［2009］8号）指出："物流业是融合运输业、仓储业、货代业和信息业等的复合型服务产业，是国民经济的重要组成部分，涉及领域广，吸纳就业人数多，促进生产、拉动消费作用大，在促进产业结构调整、转变经济发展方式和增强国民经济竞争力等方面发挥着重要作用。"该《规划》制定了2009—2011年国家要完成十大物流任务、九大物流工程等具体目标，将全面改善物流业的发展环境。

该《规划》的出台，使物流业的整体发展受到国务院各部门、各地方政府的高度重视，形成了2009年中央、地方共同推动发展的良好局面。例如，多部委出台了涉及设立专项资金、物流税收优惠试点、物流贷款贴息、取消部分政府还贷二级公路收费、创建流通领域现代物流示范城市等多种措施，支持了物流产业包括快递业的发展；全国已有超过半数的省份出台了《物流业调整和振兴规划》，提出了支持物流产业发展的具体政策措施；极大地提振了快递物流业界的信心。

2. 公布新《邮政法》并于同年实施

2009年4月，新《邮政法》历经10年的修改，获得了第十一届全国人大第八次常委会的审议通过，同年10月1日起施行。修订的背景是该法原来

在1986年制定时是以计划经济的立法原则为指导的，许多内容已不能适应今天改革开放、社会主义市场经济和全面建设小康社会历史新阶段的发展，需要修改；该法修订的基础是邮政部门贯彻国务院2005年批准的《邮政体制改革方案》，2007年以后实行了政企分开、政资分开、政事分开和分业经营等项改革，国务院重组了专司政府管理与服务职能的国家及省级邮政局，组建了负责经营邮政业务的中国邮政集团公司（下称“中邮集团”）。这些重大的制度性变革，促使邮政部门和邮政企业转变观念和调整权责，以适应市场经济的体制，改善了因旧体制造成的邮政与非邮企业间长期的对立关系。

新《邮政法》的修订重点是完善邮政普遍服务机制。它明确了邮政普遍服务的承担主体、业务范围以及服务和资费规定，强化了邮政普遍服务的支持保障机制，加大了对邮政企业的监督力度，完善了通信安全和用户权益保护制度等，有利于提高邮政普遍服务的能力和水平，满足新时期人民群众的基本用邮需要。

与此同时，新《邮政法》对快递业务的规定体现了法律对我国快速发展的快递市场现实的尊重与法律创新。该法首次明确了符合条件的各类非邮政快递企业的合法地位，规定了经营快递业务的条件、市场准入门槛、快递许可经营制度、法律责任、国家监管部门的权责等；规定了我国邮政与快递服务业实行公开、公平、公正的原则和鼓励竞争、促进发展原则，加大了对快递企业的监督力度，依法维护快递用户的权益；有利于规范快递市场秩序，促进快递业有序发展。

关于邮政专营范围的制定，由于各方面的分歧很大，该法规定将由国务院另行研究制定，从而继续引起社会各界的高度关注。据报道，2009年7～8月，国家邮政局两次推出了以单一重量标准为内容的《国务院关于邮政企业专营业务范围的规定（草案）》（其中8月版本规定为国内特大城市的同城快递单件在50克以内、国内异地快递单件在100克以内快递业务由邮政企业专营），遭到了国内所有非邮政快递企业的反对和普遍质疑。8月以后，中国物流与采购联合会、中国（私）民营经济研究会、货代协会等相关行业组织，众多非邮政快递企业特别是民营快递企业纷纷以多种方式向有关部门和高层反映意见，指出了如果实行单一重量标准的邮政信件专营规定的弊端和可能引发不利于国民经济发展和社会稳定的严重后果。国内数十家主流媒体与报刊，新浪、网易、搜狐等主要门户网站高度关注，社会各界参与讨论；引起了高层的重视，有关部门就此进行调研。9月下旬，交通运输部领导在国家邮政局组织的全国宣传贯彻新《邮政法》电视电话会议上宣布，10月1日新《邮政法》实施后，关于国内信件邮政专营业务范围规定将暂缓出台，有关方面将继续听取各方面意见后抓紧研究制定。快递业界普遍希望国家出台的邮政信件专营范围《规定》，能够从我国快递市场发展的现实出发，坚持以人为本，统筹兼顾邮政快递企业、非邮政快递企业、消费者的合法权益以及管理部门的监管需要，创造国内各类快递企业公平竞争发展的政策法规环境，将有利于拉动内需，增加就业，维护稳定，实现多赢。同年9月交通运输部公告从10月1日起施行《快递业务经营许可管理办法》。

（三）各类快递企业整合资源、经营管理亮点多

1. 各类快递企业顺应市场，积极调整发展。国有快递企业加快市场化的整合

2009年最大的国有快递企业——邮政EMS速递公司与中邮物流公司完成了整合，组建成为新的“中国邮政速递物流公司”。这是经营竞争性业务的邮政企业落实邮政体制改革方案要求和贯彻新《邮政法》的重要成果，新的公司有利于集中邮政的优质资源、优势互补、减少内耗，通过组合发展增强在国内外市场的竞争力。其他国有企业如民航快递、中外运空运、中铁快运等2009年在整合内外资源、促进发展方面均有动作，取得了积极的进展。

2. 民营快递加快内部整合、理顺体制关系

以直营为主的大型民营快递企业以内部调整促发展。2009年是顺丰速运（集团）有限公司（下称“顺丰公司”）“励精图治，变革求存”的第二年，该司在近年来持续的调整和各方面建设基础上，去年注重管理创新，提出了具有顺丰特色的管理理念、顺丰价值观和顺丰经营五要素，重视员工培训和管理团队建设；在经营上推出多种新的快递服务产品，业绩创新高，实现了平稳发展。北京宅急送快运有限公司（下称“宅急送”）面对2008年年底企业巨额亏损和金融危机的双重压力下，通过内部的及时调整，新的公司班子在2009年以效益为导向，贯彻“赢利、稳定、质量、规范”的八字方针，在管理上实行新的考核和奖励机制，强化全员的经营意识和效益意识，把公司效益与员工的利益结合起来，在经营上实行普货与快件协调发展，优化运营体系，严肃法纪，规范管理，2009年实现了经营与利润的超计划，渡过了危机。以加盟制为主的大中型民营快递企业加快了推进产权结构的整合。申通、圆通、韵达、汇通、中通等公司将现有的以特许加盟为主的产权与经营管理模式，积极推行“三三制”的产权结构整合。目标将是1/3进行股份制改制，1/3加盟商保留，1/3加盟商改制成为代理；目的在于加强总部的控制力，规范入网企业的一体化经营，强化管理，改进服务，提高效益，以增强企业整体的市场竞争力。2008年离开宅急送后选择在快递业二次创业的陈平，在北京成立了“星辰急

便快递公司”，凭借多年对行业和企业的深刻认识，选择以电子商务配送为新公司的立足点，去年创业第一年，仍然用“直营+加盟”的方式在全国搭建网络，初见成效。

3. 外资快递企业在资源整合中加快“本土化”

近两年来TNT收购国内最大民营公路运输企业华宇公司并成功整合的事例成为了外资企业在华发展加快“本土化”的新案例。TNT在全球拥有领先的公路运输资源、服务与管理经验，着眼于在亚洲特别是在中国市场上发挥其优势，TNT于2007年3月并购了华宇公司，此后在长达两年多的整合过程中，TNT坚持以全球领先的物流企业文化带动天地华宇公司的“本土化”整合。从组建管理团队到方案制订都很注意“中国特色”，在整合中始终坚持做好三件事：一是始终寻求共识，最终达成了以“绩效文化”作为新公司员工共同的核心价值观和管理理念；二是始终努力为广大员工提供公开、公平、人尽其才的发展环境；三是始终坚持多层次和全方位的沟通；最终实现了从老华宇公司向“天地华宇”新公司的转型与平稳过渡。2009年2月，TNT正式宣布收购成功后，注意继续巩固整合的成果，同时工作重心转向经营，定位于国内中高端的客户服务，借鉴快递服务方式，年内推出了面向全国的全新的公路货运“定日达”的服务产品，已得到了市场较好的响应。FedEx的国内业务健康有序发展其他外资快递企业去年在华经营中，同样在企业管理、业务发展等方面注意推进“本土化”，取得新进展。

4. 创新合作方式，民营快递携手邮政物流EMS共发展

2009年10月，顺丰公司天津区部与天津市EMS邮政速递物流公司签订战略合作协议，双方将在多方面开展业务合作，通过相互支持，网络互通，资源共享，共同为天津的社会经济发展和改善民生提供良好的快递物流服务。这一合作方式开创了民营快递企业与邮政快递企业合作的探索之路，是实行邮政体制改革以来快递行业的新气象，符合国家关于推动国有企业市场化改革的要求和大力发展非公有制经济，倡导不同所有制企业公平竞争、共同发展的市场原则。业界将会关注双方的合作进展。

5. 民营快递开始涉足航空运输业

长期以来，国内民营快递业界一直期盼着能够拥有自己的航空货运公司。这个飞天的梦想，终于在中国民营快递诞生16年后的2009年，由国内最早成立的一家民营快递企业——顺丰速运集团公司率先实现了！顺丰公司从2005年起开始筹备，经过一系列复杂的准备工作，于2009年2月9日获得了国家民航局批准筹建“顺丰航空有限公司”，注册资金为1亿元人民币，由深圳市泰海投资有限公司和顺丰速运（集团）有限公司共同出资，是一家以深圳机场为运营基地的货运航空公司。经过顺丰人5年来的不懈努力、有关部门的指

导、严格审查以及各方面的帮助，顺丰航空公司终于在2009年12月31日使用757－200型全货飞机圆满完成了从深圳至杭州萧山国际机场的货运航班的首飞。它具有双重的历史意义：一方面标志着我国快递业拥有了第一家民营快递航空公司，同时也标志着我国的航空业增添了航空企业的新品种——由民营快递企业筹资建立并运营的货运航空公司。随着市场的变化和企业经营规模的扩大，客户对限时服务要求的提高，国内大型快递企业控制航空资源的重要性日益凸显，顺丰的示范作用也将激励更多的快递企业家们去努力实现飞天梦想。然而对航空运输公司的有效运营与管理是一个全新的课题，风险与机遇并存；企业只有一步步打牢基础，才能谋求更大进步。

6. 外资继续布局国内物流市场，提升服务，投资项目初显效益

尽管2009年受到全球金融危机的打击使四大国际快递物流巨头在欧美日发达国家市场的收入大幅下降，并纷纷压缩管理费用、降低成本、减少投资以应对危机；但同时它们都坚定看好中国市场的未来，继续在中国的投资不减与服务升级。例如，投资1.8亿美元，正在深圳加紧建设的UPS亚洲转运中心预计将在明年竣工投入使用，并取代原先位于菲律宾的UPS亚洲转运中心。同年12月UPS全球总裁丹尼尔·布鲁托（Daniel Brutto）表示，中国物流业潜力巨大，在欧美发达国家，UPS等物流公司占物流市场总份额达60%以上，而在中国这个数字是12%～15%，市场远未达到饱和。四大巨头在上海、深圳等重点口岸机场都有投资项目，而DHL则把中亚区的枢纽中心放到了香港；2009年2月建在广州新白云机场的联邦快递亚太转运中心开业，该司高层表示该中心是为了满足今后30年亚洲市场发展的需求，即使发生了短期内的经营不景气也不会影响其中国市场战略。

在改进服务方面，2009年FedEx推出了“国际优先快递服务（IP）”的业务，先在珠江三角洲地区实现了国际快递提升服务之后，于10月宣布在中国全面提升国际快递进口服务，保证全球各地寄往上海的联邦快递国际快递货件，从周一至周六将在中午12：00前送达指定地点，比原来18：00的递送承诺提前6个小时；使客户享受到联邦快递“准时送达保证”的承诺。2009年12月，UPS与广东省深圳市检验检疫局、深圳机场就UPS亚太转运中心提供一站式服务内容签署合作备忘录。合作措施包括提前报检优惠、全年24小时不间断办理检验检疫业务服务等内容。以保证UPS深圳亚太转运中心投入使用后，UPS对珠三角地区企业的国际快递服务至少提速一天，这也将提升深圳口岸的航空物流辐射能力。外资的投资也开始收获。据统计，联邦快递亚太转运中心在开业当年就实现了税收破亿元。开业后的业务量不断攀升，2009年监管中转货物达到8万吨、非邮政快件近200万件。货物有普货、快件和个人物品，目前的快件中70%是转运快件，30%是口岸清关和转关快件。2009年6

月，耗资2500万美元，在上海新建的DHL华东区国内运输分拨中心正式启用，它也是敦豪供应链在中国拥有并运营的五大亚太区运输分拨中心之一。DHL还将继续投资建设10个分拨中心，扩大国内运输网络。

（四）电子商务“购物”市场火爆促进快递业务持续增长

近年来，随着国内的经济增长、互联网建设迅速发展，网络安全性逐步完善，人们消费观念的转变和快递物流企业对接电子商务的服务范围及服务能力提升，推动了我国电子商务市场的高速增长。根据世界工厂网数据研究中心的调查数据，截至2009年第四季度，中国网民的数量达到3.83亿，而中国网购用户突破了1.09亿。电子商务在推动企业发展特别是中小企业发展、方便百姓生活、促进流通、扩大内需、对外贸易等方面发挥了积极作用。据测算，2009年中小企业在电子商务上每投入1元钱的营销费用，就能带来40元的销售额。工业和信息化部2009年12月发布的报告数据显示，2009年我国中小企业电子交易规模将近2万亿元，同比增速达到20.3%，其中，内贸、外贸的交易规模分别为1.13万亿元和0.86万亿元；中小企业通过电子商务创造的新增价值将占我国GDP的1.5%，拉动GDP增长0.13%。

个人网购方面，近年来随着电子商务在个人消费领域的普及，我国在线购物市场同样保持了高速增长态势。根据艾瑞咨询等机构发布的数据，2008年中国网购市场的年交易额首次突破千亿大关，达到1200亿元，同比增长128.5%；而2009年中国网购市场交易额达到2483.5亿元，同比增长1.07倍，占同期我国社会消费品零售总额125343亿元的1.98%，同比增加了近1%。表明我国网购市场对国内消费市场发展的影响力在不断增加，并由此带动了当年超过7亿件的包裹快递业务量；发展潜力巨大。

（五）中国快递协会成立并积极开展工作

2009年2月经过批准，由交通运输部主管的中国快递协会在北京隆重成立。该协会经历数年的筹备，随着邮政部门实行了政企分开，重组国家、省级邮政管理局和中邮集团，明确了对快递业务实行“鼓励竞争，促进发展”的原则，使得成立全国性快递行业组织的条件逐步成熟；筹备工作得到了国家和有关部门的支持、协调，以及许多快递物流企业的积极参与。业界普遍认为，在新的形势下该协会的成立十分必要，希望它能够发挥好对政府与企业的桥梁、纽带作用，维护好各类快递企业的合法权益，规范企业行为，加强行业自律与诚信建设，统筹协调解决行业面临的问题，推动行业发展。它成立后积极开展工作，特别是围绕贯彻物流业振兴《规划》，整理出影响快递业发展的“解决城市快递车辆通信难、统一营业税率”等11大问题，制定重点工作项目加以推进，组织培训等工作，受到欢迎。专家指出，在市场环境下行业组织的作用将会日益重要。从各国的发展趋势看，未来我国行业组织的发展方向也将是民间化、社会化。随着行政管理体制改革的深入，政府与协会等各类中介、行业组织分离的改革也将到来。因此，协会组织应尽快适应开放、竞争的办会环境，协会最终发展要靠优质服务和解决会员企业的实际问题来赢得业界的信任和支持。另外，由于快递业是物流产业的一部分，本身又跨越海、陆、空多种运输方式与多部门，网络化的经营又涉及各地，所以面临的问题多具有物流产业的共同性，需要物流各业的企业、协会、部门和各地方相互配合，携手解决问题，促进共同发展。

（六）存在的主要问题

1. 快递企业继续受到“三难”问题的困扰

“三难”是指快递企业的行路难、融资难、赋税重。多年来除了邮政 EMS 可以享受国家对邮政企业的优惠政策外，其他非邮政快递企业都受到了这“三难”的困扰，快递企业强烈期盼能尽早解决。

2. 快递市场秩序有待规范

由于我国快递市场还处于初期发展阶段，快递业呈现出比较松散、缺乏自律、不规范的状态，表明的正常秩序还未能建立起来。总体上看，国际快递公司和国有企业规模大、市场份额高，管理和经营行为比较规范；顺丰、申通、宅急送等一批大中型民营快递企业迅速成长，影响较大，经营在日趋规范；但多数中小民营快递企业存在着“小、散、弱”等问题，个别企业“低、乱、差”，管理水平和部分人员素质较低，甚至无照经营，侵害消费者权益的事件时有发生；影响了快递业的形象，因此，规范快递市场秩序势在必行。

3. 快递企业的服务质量有待改进、提高

国家邮政局发布的2009 年第四季度公众满意度的调查结果显示，快递服务总体满意度平均为66. 3 分，比 2008 年提升 1. 4%，公众对快递服务比较满意的是受理服务、揽收服务和售后服务，满意度稍低的是投递服务。另根据该局公布的2009 年 12 月消费者对快递业务申诉情况，列前 3 位的问题是快件延误、丢失及内件短少，占当月有效申诉量的 73. 9%，而且快件损毁和快件丢失及内件短少的有效申诉量比上月分别增加36. 9%和22. 5%，反映了行业部分企业在运营管理、快件安全监控等环节的问题比较突出，难以让消费者满意；需要管理部门和行业组织对问题企业强化监管，推动改进，如表 3 所示。

表 3　　2009 年 12 月我国消费者对快递业务投诉情况

序号	项目		申诉（件）	占申诉（%）	比上月增减（件）	比上月增减（%）
1	对快递业务的有效申诉		777	—	89	12.9
2	其中	反映快件延误	406	52.2	—	—
3		快件丢失及内件短少	169	21.7	—	22.5
4		反映快件损毁	89	11.5	—	36.9
5		反映服务态度差	54	6.9	—	-31.6
6		反映违规收费	13	1.7	—	-27.8
7		反映其他问题	9	1.2	—	—

资料来源：根据国家邮政局公布的 2009 年 12 月快递业务申诉的数据整理

二、2010 年快递服务业的展望

2010 年是我国加快转变经济发展方式，调整优化经济结构，继续应对国际金融危机，促进经济平稳较快发展的关键一年，是执行“十一五”规划的最后一年；也是加快落实振兴物流业《规划》具体政策和实施新《邮政法》的第一年。众多利好因素将推动快递服务业的快速发展，同时也要面对新的困难与挑战。

（一）国家宏观经济向好，快递市场将保持较快增长

1. 国家继续扩大内需、预期 GDP 增长 8%，将推动快递市场增长 25%左右

2010 年国家将保持宏观经济政策的连续性和稳定性，从中央到地方政府都将加快调整经济增长方式，努力优化经济结构，推动自主创新和战略性新兴产业发展，落实十大产业振兴和调整规划，全面提升产品与服务质量、采取有力措施改进民生、改善环境；第一、第二、第三产业更加协调发展，预期 GDP 同比增长 8%左右，为今年生产性物流服务业和快递业务的增长创造了宏观市场条件。我国目前仍处于中后工业化的发展阶段，使现阶段国内物流产业的经营收入主要源于服务生产部门和企业。统计显示，2009 年在我国约 94.4 万亿元的社会物流总额中，工业品物流总额约占 85%；而我国快递服务业约 2/3 的快递业务量和经营收入也来自各类企业。预计 2010 年全国规模以上快递企业

的快件总量将超过23亿件，快递业务收入有望增长20%，达到570亿元；加上规模以下中小快递企业的营收，预计全国快件总量将达到35亿件，快递市场总规模约为780亿元。

2. 百姓生活水平提高将带动消费性快递服务增长

进入新世纪以来，居民个人收入增加和生活水平的提高使普通百姓的快递消费量快速增长，目前约占全国年1/3的快件量。30年前我国快递服务的主要对象是涉外企业，20年前以服务工商企业和富裕人士为主，近10年来迅速走入千家万户，服务百姓日常生活，这一演变也从一个侧面反映了我国经济不断发展、国家步入小康社会的巨大变化。2009年我国城镇新增就业1102万人，城镇居民人均可支配收入17175元，实际增长9.8%，农村居民人均纯收入5153元，实际增长8.5%，预计2010年随着国家加快收入分配制度的改革，提高居民收入在国民收入分配的比重，提高劳动报酬在初次分配的比重，加大财政、税收在收入初次分配和再分配中的调节作用等措施，使群众增收将有望带动国内消费性快递业务量同比增长20%以上。

3. 加快城镇化建设的利好影响

快递服务的主要市场在人口稠密的城镇地区。经过改革开放30年来的努力，我国的城镇化率从1978年的17.9%上升到2009年的46.6%；全国13.3亿总人口中，城镇人口为6.6亿，农村人口为7.1亿（其中农民工约为2.4亿）。但是仍低于目前世界约50%的城市人口平均水平，与发达国家的高城镇化率和95%为城镇人口的情况相比差距明显。国家已把推进城镇化建设作为今后统筹城乡发展，扩大内需，优化经济结构的一项重要战略举措，重点壮大县域经济，大力加强县城和中心镇基础设施和环境建设，引导非农产业和农村人口有序向小城镇集聚；放宽中小城市和小城镇的落户条件；鼓励返乡农民工就业创业等。说明我国将进入城市化主导的发展阶段，并将呈现由东部向中西部推进的基本特点；今后每年将力争把城镇化率提高1%，约持续提高到70%左右。据测算，城镇化每提高1%，将带动1000万的农民进入城镇，2009年我国城镇居民人均可支配收入为同期农业居民人均纯收入的3.3倍，预计今后10年中西部城市群和城镇化的发展将成为快递物流业务增长的热点区域；大中型快递物流企业应该抓好快递业服务城乡一体化发展的巨大商机。

4. 电子商务“购物”需求将带动快递配送量持续增长

预计2010年我国电子商务“网购”（包括B2C、C2C、B2B、电视购物、电话购物）的市场同比将增长50%以上，带来10亿件左右包裹的快递物流配送量。特点将有：①主要网购商家提出高增长的经营目标。例如，淘宝网2010年的销售额目标是达到4000亿元，将比2009年再翻一番。电子商务新锐的京东商城2009年销售额为40亿元，2010年要突破100亿元。②大企业纷纷加入网购市场将使竞争加剧。例如，外资快递巨头联邦快递、国内最大的消费类电子商品连锁销售企业国美集团和苏宁公司、世界500强的知名央企——中粮集团、中国邮政推出“中邮快购”网站等纷纷加入了网购市场。③重视中西部地区网购市场的开发。④快递物流企业与电子商务企业将继续深化战略合作。⑤强化维护消费者的权益。例如，淘宝网2010年年初推出全网购物保障计划，并于2月宣布，启动网购纠纷首问责任制。这些特点一方面显示了我国电子商务市场蓬勃发展的态势，同时也表明，维护好这个新兴市场，需要商家与消费者的支持，电子商务企业与快递企业更好的合作，需要管理部门的有效监管、行业协会的指导和社会各界的监督。

5. 世界经济逐步回暖，国际快递业务有望恢复性增长

2010年我国将稳定发展对外贸易。继续实施市场多元化战略和以质取胜战略，优化出口产品结构，大力发展服务贸易和服务外包；落实和完善出口退税、出口信用保险等政策措施，改善海关、质检、外汇等方面的服务；同时，继续利用好外资，适当扩大进口，重点扩大先进技术装备、关键零部件和国内紧缺物资进口，促进进出口平衡发展；继续推动多边双边经贸合作。预计2010年我国进出口额将会有10%的增长，带动国际快递业务的恢复性增长。同时也要看到欧美日等主要发达国家的经济短期内将难以恢复到金融危机前的水平，加上针对我国的贸易保护事件频发等不利因素，都将影响外贸及国际快递业务的增长。

将于2010年5月1日～10月31日在上海举办的世界博览会，不仅是在全球金融危机背景下我国今年对外关系中的一件举国大事，也将成为快递物流市场的一片热土。2010年世博经济有望拉动上海GDP2%以上的经济增长，与世博有关的门票、纪念品、本地的食宿、交通、旅游等收入将达到1000亿元；部分中外游客的周边游、国内游、商务活动等将拉动消费，增加快递物流服务的需求。目前许多快递物流企业已投入到世博会的服务之中，纷纷表示一定要珍视世界给中国及快递物流业的这一历史性机遇，以优质的服务为国争光，回报世界。

（二）物流政策落实和新《邮政法》的施行将促进快递业发展

1. 业界盼望支持物流产业发展的具体政策早日落地

2010年是出台落实物流业《规划》具体政策的关键之年。2009年中国物流与采购联合会通过深入包括快递企业在内的各类物流企业的调研，提出了税收、交通、投融资、物流企业、物流园区和制造业与物流业联动发展六个方面的“60条”政策建议；其中，快递企业最关注的是税收、交通、投融资等方面的政策建议。例如，在调整物流业税收政策方面，建议提出，按照物流业一

体化运作的需要和公平税赋的原则，将物流业仓储等环节营业税税率统一调整为3%；抓紧解决物流税收试点工作中存在的主要问题，放宽“自开票纳税人”的相关规定；在三年规划期内，对试点物流企业营业税实行减半征收；允许物流企业统一计算与缴纳所得税，支持物流企业网络化经营；研究设计物流业专用发票，为“一票到底”物流业务提供方便等。业界普遍认为，这些政策建议都具有很强的针对性和操作性，有关部门如果能够积极采纳，将对我国快递物流企业的发展起到立竿见影的促进作用。

2. 贯彻新《邮政法》将促进快递服务业的规范发展

2010年年初，国家邮政局提出将贯彻实施新《邮政法》作为全行业全年的工作主线。在快递工作方面，要努力推动快递业务大发展上水平，建立竞争有序的现代快递市场体系。支持社会资源向快递企业开放，促进快递企业与其他产业的融合发展，消除快递发展的体制性制约；要着力提高利用外资的质量和水平，正确处理好对外开放和培育壮大内资企业的关系；鼓励规模较大的快递企业向现代企业制度转变，逐步由劳动密集型向技术和劳动密集型方向发展，形成合理的产业集中度；支持中小快递企业发展即时的、同城的和区域的快递业务。支持邮政快递物流企业的改革发展；支持邮政快递物流企业实行股份制改革，倡导邮政快递与其他快递企业优势互补，网络互通，资源共享，互利共赢，做大市场和产业。认真贯彻上述的工作要求，将有利于调动各类快递企业的积极性，进一步理顺各方面的关系，推动快递服务业的健康发展。

3. 邮政企业信件专营范围的《规定》将出台

多年来非邮政快递企业高度关注这个问题，原因在于它们经营国内商务快递信件业务量的比重大，市场份额高。业内专家指出，这个《规定》好比一个钱币的两面，一面是决定邮政企业国内信件专营的具体范围，而另一面就是非邮快递企业可以经营的国内快递信件的范围了。专家还指出，在新《邮政法》已指定邮政企业提供普遍服务业务（含普通信函、邮政商函等），限定“外商不得投资经营信件的国内快递业务”和“快递企业不得经营由邮政企业专营的信件寄递业务，不得寄递国家机关公文”等情况下，国内商务快递信件这块“蛋糕”如何切，将决定着民营快递等非邮企业的市场生存空间与命运。据分析，国内信件快递的专营范围有三种选项，即“资费加重量”；“国家机关公文和邮政普通信件由邮政专营，其余信件放开经营；单一的重量专营方式。而第三种专营方式将最不利于消费者和非邮政内资快递企业。2009年以来国务院立法部门会同多部门对此开展专题调研，深入基层，听取各方面意见，抓紧研究制定；2010年年初，有关部门已将《国务院关于邮政企业专营业务范围的规定》的送审稿上报国务院，有望在年内出台。业界和广大消费者期盼这一《规定》的结果能够统筹兼顾各方面的利益，以利于快递业的公平竞争与和谐发展。

4. 快递企业依法申办快递业务许可证

这将成为2010年邮政管理部门和快递企业们的重点工作之一。该制度从2009年10月1日起实行，2010年将是集中办理期。据报道，截至2009年年底全国邮政管理部门接到131家企业的许可申请，涉及的分支机构有490家；2010年1月，13家企业获得了该证，分别被批准经营国际的或国内异地的快递业务，有效期为5年。而全国规模以上快递企业超过2000家，备案企业超过6000家，规模以下的更是上万家。新《邮政法》对企业申请和经营快递业务的条件作了严格规定。依据规定，我国境内经营快递业务的各市场主体必须要在2010年9月30日前取得此证，否则将不得经营快递业务，违者将被依法处理。预计届时官方公布的合格快递企业的数量将会减少30%以上，虽然注册快递业企业数量减少了，但企业质量将提高，规模经营将扩大，有利于适度提高市场的集中度。

（三）快递企业经营管理成本上升，快递业优化重组将加快

1. 应对高成本时代，快递企业开源节流、强化核算，推进经营管理体制升级

进入“十一五”时期即2006年以来，在国内外经济、环境、物价等综合因素的影响下，我国企业开始进入高成本经营的时代。而另外，国内低端快递市场多年来恶性低价竞争的状况又使大部分快递企业不敢轻意提价，形成了企业经营成本刚性上升，利润空间日益减少甚至亏损的两难困局。预计2010年除了EMS等原来快件定价较高并有赢利空间的企业外，多数快递企业为了维持正常运营，将会综合考虑实际运营成本与客户的承受能力而适度提价，增幅将在20%以内；相信能够得到大部分客户的理解。国内快递企业在告别了粗放经营，低价恶性竞争后，将选择走精细化管理、优质服务与节约型的发展之路。

2. 快递企业经营管理体制改革和体制转型将加快

受到国家加快转变经济发展方式和经营管理成本上升共同的推动，国内快递企业将加快体制、机制或商业模式的改革。例如，邮政速递物流将在2010年通过深化体制改革，初步构建能够与市场接轨的经营体制，建立机制责任主体明确、网络架构清晰、资源配置灵活、市场反应灵敏的市县一体化运营体系，以期突破传统的发展瓶颈。民营企业方面，特许加盟模式民营快递企业将加快向“三三制”转型。而外资快递企业将会加快“本土化”转型，为进入国内（异地）快递市场奠定基础。

3. 保障发展需要，加大基础设施投资，扩大市场优势

继续加强基础设施与信息化建设将依然成为今年各方角逐的“热点”。例如，在国有快递企业方面，2010 年年初，中邮集团所属山东省邮政速递物流公司将投资 3 亿元人民币在青岛市建设占地 100 亩的青岛邮政速递物流项目，建成运营后将有利于优化邮政快速网网络结构，调整和改造速递生产作业流程，提升邮政速递服务质量和市场竞争力。在民营快递方面，领先的民营快递将会加大信息化技术应用、机械化作业、航空与陆路转运中心枢纽建设的资金投入，并以此作为提升竞争力的标志。例如，申通公司将加大投入，增加机械化分拣设备，力争 2010 年年内实行业务人员每人一把巴枪（手持无线终端）；年内力争开通北京—上海—深圳的全货机航班。顺丰公司将继续投资航空运力。宅急送则计划在未来三年内投入约 1 亿元，全面改造公司的物流信息系统以提高其核心竞争力。外资快递企业方面，2010 年 1 月 UPS 宣布将新增 101 个现场库存点（FSL），以大幅度提升在中国的服务备件物流网络，该网络的拓展将覆盖国内 89 个主要城市。FedEx 表示为改进对中国和亚洲区的服务，计划在 2010 年 4 月前使用 4 架波音 777 货机服务亚洲至美国的航线，至 2014 年年底，共计将有 15 架波音 777 货机加入联邦快递机队。

4. 拓展新的快递服务区域和新业务

向城市的“四区”延伸和加快布局国内东部三、四线城市（含中心镇）、中西部地区二、三线城市，将成为快递市场新的增长点。延伸“四区”的快递服务，即“开发区（高技术开发区、经济技术开发区）、园区（商务园区、工业园区、高新技术园区）、校区（大专院校）、小区（居民住宅区）”。“四区”特别是“校区（大专院校）、小区（居民住宅区）”的“网购”快递市场潜力巨大。中国老龄化社会进程的加快、大学园区向“市郊”集群化发展等“民生”快递前市场将呈现较高增长态势，快递企业需要创新，跟进配送服务。在拓展新业务方面，例如，联邦快递 2010 年年初宣布，将大力拓展货运代理的新业务领域，延伸为客户的服务。TNT（天地快运）2010 年 4 月将在深圳机场建立快件专用库区，集货物分拨、查验、暂扣等功能于一体，库区面积 1300 多平方米，年内投入使用。其他跨国快递公司今年也都将有新动作，扩大在华的投资和业务经营。

5. 快递业竞争升级，将由低价竞争转向综合服务质量与能力的竞争

随着业内各类快递物流企业对我国的国际、国内、区域、同城四大快递市场布局的基本完成，加之实施新《邮政法》及各项行业管理办法、标准，行业自律工作力度的加大，特别是消费者对快递服务水平要求的提高，引发了快递市场需求的新变化，将推动快递业内竞争策略的升级。即由过去部分快递企业相互间低价竞争、靠以量取胜的竞争方式，逐步转向企业综合服务质量与能力的竞争，转向提升服务质量，以质取胜方式的竞争。例如，在综合服务能力的

竞争方面，规模以上快递企业的竞争将具体反映在市场布局及差异化服务产品的竞争，邮路运营的竞争，基础设施、信息化管理及应用水平的竞争，企业内部有效管理的竞争，资本运作能力的竞争，一线员工规范服务和与综合素质的竞争，企业快速响应客户投诉、危机处理能力的竞争等方面；推动以优质服务为导向的竞争升级。

6. 更加重视服务质量和员工培训，提升企业服务品质

新《邮政法》第六十条规定："经营快递业务的企业应当对其从业人员加强法制教育、职业道德教育和业务技能培训。"快递管理办法也提出了各类快递企业企业要组织员工培训、行业要进行考核，实行持证上岗等项具体要求。预计从2010年起的两年内，快递业将迎来首轮全员培训的高潮。例如，2010年3月20日举行的全国快递业务员职业技能鉴定统考，据统计全国各地的参考人数将超过2万人。今后快递企业的培训工作将进入常态化。

7. 快递业服务进入优化发展阶段，行业重组步伐将加快

专家指出，30多年来我国快递业已经历了第一个阶段即快递业务广泛发展阶段（1979—2005年），包括改革开放引进国际快递业务、国内快递业起步、我国加入WTO并完成过渡期；它要解决的是我国"有没有"快递服务的问题，通过各类快递企业的发展，布局、结网，完成了我国普及快递服务的初始市场创业，使公众可以在各地方便地选择使用快递服务；对应的是我国告别计划经济，初步建立社会主义市场经济体制的阶段。从2006年起，快递业开始进入第二个阶段即快递服务的优化发展阶段（2006—2020年），它要解决的是快递服务"好不好"即快递服务的质量与水平升级问题，这个阶段以我国全面开放服务业、加快转变经济增长方式与产业结构调整、实行邮政体制改革、大力发展物流业等为起点，要以政府引导，主要通过市场化手段及社会资本的介入，完成对各类快递企业的重组优化，实现我国快递业现代化的发展，向公众提供与全面建设小康社会相适应的快递服务，面向提升行业的市场竞争力，缩小与领先国家快递服务水平的差距；对应的是我国全面建设小康社会的发展阶段。2006—2008年，以外资物流公司为主导进行了第一波针对国内快递物流企业的收购、重组，目的在于优选国内的快递资源推进外资物流公司各家"中国战略"的实施，完善其在华的市场布局并抢占先机。而2009年以来出现的以内资大企业为主导，针对民营快递物流企业的第二波收购、重组，则多着眼于做大做强国内的快递物流业，同时完善投资企业集团自身的产业链或者延伸其上下游业务，而部分风险投资公司的介入则以赢利为目的，投资期满将获利抽资走人。预计第二波的重组还将持续1～2年，新《邮政法》、《快递业务经营许可管理办法》规定的实施，也助推了第二波的重组，各类内资快递企业应当理性地把握好当前的重组机会，而规模以下的中小快递企业，应以多种方式

走联合发展的道路，创造条件达标，争取按时取得快递业务经营许可证。预计不能达标的中小快递企业或将关闭或将选择经营除邮政信件专营以外的如物流配送、网购配送、小件快运、代理等业务继续谋求生存。

（四）行业组织规范企业经营、诚信建设、引领发展的责任重大

1. DDS 倒闭事件警示快递行业必须规范企业经营、加快诚信建设

2009 年年底至 2010 年年初，民营快递企业深圳东道物流公司（简称“DDS”）由于资金链断裂而倒闭，殃及全网，华南、华东、华北各分公司“人间蒸发”，公司董事长涉嫌欺诈，并引发了各地上千名 DDS 的快递员工和商户上街讨薪讨债，造成广州、深圳等多个城市主要路段交通堵塞的事件。DDS 倒闭及其恶果震惊了快递业界和全国上下。分析表明，DDS 倒闭决非偶然，而且反映了当前许多中小快递企业带病经营的普遍性问题，需要全行业深刻反思并采取有力的措施。导致 DDS 倒闭的三因素（低价竞争、扩张欲望、挪用代收货款）在许多民营快递企业身上都不同程度地存在着，如果不能及时排查、引导，存在着继续发生类似事件的现实条件；在社会层面，由于快递企业的寄递服务和代收款业务一手连着各类企业的生产经营，一手连着千家万户，一旦企业倒闭特别是区域性规模化快递企业的倒闭，将会给众多工商企业客户和百姓生活带来很大困难，引发社会影响广泛的群体性事件；在监管层面，暴露出各级监管机构存在着粗放管理和诸多监管漏洞，例如，对带病经营的各类快递企业的风险状况掌握不清，缺乏对带病经营的快递企业的风险预警机制和防范措施安排，对快递企业在本地或异地设立分支机构或者发展加盟店等扩张行为缺乏有效的审查、管理制度，不掌握各类快递企业尤其是中小快递企业对员工的欠薪情况，没有建立保护快递员工权益、有效防止快递企业对员工欠薪的企业保证金制度和督察制度，应当加快建立快递企业开展代收货款业务的管理制度等。有关方面应当深刻分析 DDS 事件并举一反三，全面规范快递企业的经营，防范各种风险，加快诚信建设工作。

2. 加快解决快递业的“三难”问题，改善发展行业环境

据了解，“三难”（行路难、融资难、赋税重）问题的主要内容已经体现在 2009 年物流业上报国家关于落实振兴物流业《规划》具体政策建议的“60 条”之中。随着由国家邮政局牵头、相关部委及中国快递行业协会工作力度的不断加大，广大快递企业迫切希望今年能够在去年工作的基础上继续推进解决诸多“瓶颈”问题。例如，“三难”问题、以及企业用地难、空运配舱难、通关效率低、快递税率不统一、快递相关标准不完善等；加快制定“差额征税”、“定额发票”的制度、建立快递连锁网点“工商报备制”；以切实改善快递业的发展环境。

3. 开始重视“低碳经济”对快递物流业的影响

资源节约、保护环境已成为我国的基本国策。2009 年 12 月哥本哈根联合国气候变化大会的召开，表明遏制气候变暖，拯救地球家园，已经成为了全人类的共同使命。为此我国政府向国际社会作出了庄严承诺：到 2020 年全国单位 GDP 二氧化碳排放将比 2005 年下降 40% ~50%。并将把减排目标作为约束性指标纳入国民经济和社会发展的中长期规划，严格加以落实。“低碳经济”对发展“绿色快递物流”形成了倒逼机制。2009 年世界经济论坛的报告数据显示，在目前全球碳排放的总量中包括航空、水运、陆运在内的运输业占 2%。物流业将成为节能减排的重点行业之一。2010 年 1 月交通运输部领导指出，交通运输行业是用能大户，也是节能减排的重点领域，要努力把交通运输行业建设成为资源节约型环境友好型的“两型”行业，加快建立以低碳为特征的交通运输体系。快递业务的经营高度依赖交通运输业，而且运输成本已占快递企业总成本的 50% 以上，我国快递物流业必须重视“低碳经济”对行业的影响。面对发展绿色物流的大趋势，需要在业内开展宣传普及教育，使广大快递企业人员普遍了解“低碳”的发展趋势，认识低碳经济与我们每个企业、每个人都息息相关，提高节能环保意识；需要行业组织倡导快递企业和员工从现在做起，从人人做起，并提出有力的措施；更需要管理部门结合制定行业“十二五”规划，在广泛调查研究基础上提出建立以低碳为特征的快递物流业发展的规划指导意见，以引领未来的行业发展。

（中国交通运输协会快运分会　刘建新）

2009 年物流地产业发展回顾与 2010 年展望[①]

随着中国经济的持续繁荣和物流业的快速发展，近年来国内企业对高标准、专业化物流设施的需求不断增强，使得物流地产日益成为国内外企业的投资热点，为物流地产业的兴起和快速成长带来良好的发展机遇。

2009 年是近年来中国物流发展环境最为复杂多变的一年。受国际金融危机以及政府宏观经济政策等多种因素的重大影响，以及国内外经济形势的变化，促使中国物流业发展呈现整体趋缓迹象。为应对国际金融危机，中央政府及时出台了大规模的经济刺激计划，特别是《物流业调整和振兴规划》（国办发［2009］8 号）出台，确定了多式联运和转运设施、物流园区等振兴物流业的九大重点工程。各地区、各部门根据中央的政策，积极规划和建设物流基础设施，共同推进现代物流业发展。2009 年中国物流市场总体上企稳回暖，结构性变化明显；物流基础设施建设突飞猛进，物流相关行业固定投资快速增长；以物流园区、物流中心、配送中心、分拨中心、物流仓库等为主体的物流地产业在中国继续保持快速的发展态势。

本报告首先回顾 2009 年中国物流地产业发展现状，然后对中国物流地产业 2010 年的发展趋势进行预测和分析。

一、2009 年物流地产业发展回顾[②]

2009 年是新世纪以来中国社会经济发展最为困难的一年。面对国际金融危机的严重冲击，国家积极制定并实施了一系列保增长、扩内需政策和“一揽子”经济刺激计划，特别是《物流业调整和振兴规划》的出台，极大地提升了物流业的整体信心。2009 年中国物流相关行业固定投资大幅增长，物流基础设施建设热情高涨，物流地产业发展迅速。

（一）物流基础设施建设快速增长

为应对国际金融危机的影响，中国政府迅速出台一系列措施，加大了物流

① 本报告物流统计资料来源于中国物流信息中心；经济统计资料来源于北京华通人商用信息有限公司的中国统计数据应用支持系统。

② 本节涉及 2009 年全年的数据是预测分析值，以 2009 年前三个季度的实际数据预测扩展为全年的数据。

业相关基础设施的建设力度。根据统计和分析，2009 年全年物流业相关固定资产投资 26962 亿元，同比增长约为 54%，是中国历年来物流相关行业投资增速最快的一年，如图 1 和表 1 所示。

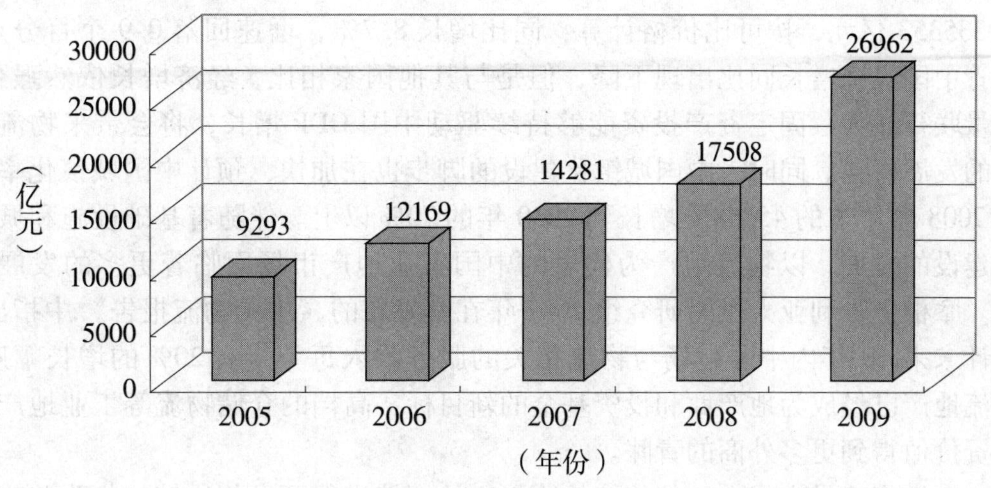

图 1　全社会物流相关行业固定资产投资情况

表 1　2009 年物流相关行业固定资产投资情况

	第一季度	前两季度	前三季度	全年
物流相关行业固定资产投资（亿元）	2605. 3	9243. 8	16596	26962
物流相关行业固定资产投资增速（%）	51	61. 8	55. 5	54
全国城镇固定资产投资同比增长（%）	28. 8	33. 5	33. 5	30. 5

在庞大的基础设施投资中，交通运输设施投资占据了很大的比例，主要用于加快客运专线、煤运通道、西部铁道、国家高速公路、农村公路、中西部机场等项目建设。2009 年全国铁路预计完成基本建设投资 6000 亿元，超过“九五”和“十五”的总和；营业里程达 8. 6 万公里，跃居世界第 2 位。全年全社会公路水路民航固定资产投资完成 1. 13 万亿元，同比增长 31%。新增公路通车里程 9. 8 万公里；新增万吨级以上深水泊位 96 个；改善内河航道里程 1192 公里；民用机场航站楼总建筑面积增加 66 万平方米。2009 年，新修通高速公路 4719 公里；到 2009 年年底，高速公路通车总里程达 6. 5 万公里，继续位居世界第 2 位。

（二）外商积极投身物流地产，收购改造成为重要投资方式

2003 年以来，美国的普洛斯、美国的 AMB、日本的新熙地集团、新加坡

的丰树信托和腾飞集团等有物流地产背景的外资企业通过既有项目收购和新地产开发方式在我国大力开展物流地产投资，为客户提供现代化物流仓储设施租赁服务，开启了我国物流地产市场的大门。

根据国家统计局发布的最新公报，经初步测算，2009 年全年国内生产总值达 335353 亿元，按可比价格计算，同比增长 8.7%，增速回落 0.9 个百分点。尽管中国经济增长同比出现下降，但是与其他国家相比，经济增长依然强劲。仲量联行认为，固定资产投资能够持续驱动中国 GDP 增长，将会带来物流地产的发展机遇。同时，中国城镇化建设的脚步也在加快，预计中国城镇化率将从 2008 年年末的 45.68% 增长到 2030 年的 70% 以上。伴随着基础设施和城镇化建设的发展，以物流地产为代表的中国工业地产市场面临着更多的发展机遇。摩根士丹利亚太投资研究组 2007 年在其发布的《中国物流报告》中指出，预计未来 10 年内中国市场与物流相关的服务收入每年将有 20% 的增长幅度。物流地产已经成为地产商和投资基金的新目标，高档的仓储物流等工业地产的投资价值得到更多外商的青睐。

在地产建设方式上，与传统的购买土地直接进行开发相比较，收购并改造现有物业具有时间、项目选择等方面的优势。研究表明，国际资本主流的投资模式已经演变为对成熟物业的整体收购和改造。2009 年外商在中国房地产市场转变投资方式，更加热衷于收购成熟物业。整体收购的对象集中在区位优势明显的物业，特别是未分割销售的大型购物中心、甲级办公楼、高档服务式公寓，以及一些价值被暂时低估的物业。外资机构热衷于成熟物业整体收购的原因主要有以下两个方面：首先机构投资者获得了控制权，和中国地产开发商逐步形成功能分工，只承担投资风险，同时在投资回报方面，可以取得稳步上升的出租率和租金水平所带来的投资回报；其次作为实际物业拥有人通过长期持有的方式，还能分享到中国地产市场的资本升值。按照目前市场的发展趋势，长期持有经营性物业带来的资本升值要远高于租金收益，以服务式公寓为例，通常持有 2~3 年的物业，投资者的资本可升值 100%。

2009 年，外商继续开拓中国物流地产市场，积极寻求新的发展机遇。这些物流地产投资商逐渐由二线城市回归一线城市，不断寻求市场机会，而收购改造成为物流地产市场重要的投资方式。通过收购现有厂房设施，并将其改造为更高标准的物流仓库，提供专业化的物流仓储租赁服务，成为外资进一步抢占国内物流地产市场的重要方式。

2009 年 3 月，普洛斯公司宣布完成苏州工业园区建屋发展集团有限公司下属两家专业公司 50% 的股权收购，并以 15 亿元人民币的总投资获得苏州新加坡工业园区 67 万平方米的工业及物流设施。尽管中国经济总体发展趋缓，但普洛斯表示依然看好物流市场前景，将重点在中国一二线城市继续扩大投资，预计未来两年大约有10亿美元的投资额度投向中国地产市场。

2009年5月，仲量联行宣布成功帮助安博房地产（中国）（AMB）收购位于上海青浦区的一处物流地产，包括面积约87100平方米的土地、面积约26450平方米即将竣工的物业以及面积约31000平方米的开发物业。此项交易是2009年由国外工业地产开发商在中国完成的首单收购。作为上海主要制造业基地，青浦工业区已成为大上海地区重要的配送中心。此项物业正是处在为上海以及整个华东地区本地消费提供物流和配送支持的战略要位，能迅速到达华东地区主要公路网，有助于AMB进一步开拓国内物流地产市场，巩固其在上海乃至华东地区物流市场的优势地位。

（三）本土物流地产商投资热情高涨，物流地产区域差异明显

在发展现代物流的大背景下，各级地方政府积极推动物流园区、物流基地和物流中心的规划和建设，近年来全国范围内形成了物流地产的投资开发热潮。国内众多的地产巨头如美林基业、合生创展、富力地产、恒大地产、珠江投资和和记黄埔等纷纷将物流地产作为近期发展的重要方向。中储、中远、中铁、中外运、宝供等本身有物流业务的物流企业积极投身于物流基地建设，以打造通畅、高效、完善的物流基地网络，规模超过了其自用需求，成为涉足物流地产的主要力量。而深圳宝湾、浙江传化等企业则在建立伊始就主要致力于物流基地建设和提供专业的物流仓储租赁业务。

2009年，在中国房地产市场迅猛发展的形势下，物流地产作为一类新兴的工业地产，受到广泛地关注，众多的国内企业投身于物流园区的建设。

例如，2009年7月，由山西晋煤集团投资12.11亿元、建筑面积达26万平方米的金驹现代物流园项目在徐州正式开工。该项目占地727亩，以铁路专用线、港口提升改造、环园公路建设为基础，建设钢材等大宗物资中转流通中心，一个货运配载基地和多个高端仓库为主体的现代物流配送中心，提供产品交易、加工、配送、金融、保险、质押等多项物流服务业务。

2009年7月，刚泰控股宣布拟通过自有土地和自筹资金，斥资2亿元建设上海腾海临港国际物流园一期工程。该公司预期打造以10万平方米仓储业务为基础的物流产业供应链，不仅包含毛利率高的危险品仓库，还将介入国际物流、采购、分拨等多个环节，将立足口岸，辐射内陆，拓展海外，采取与港务局、海关、航空公司等单位合作的方式，实现航港区联动；以多式联运服务为主线，逐步发展资产型的综合物流货代业务。

从地域上看，由于具有良好的产业环境和优越的区位条件，东部沿海经济发达地区，作为中国制造业的基地和进出口的窗口，加上拥有比内陆地区发达的现代服务业，具有巨大的物流需求和广阔的市场前景，特别在高端的物流地

产市场上发展优势明显，物流市场投资规模增长迅速。另外，因国家土地政策的调整，东部沿海经济发达地区的土地资源紧张，物流地产发展将更趋于集约化，在产业衔接、市场服务和业务创新上将给予更多关注。

在内陆地区，由于可利用土地较沿海地区多，通过圈占大片土地建立物流园区或物流中心已经成为本土企业物流地产发展的普遍形态。本土投资商在内陆地区进行大片土地圈占，主要介入土地的一级开发，然后通过招商把相应的地块出让给物流企业，由承租企业根据自身需要建立物流设施，其主要目的在于土地升值而不是通过物流设施服务本身的运营来获取利润。同时，由于缺乏专业化的开发和建设能力，已建成的物流地产一般规模较小，开发地域分散，呈点状布局，远未形成一定规模的物流地产网络，而且高标准物业匮乏，专业化管理水平低，设施陈旧，多适用于低层次的仓储管理。

此外，受国际金融危机的影响，2009 年中国的进出口总额显著下降，外贸对中国 GDP 的拉动作用明显减弱，外贸物流市场需求出现下滑趋势，部分保税区仓库出租和物流企业运营受到影响。因此，2009 年物流地产业发展的热点集中在内贸物流地产领域。根据仲量联行在 2009 年 6 月发布的市场观察结果表明，国内的物流地产市场正在回暖，内贸物流地产需求量大增。在内贸、制造、零售和分拨中心等物流基础设施建设的拉动下，2009 年中国物流地产市场交易量不断增加。

（四）物流地产开发涌现新模式，出现新形势

在城镇化进程快速推进的过程中，中国众多的城市在地理范围上迅速扩张，大量的现货市场、货运场站等以分散、零乱地形式被包围到城市中心区域，给城市的运行带来很多的负面影响。因此，城市的二次布局成为历史发展的必然选择。在这种形势下，物流地产开发出现新的趋势，物流园区与商贸城的产业衔接推动了物流集聚区的产生和发展。

物流业作为商贸业的支撑产业，为商贸业的发展提供基础服务；商贸业的不断增长，也有力的推动着物流业的提升和转变，进一步衍生出更广泛的物流服务需求，为现代物流业注入新的活力。物流集聚区正是在这种物流与商贸良性互动的环境中产生和发展的，它依托于各种产业集群或实现城市的配套服务需要，利用现代化物流设施与信息管理技术，融合多种服务业态，为全球、全国及区域性供应链提供生产、消费、流通全方位物流服务的服务地域综合体，是继我国经济技术开发区、高新技术开发区、高新农业技术开发区、生态示范区、大学城后，正在出现的又一创新型空间。

作为陕西省的重点项目，西安国际港务区在 2009 年进入全面建设阶段。西安国际港务区位于西安市东北部灞渭三角洲，规划面积 44.6 平方公里。依托

于西安的区位优势，它定位于成为中国西部大型现代商贸物流产业聚集区、体现新亚欧大陆桥陇海兰新线中心城市价值的重要载体、率先实现西部地区“第二次现代化转型”的综合城市新区。西安国际港务区按照“统一规划、分步实施”的开发模式建设实施，由集装箱作业区、综合保税区、国内贸易区、综合服务区（物流CBD)、居住配套区、国家应急物流园区、产业转移承接区、城乡统筹建设区等功能区域组成。其开发建设将依托规划建设中的综合保税区和西安铁路集装箱中心站，承接沿海港口功能内移，通过多式联运，成为连结西北经济圈与环渤海经济圈、长三角经济圈、珠三角经济圈的重要枢纽型国际陆地港口和现代综合物流园区。

据报道，经过3年的建设、总投资近10亿元、占地2200亩，铁道部规划的全国18大货运节点之一的重庆铁路集装箱中心站于2009年12月28日，在土主镇团结村正式投入使用，未来西南地区的八成铁路货物将从该站中转运出。配套国家级铁路集装箱中心重庆土主站的重庆西部现代物流产业园的建设再次提速，其总规划控制面积33平方公里，总投资约1117.3亿元。预计到2012年，物流园的物流业态将基本形成，2020年将建成一座每天约25万人流的现代物流新城。该园区按物流商务信息中心区、多式联运区、仓储交易区、货运配载区、城市生活用品物流中心、保税物流区、新型物流社区、物流装备产业发展区、金属物流中心9个功能区统筹规划和建设，建成后将成为全国一流的铁路枢纽型物流综合发展区和中国西部现代物流产业的发展引擎。

随着物流业调整与振兴规划的出台，2009年各级地方政府投入高度的热情，积极制定物流业发展规划，研究部署本地区的物流基础设施。值得关注的是，2009年，地县级区域物流园区开发热度上升，一线城市以外的开发出现大幅度增长的态势。

2009年11月22日，山东省金乡县商贸物流产业发展规划通过评审。该规划对金乡县商贸物流发展战略、发展框架体系、基础设施建设以及支撑平台建设等进行了详细说明，并提出了金乡县商贸物流发展的相关政策建议和实施措施。在规划中，金乡县的商贸物流被定位为：国际大蒜商贸物流基地、苏鲁豫皖结合部商贸物流中心、中国现代农业物流示范基地。

2010年1月19日，中国潼关国际物流港总体规划通过评审。中国潼关国际物流港位于潼关县秦东镇连霍高速秦东出口处，是西安、太原、郑州三大城市经济圈的辐射中心，规划总面积8平方公里，总投资80亿元。该项目是国家《物流业调整和振兴规划》中西北物流区域通向中部物流区域的桥头堡，也是陕西省“十一五”物流业发展规划中重点发展物流节点城市渭南市的重点物流园区建设项目。项目地处“关中—天水”经济区最东端，建成后将有力推动东部产业转移承接，并打造西北商贸物流中心，促进秦晋豫区域经济的发展。

（五）物流地产面临新机遇与新挑战

2009 年，中国物流地产市场发展应该说是机遇与挑战并存。首先，国家对物流业发展的政策力度不断加大，通过各类措施扶持和推动现代物流业，为物流地产的发展提供了新的机遇。

2009 年 3 月，国务院正式出台《物流业调整和振兴规划》（国办发［2009］8 号）。该规划强调了物流业在促进产业结构调整、转变经济发展方式和增加国民经济竞争力等方面的重要作用，明确提出包括物流园区在内的九大振兴物流业重点工程，物流地产的发展迎来新的良机。

之后，国家发展和改革委员会出台了《物流业调整和振兴专项投资管理办法》（发改办经贸［2009］695 号），财政部出台了《关于 2009 年服务业聚集功能区项目资金申报指南》（财办建［2009］122 号），将专项资金分别用于支持国家规划中的重点物流工程，及商贸园区、物流园区的建设和升级改造。

2009 年 4 月，十一届全国人大常委会第七次会议审议并通过了《中华人民共和国保险法（修订案）》，修订后的保险法将于 2009 年 10 月 1 日起施行。新修订的《保险法》允许保险资金投资不动产。尽管相关的执行条例还没有正式推出，但是可以预期该项法律政策的变化将会给物流地产市场带来大量资金，由此带动物流地产投资市场的繁荣发展。

2009 年 8 月，商务部发布《关于开展流通领域现代物流示范工作的通知》（商商贸发［2009］434 号）要求，从 2009 年起，拟用 3 ~ 5 年，开展包括示范城市、示范园区、示范企业和示范技术在内的流通领域现代物流示范工作。通过示范创建，在全国范围内形成 35 ~ 40 个示范城市、70 个左右示范园区、300 家左右示范企业和一批物流示范技术。2009 年 8 月底首先开展流通领域现代物流示范城市的创建工作，并于 2010 年 1 月顺利结束。通过流通领域现代物流示范城市创建和评审工作的开展，不但能提高城市的商贸物流能力，而且通过对自身情况的整体评估，有助于城市因地制宜发展适合本市的商贸物流。

由于具有物流与土地开发双重特性，在国家大力支持物流业的政策形势下，土地资源管理和税收方面的一些政策也对物流地产业的发展产生了很大的负面影响。例如，自 2007 年 1 月起，新的土地使用税率大幅度调整，比先前普遍提高了 1 ~ 3 倍。在土地税收政策执行过程中，地方政府拥有较大的裁量权，通过提高土地等级、重新确定土地使用性质等方式，部分地区的土地使用税率提高了 3 ~ 10 倍，个别地区甚至达到 32 倍。2009 年在全国房地产市场普遍兴旺的形势下，多数地区的土地价格有大幅度地提高。由于土地使用税以及土地资源成本的提高，物流地产业的占地较大而“产出”较低的特征更为明显。

二、2010 年物流地产业发展趋势预测与分析

2010 年是中国实施“十一五”规划的最后一年，也是贯彻落实《物流业调整和振兴规划》的关键一年。当前，世界经济虽然步入复苏进程，但许多不确定因素依然存在。中国经济虽然企稳回升，但一些深层次问题还需要解决，结构性矛盾依然十分突出。2009 年 12 月的中央经济工作会议，对 2010 年中国国民经济与社会发展提出总体要求，未来发展要更加注重提高经济增长的质量和效益，更加注重推动经济发展方式转变和经济结构调整。这些外部环境条件的变化将在不同程度上对中国物流地产业的发展产生影响。

（一）物流地产市场规模持续增长

随着世界经济的缓慢复苏和国内经济政策的良好环境，我国社会经济将会保持平稳较快增长。2010 年 1 月，中国社会科学院发布 2010 年《经济蓝皮书》，预测中国 GDP 增长率将回升到 9% 左右。国务院发展研究中心预测 2010 年中国 GDP 增长率在 9.5% 左右。中国科学院预测科学研究中心预测，2009 年中国经济经历了国际金融危机的严峻考验，实现了总体回升向好，2010 年将呈温和上升态势，预计全年 GDP 增长速度为 10% 左右。

虽然中央仍然决定 2010 年继续实施宽松的货币政策，但是随着宏观调控压力的加大，而且不少银行因为 2009 年放贷过多而有可能在 2010 年大幅度减小放贷规模，所以 2010 年物流相关行业固定资产投资规模的增长速度应该比 2009 年有较大地降低。综合考虑中国经济快速增长的基本形势，采用预测模型分析，预计 2010 年，中国国内物流相关行业固定资产投资额将达到 30269 亿元，与 2009 年相比，增幅约为 12.3%。其中交通运输业投资为 22147.83 亿元，占物流相关行业固定资产总投资的 73.16%；仓储业投资为 1707.172 亿元，占物流相关行业固定资产总投资的 5.64%；贸易业投资为 6159.742 亿元，占物流相关行业固定资产总投资的 20.35%；流通加工、包装业投资为 166.4795 亿元，占物流相关行业固定资产总投资的 0.55%；邮政业投资为 90.807 亿元，占物流相关行业固定资产总投资的 0.3%，如图 2 所示。

在中国经济不断复苏与发展的总体形势下，各级地方政府将积极贯彻落实物流业调整与振兴规划，这些都将极大地激发物流地产投资者的投资热情。

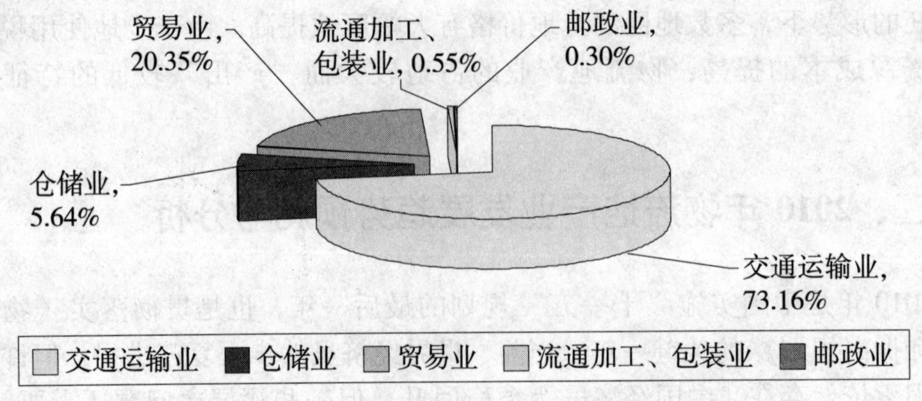

图2　2010 年物流相关行业固定资产投资构成

（二）物流集聚区业态将受到更大关注

“十一五”期间，中国城镇化建设的脚步不断加快。住房和城乡建设部发布的统计数字显示，到2008 年年底，中国城镇人口达到6. 07 亿人，城镇化水平为45. 68%，2030 年城镇化率将超过70%以上。城市化主要表现在城市人口的爆发式增长，城市面积和城市格局不断变化，传统郊区迅速被城市包围，最终成为城市的一个整体。按照国际规律，城市化率超过30%，城市化进程将进入加速上升通道。

2009 年，以物流集聚区为代表的服务业集聚区的概念在中国产生并得到推广，极大地推动了物流地产业在更大区域范围上的发展。城市化进程的加快将促使物流企业“退城进园”，原有零散分布的物流企业因运输和时间成本不断上升，逐步退出核心区域，向远郊聚集。物流集聚区域的服务内容和功能整合力度进一步扩大。

城市规划是城市政府指导、调控城市建设和发展的基本手段，是建设和管理城市的基本依据。为保证中国城镇化进程的健康发展，必须做好城镇规划、建设和管理。因此，随着中国城镇化、工业化和国际化进程的不断推进，城市的整体规划与重新布局必然重视商贸及物流服务体系的综合建设，交通枢纽、具有区位优势的地方将逐步成为商贸、物流、产业集聚的区域。预计2010 年物流集聚区业态将受到更多更大的关注，物流基础设施建设与城市的整体规划布局相结合将成为一种新兴的发展趋势。

（三）工业地产改造升级推动物流地产发展

物流服务能力的配套是工业园区健康运行的重要保证。然而，在过去的工业园区规划中，却很少考虑到物流设施的建设。随着现代物流理念的不断提升，以及工业园区运行经验的不断积累，在工业地产的发展过程中，加强物流基础设施的建设，已经成为不可或缺的内容。

无论是已有工业园区的改造升级，还是新建的工业园区，为配套于制造业或产业集群的发展，必然会规划和建设相应的物流服务基础设施，这为物流地产业的发展提供了机遇。

例如，2009 年 3 月，重庆渝北区宣布为服务于两路工业园和重庆保税港区，拟新建“保税港区后方物流中心”，首期规划面积 5.4 平方公里。在很短的时间内，已有多家大型物流企业与重庆渝北区展开投资洽谈，普罗斯物流、国盛物流、新希望等 10 个物流项目已签约入驻，涉及总投资超过 50 亿元。

（四）物流地产发展将呈现结构性调整

由于各地区经济发展的不平衡，物流地产市场的结构性矛盾仍旧比较突出。主要表现为：一是沿海地区重视物流地产的升级改造，而内地则偏好圈占土地粗放开发，这种从沿海到内地的由高级到低级的开发形势仍会继续；二是地县级区域经济总量普遍偏低，然而其物流地产的开发热度却正在进一步上升，物流地产开发热潮持续由大城市向小城镇转移；三是多数物流地产项目的开发和建设仅仅停留在土地的一级开发上，物流服务附加值还没有得到普遍的重视。

2009 年 12 月的中央经济工作会议明确提出，2010 年经济工作的主要任务之一是加大经济结构调整力度，提高经济发展质量和效益。调结构、促消费成为 2010 年中国经济的两大主题。在这样的形势下，物流地产业的结构调整也必然会提到议事日程上来，符合物流发展规律、有市场需求的项目会有更大的发展空间，而单纯以土地开发为目的的项目则会受到市场和政策两方面的制约。

（五）政策支持力度会持续保持

为贯彻落实《物流业调整和振兴规划》精神，2009 年 3 月 26 日国家发展和改革委员会主持召开了落实物流业调整和振兴规划部门分工工作会议。会上，与会的 38 个部门和协会对落实规划的工作分工进行了研究，原则通过了《落实物流业调整和振兴规划工作部门分工方案》。依据该项安排，国家发展和改革委员会正会同有关部门制订煤炭、粮食、农产品冷链、物流园区、应急物流五个专项规划，商务部正在会同全国供销总社等有关部门制定商贸物流专项规划，这些规划多数预计在 2010 年完成。

作为专项规划之一，全国物流园区规划预计在 2010 年完成和出台，这将有助于各地区结合本地区自然、经济条件和物流基础设施的实际情况，依托国家综合交通运输体系的建设和工业产业的发展部署，加强物流园区的规划和科学布局，提高物流园区建设的科学性和经济社会效益。按照原定计划，商务部的流通领域现代物流示范工程在2010年将开展示范园区的工作。此外，其他的中央部委如财政部的专项资金支持等还会继续。

物流园区作为《物流业调整和振兴规划》中的第二大重点工程，必然会得到各级地方政府的高度重视。各省区市出台的物流业调整和振兴规划实施方案，都把物流园区的建设和物流基础设施的布局作为重要工作来抓，这会极大地推动物流园区建设进程。

综上所述，来自于中央各部委的政策支持，以及来自于各级地方政府的政策支持，都表现出了对物流园区、物流中心等的极大重视。这种政策导向对中国物流地产的快速发展将会起到极大的推动作用。

虽然物流地产业的概念在中国出现的时间比较晚，与发达国家相比发展相对滞后，但是由于有中国经济快速增长作为推动力，相信在未来一段时间内，物流地产业在中国的发展潜力巨大，而且物流地产业的发展对推动中国物流现代化进程将起到重要的作用。

（西安交通大学公共政策与管理学院　权　威　冯耕中　陈宝峰
香港理工大学物流与航运学系　孙新宇　刘建华）

参考文献

[1] 国家发展与改革委员会．物流业调整和振兴规划（国办发［2009］8号），2009.

[2] 中国物流与采购联合会、中国物流学会．我国物流集聚区功能整合及政策措施研究．财政部、工业和信息化部与国资委2009年委托行业协会课题研究报告，2009.

[3] 何黎明．调结构 上水平 以物流服务促进国民经济平稳较快发展：2009年我国物流业发展的特点及2010年展望，2010.

[4] 国家统计局．2009年国民经济总体回升向好，2010.

[5] 国家发展和改革委员会经济运行调节局．当前我国物流业运行情况，2010.

[6] 中国物流与采购联合会、中国物流信息中心．我国前三季度物流运行呈现加快回升态势，2009.

[7] 中国物流与采购联合会科技信息部网．物流业固定资产投资相关统计公报，2009.

[8] 国家发展和改革委员会经济运行调节局．2008年物流统计信息

表，2009.
[9] 刘畅．普洛斯上医药 联手打造物流园［N］．新闻晨报，2010－01－20.
[10] 宫方方．值得期待的中国物流园区［N］．中国国门时报，2009－12－23.
[11] 新浪地产网．珠江缘何百亿砸向物流地产［N］，2009.
[12] 姜明圣．国内物流地产在“回暖”［J］．物流，2009.
[13] 刘笑一．外资觊觎国内物流地产［N］．中国房地产报，2009－06－01.
[14] 刘畅．普洛斯“改国籍”后加大投资中国［N］．新闻晨报，2009－03－04.
[15] 贺俊．风投转向物流地产国际资本先知先觉［M］．证券日报，2008－11－30.
[16] 陈建校，方静．我国物流地产的发展现状、问题与对策［J］．物流技术，2009，28（4）．
[17] 李慧欣．浅议房产税对物流地产业的影响［J］．天津经济，2009（11）.
[18] 敬春菊．物流地产：房地产商转型面临的机遇与挑战［J］．中国房地产，2009（6）.
[19] 邹毅，刘力．物流园区：地产投资新视野［J］．北京房地产，2009（5）.
[20] 易献珍．物流地产投资热潮涌动［J］．中国工业地产，2008（4）.
[21] 中国物流与采购联合会，中国物流学会．第二次全国物流园区（基地）调查报告，2008.

2009 年物流金融业发展回顾与 2010 年展望[①]

2009 年是后全球金融危机时代的元年，我国在全球金融危机后迅速采取的一系列产业振兴政策刺激经济效果显著，这使得我国宏观经济在 2009 年上半年前期短暂触底之后，迅速反弹，成为全球率先恢复增长的国家。但我国宏观经济增长的恢复主要依靠的是大规模的投资，出口和消费的拉动作用明显不足，后续经济增长的稳定性也有待维持。这种宏观经济的总体走势及特征在一定程度上也影响了 2009 年物流金融业的发展轨道。

2009 年上半年，我国物流金融业受全球金融危机冲击，基本在低位运行，但随着经济政策刺激作用的显现，物流金融业也在 2009 年下半年迅速反弹，其中，国内市场尤其是与国家投资相关的重点行业的物流金融业恢复最为明显，而国际市场尤其是出口导向型行业的物流金融业仍然处于低迷状态。2010 年，对我国物流金融业而言，如何进一步应对全球金融危机的影响，根据我国宏观经济政策的调整采取有效对策，从而抓住后金融危机时代世界经济格局变化的历史机遇，发展物流金融缓解中小企业融资困难，促进产业升级和结构调整，将成为一个重要的课题。

针对于此，本文系统回顾了 2009 年我国物流金融业的概况，指出了物流金融业进一步发展所面临的挑战与机遇，展望了 2010 年物流金融业的发展趋势，并提出了有效促进我国物流金融业的对策建议。

一、2009 年中国物流金融业发展回顾

（一）宏观经济前低后高，物流金融业回升态势良好

在全球金融危机后，我国迅速采取的一系列产业振兴政策刺激经济成效显著，由中经网公布的数据显示，如图 1 所示，宏观一致指数 2009 年 2 月达到低谷后即由降转升，第三、四季度国内经济得到进一步反弹，并维持上行，这使得 2009 年我国宏观经济呈现出“前低后高”的走势，成为全球率先恢复增长的国家。

① 基金项目：国家自然科学基金重点资助项目（70731003，70472036），中国博士后资助项目（20080440072，200902147），教育部人文社会科学研究青年项目（09YJC790127）。

这种宏观经济的走势对我国物流金融业恢复性增长具有深刻影响，同时CPI和PPI指数在2009年7月双双触底后开始反弹，如图2所示，总体上显示以生产资料和消费商品为担保物的物流金融业市场风险降低，这些都改善了物流金融业发展的产业环境，增强了发展物流金融业的信心，从而促使物流金融在2009年下半年开始反弹，其中，国内市场尤其是与国家投资相关的重点行业的物流金融业恢复最为明显，而国际市场的物流金融业受出口影响仍然在低位运行。

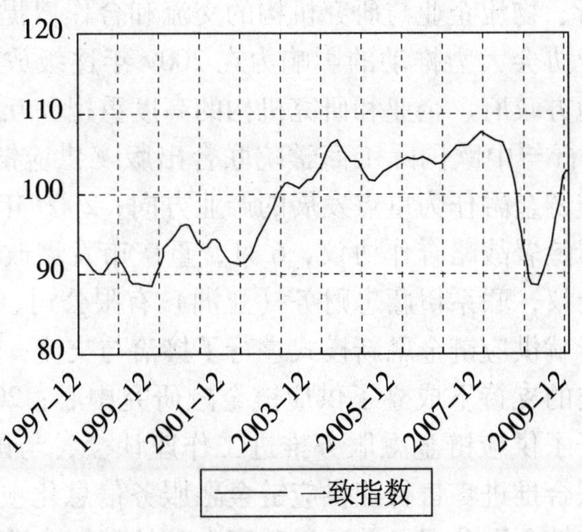

图1　宏观一致指数走势

资料来源：中经网网站

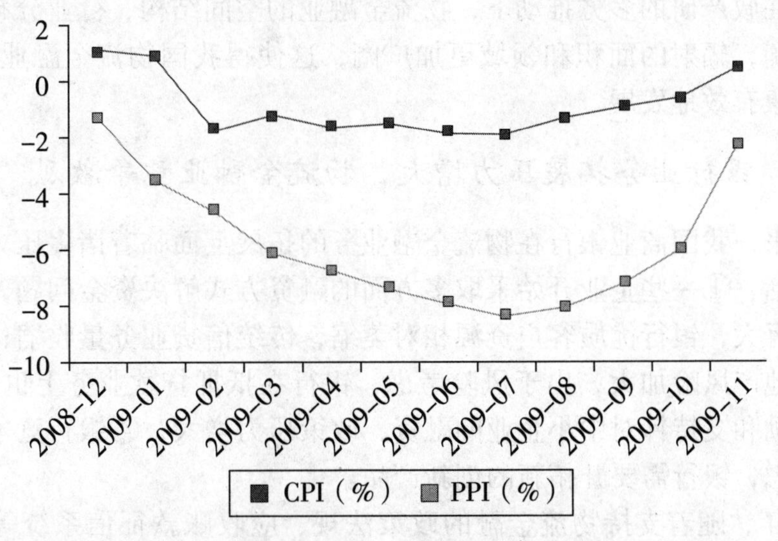

图2　CPI和PPI走势

资料来源：和讯财经网站

（二）政产研多方推动，物流金融业获得有效发展

2009 年，政府在产业、金融等政策上的具体支持以及产业界和研究机构的多方推动，促进了物流金融业的结构优化。

其中，中国人民银行、商务部等多次发文支持发展包括存货质押、仓单质押、应收账款质押等融资方式在内的物流金融业务，以支持中小企业的运作和产业的调整。还有一些行业协会，例如，中国物流与采购联合会、中国仓储协会一直在推动银行、物流企业与研究机构的交流和合作以提升物流金融业发展水平。中央和行业协会大力推动的影响力在 2009 年逐级放大，已从中央扩展到地方，引起了地方政府、企业和研究机构的高度重视和互动。比如，2009 年 1 月，深圳发展银行与中欧国际工商学院联合出版《供应链金融》，深圳市政府也将物流与供应链金融作为重点发展的产业方向；2009 年 4 月，重庆市人民政府与深发展银行签署战略合作协议，6 月，重庆市发展改革委主持召开供应链金融合作接洽会议，联系伊藤忠财务（亚洲）有限公司、上海伊藤忠商事有限公司与部分银行就供应链金融新模式进行了接洽与交流；2009 年 7 月，东南大学在苏州发改委的支持下成立了供应链金融研究中心；2009 年 10 月，北京市商务委员会召开了供应链金融服务推进工作座谈会，与国内在线 SCM 应用供应商富基标商联合推进零售行业供应链金融服务信息化项目。此外，太仓市政府还成立了供应链金融公司，并通过政府专项扶持、企业化运作，开始实施“集成化供应链金融服务工程”，江西省邮政速递物流有限公司也与江西财经大学合作在全系统推行物流金融。

正是在政产研的多方推动下，物流金融业的空间结构、行业分布和产品类型更加均衡，辐射的面积和领域更加广阔，这使得我国物流金融业在 2009 年获得了健康有效地发展。

（三）银行业务拓展压力增大，物流金融业竞争激烈

近年来，我国商业银行在物流金融业务的拓展上面临着诸多压力，这些压力主要包括：①一些企业开始采取多方面的融资方式解决资金问题，金融脱媒效应影响巨大，银行优质客户资源相对萎缩，传统信贷业务量收缩；②金融危机后，房地产风险加大，出于风险考虑，银行在抵押贷款业务上也必须收缩；③政府鼓励和支持针对中小企业的融资，政策压力增大；④银行竞争加剧，出于赢利考虑，银行需要开拓新的创新产品。

2009 年，随着支持物流金融的政策法规、应收账款征信系统等的相继改善，随着后金融危机时代我国经济的迅速反弹，商业银行面对的这些压力也日趋加大，它们意图通过开拓物流金融来占领产业链的制高点，在战略上赢取主

动，因而这些商业银行在物流金融的产品拓展、客户争夺、市场开拓和品牌构建上都展开了全方面的竞争。例如，2009 年 1 月，深圳发展银行将自己成熟的供应链金融业务进行业界推广，打造品牌，10 月，又在《首席财务官》杂志社举行的“财资天下 2009 第三届中国企业金融创新论坛暨 2008 年度中国 CFO 最信赖的银行评选”荣获“最佳供应链金融奖”和“最佳离岸业务奖”。2009 年 9 月，在“第三届中国国际物流与供应链合作发展高峰论坛”上，中信银行凭借在供应链金融领域的不俗成绩，一举荣获“影响中国 2008—2009 中国物流杰出贡献奖——最佳供应链金融产品创新奖”。此外，招商银行还在青岛举办 2009 电子供应链金融客户交流会，意图从电子供应链金融产品应用、票据电子化背景下集团票据资源整合管理、国内信用证应用及人民币跨境结算等多方面拓展物流金融。而华夏银行通过推出供应链金融服务品牌——“融资共赢链”业务，使全年物流与供应链金融业务量接近 600 亿元，比 2008 年激增 160%，结算量超过 1100 亿元。

（四）物流企业困境犹存，物流金融业成为焦点

根据中国物流信息中心的统计数据分析，如表 1 所示，2009 年全年社会物流总额为 94. 4 万亿元，同比增速由一季度下降 3. 3%，上半年下降 0. 8%，第三季度增长 2%，转为全年增长 5%，扭转了持续下滑势头，反映出物流需求在投资和经济增长的带动下企稳回升步伐有所加快，这种态势在总货运量增长趋势中也可以很明显地表示出来，如图 3 所示。

表 1　　　　2009 年社会物流总额变化情况

	第一季度	前两季度	前三季度	全年
社会物流总额（万亿元）	18. 7	42. 9642	69. 41	94. 4
社会物流总额增速（%）	－3. 3	－0. 8	2	5

资料来源：《2010 年中国经济预测与展望》

但由于我国物流企业长期低端竞争的模式，加上《物流业调整和振兴规划》下发后，细则迟迟没有出台，物流企业运作在 2009 年面临很多困难，如仓储土地使用税增幅超过企业承受能力、物流企业融资渠道较少、企业面临较大的资金压力等。据统计调查显示，物流企业主要运营指标在 2009 年仍呈普遍下降之势，企业效益继续下滑，主营业务利润额下降 17%，近 6 成企业利润额同比负增长。出于生存的压力，物流企业需要开拓增值空间，更重要的是，物流企业需要从根本上改变产业发展模式，进行供应链整合，开展集成化运作，而这

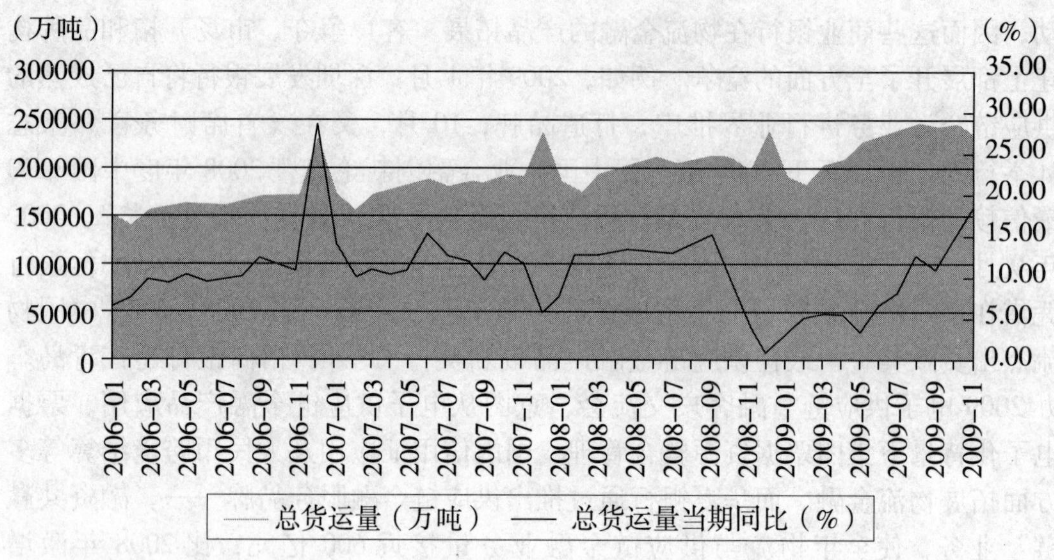

图3　总货运量走势

资料来源：中国科学院预测科学研究中心

些都需要物流与供应链金融的有效支持。因而在2009年，物流金融成为了物流企业关注的焦点，一些在物流金融方面已有规模的企业仍然在大力开拓物流金融创新，一些从事传统物流业务的企业也开始介入物流金融，例如，2009年5月，中外运与中软联合打造物流金融信息化平台，意在树立物流金融监管平台标杆；2009年10月，中国邮政集团整合中国邮政储蓄银行和中国邮政速递物流有限公司成立物流与供应链金融开发项目团队等。

二、2010年中国物流金融业发展趋势预测

（一）宏观经济形势基本稳定，物流金融业总体规模加速增长

从中经网先行指数和预警指数可以看出，如图4和图5所示，2010年上半年，宏观经济仍然处于上升周期，经济将逐渐趋热，通胀压力显现，预计2010年6月左右，政策有可能由适度宽松的信贷政策向适度从紧的信贷政策转移，大规模刺激经济的一些产业政策也将逐渐淡出，扩内需和调结构成为宏观调控的重点。

在这样的宏观经济形势下，企稳回升增长将仍然是中国物流业2010年的基本发展态势。根据《中国物流统计年鉴》的数据，利用经济计量模型且考虑相关因素，预计2010年中国社会物流总额约为108.75万亿元，同比增长15.2%，增长幅度高于2009年的5.01%，但仍然低于2008年的19.5%，如表2所示。

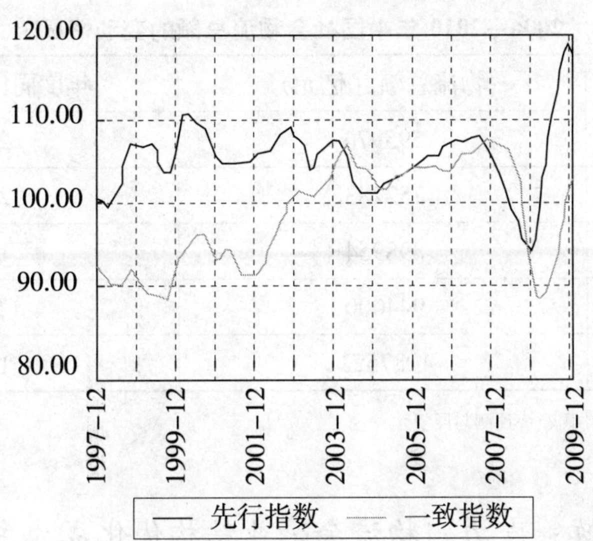

图 4　先行指数与一致指数走势

资料来源：中经网网站

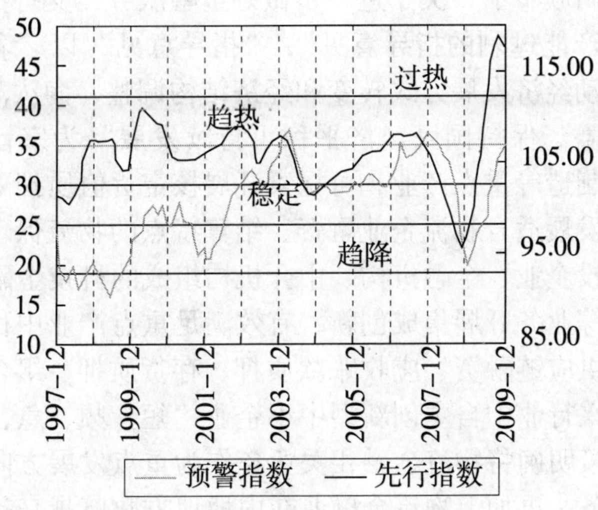

图 5　预警指数与先行指数走势

资料来源：中经网网站

宏观与物流业发展的趋势预示着物流金融业将处于一个良好的发展周期，总体规模将呈加速增长的态势。虽然期间，我国物流金融业会面临一些挑战，例如，宏观政策调整，总体信贷规模收缩，出口形势仍然严峻等，但考虑到扩内需和调结构将成为宏观调控重点，考虑到物流金融有利于中小企业发展的本质，考虑到物流振兴规划细化措施将很快出台，我国物流金融业形势在 2010 年前景看好。

表2　　2006－2010年中国社会物流总额的变动情况

年　份	物流总额（亿元）	年度同比增长（%）
2006	595976	23.65
2007	752283	26.23
2008	898954	19.50
2009	944000	5.01
2010（预计）	1087521	15.20

资料来源：《2010年中国经济预测与展望》

（二）金融政策发力，物流金融业结构优化成为主题

2010年，大规模经济刺激政策将逐步退出，扩内需和调结构成为宏观调控的重点。作为对应措施，中国人民银行、银监会、证监会和保监会，在2009年12月22日共同颁布了“关于进一步做好金融服务，支持重点产业调整振兴和抑制部分行业产能过剩的指导意见”，“指导意见”以“着力扩大内需、优化信贷结构，推动经济发展方式转变和经济结构调整，淘汰落后产能，提高经济发展质量和效益，保持国民经济平稳可持续发展”为宗旨，明确指出对轻工、纺织、装备制造等重点产业，可探索开展核定货值质押融资、买方付息票据贴现等业务；发展适合物流企业融资、结算特点的物流保理和联网结算等业务；探索发展创投企业、金融机构、中介机构组成的科技金融服务平台，对授信、担保、保险等业务开展集成创新，有效满足重点产业中科技型企业的融资需求；规范发展供应链融资、应收账款质押、存货质押、组合担保贷款等，满足重点产业和新兴行业中自主创新型中小企业“短、频、急、小”的资金需求等。这一金融政策明确将物流金融相关业务作为重点发展方向，作为调结构的关键金融创新业务，再加上物流金融业在内地地方政府越来越受到重视，物流金融业务运作的经验在国内已得到有效传播和模仿，这些都将促使2010年的中国物流金融业在产业结构、地域结构和产品结构上继续得到优化，成为发展主题。

（三）多方参与构建平台，物流金融业务控制水平提升

2010年，物流金融业将受到政府、行业协会、金融机构、物流企业、保险机构、软件公司、质检企业等越来越多的部门关注，成为产业界的焦点。许多参与方会看见物流金融业中平台的竞争将成为发展的趋势，因此，参与方将会进行多方互动联合构建物流金融业务控制平台，在制度与组织创新、流程设

计、产品设计、营销设计、信息处理、数据处理以及风险控制上进行有效集成。它们将通过集成的平台，根据具体产业链的特点设计供应链金融产品和运营模式，为合作的物流企业设计监管模式、运营模式以及供应链整合方案，进行需求调查、数据收集处理、信息沟通和共享设计，并进一步构建宏观与行业风险预警系统、主要商品预警系统、供应链整体风险评估系统、银行风险评级系统和物流企业风险控制系统，设计业务风险预警模块，实现风险异动事件的及时预报和应急管理。这种多方参与构建的平台将使物流金融业务控制水平得到质的提升，使市场监管更加高效，从而有利于我国物流金融业的健康发展。

（四）物流企业深刻转型，物流金融整合作用凸显

2010 年，在产业调整和生存的压力下，长期在低端竞争的物流业将出现深刻转型，越来越多的物流企业将通过供应链的整合和集成化的管理来实现利润的增长。它们将以自身的物流网络和信息系统为依托，积极探索、积极进取，将发展物流金融作为未来的战略发展方向，并以物流金融为支持提供商流、物流、资金流和信息流四流合一的整合服务，打通整个供应链条，从而大幅提升物流服务水平，开拓增值服务空间，使自身的发展与全球产业发展和我国产业升级的战略趋势相匹配，为产业链提供一体化的供应链解决方案，将松散的产业链转变为协调合作的供应链，占领产业链制高点。在这种转型的过程中，物流金融的整合作用将得到充分体现，越来越多的物流企业会构建物流与供应链金融的专门机构，甚至成立专业的供应链金融服务公司，拓展集成化的物流金融、可视化的物流金融，并以此为基础，为社会提供供应链整体解决方案。

三、中国物流金融业发展的若干建议

（一）政府推动跨行业信息融合，降低物流金融系统风险

相关政府部门可将推动跨行业信息融合作为战略发展方向。通过构建统一的动产担保品登记系统，通过将不同银行、物流企业有关物流金融的公共信息进行充分共享，物流金融的系统风险将大大降低，这将有效支持银行和物流企业拓展物流金融，从而缓解供应链上中小企业的融资困难，提升供应链运行效率。

（二）打造智慧供应链金融，占领全球产业发展制高点

应该鼓励和推进金融机构、物流企业和研究机构强强联合打造一流的物流金融控制平台，发展智慧供应链金融，实现物流与供应链金融的智能化、自动

化和可视化，从而为今后物流金融平台嵌入物联网、抢占全球产业发展战略制高点做好前期准备。

（三）发展产业链金融，加强产业升级与物流金融的内在联系

产业链上核心产业与上下游产业关系密切，产业链上任何一个环节出现问题都将对其他产业造成影响。为此，商业银行和物流企业需要以核心产业为出发点，将物流金融服务辐射到整条产业链，从更加系统的视角研究和发展产业链金融，并分析产业发展与物流金融的内在联系，从而使物流金融业与我国产业升级有效互动，形成共赢。

（四）以物流金融为平台，提供一体化供应链解决方案

对于物流企业而言，物流金融不是终点，而是起点；不是目的，而是工具。物流企业应该以物流金融为平台，立足自身优势和业务类型，整合整条供应链，为供应链提供商流、物流、信息流和资金流的整体解决方案，实现自身升级和自我超越。

（江西财经大学工商管理学院　中国科学院数学与系统科学研究院　李毅学
中国科学院数学与系统科学研究院　汪寿阳
西安交通大学公共政策与管理学院　冯耕中）

参考文献

［1］李毅学，汪寿阳，冯耕中．一个新的学科方向——物流金融的实践发展与理论综述［J］．系统工程理论与实践，2010，20（1）：1－13.

［2］李毅学，徐渝，冯耕中．国内外物流金融业务比较分析及案例研究［J］．管理评论，2007，19（10）：55－62.

［3］汪寿阳，冯耕中，李毅学．物流金融——一种现实性的多赢模式［N］．现代物流报，2008－06－26.

［4］李毅学，张媛媛，汪寿阳，等．物流与供应链金融创新：存货质押融资风险管理［M］．北京：科学出版社，2010.

［5］李毅学，汪寿阳，冯耕中，等．物流与供应链金融评论［M］．北京：科学出版社，2010.

［6］中国科学院预测科学研究中心．2010 年中国经济预测与展望［M］．北京：科学出版社，2010.

［7］深圳发展银行与中欧国际工商学院“供应链金融”课题组．供应链金融：新经济下的新金融［M］．上海：上海远东出版社，2009.

第二章

行业物流

2009 年制造业物流发展回顾与 2010 年展望

制造业是从事自然资源的开采，对采掘品和农产品进行加工和再加工的物质生产部门，一般来说，制造业和工业可以认为基本上是对等的，因此本文不作严格区分。制造业包括重工业和轻工业。轻工业指主要提供生活消费品和制作手工工具的工业。重工业指为国民经济各部门提供物质技术基础的主要生产资料的工业。制造业对于我国经济发展具有举足轻重的地位。依据国家统计局 2009 年 12 月 25 日发布的数据，基于国内生产总值（GDP）核算制度和第二次全国经济普查结果，修订后的 2008 年全国 GDP 为 314045 亿元。其中，第二产业增加值为 149003 亿元，占 GDP 的比重为 47.5%；而制造业是第二产业的最主要行业，说明我国制造业在我国经济发展中占有举足轻重的地位。

一、2009 年中国经济发展总体情况分析

（一）国民经济发展的主要指标情况

2009 年，是新世纪以来我国经济发展最为困难的一年。党中央、国务院提出的促进经济平稳较快发展的“一揽子”政策，已经收到实效。从表 1 中可以看出，2009 年我国国内生产总值呈现出逐步回升势头，1 ~9 月，我国 GDP 增长率已经达到 7.7%，第三季度增长率为 8.9%，全年增长 8.7%。中国物流与

采购联合会发布的制造业采购经理人指数（简称PMI）连续12个月持续回升，连续9个月位于临界点50%以上，12月达到56.6%。这些数据充分说明，中国经济总体回升的态势基本确立。

表1　　2009年我国国民经济统计指标数据情况

指　标	一季度		前二季度		前三季度		全　年	
	绝对额（亿元）	比去年同期增长(%)	绝对额（亿元）	比去年同期增长(%)	绝对额（亿元）	比去年同期增长(%)	绝对额（亿元）	比去年同期增长(%)
国内生产总值	65745	6.1	139862	7.1	217817	7.7	335353	8.7
第一产业	4700	3.5	12025	3.8	22500	4	35477	4.2
第二产业	31968	5.3	70070	6.6	106477	7.5	156958	9.5
第三产业	29077	7.4	57767	8.3	88840	8.8	142918	8.9

资料来源：国家统计局季度统计数据，http：//www.stats.gov.cn/，作者已经进行整理

（二）2009年中国制造业的主要指标情况

2009年是进入新世纪以来我国制造业发展最为困难的一年。我国制造业受到国际金融危机的严重冲击，产品出口量持续下滑，工业品价格低位运行，生产增速在年初跌至近10年最低点。在中央“保增长、扩内需、调结构、惠民生”一揽子计划的持续作用下，制造业较快扭转了增速下滑局面，回升向好的运行态势不断明朗并得到巩固，全年制造业运行呈现出“前低后高”走势。

总体来看，据国家统计局和工业与信息化部公布的有关数据，前三季度，39个工业大类行业中的27个行业利润同比实现正增长；32个行业效益状况比上半年进一步改善，其中18个行业利润增幅提高，10个行业降幅收窄，4个行业利润增幅由负转正。

2009年，全国规模以上工业增加值同比增长11%，增速比2008年回落1.9个百分点；其中一季度增长5.1%，二季度增长9.1%，三季度增长12.4%，四季度增长18%，工业生产回升向好态势基本确立。轻工业受国内消费需求拉动运行平稳，全年增长9.7%，比2008年回落2.6个百分点；重工业从二季度开始表现出强劲回升势头，全年增长11.5%，比2008年回落1.7个百分点。

2009年，各地区工业增长中，东部地区率先回升，中西部地区实现两位数增长。东、中、西部地区工业增加值分别增长9.7%、12.1%和15.5%。东部

地区增速在前两个月下滑到2.3%后触底回升，11、12月增速分别达到16.6%和16.4%。中部地区进入6月以后、西部地区进入10月以后加快攀升，11月增速分别达到23.3%和25.1%，12月分别达到23.6%和20.5%。

2009年工业投资8.04万亿元，同比增长26.2%，占城镇固定资产投资的比重为41.4%；其中制造业投资5.88万亿元，增长26.8%。

2009年全年工业品出口量下降一成。全年规模以上工业完成出口交货值72882亿元，同比下降10.1%，其中前8个月降幅均在13%以上，9月以后由于2008年同期基数较低，降幅持续收窄，9、10月分别下降9.9%和7.3%，11、12月转为增长5.3%和12.4%。

表2　　2009年2~12月工业增加值增长数据情况　　（单位：%）

月　份	工业增加值比去年同期增长	轻工业	重工业
2月	11.0	14.4	9.6
3月	8.3	8.5	8.3
4月	7.3	8.2	6.9
5月	8.9	9.7	8.6
6月	10.7	10.2	10.9
7月	10.8	9.2	11.3
8月	12.3	9.8	13.2
9月	13.9	11.8	14.8
10月	16.1	11.3	18.1
11月	19.2	12.6	22.2
12月	18.5	12.1	21.4

资料来源：国家统计局月度统计数据，http：//www.stats.gov.cn/，作者已经进行整理

从制造业的各个大类分项来看，根据国家统计局和工业与信息化部发布的数据，2009年前11个月，我国原材料工业多数行业保持较快增长。前11个月，非金属矿物制品业增速高位回调，前11个月投资增长46.6%，比前10个月回落0.8个百分点；化工行业增长基本平稳，其中化学原料及制品和橡胶制品业分别增长27.3%和31.2%，与前10个月基本持平；有色金属冶炼及压延业投资同比增长21.8%，比前10个月加快2.4个百分点；黑色金属冶炼及压延业投资增速进一步回落，同比增长0.7%。

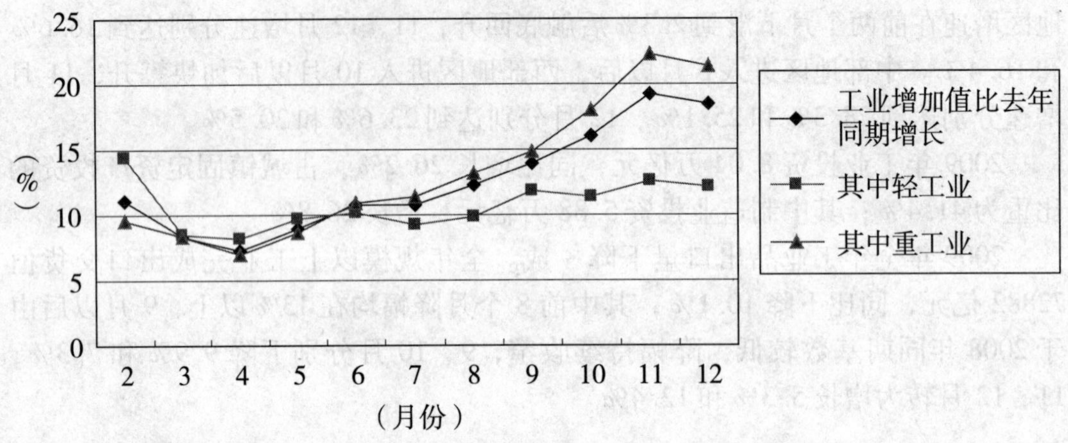

图1　2009 年 2 ~ 12 月工业增加值增长数据

2009 年前 11 个月，我国装备制造业增长迅速，通用设备、专用设备、交通运输设备制造业分别增长 39. 3%、33. 5% 和 34. 1%，分别比前 10 个月回落 1 个、1. 5 个和 1. 1 个百分点；电气机械及器材制造业增长 50. 8%，加快 0. 5 个百分点。

2009 年前 11 个月，消费品工业投资迅速。烟草行业投资继续保持较高增速，前 11 个月增长 69. 3%；轻工行业投资保持平稳较快增长，其中农副食品加工和食品制造业前 11 个月分别增长 35. 4% 和 32. 9%；纺织行业投资有所加快，其中纺织业和纺织服装、鞋、帽制造业分别增长 11. 4% 和 15%，比前 10 个月加快 1. 1 个和 1. 8 个百分点；化学纤维制造业下降 14. 3%，降幅比前 10 个月缩小 3. 6 个百分点。

2009 年我国进出口逐步实现企稳回升。1 ~ 11 月，全国进出口总额 19640 亿美元，同比下降 17. 5%；实现贸易顺差 1780 亿美元，比 2008 年同期减少 780 亿美元。其中 11 月全国进出口总额 2082 亿美元，同比由上月下降 10. 7% 转为增长 9. 8%（去年同期基数较低），今年首次实现正增长。出口降幅大幅收窄，进口增速由负转正。11 月，出口总额 1137 亿美元，同比下降 1. 2%，降幅比上月收窄 12. 6 个百分点；进口总额 946 亿美元，同比由上月下降 6. 4% 转为增长 26. 7%。当月贸易顺差 191 亿美元，比上月减少 49 亿美元。

二、2009 年我国制造业发展现状

（一）促进制造业发展的有关规划相继出台

为防止中国经济加速下滑，实现 2009 年“保八”目标，国务院陆续出台重要产业调整振兴规划。纺织业、钢铁业、汽车业、船舶业、装备制造业、电

子信息产业、轻工业、石化产业、物流业、有色金属业十大规划全部出齐。从2009年3月20日~5月18日，已有九大规划具体实施细则陆续公布。

《船舶业调整和振兴规划》指出：船舶工业调整和振兴的主要任务包括：稳定船舶企业生产，扩大船舶市场需求，发展海洋工程装备，支持企业兼并重组，提高自主创新能力，加强企业技术改造，积极发展修船业务，努力开拓国际市场，加强船舶企业管理。

《轻工业调整和振兴规划》指出，轻工业发展规划目标是：①生产保持平稳增长。②自主创新取得成效。③产业结构得到优化。企业重组取得进展，再形成10个年销售收入150亿元以上的大型轻工企业集团。④污染物排放明显下降。⑤淘汰落后取得实效。⑥安全质量全面提高。完善轻工业标准体系，制订、修订国家和行业标准1000项。

《石化调整和振兴规划》指出，2009—2011年，石化产业保持平稳较快增长。2009年力争实现平稳运行，经过3年调整和振兴，到2011年，产业结构趋于合理，发展方式明显转变，综合实力显著提高。到2011年，原油加工量达到40500万吨，成品油、乙烯产量分别达到24750万吨。产业布局趋于合理，成品油“北油南运”的状况得到改善。长三角、珠三角、环渤海地区产业集聚度进一步提高，建成3~4个2000万吨级炼油、200万吨级乙烯生产基地。煤化工盲目发展的势头得到遏制。节能减排取得成效。到2011年，石化产业单位工业增加值能耗下降12%以上，污水、二氧化硫和粉尘等污染物排放量减少6%以上，行业特征污染物排放得到控制。

《装备制造业调整和振兴规划》指出，要继续保持装备制造业生产经营稳定，增加值占全国工业增加值的比重逐步上升，提高国产装备质量水平，扩大国内市场，国产装备国内市场满足率稳定在70%左右，巩固出口产品竞争优势，稳定出口市场。重大装备研制取得突破。基础配套水平提高，形成若干家具有国际竞争力的科工贸一体化大型企业集团和一批参与国际分工的“专、精、特”专业化零部件生产企业。

《有色金属业调整和振兴规划》指出了调整和振兴的七项主要任务。一是稳定国内市场，改善出口环境；二是严格控制总量，加快淘汰落后产能；三是加强技术改造，推动技术进步；四是促进企业重组，调整产业布局；五是开发境内外资源，增强资源保障能力；六是发展循环经济，搞好再生利用；七是加强企业管理和安全监管，注重人才培养。

《纺织工业调整和振兴规划》指出，2009—2011年，纺织工业生产保持平稳增长，产业结构进一步优化，自主创新能力、技术装备水平、品种质量有明显提高，产业布局趋于合理，自主品牌建设取得较大突破，落后产能逐步退出，由纺织大国向纺织强国转变迈出实质性步伐。到2011年，全年规模以上企业实现工业增加值12000亿元，年均增长10%；出口总额2400亿美元，年均增长8%。

《汽车工业调整和振兴规划》指出，①要实现汽车产销稳定增长。2009年汽车产销量力争超过1000万辆，3年平均增长率达到10%。②汽车消费环境明显改善。③市场需求结构得到优化。④兼并重组取得重大进展。通过兼并重组，形成2~3家产销规模超过200万辆的大型汽车企业集团，4~5家产销规模超过100万辆的汽车企业集团，产销规模占市场份额90%以上的汽车企业集团数量由目前的14家减少到10家以内。⑤自主品牌汽车市场比例扩大。自主品牌乘用车国内市场份额超过40%，其中轿车超过30%。自主品牌汽车出口占产销量的比例接近10%。⑥电动汽车产销形成规模。⑦整车研发水平大幅提高。⑧关键零部件技术实现自主化。

《钢铁工业调整和振兴规划》指出，力争在2009年遏制钢铁产业下滑势头，保持总体稳定。要着力做好以下八个方面工作：①保持国内市场稳定，改善出口环境。②严格控制钢铁总量，加快淘汰落后。③促进企业重组，提高产业集中度。④加大技术改造力度，推动技术进步。⑤优化钢铁产业布局，统筹协调发展。⑥调整钢材品种结构，提高产品质量。⑦保持进口铁矿石资源稳定，整顿市场秩序。⑧开发国内外两种资源，保障产业安全。

《电子信息工业调整和振兴规划》指出，未来3年，电子信息产业销售收入保持稳定增长，产业发展对GDP增长的贡献不低于0.7个百分点，3年新增就业岗位超过150万个，其中新增吸纳大学生就业近100万人。《规划》还要求电子信息产业在调结构、谋转型方面取得明显进展，其中在核心技术领域有所突破。新一代移动通信、下一代互联网、数字广播电视等领域的应用创新要带动形成一批新的增长点，产业发展模式转型取得明显进展。

（二）制造业采购经理指数不断上升

PMI指数英文全称Purchase Management Index，中文翻译为采购经理指数，它是经济的先行指标。PMI计算出来之后，可以与上月进行比较。如果PMI大于50%，表示经济上升，反之则趋向下降。一般来说，汇总后的制造业综合指数高于50%，表示整个制造业经济在增长，低于50%表示制造业经济下降。PMI指数与GDP具有高度相关性，且其转折点往往领先于GDP几个月，根据美国专家的分析，在过去40多年里，美国制造业PMI的峰值可领先商业高潮6个月以上，领先商业低潮也有数月。另外可以用它来分析产业信息，可以根据产业与GDP的关系，分析各产业发展趋势及其变化。PMI体系无论对于政府部门、金融机构、投资公司，还是企业，在经济预测和商业分析方面都有重要的意义。在金融危机影响持续的2009年，中国制造业采购经理指数（PMI）受到各界的广泛关注。目前，中国的 PMI 已成为全球经济界重点关注的指标。

据中国物流与采购联合会 2010 年 1 月 1 日发布的 PMI 数据显示，12 月份，CFLP 中国制造业采购经理指数（PMI）为 56.6%。如图 2 所示，经过持续多月回升，目前中国制造业 PMI 指数已经达到较高水平。这表明我国刺激经济增长的宏观调控政策收效显著，国际金融危机对我国经济发展带来的异常波动基本消除，当前我国经济发展正在由刺激性政策下的恢复性增长向常态下的稳定较快增长转变。

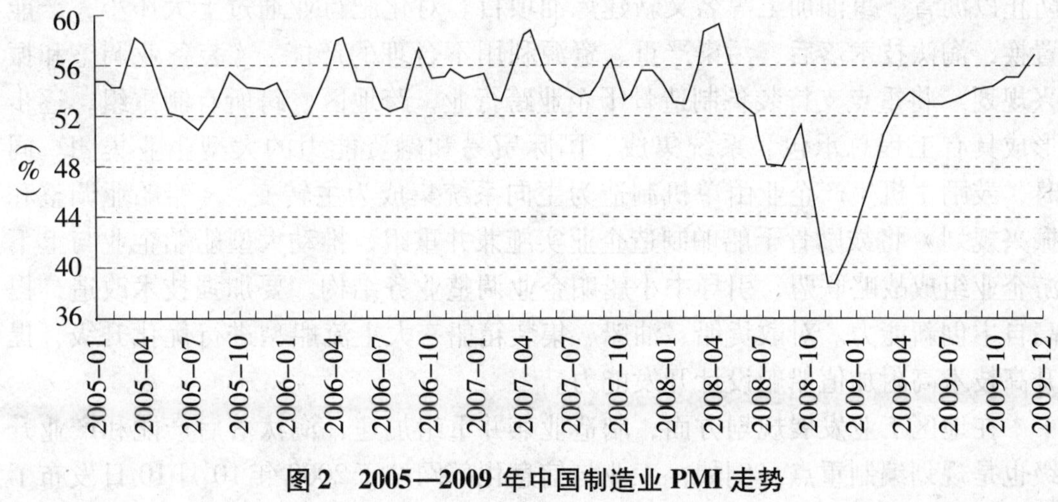

图 2　2005—2009 年中国制造业 PMI 走势

从分项指数来看，2009 年 12 月同 11 月相比，只有新出口订单指数下降，降幅为 1 个百分点；原材料库存指数持平；其余各项指数均不同程度上升，其中生产指数、新订单指数、采购量指数和购进价格指数升势明显，升幅均在 2 个百分点以上。从指数水平来看，生产指数、新订单指数、采购量指数和购进价格指数较高，均达到 60% 以上，尤其以购进价格指数为最高，达到 66.7%。

（三）制造业兼并重组加速，淘汰落后产能和产业升级成为趋势

2009 年，随着国家大规模经济刺激计划的陆续实施，制造业产能得到迅速增长。为了遏制低效落后产能的大规模扩张，实现经济增长方式转变的目标，提升我国制造业的整体竞争能力，国家有关部门和地方政府开始大规模调整制造业兼并重组，淘汰落后产能，产业升级趋势日益明显。国家从规划层面和实际操作两个角度推进制造业兼并重组。其中，钢铁、汽车、船舶等行业在 2009 年的实际调整中表现较为突出。

从规划层面上看，国务院出台的九大制造业振兴规划中，纺织、汽车、石化、装备、船舶等行业都将兼并重组纳入 3 年调整和振兴规划的重点工程。

《纺织工业调整和振兴规划》指出，纺织工业淘汰落后需取得实质性进展。到2011年，淘汰75亿米高能耗、高水耗、技术水平低的印染能力，淘汰230万吨化纤落后产能，加速淘汰棉纺、毛纺落后产能。《汽车工业调整和振兴》指出，鼓励一汽、东风、上汽、长安等大型汽车企业在全国范围内实施兼并重组。支持北汽、广汽、奇瑞、重汽等汽车企业实施区域性兼并重组。《石化产业调整和振兴规划》指出，淘汰工艺技术落后、产品质量差、安全隐患大、环境污染严重的落后产能。对炼油行业采取区域等量替代方式，淘汰100万吨及以下低效低质落后炼油装置，积极引导100万~200万吨炼油装置关停并转，防止以沥青、重油加工等名义新建炼油项目。对化肥行业通过上大压小，产能置换，淘汰技术落后、污染严重、资源利用不合理的产能。《装备业调整和振兴规划》将重点支持装备制造骨干企业跨行业、跨地区、跨所有制重组，逐步形成具有工程总承包、系统集成、国际贸易和融资能力的大型企业集团。同时，鼓励主机生产企业由单机制造为主向系统集成为主转变。《船舶业调整和振兴规划》将鼓励骨干船舶制造企业实施兼并重组，推动大型船舶企业与上下游企业组成战略联盟，引导中小船舶企业调整业务结构。要加强技术改造，提高自主创新能力。对散货船、油船、集装箱船三大主流船型进行优化升级，提升高技术高附加值船舶设计开发能力。

在地区工业发展规划方面，制造业兼并重组加速，淘汰落后产能和产业升级也是规划编制重点。例如，工业与信息化部网站于2009年10月10日发布了《工业和信息化部关于支持福建省加快海峡西岸经济区工业和信息化发展的意见》，意见指出，在国家工业和信息化发展总体规划、行业规划及专项规划的产业布局和重大项目安排中，充分考虑福建省尤其是海西地区优势和特色产业的发展需求，指导福建省编制特色工业发展规划，制定和完善节能降耗、淘汰落后、发展循环经济等方面的政策措施。

从实际操作层面看，各级政府在推动制造业产业结构调整和转型升级上也是不遗余力。

工业与信息化部2009年4月20日发布《关于遏制钢铁行业产量过快增长的紧急通报》，要求坚决遏制产量过快增长，主动调整品种结构，加快淘汰落后产能，严禁违规建设扩能项目，加强技术改造和企业管理，规范钢材和进口铁矿石贸易秩序。

根据《钢铁产业调整和振兴规划》要求和国务院领导指示，工业和信息化部组织制定了《钢铁行业准入条件》和《促进钢铁企业兼并重组指导意见》。其中，《促进钢铁企业兼并重组指导意见》是为了解决我国钢铁行业产业集中度低、落后产能大等结构性矛盾而制订的指导性文件，它明确提出了通过兼并重组，重点培育3~5家具有较强国际竞争力，积极推进6~7家具有较强实力的钢铁企业集团在全国范围内实施战略性兼并重组。《钢铁行业准入条件》对现有钢铁企业的生产经营从六个方面提出了准入条件，包括产品质量、环境保护、能源消耗和资源综合利用、工艺与装备、生产规模，以及安全、卫生和社会责任。目前，国内钢铁企业大约有 300～400 家，其中能达到上述准入条件的只有 80 家左右。这意味着全国约五分之四的钢铁企业将面临行业准入“生死劫”。

2009 年 11 月 6 日，工业和信息化部在京召开了钢铁企业兼并重组和准入条件座谈会。河北、山西、辽宁、江苏、山东、河南 6 省工业主管部门，钢铁协会，宝钢、鞍钢、武钢、河北钢铁、山东钢铁、沙钢、渤海钢铁 7 家企业，冶金规划院、冶金经研中心、中钢金信咨询公司 3 家咨询单位参加了会议。

河北省作为我国钢铁生产第一大省，在淘汰落后钢铁产能工作上，贯彻国家钢铁产业政策，取得了一些实质性进展。2009 年 11 月 12 日，河北省进行了淘汰落后钢铁产能集中行动第一战役。在集中行动第一战役，河北省共拆除高炉 23 座，淘汰落后炼铁产能 333 万吨；拆除转炉 3 座，淘汰落后炼钢产能 50 万吨。其中秦皇岛市拆除高炉 9 座，唐山市拆除高炉 4 座，保定市拆除高炉 1 座，邢台市拆除高炉 1 座，邯郸市拆除高炉 8 座、转炉 3 座。2009 年以来，河北省共拆除高炉 46 座，淘汰落后炼铁产能 900 万吨；拆除转炉 16 座，淘汰落后炼钢产能 400 万吨。下一阶段，河北省还将在此基础上，对全省的落后钢铁产能进行系统梳理，按照钢铁产业调整和振兴规划要求，制订分期淘汰落后计划，使河北省的落后钢铁产能逐步减少，提高全省钢铁企业的整体技术和环保水平。

2009 年 9 月 22～26 日，工业和信息化部原材料工业司到河南省就促进中部地区原材料工业结构调整和优化升级问题进行调研，就河南省原材料工业应对金融危机、推进结构调整、发挥比较优势、促进产业升级等问题展开交流和讨论。

中国船舶行业兼并重组步伐也逐步加快。最新统计数据显示，今年前三季度，中国造船业完工量居世界第二位，为 2778 万载重吨，占全球市场 31.2%，仅次于韩国，而新接订单和手持订单分别为 1692 万载重吨和 19240 万载重吨，分别占全球市场 70.2% 和 37.6%，均居世界首位。但是中国造船工业发展形势依然严峻，市场竞争愈加激烈。特别是接船难、交船难、融资难的局面没有改变，而产能庞大和开工率不足且产品同质性太强，也引发了低价竞争。此外，中国造船工业仍面临着结构调整的严峻考验和国际上主要造船国家的激烈竞争。

汽车行业的重组兼并步伐在 2009 年取得突破性进展。兵装集团、中航工业 2009 年 11 月签署协议重组长安汽车集团。根据重组方案，中航工业以其持有的昌河汽车、哈飞汽车、东安动力、昌河铃木、东安三菱的股权，划拨兵装集团旗下的中国长安汽车集团；兵装集团将旗下中国长安汽车集团23%的股权划拨中航工业。两集团重组成立新的中国长安汽车集团股份有限公司，兵装集团持股77%，中航工业持股23%。重组后的长安汽车成为国内生产基地最广的汽车企业集团，汽车产销规模接近200万辆。

三、2009年我国制造业物流发展现状

（一）制造业社会物流总额和所占比例仍呈上升趋势

根据中国物流信息中心的统计数据分析，2009年社会物流总额为96.65万亿元，同比增速由一季度下降3.3%，上半年下降0.8%，第三季度增长2%，转为全年的7.4%，扭转了持续下滑势头，反映出物流需求在投资和经济增长的带动下企稳回升步伐有所加快，如表3所示。

表3　2009年社会物流总额变化情况

		第一季度	前两季度	前三季度	全年
社会物流总额（万亿元）		18.7	42.9642	69.41	96.65
社会物流总额增速（%）		-3.3	-0.8	2	7.4
同比增速指标	农产品物流总额（%）	0.2	0.2	4.0	4.3
	工业品物流总额（%）	-0.1	1.8	4.4	9.4
	进口物流总额（%）	-33.9	-26.9	-21.9	-12.8
	再生资源物流总额（%）	10.9	4.8	8.8	12.3
	单位与居民物品物流总额（%）	8.7	11.2	12.1	16.4

资料来源：中国物流与采购联合会，www.chinawuliu.com.cn

如表4所示，在社会物流总额构成中，农产品物流总额占社会物流总额的比重为2.01%，工业品物流总额约占90.4%，进口物流总额约占7.1%，再生资源物流总额约占0.29%，单位与居民物品物流总额约占0.07%。工业品物流总额占社会物流总额的比重达到90%以上，比2008年的88.8%的比例有所增长，反映出在国际金融危机影响下，工业品物流仍然是拉动社会物流总额增长的重要力量。

表 4　　2009 年社会物流总额构成及比例

	绝对额（万亿元）	比例（%）
社会物流总额	96.65	100
农产品物流总额	1.94	2.01
工业品物流总额	87.41	90.4
进口物流总额	6.86	7.1
再生资源物流总额	0.28	0.29
单位与居民物品物流总额	0.0654	0.07

资料来源：中国物流与采购联合会，www.chinawuliu.com.cn，有关数据经过推算所得

（二）制造业物流外包开始加速

面临竞争压力的加大和经济活动的全球化与区域化，制造企业不得不专心于自己的核心业务，专注于自己的成本降低和运行效率的提高，集中于发展核心竞争力，而将非核心的部分业务外包。根据国家发改委和南开大学现代物流研究中心于 2009 年 1～4 月对我国工商企业物流业务外包的总体情况的调查，2008 年，物流服务外包的工商企业所占比例已达 57.64%，较 2007 年增加了 7.24%，4 年来这一比例的平均年增长率为 6.88%，如图 3 所示。这表明我国工商企业已逐步认识到物流服务外包是企业降低物流成本、专注于核心竞争力的有效途径。

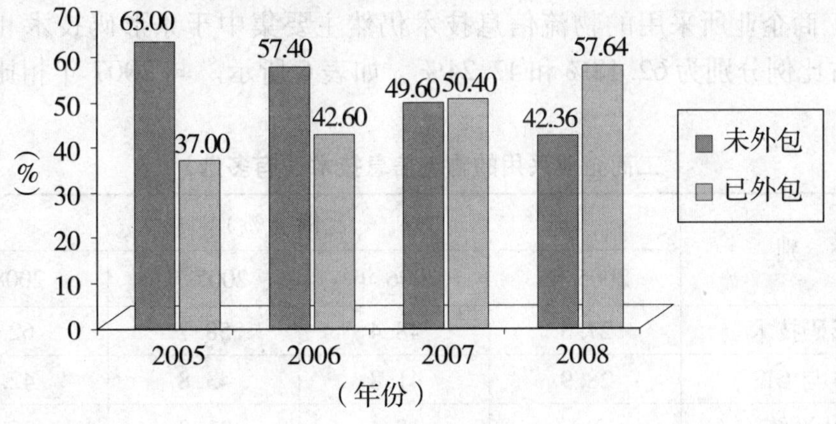

图 3　工商企业的外包情况

从物流外包的总量来看，如表 5 所示，2008 年工商企业物流外包业务量占企业总物流量的比例为 62.14%，较 2007 年上升 2.23%，其中外包程度在 30% 以下的比例为 22.26%，比 2007 年下降了 5.84%。这表明出于物流服务专业化、专注于自身核心业务以及提高物流服务速度等考虑，工商企业越来越倾

向于将物流业务进行外包。

表5　　企业外包物流业务量占企业总物流量的比例

类　别	比例（%）		
	2006年	2007年	2008年
10%以下	13.3	11	9.92
11%~30%	15.8	17.1	12.34
31%~50%	9.7	7.3	10.75
51%~80%	19.7	20.5	21.68
80%以上	41.5	44.1	45.31
均值	57.86	59.91	62.14

资料来源：南开大学现代物流研究中心，中国现代物流发展报告（2009），北京：中国物资出版社，2009

（三）现代物流信息化认识明显提高

物流信息化就是利用信息技术整合物流业务流程与物流资源，实现信息标准化和数据库管理、信息传递和信息收集电子化、业务流程电子化，进而实现规模化经营、网络化运作管理过程。随着我国近几年物流业的蓬勃发展，物流信息化受到了普遍重视，物流行业信息化投资规模不断扩大，物流信息技术装备水平有了较大提高。根据《中国现代物流发展报告（2009）》的调研数据，2008年工商企业所采用的物流信息技术仍然主要集中于条形码技术和EDI系统，所占比例分别为62.18%和42.24%，如表6所示。与2007年相比，2008

表6　　工商企业采用的物流信息技术（有多选）

类　别	比例（%）			
	2005年	2006年	2007年	2008年
条形码技术	27.3	48.4	58.7	62.18
GPS与GIS	28.9	41.8	43.8	42.24
EDI系统	9.1	15.4	23.3	25.38
EOS	4.5	13.2	18.5	19.69
ASS	12.1	26.4	18.5	18.52
RFID	4.5	7.3	8.3	10.32
其他	13.6	7.7	3.7	1.76

资料来源：南开大学现代物流研究中心，中国现代物流发展报告（2009），北京：中国物资出版社，2009

年工商企业对各种物流信息技术所采用的比例总体呈现增长的趋势，其中条形码技术增幅较大，为3.48%。这表明条形码技术作为一种经济、实用的物流信息技术，在工商企业中的应用日益广泛。

四、2009年我国制造业与物流业联动发展的现状与问题

（一）两业联动发展环境不断优化

2009年，我国物流业与制造业的联动发展也日益受到重视，各地政府在推动制造业与物流业联动发展方面不遗余力。一些省市成立了工作领导小组，明确了牵头部门。特别是近年来一些地方把制造业与物流业联动发展与优化产业结构，着力出台了促进联动发展的相关政策措施，使联动发展进入了一个新的时期。

1. 中央各部委积极推动两业联动发展工程

制造业与物流业联动发展是《物流业调整和振兴规划》提出实施的九大工程之一。《物流业调整和振兴规划》指出，要加强对制造业物流分离外包的指导和促进，支持制造企业改造现有业务流程，促进物流业务分离外包，提高核心竞争力。培育一批适应现代制造业物流需求的第三方物流企业，提升物流业为制造业服务的能力和水平。制定鼓励制造业与物流业联动发展的相关政策，组织实施一批制造业与物流业联动发展的示范工程和重点项目，促进现代制造业与物流业有机融合、联动发展。

2009年10月，国家发展和改革委员会在昆明召开第二届全国制造业与物流业联动发展大会，来自国务院有关部门、全国性行业协会、各省区市现代物流工作牵头部门及有关物流企业和制造企业的负责同志约500人参加了大会。上海、福建和沈阳3地政府物流工作牵头部门的领导介绍了相关工作经验。上海海事大学副校长、中国物流与采购联合会副会长黄有方做了《制造业和物流业联动发展的趋势及建议》的专题讲座。制造企业和物流企业的代表进行了互动交流，全体代表参观了昆钢物流。

2009年，商务部发布的《商务部 发展改革委 工业和信息化部 财政部 海关总署 质检总局关于促进我国汽车产品出口持续健康发展的意见》（商产发［2009］523号）指出，要加强汽车产品出口服务体系建设，全面提高服务水平，按照互利双赢的原则，积极探索产业、贸易和物流有机结合的运作模式，大力推动国内汽车整车出口生产企业与国内航运企业建立长期的战略合作联盟，创建我国远洋汽车运输船队。大力实施贸易便利化。综合运用海关对企业的分类管理、分类通关、预约通关、担保验放等多项便利措施，提高货物通关效率。

2010年1月31日，国家发改委经济运行调节局组织专家组，对中国物流与采购联合会完成的《制造业与物流业联动发展示范工作方案研究》（以下简称《方案研究》）课题研究成果进行了专题评审。《方案研究》结合我国制造业与物流业发展的现实条件和基础，提出由国家发改委牵头组织设计和加快实施联动发展示范工程，推动制造业物流升级转型，提升物流企业服务能力。国家发改委将结合《方案研究》，开展相关的示范工作。

2. 各级地方政府积极落实两业联动发展工程

各级地方政府在落实制造业与物流业联动发展方面也是不遗余力。其中，上海、福建、山东、沈阳、湖南、广州等地表现较为突出。

上海市人民政府于2009年5月印发了《上海市服务业发展引导资金使用和管理办法》，市级财政预算每年安排2亿元作为引导资金，将鼓励制造业企业发展生产性服务业，对其重点项目给予适当补贴或贷款贴息。上海将围绕贯彻十大产业振兴规划，大力推动物流业与九大制造业产业衔接，力争到2011年，基本建成国际重要物流枢纽和亚太物流中心之一，物流业增加值年均增速保持在10%以上，物流业增加值占本市生产总值的比重超过13%，制造业物流成本进一步下降。上海市在《上海市贯彻落实国务院〈物流业调整和振兴规划〉实施工作方案》中指出，将实施“制造业物流专业化发展示范工程”，促进产业升级。一是鼓励大型制造企业整合剥离内部物流业务流程，扩大物流外包需求；二是重点发展为制造企业提供原材料采购、产品分拨配送等专业化服务的第三方物流服务；三是支持制造企业和物流企业通过参股、控股、兼并、联合、合资、合作等多种形式联合组建第三方物流企业；四是推进建立面向本市各工业区、重点制造企业以及专业物流企业的业务协同平台，扩大本市制造业物流服务范围。

福建省为推进制造企业物流分离外包，加快发展第三方物流，出台了《2009年度福建省现代物流业发展专项资金申报工作办法》，重点扶持制造企业与物流企业形成联动发展并取得实效的对接项目，每个对接项目的补助额度上限为80万元。为确保联动项目能取得实效，在资金评审过程中，省经贸委召集了联动发展项目的负责人现场接受专家评审小组的询问，并结合专家评审意见对“东南汽车与八方迅通公司汽车物流对接项目”等24个联动发展项目及配套项目给予了扶持。

福建省经贸委对今后3年（2009—2011年）物流管理知识在职集中培训工作进行了安排。围绕2009年省经贸委着力推进的制造业与物流业联动发展的工作重点，2009年着重培训第三方物流发展知识、生产物流知识和物流企业发展战略知识，并已圆满完成了南平、三明、福州市三个地区的在职集中培训工作，取得了很好的反响。今后两年，省经贸委将继续开展其他地区的在职集中培训工作，进一步提高物流企业和制造企业管理人员对制造业与物流业联动发展工作的认识，不断加快制造业与物流业联动进程。同时，省经贸委每年还组织省内物流业界代表赴香港进行培训，学习借鉴香港物流管理先进经验，不断提高福建省物流管理人员的业务知识和管理水平。2009 年福建省经贸委又联合民建福建省委、省物流协会等单位主办了“第二届（2009）海峡物流论坛”，就制造业与物流业联动发展、两岸国际物流竞争力提升、海峡两岸经济一体化前景展望等议题进行了深入探讨，取得了较好的效果。

山东省于2009 年 5 月印发了《山东省现代物流业振兴发展规划》（鲁政发［2009］61 号），明确今后 3 年山东省现代物流业发展的 5 大区域、2 个国家物流节点城市、6 个省级物流节点城市、9 个地区性物流节点城市，以及 10 大任务，8 大工程，把推进行业物流和专业化物流发展，推广建立海尔物流一体化管理、潍柴动力供应商管理库存、青岛啤酒“主辅分离”物流外包等 30 个制造业与物流业联动发展的示范工程，扶持建立 50 个省级重点企业物流管理中心，促进现代制造业与物流业有机融合，联动发展作为主要任务和工程。

在《青岛物流业发展推进方案》中，则对物流业与制造业的联动发展指明了方向。青岛市将重点推进造船、汽车、机械、钢铁、石化、家电、高新技术、纺织服装、商贸流通、食品及农产品等产业物流管理与运作水平的提升。组织实施产业与物流业联动发展的示范工程和重点项目，并通过资源整合和物流业务剥离外包，促进产业物流与物流业的有机融合、联动发展。

2009 年，青岛市交通委员会在国家发改委经济运行局的大力支持下，选取青岛市大型制造企业—青岛钢铁控股集团有限公司进行制造业与物流业联动改革，组织成立了由市物流专家委员会、驻青高校物流研究机构组成的调研策划小组，进驻青钢集团主要部门，对企业物流业务、物流设施、物流方式、物流流程、物流费用等情况进行了为期 3 个月的调研。调研策划小组以青钢集团物流流程优化再造为主线，查找出了青钢集团企业物流存在的机制未理顺、运作模式落后、物流人才匮乏、历史包袱较重等主要问题，提出了走物流重组与主营业务剥离外包发展路子的建议，并预测仅在个别环节对目前的物流流程和操作模式进行改造后，青钢集团的物流成本将降低 10% 以上。调研结束后，青岛交通委员会同市物流协会多次与青钢集团领导就物流改革商讨具体方案，最终确定选择专业性强、经济实力大的第三方物流公司进行合作，实现青钢集团物流业务剥离外包的工作思路。

2008 年以来，按照沈阳市市委、市政府的决策，沈阳市以北方交通重工、沈阳机床、沈重、北方重工、远大、鼓风机、沈冶修等七家大型企业为重点，推动物流外包，并取得了明显成效。沈阳北方交通重工集团有限公司将采购及运输业务委托给日本伊藤忠公司，伊藤忠公司为北方交通提供了“移库销售模式”的贴身物流服务。伊藤忠公司将所有客户的货物按发货时间、种类、数量，就近存储在他们已经签订仓储协议的中国和世界各地的港口码头、铁路运输部门、港口运输部门，确保产品采购及运输，降低用户的采购和运输成本。北方交通直接从港口提货，缩短了交货期，降低了仓储成本和采购成本。经过1年的尝试，取得了非常显著的成效，企业的生产能力、研发能力、完成订单速度和核心竞争力都得到很大提高。其中节约原材料采购成本5300多万元，运输费用280万元，人员开支217万元，车辆维护费用30万元，生产流动资金580万元。生产周期平均缩短23%，存货、产成品等周转率也有相当程度提高，企业库存成本下降33%。典型企业的成功做法，带动了更多的制造企业尝试外包。

湖南省经委根据国家《物流业调整和振兴规划》，编制出台了《湖南省物流业振兴实施规划》，重点规划建设的8个省级物流园区中，有株洲石峰、湘潭九华、岳阳城陵矶、衡阳白沙4个定位为生产服务型物流园区，为毗邻的工业园或制造业集聚区提供配套物流服务。湖南金霞、郴州湘南2个综合服务性物流园也把制造业作为主要的服务对象。湖南省财政厅、省经委制定的《湖南省现代物流业发展专项资金管理办法》，把制造企业物流剥离外包示范性项目列为重点支持范围。在实际操作中，对为制造业提供配套服务的物流企业及制造业企业分离出来的物流企业，湖南在资金支持上给予了倾斜。如2008年省物流专项资金支持的这类项目占60%，计划2009年也在50%以上。此外，技改资金也把一些物流项目作为工业技改配套给予了支持。2009年9月，湖南省经贸委又组织省内部分制造企业和物流企业，先后参加由福建厦门市、广西钦州市政府在湖南省举办的对接会，进一步加强湖南省企业与沿海城市之间的物流合作和贸易往来。

在《国家物流业调整和振兴规划》的框架下，广州市着眼于为珠三角打造世界级制造业基地提供产业物流服务，用3~5年，在广州规划建设一批制造业物流集聚发展区，重点推进省市共建产业物流集聚发展区示范基地，将提升广州产业物流为广东制造业服务的能力和水平，促进现代制造业与现代物流业有机融合、互动发展，带动和促进广州市、广东省生产服务业的发展。

（二）制造企业与物流企业联动日趋紧密

从企业层面来看，制造业与物流业联动发展进一步加强，越来越多的制造企业分离、分立物流资源，整合外包物流业务，与专业物流企业结成战略合作伙伴关系；越来越多的物流企业，更快更广更深地介入生产领域，提供供应链一体化服务，推动了物流服务的市场化和社会化。

例如，近年来，山东省的制造业企业物流外包呈现出不断增加的态势，突出表现为物流业务外包业务量增加、专业化程度提高、运输外包比重较大、外包环节由单一向一体化转变等。烟台张裕公司、莱钢集团、威海医用制品公司、德州棉纺集团、东营天信纺织集团、东阿阿胶集团等企业都在采购、生产、销售等不同环节实行物流业务外包。据调查，中国重汽、济南机床二厂、烟台冰轮、福田雷沃等制造企业增加物流业务外包的愿望强烈，希望物流企业提供从采购、运输、仓储、分拣、配送、反馈等一体化全过程服务。中国国人西服是一家大型服装制造企业，配有十几辆大型运输车辆，30 多辆中、小型配送车辆，不但物流费用高，而且琐事杂事多，不得不安排大量的人力物力负责物流工作，部分仓储、运输业务外包给中邮物流后，年物流费用下降了 20%，仅安全行车事故一项就可年节约 50 万元，客户满意率达到 100%。由于双方合作成效显著，国人西服又计划把出口服装的货运业务外包给中邮物流，企业物流外包的积极性不断提高。

（三）制造业供应链服务创新受到重视

2009 年，受金融危机影响，浙江物流企业纷纷开展转型及供应链服务创新以应对经济危机，以当地的特色制造产业和公司现有的物流优势为依托，将制造业物流业务进行上下游延伸，拓展到供应链服务，形成以物流、资金流、信息流为一体的集成化服务，取得了明显的成效。其中，浙江华瑞物流股份公司、浙江物产金属集团有限公司、浙江长运物流股份有限公司、浙江物产物流投资有限公司、浙江川山甲物流有限公司等公司为典型代表。

在经济危机情况下，浙江华瑞物流股份公司充分利用自身拥有的仓库、码头、船队和信息系统，发挥企业丰富的纺织化纤行业运作经验，根据不同客户的特点，有针对性地加强了 5 个方面的物流服务：以加快资金周转为目的的代收款总包服务、以解决客户融资难为目的的金融仓储服务、以控制原材料价格风险为目的的交割库服务、以提高货运速度为目的的集中快速疏港服务和以降低运输空载率为目的的货源整合业务。通过这些措施，公司与制造商一道，同舟共济，齐心协力共渡难关，取得了显著的成效。

浙江物产金属集团有限公司根据“要素集聚、服务集成、运作集约”的经营理念，切入船舶业，为江浙一带具备发展潜力的民营船厂提供船舶供应链集成服务，即为其开展船用钢材配供配送、主辅设备代理采购、船舶代理出口、预付款还款保函开具等经营业务。目前，公司已与太平洋重工集团下属浙江造船厂、扬州大洋造船厂、台州金港船厂、台州枫叶船厂等开展广泛的战略合作。

浙江长运物流股份有限公司加大了传统产业向现代物流服务体系融合的步伐，以供应链的思路整合传统产业，着力发展城际快速专线运输、城市接驳集配、物流专业型仓储和物流增值等产业服务。公司坚持“以高附加值的快速消费品为中心，以引进项目客户为重点”的市场拓展方针，充分利用现有资源做长物流链。

浙江物产物流投资有限公司积极开展物流金融业务，已经与包括工、农、中、建4大银行在内的9家金融机构，20多家社会客户建立物流金融服务体系。2008年融资规模15亿元。物流金融业务实现了服务形式从初始的谨慎涉足单一货物监管发展到利用自有仓储资源进行货物质押监管、异地监管、买方信贷模式、融通仓模式、物流银行模式、物流企业代理采购等多种模式结合的转变。

浙江川山甲物流有限公司建立了良好的操作系统、完善的操作流程和规范化的供应链管理运作体系，与建设银行、中信银行、美国硅谷风险投资公司合资的中新力合担保公司等多家金融单位结成了战略合作伙伴，与康师傅、泰山纸业、格力电器等10多家大型企业建立了长期、稳定的合作关系。该公司2009年一季度营业收入为3520万元，同比增长122%，利润为229万元，同比增长62.4%。

2009年10月20日，为了整合物流上下游企业各种资源，浙江省八达物流有限公司等5家单位发起成立了浙江供应链行业协会。据了解，该协会将成为浙江制造业降低物流成本的平台，金融、物流、商贸与制造业交流信息的平台；政府制定政策，反映企业需求的交流和参谋平台；外商介入浙江物流市场的中转媒介平台。浙江供应链协会将致力于融合各种社会资源之间的交流与合作平台，提升浙江省制造业与物流业联动发展，打造物流与供应链的产、研、学基地的研究水平和自主创新能力。

（四）两业联动发展存在的主要问题

目前，我国制造业与物流业已处于快速发展时期，制造业与物流业的联动发展也取得积极进展，但同时，我国制造业与物流业的联动发展还存在不少问题，主要表现在以下方面：

1. 制造企业物流外包的开放度不够

近年来，制造企业纷纷着手进行物流整合，加大力度进行物流外包，但是从总体来看，制造企业物流外包开放度仍然不够。第一，传统制造业的大而全、小而全的运作模式，使得部分制造企业很难认识到现代物流的发展对企业发展的战略性作用，导致制造企业仍然热衷于自营物流，主观上排斥社会化物流方式的选择。第二，许多国有制造企业物流管理是分段管理的，如采购部管理进货物流、制造部管理生产物流、销售部管理出货物流、配件服务部管理服务物流，物流企业进入工业企业要面对多个部门的沟通，效率很慢。第三，制造企业物流运作设施利用程度虽然不高，但由于物流设施资产存在各种退出障碍，因此，部分制造企业主观上存在继续实施物流自营。第四，部分制造企业由于经营管理不足，手段落后，缺乏对物流外包风险进行控制的有效手段，对物流社会化外包存在心理障碍，许多国有工业企业物流工作由自己运作或自己的亲属运作，第三方物流企业根本无法进入。

2. 政策体系对联动发展存在制约

政府体制性障碍对联动发展因素的制约主要表现在以下几个方面：

（1）产业政策缺乏对联动发展的制约。虽然两业联动在各地取得较大发展，但是我国尚且没有明确的产业政策来推动联动发展。各地出台的不少产业政策业仍然是针对制造企业或者物流企业，而针对联动发展的系统性政策不多。由于产业政策的缺乏，许多有益于联动发展的建议不能落实到实处，这给联动发展带来不利的影响，因此需要尽快出台相关政策。

（2）政府部门之间缺乏协调对联动发展的制约。联动发展涉及政府的许多部门，需要政府部门之间积极进行协调。以税收为例，一项有益于联动发展的税收政策，可能经过层层审批环节，最后到国家税务部门报批时可能因为有关部门不理解物流业或者对物流税收认识程度不足，而导致该税收政策的资金流产。此外，在政府行为方面，政府不依法行政给企业带来高昂体制性成本。

（3）地方保护主义对联动发展程度的制约。物流作为网络性的一种服务行业，地方保护主义对物流联动发展程度的制约是非常明显的。地方保护在制约全国性物流企业的集团化与规模化进程的同时，也带来了市场不公平竞争。大、中型国有制造企业小而全、大而全，企业物流效率低下，如有的国有企业自办车队为的是解决关系户，导致整个企业无效率，社会物流有效需求挖掘不足。

五、“后危机时代”下的制造业物流展望

2009 年，我国经济在全球金融危机中率先复苏，经济回升势头明显。2010 年，我国经济发展既存在许多积极变化和有利条件，但也需要充分估计到后金融危机时代经济形势的复杂性、严峻性和不确定性。2009 年 12 月初的中央经济工作会议指出，做好 2010 年经济工作，重点要在促进发展方式转变上下工夫，在发展中促转变，在转变中谋发展。在这种宏观经济背景下，制造业物流发展呈现以下发展趋势：

（一）战略性新兴产业发展规划即将出台，制造业社会物流总额继续保持增长趋势

2010 年，我国经济面临国际金融危机持续影响的压力，为了保证中国经济

继续保持企稳回升的势头，除了原有的10大产业振兴规划外，为发挥新的经济增长点对经济的强大推动作用，国家发展和改革委员会表示，中国将研究制定《战略性新兴产业发展规划》，包括新能源、节能环保、电动汽车、新材料、新医药、生物育种和信息产业7大产业①。这些产业的发展将进一步加速中国工业化发展中、后期进程，是构成社会物流总额新兴的中坚力量。目前，有关部门正酝酿推出《战略性新兴产业发展规划》。目前，该振兴规划正在起草中，预计最快将在2010年年初出台②。

除了中央外，各省市也大力推进新兴产业发展规划。东部大省——江苏省在2009年11月也已经下发通知，要求相关部门组织编制新兴产业发展战略研究，以及6个新兴产业发展规划和加快发展新兴产业的实施意见。江苏省提出的重点将是新能源、新材料、新医药、环保、软件和服务外包、新传感网6个新兴产业。安徽省已经明确界定了新兴产业的范围，主要包括电子信息、生物医药、新材料、新能源、节能环保、公共安全，以及各地近年来根据自身特点培育的新兴产业7个领域。浙江省前不久专门成立新兴产业发展领导小组，计划将新兴产业发展纳入全省国民经济和社会发展总体规划。领导小组已经明确提出将太阳能、风力发电装备、新材料产业、生物与新医药产业、电子信息产业、海洋新兴产业等作为下一步发展的重点。2010年，无论是投资、产业政策还是信贷政策都将会越来越多地向新兴产业倾斜。

从总体上看，中国正处于工业化中后期发展阶段，“工业主导型”和“工业重型化”是这一阶段的突出特征。从2002年开始，以一批新的高增长产业的出现和持续强劲增长势头为标志，中国经济进入一个新的较快增长周期，这些高增长主导产业带动了钢铁、化工、煤炭等原材料产业快速增长。与此同时，工业产品附加值不断提高，部分工业产品结构将逐步由生产资料为主向消费资料为主转变，预计2010年工业品物流总额仍有很高比例，工业品物流是拉动社会物流总额增长的重要力量。

（二）经济结构调整与升级将进一步加快物流外包速度，制造业与物流业联动趋势更加明显

2010年作为“十一五”规划的最后一年，也是三年振兴规划的关键一年，我国经济将继续围绕“调整转型、创新升级”战略，实施9大制造业振兴规划。国内钢铁、汽车、纺织、装备制造业等相关行业兼并重组步伐加快，在兼

---

① 张晓强，我国将制定新能源等产业发展规划，中国经济网，2009年11月17日。

② 战略性新兴产业振兴规划最快2009年年底出台，http：//www.sina.com.cn，2009年11月25日00：13，21世纪经济报道。

并重组过程中，物流业务重组是重要的组成部分，物流外包的需求和释放速度也将进一步加快，制造业与物流业联动发展趋势更加明显。因此，物流企业要进一步提升制造业细分行业的服务水平和服务能力，满足更加多样性、专业化的物流需求；物流企业要通过对现有物流资源的有效配置和充分利用，与其他9大产业形成完整的产业链和供应链，形成产业结构调整和振兴的“组合拳”，从整体上提高我国产业竞争力。

此外，伴随着国家发改委“制造业与物流联动发展示范工程”有关方案于2010年底出台，两业联动将进入快速发展阶段。

（三）低碳经济发展模式受到重视，清洁生产与绿色物流受到青睐

所谓低碳经济，是指在可持续发展理念指导下，通过技术创新、制度创新、产业转型、新能源开发等多种手段，尽可能地减少煤炭石油等高碳能源消耗，减少温室气体排放，达到经济社会发展与生态环境保护双赢的一种经济发展形态。发展低碳经济，一方面是积极承担环境保护责任，完成国家节能降耗指标的要求；另一方面是调整经济结构，提高能源利用效益，发展新兴工业，建设生态文明。

2009年12月7日~18日在丹麦首都哥本哈根召开的联合国气候会议，虽然没有签订有效的协议，但低碳经济发展模式将会以越来越快的步伐走进人们的生活，日益受到重视。例如，为了贯彻落实《中华人民共和国清洁生产促进法》，指导和推动制造企业依法实施清洁生产，提高资源利用率，减少和避免污染物的产生，保护和改善环境，制定行业清洁生产评价指标体系。2009年全国已发布钢铁、煤炭、轮胎、水泥等30项工业行业清洁生产评价指标体系，用于评价工业行业企业的清洁生产水平，作为创建清洁生产先进企业的主要依据，并为企业推行清洁生产提供技术指导。

作为低碳经济发展的重要组成部分，绿色物流将更加受到青睐。绿色物流不仅是一般物流的节约和降低成本，更重视的是绿色化和由此带来的节能高效少污染。在此背景下，制造业物流的共同配送、整合运输、专业第三方物流运作等模式将日益受到重视，包装的大型化和集装化、包装多次、反复使用和废弃包装的处理等得到加快发展。作为资源节约化利用的有效方式，物流外包也将得到加快发展。

（四）制造业重点领域物流发展得到进一步推动

《物流业调整和振兴规划》指出将大力实施重点领域物流工程。要加强石油、煤炭、重要矿产品及相关产品物流设施建设，建立石油、煤炭、重要矿产品物流体系。加强对化学危险品物流的跟踪与监控，规范化学危险品物流的安

全管理。推动汽车和零配件物流发展，建立科学合理的汽车综合物流服务体系。鼓励企业加快发展产品与包装物回收物流和废弃物物流，促进资源节约与循环利用。预计在2010年，这些重点领域物流发展将得到进一步推动，并有望成为2010年的物流发展新亮点。

（五）技术与应用创新成为制造业物流发展的保障

作为制造业物流技术的重要组成部分，2010年物联网技术将迅速升温，引领新一轮物流技术热潮。物联网概念是在“互联网概念”的基础上，将其用户端延伸和扩展到物品与物品之间，进行信息交换和通信的一种网络概念。其定义是：通过射频识别（RFID）、红外感应器、全球定位系统、激光扫描器等信息传感设备，按约定的协议，把物品与互联网相连接，进行信息交换和通信，以实现智能化识别、定位、跟踪、监控和管理的一种网络概念。在国家大力推动工业化与信息化融合的大背景下，物联网会是工业乃至更多行业信息化过程中，一个比较现实的突破口。而且，RFID技术已经在多个领域、多个行业进行了一些闭环应用。物联网是一种以传感网为代表的信息获取技术，它被很多国家称为信息技术革命的第三次浪潮，目前，中国已经把物联网明确列入《国家中长期科学技术发展规划（2006—2020年）》和2050年国家产业路线图。因此，2010年物联网技术将获得快速发展，并在制造业物流领域逐渐发挥积极的作用。

（天津大学管理学院　刘伟华）

2009 年汽车行业物流发展回顾与 2010 年展望

受国际金融危机影响，我国汽车市场从 2008 年 8 月开始出现负增长，汽车工业发展面临严峻形势。2009 年，在中央扩内需、调结构、保增长一系列政策措施的积极作用下，在《汽车产业调整和振兴规划》的大力推动下，我国汽车工业实现了平稳较快发展。据中国汽车工业协会统计，我国全年累计生产汽车 1379.10 万辆，同比增加 48.3%；销售汽车 1364.48 万辆，同比增长 46.2%，相较我国 2002 年汽车销售同比增长 37% 的历史记录高近 10 个百分点；产销增幅同比提高了 43.3 个百分点和 39.6 个百分点。其中，乘用车产销 1038.38 万辆和 1033.13 万辆，同比增长 54.1% 和 52.9%；商用车产销 340.72 万辆和 331.35 万辆，同比增长 33% 和 28.4%。在汽车市场快速回升增长下，在国务院《物流业调整和振兴规划》的精神鼓舞下，我国汽车物流行业除出口型物流企业外在 2009 年基本没有受到金融危机的影响，依然与我国汽车工业同步增长，为我国汽车产业的健康发展提供了有力保障。以下是对我国汽车物流行业 2009 年发展情况进行的简单回顾，并对 2010 年的发展趋势进行展望。

一、2009 年汽车行业物流发展回顾

（1）汽车产业调整和振兴规划出台对汽车物流产生积极影响。我国政府出台的十大产业振兴和调整规划中，两大规划都突出了汽车物流的地位和作用。《汽车产业调整和振兴规划》出台后，作为汽车物流市场所在的汽车市场，在国家购置税减半征收、汽车下乡和老旧汽车更新补贴等一系列积极的财税政策和宽松的货币政策推动下首先走出低迷，并始料不及达到近 50% 的增长，全年产销双双突破 1300 万辆。为之配套服务的汽车物流行业因而获得巨大市场，《物流业调整和振兴规划》出台，使得物流业地位提升，也使得企业在政策、规划、项目、资金等方面得到国家、地方两级政府的积极支持，2009 年因而成为汽车物流行业市场规模成长最快的年份之一。

（2）物流业调整振兴规划，汽车物流地位进一步提升，生产企业更加注重优化产业链，获得更佳价值链。

（3）初步形成以汽车生产为主导的汽车物流行业布局。汽车物流的布局应该决定于汽车生产和消费两个市场，目前汽车生产制造是我国汽车物

流发展的主导，汽车物流的布局在我国主要决定于汽车工业的布局。到2009年我国已经形成长春、京津、武汉、上海、广州、重庆六大汽车物流集群。

（4）理清了轿车运输车问题的解决思路。过去两年行业一直把解决车辆运输车问题的思路放在半挂车加长，规避执法部门罚款的思路上。经过2009年调研分析，我们认为单纯靠半挂车加长手段解决这一问题，是死胡同，即便长度达到20米合法化，仍不能满足行业需求，而继续在车辆长度上向政府管理部门提出要求显然不现实，因为车辆长度涉及的关键指标是转弯半径，而且世界多数国家车辆运输车20米以上的都是挂车列车。解决车辆运输车问题的思路只能是：积极推动挂车列车上高速行驶，从而先让标准达到行业需要的长度比如22米或者更多，在标准能够满足行业需求后，推动国家政府部门对长度上在标准范围内的违规车辆有个过渡期，对超出标准长度的车辆和那些变形金刚严格执法，强制报废。

（5）全国汽车物流标准体系框架方案出炉，汽车物流标准化工作迈上新台阶。物流标准化是现代物流发展的基础，是提高物流效率的重要途径，在国际上物流标准化已经成为行业发展的关注焦点。据有关专家分析：我国每年在物流过程中产生的损耗大约是3000亿元人民币，主要原因在于物流过程时间过长、装载次数过多，造成包括资金、场地、车辆的过多浪费，导致整个资源消耗过大。2009年《我国汽车物流标准化发展研究》课题，在国内24家企业和40位专家历时两年的努力下终于完成。课题中的核心内容汽车物流标准体系结构图及标准明细表为国内汽车物流专业领域首创，具有前瞻性和示范作用，达到国内领先水平。课题的完成为我国汽车物流标准化工作提出了完整思路和发展步骤，对今后各项标准的制定和完善具有指导意义。

（6）铁路、水运在汽车物流市场中发挥越来越大的作用。由于我国幅员辽阔，汽车工业又相对集中在长春、京津、上海、武汉、重庆、广州等少数发达地区，汽车产品对全国的辐射和国民消费的多样性，决定了汽车整车物流具有分散和纵横交织的特点，随着能源价格的持续上涨，物流装备的经济性选择是大势所趋，铁路在远距离运输的优势已经凸现，而中国丰富的水路资源也得到汽车物流行业的青睐，但整个市场的融合尚在起步和磨合阶段，目前主导的公路运输模式更多得引入水路、铁路资源，走多式联运的道路将是中国未来汽车整车物流的必然选择。2009年，以中铁特货公司为主的铁路汽车物流的全方位适应市场化需要，服务已覆盖除丰田外全国主要各商品汽车品牌，并形成了上汽、一汽、广本、长安、奇瑞、东风六大重点领域布局，形成了全国南北纵横、东西贯通的汽车物流运输网络，在铁路汽车物流装备方面设计开发了新型50英尺板架箱，可提高运载率25%，研发的双层凹底车，可双层装运越野车等较高车型，装载量由过去的3台增加到8台，运输效率得到全面提升。在管理方式上推出了混合班列和阶梯到达专列产品，创新了铁路汽车物流运输组织模式。以深圳长航为代表的滚装物流公司在2009年投资建造了内外贸兼营的2500车位“长吉隆”滚装船，并于3月投入运营，标志着我国滚装运输向船舶大型化、经营规模化迈出了坚实的一步，有效满足了日益增长的国内滚装和汽车出口的需求，一级国内汽车厂商规模化生产、降低物流成本的要求，将对中国滚装运输发展产生深远影响。

（7）行业工作已经进入全方位立体发展新阶段。到2009年，分会的行业工作，已由发展初期的整车物流，发展到全面涉及汽车零部件入厂、供应链管理、整车销售、售后服务备件、进出口等汽车供应链所有环节，行业进入全方位立体发展新阶段。

二、2010年我国汽车行业物流展望

（1）汽车市场仍将保持快速增长，汽车物流市场依旧繁荣。2010年国家仍将保持积极财政政策和宽松的货币政策，巩固2009年的维稳成果，专家分析汽车市场仍将保持10%～20%的增长，可以预期2010年依旧是我国的汽车物流行业红红火火的一年。

（2）汽车产业结构不会出现大的调整，汽车物流量的增长依旧是主旋律。由于市场预期较好，不会对目前的行业格局产生影响，汽车物流行业格局仍保持目前平稳局面，不会出现大的竞合重组，企业加强合作，共赢市场仍是主旋律。

（3）国际社会保护环境、降低排放的诉求，以及龙头企业社会责任，会推动我国汽车物流加快增长方式转变的步伐。资源节约，节能减排，会进一步提升到国家发展战略高度。对汽车物流行业来讲，加快以公路运输为主的行业局面的改变，优化资源配置，推动多式联运是当务之急。

（4）汽车物流企业将面临更大成本压力，与汽车生产企业会携手解决，创造行业良性发展环境。

（5）全国汽车物流信息平台呼之欲出。随着企业市场定位的稳固，以及现代信息技术的普遍应用。在全国范围内行业共享信息平台将为企业间资源整合提供保障。这一问题已经得到国家的高度关注，政府搭台、协会组织、企业参与共建全国汽车物流一体化信息网络的时代即将到来。

（6）物流基础设施的改善和企业降低成本的需求，会推动铁路、水运更快速发展。随着汽车产品的国际化，势必需要与之相应的物流保障，因而我国进出口汽车物流业务的发展，推动了中外汽车物流企业间的合作空间、范围不断

拓展。我国的大型“龙头”汽车物流企业将实施“走出去”战略，为我国汽车出口战略保驾护航。

（7）汽车物流市场将在二手车、汽车租赁、报废汽车回收等新兴市场业务中有所突破。

（中国物流与采购联合会汽车物流分会　马增荣）

2009 年家电行业物流发展回顾与 2010 年展望

2009 年金融危机冲击了全球的经济，各行各业都不同程度地受到了金融危机的影响。中国家电行业在 2008 年下半年就开始受到了金融危机的严重影响，销售量出现了大幅的下滑。2009 年年初，各家电企业从采购、生产、销售等各环节加大了管控力度，其中重点加大成本控制，提高现金流成为各企业首选的管理目标，为了渡过不可预计的金融危机，各企业已经做好了过紧日子的准备。在中国政府不断推出的宏观经济政策刺激下，尤其是“家电下乡”活动规模的不断提升和升级，中国家电业在 2009 年销售量得到了大幅的上升，各家电企业大多超额完成了 2009 年年初制定的全年销量指标。可以说 2009 年中国家电行业无论是销量还是利润都超出了年初的预估，完成情况远超计划目标。

2009 年，家用彩色电视机销量 5253. 5 万台，比 2008 年增长 23. 6%；家用电冰箱销量 2973. 5 万台，同比增长 11. 7%；家用洗衣机累计销量 2592. 7 万台，同比增长 9. 2%；家用空调累计销量 3684. 2 万套，同比增长 8. 3%。

从上述数字可以看出，2009 年在“家电下乡”政策的刺激下，中国家电行业在金融危机的不利环境下，取得了非常好的销售业绩，比 2008 年同期有了大幅的增长。

一、2009 年家电行业物流回顾

（一）家电物流市场竞争激烈，行业利润进一步压缩

2009 年年初由于各家电企业对于金融危机的认识充分，在年初的工作思路制定中，降低成本和提高现金流是各企业的首选目标，而家电物流环节成为了降低成本的主要对象之一。各企业在年初的招标活动中各出奇招，各物流环节的竞争主要以降价为主导，家电物流服务商为了生存，也竞相降价，物流利润比 2008 年有了大幅度的减少。据统计，目前整个家电业的现状是，原材料的制造成本约占总成本的 53%，营销成本约占了 46% 的比例，这样一算下来物流成本就少得可怜。在 2009 年家电物流企业的发展缺少利润的动力源泉的情况下，整体发展较慢。虽然家电行业在 2009 年销售和利润总体上都不错，但是由于家电物流行业合同价格多于年初商定，受年初各家电企业压价的影响，家电物流行业总体收益并不理想。

（二）家电物流企业安得物流上市未果，但也为物流企业尝试了一种新的发展道路

随着中国中小企业创业版上市的开通，为中国快速发展的中小企业带来了发展的希望。作为中国家电物流企业中排名靠前的芜湖安得物流股份有限公司，2009 年也加入了第二批创业版的 IPO 申请，尽管证监会创业板发审委 2009 年第 21 次会议审议否决芜湖安得物流股份有限公司的首发申请，但安得物流此次上市的尝试也为中国家电物流企业探索了一条新的融资发展道路。

（三）“家电下乡”增加了家电产品的销量，同时也增加了家电物流的操作量

2009 年 2 月，“家电下乡”政策推广至全国，在各级政府的精心组织下，通过中标生产企业和流通企业的努力，“家电下乡”销售取得了可喜成绩。根据商务部“家电下乡”信息管理系统公布的数据，截至 2009 年 12 月 31 日，已销售“家电下乡”产品达 3767.98 万台，销售额共计 692.57 亿元。其中，冰箱（含冷柜）销售 1560.82 万台，彩电销售 880.44 万台，洗衣机销售 558.46 万台，空调销售 301.16 万台，手机销售 179.94 万部，电脑销售 130.13 万台，热水器销售 125.07 万台，微波炉销售 12.79 万台，电磁炉销售 19.16 万台。

“家电下乡”活动给物流行业增加了业务操作量，通过营业额的上涨，弥补了部分低价竞争产生的利润损失。

二、2009 年家电物流行业存在的主要问题

（一）家电物流行业的利润持续走低导致行业发展后劲不足

过度的市场竞争导致家电物流行业的利润率持续走低，使行业内的绝大多数企业目前仍为生存而奔波，降低运营成本成了这些企业的主要工作内容，而没有更多的精力提升物流服务水平和质量，使整个家电物流行业的服务水平一直在一个较低的层次上运营。由于物流利润越来越低，而油价不断持续攀升，物流企业的利润也不断被挤压，物流企业更多的在研究如何超载提高收入，如何加大车辆的装载量来提高利润等方面，而没有更多的精力提高物流服务水平及提升服务能力。作为甲方的家电企业也将主要精力放在降低物流成本上，没有考虑在物流服务质量和层次上下工夫，只关注企业的物流直接成本而没有从降低企业物流总成本入手。这种现象如果得不到缓解，中国家电物流行业的发

展将后劲不足，最终的受害者也将是中国的家电制造行业。

（二）在“家电下乡”活动中，充分暴露了当前国内家电物流行业的运作能力的不足

2009年“家电下乡”活动给家电物流企业增加了业务操作量，同时也将家电物流的运营网络不健全，运营成本高等不足暴露出来。随着“家电下乡”活动的升级，“家电下乡”的产品范围也不断扩大，冰箱的体积越来越大，平板彩电的尺寸也开始超过了40寸，这些活动的升级极大地刺激了“家电下乡”产品的销售量，“家电下乡”活动的地域范围也越来越广，随之暴露的就是家电物流的不足，一方面是目前绝大多数的家电物流服务商缺乏全国性的服务网络，多数企业只是服务家电物流中的一个环节或地域，另一方面，由于下乡活动的深入开展，家电物流服务的需求涉及了很多农村偏远地区，农村的基础设施问题也是家电物流企业所必须面对的。我国农村路网和物流服务体系起点低，目前仍有近4万个建制村不通公路，近1万个乡镇、30多万个建制村不通沥青水泥路，农村公路中四级和等外路占将近九成，砂石路占七成以上，许多地区缺桥少涵、晴通雨阻，很多地区的物流服务还是一片空白。于是出现了很多不合谐的声音，比如有些地区没有物流服务商能提供服务，家电企业只能将产品的销售及物流一并交由零售商负责，部分零售商由于自己的物流成本甚至高过了销售利润，从自身的利润出发，就出现了部分地区的“家电下乡”产品的零售价超过国家最高限价的现象，此事一度被各类媒体“热炒”，甚至惊动了国家总理，国务院为此专门召开了研讨会，最后的结论也是中国目前的家电物流服务能力不足，成本过高。这些事情的发生说明我国的家电物流服务还处于较低的层次。

三、2010年家电行业物流展望

（一）油价的调整仍将是家电物流行业的不确定因素

进入2010年，国内油价也在不断调整中，近期甚至出现了要每10天进行一次油价调整的声音。随着全球经济的复苏，全球原材料的成本也在不断上升，其中原油价格也不断创出新高，油价的不断上升是否会成为2010年的主要趋势，这将成为家电物流行业的不确定因素，毕竟油价目前已经占物流企业总成本的40%左右，对行业的利润有很大的影响。

（二）随着环保政策的不断推出，家电回收物流亟待起步

尽管我国家电制造企业在原材料、零部件采购物流，内部生产物流和产成品销售物流方面做了许多有益的探索，也取得了不小的成绩，但在家电回收物流这一块仍属空白，目前仍处于由拾荒游击队无组织自发从事的状态。我国已经进入了家电报废淘汰的高峰期，每年将近有 2000 万台（部）家电和电子产品被淘汰，这是一个庞大的数字。欧盟《关于报废电子电器设备指令》已于 2005 年 8 月 13 日起正式执行，要求所有在欧洲销售的电子和电器设备均由其制造商负责这些设备在报废后的环保回收，而且必须符合环保和安全的标准。中国的家电产品要进入欧洲市场，便必须符合这一《指令》的要求。国家发改委也在 2004 年 9 月发布了《废旧家电及电子产品回收处理管理条例》征求意见稿。在目前全球环境保护日趋风行的今天，更进一步加剧了我国家电行业发展家电回收物流的紧迫性，因此，家电回收物流将是一个需求巨大的未来市场。

（三）海外物流业务也将是中国物流企业发展的新的方向

中国已经成为全球最大的家电制造基地，每年除了内销市场外，各家电制造商也有相当比例的产品出口。近年来，从最早的代工生产起步，中国家电制造企业逐步开始在国外经营自主品牌，从海尔在国外建厂到 TCL 兼并汤姆逊，长虹、海信等企业也纷纷将品牌打到海外市场。随着产品在海外的销售，中国家电制造企业在海外的物流需求也在不断提高，这为中国物流企业提供了一个新的发展方向。近几年，中国物流行业的旗舰企业中远物流依托中远在全球的海运优势，已经陆续建立了中远物流美洲公司、中远物流欧洲公司、中远物流西亚公司、中远物流日本公司和中远物流韩国公司，为中国家电制造企业的海外扩张提供物流支持。

从整体上来看，家电物流行业竞争激烈，整体行业的发展较慢，但从行业内的重点企业来看，近些年在竞争中也逐步成长了一批有影响力的企业，如中远物流、安得物流、南方物流、海尔物流、长虹民生物流等，这些企业通过自身的努力，不断发展壮大，已经成为家电物流行业的中坚力量，机遇和挑战总是并存的，这些企业的发展将引领中国家电物流行业不断进步。

（中远物流仓储配送有限公司　朱天聆）

2009年电子信息行业物流发展回顾与2010年展望

受国际金融危机影响，2009年我国电子信息产业在新世纪以来首次出现了负增长，成为国民经济中受冲击最为明显的行业。电子信息产业虽然受到了国际金融危机的重创，但是在中央“一揽子计划”的政策措施的作用下，全行业已经扭转了2008年大幅度下滑的局面，产业趋势总体向好，在国民经济中的地位依然突出。①2009年，产业规模继续扩大，规模以上电子信息制造业实现收入51305亿元，同比增长0.1%；利润1791亿元，同比增长5.2%；出口交货值28932亿元，同比下降5.6%。②2009年，电子信息产业发展速度总体回落，前低后高态势明显。具体体现为：生产增速低位回升、重点产品增长面扩大、经济效益速度回升、外贸出口下滑明显、投资增速出现回落、软件保持平稳增长。③电子信息产业发展实力增强。2009年，我国电子信息产业在国民经济中依然保持重要地位，全球生产大国地位更加凸显。信息化发展水平提升，科技创新稳步推进，重点企业发展良好。

随着我国电子信息产业发展实力增强，电子信息行业物流已经成为现代物流服务以及高端物流服务的需求和发展的重点，是改变经济增长的重点关注领域，同时，在新的一年也面临和需要经受新的考验。

一、我国电子信息产业进入平稳发展阶段，产业链与区域布局仍需改善

2009年，随着国内政策效应不断显现和世界经济逐步回暖，电子信息产业自下半年起开始呈现企稳向好的迹象，生产增速低位回升、出口下滑速度放缓、经济效益降幅收窄，总体回升态势基本明朗。我国电子信息产业进入平稳发展阶段，未来产业发展形势总体向好，但不确定因素依然较多，产业转型升级要求迫切，产业链与区域布局仍需改善。

近几年，电子信息产业逐步从过去的高速增长期转入平稳发展的阶段，过去产业增长相对依赖产品出口、依赖外资企业、依赖整机行业、依赖东部地区的格局逐步改变；2009年以来，国际金融危机给产业带来较大冲击，也从一定程度上促进了产业转型升级的步伐，国内市场、内资企业、中西部地区在产业中的比重进一步攀升，电子元器件行业从前两年拉动产业增长的主要力量转变

成受冲击最明显的行业，产业结构的阶段性特征出现新变化。

具体表现为：①国际金融危机使外需大幅下滑，电子信息制造业由于出口依存度相对较高，受冲击十分明显，导致行业各项指标增速与工业平均水平的差距进一步拉大。②由于国家采取了扩内需的一揽子政策措施，实施了电子信息产业调整和振兴规划，出台了3G与TD、家电下乡、以旧换新等一系列政策措施，有力地拉动了国内市场的增长，内外销比例出现变化。③企业呈现不同走向，内资企业比重提升。金融危机对外向型企业冲击明显，特别是“三资”企业发展明显放缓，内外资企业份额出现变化。全年内资企业销售产值增长17.6%，占全行业的比重（26.7%）比2008年提高3.3个百分点；从效益看，内资企业利润增长48.4%，占行业比重（46.5%）比2008年提高了16.2个百分点；从投资看，内资企业增长49.5%，占全行业比重（63.3%）比2008年提高14个百分点。④整机调整回升较快，元器件下滑明显。整机行业中，视听产品行业发展较快，受家电下乡、以旧换新政策拉动，全年行业销售产值增长7.3%；前11个月电子元件、器件行业利润分别下降9%、39.4%，下降额占全行业下降额的一半以上；全年投资增速分别为3.9%、2.8%，远低于全行业17.5%的平均水平。⑤中西部增势明显，东部地区增长趋缓。2009年，中西部地区规模以上电子信息制造业销售产值分别增长24.1%、25.6%，成为遏制全行业下滑势头的重要力量，东部地区销售产值同比仅增长1.5%。

总体上看，国际金融危机从某种程度上形成一种倒逼机制，加速了产业调整转型的步伐，产业格局正在此作用下向良性方向发展，抓住时机加大促进本土企业、夯实产业基础、深化内需市场、优化区域布局的工作，成为产业结构调整的重要课题。

2010年，电子信息产业形势发展总体向好，但不确定因素依然较多。

（一）国际市场逐步转好，但贸易保护日益加剧

2010年，世界经济逐步复苏，主要经济体出现好转，一些新兴经济体增速加快。联合国2009年12月发布的报告预测：2010年世界经济有望增长2.4%。全球电子信息产品市场开始好转，半导体领域出现复苏迹象。根据IDC、Gartner等市场研究机构预测，2010年全球IT支出将增长3%以上，软件支出将超过5%，相关的服务市场将达到两位数增长；Display Search预计全球彩电出货量比2009年增长6%，Gartner预计手机将增长12%，微型计算机将增长12%，SIA预计集成电路将增长10%以上。

还要看到，国际市场环境趋紧，贸易保护主义日益抬头。2009年以来，发达国家陆续对我国钢铁、轮胎、鞋等多个产品采取了反倾销、特保等贸易保护措施。电子信息产品出口同样面临很多壁垒，一些国家提高了液晶显示模组和

整机等产品的关税，影响了我国彩电和显示器的出口。电子信息产品生态设计和环保要求愈显迫切，低碳经济的理念日趋盛行，都将对我国电子信息产品出口带来深远影响。

（二）国内需求依然旺盛，但内生增长机制有待建立

2010 年，我国经济形势将好于 2009 年，国务院调整完善了促进消费的政策措施，预计全年 GDP 将保持 8% 的增长水平，社会消费品市场将保持两位数增长。电子信息产品市场依然看好。2010 年是 3G 全面商用的一年，各大运营商均投入资金用于营销和终端补贴，预计全年新增移动电话用户 1 亿户，加上用户更新手机，预计全年国内市场需求超过 2.5 亿部。家电下乡、以旧换新政策不断落实，实施产品和地域范围逐步扩大，有力促进乡镇和农村市场的发展，预计全年彩电市场将增长 20%。彩电、手机等整机市场增长将带动国内集成电路行业增长，预计国内集成电路市场将增长 15% 以上。

但要看到，当前产业增长与政策拉动效应密切相关，特别是投资拉动作用明显，真正基于消费和创新的拉动机制仍待完善，农村和中小企业市场需要进一步拓展。2009 年国家鼓励房市发展，对彩电业拉动明显，但 2010 年实施相对从紧的管控措施，可能影响彩电行业的增长。同时，产业核心基础薄弱、关键技术和元器件受制于低水平重复建设等深层次问题将在较长时间制约产业发展。

（三）产业投资保持增长，但产业链与区域布局仍需改善

2010 年，3G 建设和商用全面推进，基于 3G 网络的新业务开发将大幅扩张，通信领域的系统集成和软件服务市场前景看好。近年来，国内新上了数十条液晶面板和模组生产线，大部分投资都将在 2010 年实现，将给产业增加新的后劲。2010 年是金融、保险、交通、电力等服务行业建设的重要一年，对信息化系统的更新换代投入加大，将带动信息化投资的增加。

还要看到，当前投资中，产业链协同发展的格局仍未完全形成，下游对上游的压价明显，影响了电子信息企业的整体效益。粗放型发展面临的环境和资源约束日益明显，产业盲目建设的苗头有所显现，特别在光电领域表现相对明显。一些地区投资更多基于当地的产业利益，缺乏区域间的联动和统筹推进，也影响投资的整体效益。

总体上看，2010 年电子信息产业发展形势比 2009 年要好，但形势中的不确定因素依然较多，产业面临的困难和矛盾也很突出。预计 2010 年电子信息产业总体可能出现前高后稳的态势，全年制造业增长将超过 6%，产品出口将实现正增长，软件业务收入增长 25%。

二、2009 年我国电子信息行业物流发展回顾

2009 年是新世纪以来我国经济发展最为困难的一年。党中央、国务院审时度势，果断决策，连续推出并不断完善应对国际金融危机的“一揽子计划”和相关政策，比较快地扭转了经济增速下滑的局面。在国务院《物流业调整和振兴规划》的精神鼓舞下，在 3G 与 TD、家电下乡、以旧换新等一系列政策拉动下，2009 年电子信息行业物流在整体布局调整、服务的专业化水平等方面有了新的尝试和突破，主要显示出以下几方面的特点：

（一）总体上企稳向好，结构性变化明显

2009 年，是我国电子信息行业物流应对危机走向复苏的一年，也是物流格局调整的一年，呈现出明显的季节性和结构性变化。

随着我国电子信息产业发展的企稳向好，以及在国家扩大内需政策的有力推动下，家电、电子产品物流高速增长。2009 年电子信息产业总体走势呈现前低后高，从发展速度来看，工业增加值逐月回升，7 月扭转了上半年负增长的态势；从企业销售情况来看，销售产值增值也在明显回升，到 1 ~ 9 月扭转了全行业负增长的态势；从经济效益来看，利润降幅在收缩，出口发展后劲非常明显。2009 年，家电以旧换新政策拉动家电消费突破 140 亿元。家电以旧换新政策，给消费者带来实实在在的优惠，增强了居民即期消费信心，激发了家电市场的消费潜力，掀起了家电销售的热潮，促使整个家电消费市场升温；同时刺激了家电更新换代的积极性，加快了城乡居民家电更新换代的速度。

从区域来看，东部沿海地区受外需萎缩影响较大，增速趋缓；中西部地区以内需为主，加上产业转移，仍然保持了较快的增长速度。2009 年，中西部地区规模以上电子信息制造业销售产值分别增长 24.1%、25.6%，东部地区销售产值同比仅增长 1.5%。从效益看，中西部地区收入分别增长 18.9%、17%，利润分别增长 23.4%、2.4%，但东部地区收入利润分别下降了 2.3%、5.4%。从投资看，全年中西部地区增速均达 40% 以上，四川、陕西、河南、湖南、安徽增速均超过 35%；东部地区与 2008 年基本持平，广东、江苏、北京、上海、福建降幅均达两位数。从出口看，广东、江苏、上海等东部沿海省市出口均下降 1% ~ 27%，但中西部地区中，部分比重较大的省市出现正增长。

（二）电子信息产业与物流业联动发展加强

2009 年，我国物流业与制造业的联动发展也日益受到重视，各地政府在推动制造业与物流业联动发展方面不遗余力。一些省市成立了工作领导小组，明

确了牵头部门。一些地方还把制造业与物流业联动发展与优化产业结构相结合，着力出台了促进联动发展的相关政策措施，使联动发展进入了一个新的时期。

在企业层面上，受金融危机影响，电子信息行业大多数制造企业和商贸流通企业面临较大的成本压力。为降低成本、提高核心竞争力，制造和流通企业主动提高物流业务的外包比例，由第三方物流企业负责其物流运作，从而加强了物流业与其他产业的联动发展。产业融合速度加快，供应链一体化增强。越来越多的物流企业，更快更广更深地介入生产领域，提供供应链一体化服务，推动了物流服务的市场化和社会化。

（三）规模化经营和专业化服务进一步扩展

区域物流联动发展，培育现代物流市场。一些有实力的物流企业与重点城市结盟，参与当地物流基础设施的规划、开发和运营。通过物流资源要素整合，物流企业的集中度进一步提高。

深圳前海湾保税港区于2008年获得批准，2009年7月通过国务院正式验收，12月1日进入全面运作，现已作为“深港现代服务业综合合作示范区”的启动区域重点发展。由招商局集团统筹开发的前海湾物流园区，已吸引多家国际知名物流商及大型终端客户进驻。前海湾电子产品国际综合物流中心的启动是中国电子继2009年与深圳市政府签订战略合作框架协议后，朝着在深圳“建设以消费类电子产品和电子元器件等为主的集信息发布、交易、物流、配送为一体的电子信息产品交易中心”方向迈出的坚实一步。电子产品国际综合物流中心的建设，将有效丰富前海湾保税港区的内容，有利于促进中国电子在电子信息产品国际贸易业务转型升级，打造中国电子工业与世界交往的高端前沿平台，促进深圳市前海湾保税港区在服务国际贸易方面走出一条新路。

物流企业走专业化服务的道路。专业化和社会化是现代物流企业的发展方向。随着供需双方合作不断加深，服务模式的日趋完善，电子信息行业专业化物流公司更加注重按照客户供应链的布局实施个性化的物流资源配置，提供个性化的物流解决方案。

三、2010年电子信息行业物流发展展望

（一）2010年电子信息行业物流发展所面临的挑战

2010年电子信息行业物流的发展将受到国内国际经济的影响。当前，电子信息产业正处于转型升级的关键时期，从技术发展、市场竞争、宏观环境等方

面都出现一些新的苗头，这些都为电子信息行业物流发展带来了新的挑战和机遇，需要引起高度重视。

1. 产业调整升级趋势加快

一是技术和网络的融合。信息技术融合发展使整机产品的界限日趋模糊，三网融合逐步走向实质发展阶段，互联网电视、手机电视、PCTV 等融合产品成为新的增长点。移动互联网成为产业链发展的重要平台，同时随着智慧地球概念的不断研究和落实，传统的网络将进一步拓及物联网，也将影响制造业的发展格局。

二是服务化趋势。随着经济社会发展水平的不断提高，人民生活需求日益从产品转向服务，信息服务业是现代服务业的重要代表和发展方向，特别是基于网络的内容开发和在线服务成为下一步重要的增长点。

三是产业链分工整合。电子信息产业分化整合趋势更加清晰，跨国公司日益将战略重心转向芯片设计、软件开发和信息服务等高端环节，日益将低端环节外包出去。软件外包服务更加深入，传统的业务外包转向战略合作和产业链整合，传统的半导体制造企业也逐步向整合设计生产模式转型。

四是生态发展要求。废旧电子产品对环境污染问题日益突出，电子产品充电器、电池、网络接口等统一标准的要求日益明确，生态设计模式从源头整合产业各个环节的能耗、环保要求，将成为产业重要的发展方向，以此促进绿色物流的发展。

2. 国际产业竞争日趋加剧

一是国家力量介入明显。为应对国际金融危机影响，各国家和地区纷纷加大对 IT 等高技术领域的战略投入，产业竞争上升为国家间的竞争。

二是大企业并购增多。2009 年是电子信息企业并购重组的重要一年，最突出的变化体现在大企业并购和基础领域整合增多，如日本 NEC 电子和瑞萨合并成立了第三大半导体公司，台湾地区多家半导体企业整合建立了“台湾记忆体公司”，群创并购奇美等，都将在全球半导体、面板领域形成新的竞争格局。此外，松下并购三洋、甲骨文并购 SUN 等重大并购案件，也将对家电、软件产业格局带来深远影响。

三是产业链竞争突出。当前企业间的竞争不仅是产品的竞争，更多是基于产业链开展的竞争。近年来，跨国公司经常基于完整的产业链优势，利用局部领域打击竞争对手。

3. 行业发展秩序仍需规范

一是产品质量和售后服务问题突出。由于电子产品更新换代快，企业为适应市场需要，更多注重新品开发的节奏，而相对忽视了质量和服务的问题。根据中国电子商会 315 消费电子投诉网统计，2009 年手机、平板电视质量投诉案件同比增长30%以上，成为消费市场的投诉热点。

二是低价竞争现象明显。电信运营商集中采购时价格竞争现象明显，通信产品价格同比下降20%以上。计算机产品价格下降明显，上网本、一体机对传统微机价格冲击明显，2009年价格降幅比往年正常水平提高10%以上。

三是山寨产品已成为行业发展不容忽视的力量。山寨产品从手机行业日益向彩电、计算机等多个领域延伸，成为行业发展不容忽视的力量。

四是部分领域盲目建设的苗头有所显现，一些低水平重复建设倾向突出。

4. 产业环境亟待改善

一是核心领域的政策仍不能满足产业需要。软件和集成电路产业的新政策始终未能出台，严重影响企业发展的信心。国家增值税制转型后，集成电路、液晶面板企业进口面临的增值税税负压力巨大，严重影响企业的流动资金。以旧换新政策不断落实，但配套的电子产品回收处理体系仍需完善。

二是管理机制仍不适应产业发展和三网融合的要求。行业主管部门在发展产业中的手段依然不足，难以有效反映和协调产业发展的问题。广电、通信网络不能有效地互联互通，数字电视标准不统一，导致制造企业难以适从。网络电视管理体制需要改善，加强内容管理和促进制造业发展统筹推进。

三是宏观环境变化影响产业比较优势。近几年，国家实施汇率改革、出台新劳动合同法、统一企业所得税率等措施，在一定程度上增加了企业的成本。人民币升值预期明显，将对产品和服务出口带来不利影响。

（二）2010年电子信息行业物流发展趋势

1. 2010年电子商务物流将和电子商务一起，共享跨越式的发展

电子商务正冲击着商贸的传统模式，发展速度越来越快，对于物流配送系统的依赖性越来越强，反过来也提升了物流配送的增值服务，例如，代收货款、逆向回收物流等。2010年，电子商务物流将和电子商务一起，共享跨越式的发展，大大提高物流市场的份额和影响力。

据统计，2009中国网络购物市场全年交易规模接近2500亿元，达2483.5亿元，网络购物用户规模有望突破1亿人，巨大的网购群体让传统企业心动，可以预测，物流公共信息平台以及专业的电子商务技术与运营支撑平台在2010年将大放异彩。

物流公共信息平台最重要的作用就是能整合区域内各种物流信息系统的信息资源，完成各系统之间的数据交换，实现信息共享，加强物流企业与上下游企业之间的合作，形成并优化供应链。这有利于提高社会大量闲置物流资源的利用率，起到调配社会物流资源、优化社会供应链、理顺经济链的重要作用。物流信息平台的建设有利于实现与电子商务B2B或B2C系统的对接。良好的

物流信息平台是与电子商务系统高度集成的统一平台。同时，物流公共信息平台作为政府、行业和企业间相互衔接的公共服务平台，作为我国现代服务业发展的重要组成部分，能够大幅度地提高政府、行业和企业的协作水平，提高企业的数据连接性和供应链可视化，普遍降低现代物流社会总成本，提高我国经济的国际竞争力。

在电子商务方面，侧重于核心企业与其上下游合作伙伴之间的业务流程整合的供应链 B2B 集成，将成为电子信息行业物流发展的一种崭新的发展模式。建立行业供应链 B2B 集成平台实现动态、可定制的公共业务流程，并对公共业务流程进行定制、维护、路由、安全、事务、监控等方面的管理，供应链上的节点企业通过代理使其内部业务流程接入并参与公共业务流程，实现供应链上企业间的业务流程整合。近年来，B2B 网站都在摸索成功商业模式，怡亚通宇商网另辟蹊径，以怡亚通专精的一体化供应链管理服务体系和专业经验为基石，以其擅长的行业为初期发展主线，为 B2B 网络赋予更深刻的内涵，使中小企业实现了在全球范围内的采购与销售等商务活动，构建自身的核心竞争力。宇商网的成功运作为 B2B 赋予了供应链服务内容，从某种角度来看，它将成为电子信息行业物流的一种新的发展模式。

另外，由于 C2C 购物往往存在信誉、质量和售后服务等诸多问题，这在一定程度上打消了用户的购物欲望。而 B2C 网上商城则省去了更多的中间环节，能真正做到既物美价廉，又有售后保障，迎合了消费者的网购需求并打消了其心中的顾虑。随着网购的逐步发展与成熟，B2C 逐渐被各大企业所重视。2010 年 B2C 将超越 C2C 成为电子商务领域主流。

2. 电子信息产业链竞争加剧，推进产品物流服务供应链的建设

随着我国电子信息产业全球生产大国地位的凸显，我国电子信息产品物流在国际化、专业化水平等方面已经取得了长足的发展。但 2010 年，国际市场环境趋紧，贸易保护主义日益抬头，国际产业竞争的日趋加剧，迫切需要我国电子信息产品物流进一步向规模化经营和提供专业化服务方向发展，提升电子信息产业链的发展水平。

当前企业间的竞争不仅是产品的竞争，更多是基于产业链开展的竞争。跨国公司也经常基于完整的产业链优势，利用局部领域打击竞争对手。面对激烈的市场竞争，我国的物流企业，特别是对致力于追求卓越的物流企业来说，需要借助区域物流的联动发展和现代物流市场，加快电子信息产品物流服务供应链的建设，提升国际物流竞争力。具体为：

一是服务的集成化。以物流资源的优化整合为手段，实现多功能一体化运作和一站式服务，将供应商、生产商、分销商，直到最终用户连成一个整体。通过集成各物流功能，以产品供应链为导向，提供物流服务供应链，双链交

融，促进电子信息产品物流向集成化的方向发展。

二是服务的科技化。通过信息技术的运用，物流企业不仅可以提供更为方便、可靠、快捷的物流服务，而且可以提供商品的供求信息；通过为商品交易提供信息平台，可以促进交易的便捷和公平。这些功能和社会责任的实现，不仅需要市场的支持，更需要物流企业具有较高的管理水平及先进技术手段。

三是服务的增值化。物流企业一方面不断提高现有业务的作业效率，另一方面持续创新业务模式，不断提供增值业务，细化物流服务供应链上每个可以产生社会和经济效益的"点"。即通过价值链纵横拓展、物流业务创新、加强客户关系管理、构建物流信息系统等方式，增加便利性，加快反应速度，降低成本和延伸服务，实现服务增值。

四是服务的绿色化。绿色物流强调在物流活动全过程中遵循与环境和谐相处的理念，要求对物流系统目标、物流设施设备和物流活动组织等进行改进与调整，实现物流系统的整体最优化和对环境的最低损害，减少物流活动对环境的危害，避免资源浪费。这不仅有利于环境保护和经济的可持续发展，而且有利于我国物流管理水平的整体提高，对于我国经济的发展意义重大。

电子信息产业的发展为电子信息产品物流的发展提出了新的要求，我国的电子产品物流的发展应树立全国一盘棋的思想，整合物流企业，鼓励强强联合，特别在经济中心城市造就一批具有市场竞争能力、经营规模合理、技术设备和管理水平较高的大型物流企业。基本形成一种以城市为依托，与区域经济发展水平相适应的高效率的区域物流网络，进一步完善若干条以沿海重要城市为中心的国际多种方式联运系统，以适应我国对外开放和进出口贸易发展的需要。

（清华大学深圳研究生院　李家齐）

参考文献

［1］中华人民共和国工业和信息化部. http：//www. miit. gov. cn/n11293472/n11293832/n11294132/n12858462/13009463. html.

［2］中国物流交易中心. http：//www. 56135. com/56135/info/infolist/35. html.

［3］中国经济网—数据中心. http：//database. ce. cn/.

2009 年服装行业物流发展回顾与 2010 年展望

一、2009 年我国服装行业发展现状

2009 年，汹涌而至的金融危机致使中国服装行业走过了曲折坎坷的一年。在国家“扩内需、保增长、调结构、重民生”一系列经济政策的推动下，在行业加快结构调整、转变增长方式的内生驱动力作用下，我国服装产业运行经历了艰难险境之后，开始呈现企稳回升、发展逐渐向好的良好局面。中国服装行业协会日前公布的 2009 年 1～11 月服装行业经济运行分析报告指出，2009 年，我国服装行业在外需持续低迷、内需低开稳升的情况下，规模以上企业实现了生产的小幅增长；行业整体效益水平呈现转好迹象；行业出口持续负增长，内需对行业发展带动作用加强。同时，服装产量下降昭示了服装产业发展的拐点出现，我国服装行业由规模扩张道路走上价值扩张之路。

2009 年，我国服装产业受到国际市场持续低迷、国内市场低开稳升的影响，全年生产增幅波动很大，平均增幅创历史新低。从区域结构上来看，东部地区仍然占据巨大的生产份额，但“长三角”地区生产下滑明显，中部地区产能增长平稳。产业新格局正在借助危机重新被构建。据统计，2009 年 1～11 月，我国规模以上企业完成产量 211.53 亿件，比 2008 年同期微增 2.1%。从全年生产增幅来看，曲线波动度很大，2009 年 1～2 月，行业产量大幅下降，到 6 月虽然有一个冲高，但随即又开始波动下滑。而 2009 年全年，我国全社会完成服装总产量 400 亿件，比 2008 年下降了 13.04%，其中梭织服装 138 亿件，针织服装 262 亿件，分别比 2008 年下降了 10.97% 和 14.10%。

由于国际市场需求下降，使得一批资金、技术、管理能力差、抗风险能力低的中小企业被迅速淘汰；国内市场上半年的低迷状态使内销型企业在生产计划和营销目标上都更为理性。报告分析指出，内外两个市场的双重作用，是导致 2009 年我国服装产量出现大幅下滑的主要原因。从分区域板块构成来看，“长三角”地区服装产量下滑最为明显。虽然 2009 年我国服装生产格局基本未有根本变化，从横向上看，产量前五名大省仍为广东省、浙江省、江苏省、山东省和福建省；但从各个区域自身纵向发展变化来看，相差悬殊，该五省中，生产下降最明显的是浙江省，产量降幅达到 16.16%，生产情况最乐观的是福建省，产量同比增长 14.10%，广东省、江苏省和山东省产量与 2008 年基本持

平。可见，“长三角”、“珠三角”地区生产规模已近稳定，沿海地区开始进行产业重新定位，新定位的确定将指引和推动产业梯度转移进程。内陆省份中，江西省、湖北省、河北省、辽宁省、河南省、安徽省的生产均呈现良好增长势头，其中江西省产量已超过全国各省平均产量。中部地区和西部地区产量增幅分别达到26.45%和31.58%，中部地区服装产量占全国服装总产量比重达到11.46%，比2008年提高了1.5个百分点。可以预见的是，未来几年内，新的外贸加工基地、内销品牌加工基地将在这些省份中产生。以上现象充分体现出东南沿海地区服装产业正向中西部地区转移。2009年中国服装产业转移工作会议公布的一系列数据显示：内陆省份已经成为服装企业投资活跃的地区，在东南沿海地区企业普遍陷入困境的同时，中西部地区仍然保持着较好发展势头，江西、安徽、河南、河北、湖南等省均逆势而上，实现了较快发展。金融危机下，服装产业西进的原因是：服装产业向中西部转移符合国家产业调整政策，得到中西部地区各级政府的大力扶持，能享受许多优惠政策。而且比较海外转移等其他转移方式，向中西部转移有多方面优势，包括文化环境优势及中西部巨大的市场需求优势。在这轮产业转移中，不少企业已经行动起来：法派集团投资达25亿元在四川简阳打造“中国西部服装产业园”；培罗成集团迁往江西九江；太平鸟集团、洛兹集团迁往湖北宜昌；“东业西进8+1战略联盟”在重庆启动，东南沿海地区的服装、箱包、针织等八大专业市场，宣布将重庆作为中国服装产业新的承接地和集聚地。

除此之外，众多企业开始寻求集约型经营模式，进军电子商务领域。尽管国内市场商机巨大，但竞争激烈，尤其部分出口企业转做内销，对于渠道的把握至关重要，在市场竞争中，众多企业开始寻求集约型经营模式，进军电子商务领域。我国服装业自20世纪90年代引入电子商务，近几年发展迅猛。根据艾瑞咨询统计，全国大大小小的服装电子商务平台已有1000多家。服饰类产品自2007年开始成为网络交易第一大商品品类，2008年超过一半网民在网上购买过服装类产品，服装网络购物用户超过5000万。艾瑞咨询估计，2009年网络购物用户已超过8000万户，购买服装类产品的比重超过70%。据介绍，上市公司中鲁泰衬衫电子商务已具规模，报喜鸟的宝鸟网购品牌已有较高知名度，而罗莱家纺、七匹狼等也均涉足网购，因此，网购将成为企业销售的有效补充。福建省石狮市是“中国休闲服装名城”，福建省石狮市灵秀镇是“中国运动休闲服装名镇”，灵秀服装工业园区是石狮最大的服装企业聚集区。在全球金融危机的冲击下，石狮市部分外向型服装企业受到一定的影响，灵秀服装工业园区管委会有效整合园区，加快基础设施建设，为园区服装企业提供服务，成为石狮新的经济增长点。目前，园区内有11家服装企业获得中国驰名商标，4家企业获得福建省著名商标，4家企业获得省名牌，4家企业获得福建省出口名牌，园区内企业今年纳税总额超过1亿元。按照“把园区建成石狮最具潜力、最具活力的服装生产基地”的总体指导思想，灵秀服装工业园区管委会根据石狮的特色、企业的需求，分类进行开发建设：一是服装标准化厂房区，二是服装品牌区，三是中小型服装企业区，四是服装物流仓储区，五是钞坑综合小区，六是仕林新区，七是原厂房整合区。品牌企业区的斯得雅、爱登堡、皇宝等公司已入驻投产，彬伊奴、斯舒郎正在加快建设中；创业园中小企业区完成73家企业供地，现入驻、封顶企业有56家，在建11家；裕通物流仓储区已建成投入使用；钞坑综合小区已批准19家企业入驻。该园区内已新建成的标准厂房有118万平方米，增加固定资产投资10亿元，新入驻企业109家，加上原厂房整合区数百家企业，都已达到一定规模，形成了石狮最繁荣的服装生产板块。“福建石狮裕通物流集团公司”是北方、恒丰、侨联、宏天、茂源、友谊6家航空货运公司，经过反复研究，联合组建的。在全国各地已建立了近300个物流配送站点，实现产品、流通、市场和消费物流链的一体化的服务网络。组建集团改变了过去6家公司各自为战，力单势薄的局面，壮大了实力，整合了资源，提升了档次。集团的成立标志我国民航航空代理行业走向区域化、联盟化和集团化。仓储物流园区的建设，以石狮服装城的市场交易和商品流通为依托，整合现有物流资源，培育物流市场，以地区产业基础和经济腹地为条件，发挥空港枢纽功能，重点建设物流和仓储基地。裕通集团将遵循发展现代物流，规范物流配送区的配套。提高石狮物流服务的品牌，推进物流产业的发展，实现物流的管理与国际接轨，为服务地方经济作出更大的贡献。

二、2009年我国服装行业物流现状

2009年是“供应链管理年”。在原料价格波动、劳动力成本增加、金融危机席卷全球的背景下，利润空间的缩减将挑战中国企业现有的生存能力。而企业最为迫切的对产品升级和结构调整的要求，对资金链优化和信息化建设的需求，使得大力发展供应链管理势在必行。

持续11年在中国物流供应链管理软件市场名列前茅的博科资讯股份有限公司联合中国交通运输协会、中国物流与采购联合会、中国仓储协会等行业组织，在北京大学百年讲堂共同发布以“供应链改变中国”为主题的“赢在物流”计划。据博科资讯分析，服装企业生产的产品复杂、品种多变，而且批量小、周期短。它们的生产所涉及的原辅料众多，工艺处理复杂而多变。服装企业在实际生产过程中，需要不断地采购和消耗大量的物料，如面料、里料、纽扣等。这些物料品种多，数量大，若不进行科学管理，不但会造成大量浪费和损失，而且还会导致生产效率降低，成本抬高。同时，服装的生产和销售具有

非常鲜明的季节性，受流行趋势影响大。因此有效的供应链管理能帮助企业缩短对客户和市场需求的反应时间，降低库存和生产成本，稳步提高产品质量，增加满意客户的数量。

（一）产业链时代的雅戈尔在“供应链竞争”中起舞

身处全球经济中的中国纺织服装企业，一个正在形成的共识是——单打独斗的“个体竞争时代”已经告一段落，供应链之间的“系统竞争”，成为了摆在中国纺织服装企业面前的又一道考题。这缘于一个现实：虽然中国沿海地区的劳动力成本优势正在减弱，但一些著名的跨国采购公司在沿海地区仍然在“不断追加订单”。一个很大的原因在于：沿海地区仍然拥有“技术能力”。而技术能力，能够决定一个供应商的品质、交期、价格等主要因素。这些因素恰恰是他们寻找供应链伙伴的先决条件。

未来的竞争，将是整个供应链的竞争。雅戈尔集团董事长李如成是服装业界较早推崇“供应链竞争”概念的舵手，他一直在贯彻“价值链整合管理”和“品牌整合营销”的理念。而雅戈尔目前拥有的，包括面料、生产、销售终端在内的上下游产业链确实已成了其引以为傲的“根基”。在这个产业链的协同网络中，雅戈尔自有的供应商、制造商、分销商和客户可动态地共享信息，紧密协作，以形成灵活的、持续的管理，向着共同的目标发展，达到产业链价值的最大化。

自确立发展多品牌战略以来，雅戈尔就依托其产业链，迅速在品牌工作室和面料供应商、生产企业及商品物流部之间形成了一条小型的垂直产业链，开始团体作战。雅戈尔日中纺、毛纺厂及西服厂、衬衫厂、时装公司、针织厂等纷纷抽调出研发人员，专门成立与品牌相对接的技术部门，配合各品牌工作室的工作，力求更快更好地满足各品牌对成衣设计及制作的要求。

（二）九牧王等闽派男装发动供应链变革战

九牧王（中国）有限公司正式对外宣布，该公司已与国际巨头 IBM 公司签署战略合作协议，将由 IBM 对其供应链进行梳理和优化。九牧王与 IBM 的联姻，只是闽派男装发力供应链的一个最新案例，2009 年以来，一场男装品牌供应链改造之风此起彼伏，包括七匹狼、劲霸、柒牌等众多男装企业，无一例外地在优化供应链上做起文章。业内人士普遍认为，闽派男装终端渠道在经历快速扩张之后，男装品牌渠道的竞争已经深化为渠道背后的供应链之争，随着众多男装企业发力供应链，男装行业将进入供应链管理时代。九牧王（中国）有限公司总经理陈加芽表示，与对方建立战略合作后，IBM 将梳理和优化九牧王供应链所涉及的生产管理、物流管理、销售管理等流程，重点集中在模式的改变和计划流程的设计和优化上。根据九牧王方面的预期，与 IBM 进行战略合作后，九牧王订货到生产的周期时间将可缩 20% ~30%，供应链上的节点企业生产率增值提高 15% 以上。就在九牧王宣布与 IBM 合作前不久，柒牌男装亦传出消息，其耗资 1.6 亿元投建的仓储物流中心已经正式动工，将于 2010 年投入使用。柒牌内部人士在接受记者采访时表示，柒牌巨资投向仓储物流中心的目的，同样意在优化其供应链，“通过物流系统，带动开发、生产、物流、销售这一供应链上 4 个环节的整合”。而在此之前，七匹狼与劲霸两企业同样在供应链上下起了功夫。七匹狼的公开消息显示，2008 年，七匹狼为提升供应链反应速度、零售终端的管控能力以及市场需求收集分析能力的要求，耗资 4000 万元对 ERP 系统进行集合和升级。与其他企业不同的是，劲霸男装对供应链的优化则更为注重移动技术。2009 年年初，劲霸男装在仓库和专卖店部署了摩托罗拉企业移动业务的无线条码管理解决方案，依靠这一解决方案，劲霸得以提高供应链管理的透明度，精确地跟踪原材料、加工流程和最终产品。

随着闽派男装企业集体发力供应链管理，国内男装品牌之间的竞争，也将由此前的渠道之争，进而深化为供应链之间的竞争。业内人士认为，在此前的几年来，泉州男装企业的终端渠道经历一轮高速扩张期，截至 2009 年上半年，劲霸的零售店超过 3000 家，七匹狼、利郎、柒牌、九牧王等企业的终端零售店也已接近 3000 家。高速扩张给男装企业带来效益的同时，也孕育着风险。此前，七匹狼 CIO 单峰在接受媒体采访时就曾表示，企业在高速发展时期，如果管理系统和信息系统跟不上，运营的薄弱之处就会暴露出来。此前，因为供应链问题，仅 2007 年 6 月至 2008 年 4 月，七匹狼因为较为严重的收货出错造成的客户投诉抱怨的案例就有 82 起。也正是基于这种考虑，七匹狼放慢了扩张的步伐，转而寻求供应链的优化。七匹狼所碰到的问题，在其他男装品牌中同样存在。该业内人士认为，在提升产品品牌知名度上，渠道能起到很有效的作用，但要提升品牌美誉度，则要靠渠道及其背后供应链的合力。

（三）电子商务强化中国服装产业链的新思路

对于许多中国传统服装企业而言，电子商务已经从非主流人群购买非主流商品阶段发展到了主流人群购买主流商品阶段，而服装恰恰是最典型的主流商品。PT37 智能型电子商务信息化交易门户网站公共孵化平台首创了产业集群生态链垂直循环营销 B2B、C2B 现代电子商务交易新模式，使得企业随时随地、随心随意地进行企业管理信息化、市场电子商务信息化、虚实同步交易。PT37 平台帮助中国服装企业卖家开展业务，为服装企业或个人快速构建个性化网上销售平台的高效、低成本解决方案。电子商务可以帮助企业克服传统分销模式中存在的“二八现象”所带来的高成本、低效益的问题，也可以帮助企业发现“蓝海”，并以较为经济的方式为企业提供个性化服务，让企业更为方便而快捷地找到一些通过传统方式很难接触到的目标群体。由此，通过电子商务，传统服装企业应当同时兼顾国内、国外两个市场，让自己的生产、营销更加灵活，并重视做小订单和个性化，甚至直接涉足零售，“小的里面也有大的商机”，甚至有更高的利润。中国服装行业电子商务峰会办得非常及时，给像七匹狼、李宁和雅戈尔等这样的服装企业提供了一个应对金融危机的交流机会。七匹狼公司董事长助理胡军说，目前七匹狼公司在过去的两年多时间里实际上只是建立了一个淘宝商城，到 2008 年年底公司成立了“新渠道部”后，特别是董事长周少雄去美国参加一个零售商大会时感触特别深，明确 2009 年是七匹狼公司进入电子商务的一个关键年。可以说，电子商务成为中国服装产业链的发力点。值得关注的是，绿色供应链的理论和实践得到了普遍关注，产业集群环境下的供应链管理也得到优化。

三、我国服装行业物流存在的问题

（一）对供应链管理的认识有误区

很多人认为，供应链管理就是物流管理，甚至一些人认为供应链管理就是兼并上下游的企业。实际上供应链是一种业务流程模型（或网络），它是由原材料和零部件供应商、产品的制造商、分销商和零售商到最终用户的价值链组成，完成由顾客需求开始到提供给顾客所需要的产品与服务的整个过程。供应链管理就是对整个供应链中各参与组织、部门之间的物流、信息流与资金流进行计划、协调和控制等，其目的是通过优化、提高所有相关过程的速度和确定性，最大化所有相关过程的净增价值，提高组织的运作效率和效益；是在控制总成本的前提下，实现所谓的“6R”，即将顾客需要的合适的产品（Right Product），在正确的时间（Right Time），按照无误的数量（Right Quantity）、优良的质量（Right Quality）、良好的状态（Right Statues），送到正确的地点（Right Place）。可见，供应链管理绝不是一些企业领导者认为的简单的物流管理，更不是将上下游企业进行简单的整合。

（二）采购、生产、需求脱节，敏捷性差

一些企业机构臃肿，敏捷性差，不能很好占领市场。结果造成生产和需求脱节的情况时有发生，极易出现企业库存积压，大量资金被占用。这显然与缺乏对企业内部供应链的有效管理有关。

（三）基础设施利用率低

由于管理思想陈旧，大部分企业内部管理系统“孤立残缺”，即使企业也已经购进了大量的计算机，但是仅仅作为打字机的升级产品对待，数据分析处理仍沿用手工方式，有的企业购进了先进的企业供应链管理系统软件，但是懂得应用的软件人才缺乏，花大价钱购进的先进设备就这样闲置了。供应链内部信息集成都谈不上，更不用说外部传递。

（四）社会整体信用环境差

在供应链管理中，信任与合作是基石之一。我国还处于市场经济发展的初期，信用体系未能真正建立，更多的是家族、亲朋之间的“私信”，而非“公信”，导致整个社会信任程度下降，制假售假，商业欺诈行为层出不穷，债务拖欠理不清，这些都很大程度上妨碍了企业之间的正常合作关系。供应链管理的重要原则是各个企业的利益“共赢”，只有这样才能维系良好的合作关系。

（五）管理水平低、缺乏专业管理人才

多数国有企业的高层管理人员仍然采用任命制，一些国有企业管理者的管理水平不高、缺少相应的管理技能，甚至还存在“任人唯亲”的现象。这样的企业借口提高企业效益，盲目上马供应链管理，但是缺乏相应的人才，供应链管理止步于口头，不但浪费资金，而且降低了企业的工作效率导致利润下滑。

（六）顾客服务水平不高

由于企业未能迅速从制造商主导的市场环境转变过来，造成交货时间长，常常缺货，可靠性不高，对顾客反应不快等问题。在顾客主导市场环境里，由于以上惯性的存在，造成企业竞争力减弱，甚至失去原有顾客。顾客导向的意识建立不起来，这本身就缺乏供应链管理的基础。

四、2010 年我国服装行业物流展望

（一）品牌服装供应链

我国是最大服装生产国和最大服装出口国，但我国服装行业却还处在品牌建设的起步阶段。品牌建设的滞后直接导致了中国服装产业成为了世界知名品牌的加工厂。著名的经济学家郎咸平认为，目前我国的服装企业只为他人做嫁衣；以芭比娃娃为例指出，一件产品从生产到最后出售整个产业链的流程总有

产品设计、原料采购、仓储运输、订单处理、批发以及终端销售和生产7个环节，其中，中国只掌握了生产这一个环节，其他6个环节都在国外，中国每生产1美元，就等于为国外创造了9美元的财富，而劳动力成本只占这10美元的2.5%，微乎其微。

美国北卡大学 Peter Kilduff 教授根据对世界纺织产业经济的研究，将纺织产业的发展合并归纳为维生阶段、起飞快速增长阶段、多样化和整合阶段、大规模生产向高附加值转化阶段、创意整合阶段5个发展阶段。经过多年的实证分析检验，上述论断得到包括中国产业经济学家在内的认同，目前我国纺织服装产业正处在第三阶段向第四阶段的的转变期，即出于大规模生产向高附加值转化期。

目前，我国的服装行业要走出困境，就必须树立自己的品牌，服装产品的大部分利润才能归我们所有，才能进入世界市场与其他名牌产品进行竞争，同国际服装业接轨。

（二）创新产业集群

产业集群强调一定地域内企业之间的联系，包括产业基地、产业链、特定空间竞争力集聚、各类支撑服务体系4个要素。产业集群是一种介于市场与企业之间的组织形态，它主要由中小企业构成。我国服装企业应以研发为核心，以都市时尚型为发展趋势，在垂直于水平方向进行产业链的整合，加强企业间的协同与技术方面的交流与合作来创新产业集群；同时各级政府应通过对服装企业提供技术培训支持、税收优惠政策等措施来推动产业集群从低成本型向创新型攀升。

（三）纺织服装业的科学和谐发展

人们生活观念越来越重视环保、绿色、健康等自然因素，因此我国服装企业必须要坚持以消费者需求为导向，树立科学和谐的发展观，要根据消费者需求，通过新技术、新材料、新工艺等手段，在保护环境的同时制造出更利于消费者健康的产品，从而使我国的服装业长期立足于世界服装业前列。

（华侨大学物流系统工程研究所　陆洪艳　张　潜）

2009 年医药行业物流发展回顾与 2010 年展望

2009 年可以说是医药行业冬天里的小阳春，不管是医药制造业（医药工业企业）还是医药流通企业（医药商业企业），都有一个较大幅度地增长。

随着新医改方案的逐步落实，中国医药行业正步入一个全速发展的时期，老百姓也能在这一轮改革发展中普遍得到实惠。老百姓过去看病难、看病贵，所以不敢看病，现在有了政策的支持，逐渐敢去医院了。

医疗市场需求一旦打开了闸门，医药供应链上的各个环节都将受到冲击。医药生产企业、流通企业、医疗机构、医药零售企业必将围绕着新的医改政策和市场需求来调整。新医改加强了对医药流通的监管，对医药企业采用现代化物流技术给予了政策支持。这些措施无疑会促进企业对医药物流设施的投入。

新版 GSP 以及《现代医药物流企业建设标准》虽然没有公布，但很多省市药监部门和企业已经开始按新的规范和标准试行，掀起了新一轮现代医药物流中心建设的高潮。

医药物流在这次医改的风起云涌中，开始走向脱胎换骨。可以说 2009 年是医药物流新的元年。

从统计数据看，2009 年全国医药工业总产值超过 1 万亿元，医药市场超过 6200 亿元。较前一年增长 20% 左右。而全球医药市场增幅只有 5% 左右。2009 年全国医疗机构接诊 36 亿人次（不含村卫生室），较前一年增长了 2%。

一、2009 年医药物流市场回顾

（一）国家新医改方案横空出世，地方新医改细则陆续出台

刚出炉的 2009 年中国十大经济新闻中，新医改列第二位。可见新医改在老百姓心目中的重要地位。

2009 年 1 月 21 日，国务院常务会议原则通过了《关于深化医药卫生体制改革的意见》（以下简称《意见》）和《2009－2011 年深化医药卫生体制改革实施方案》2009 年 4 月 6 日正式发布。与《意见》配套的实施细则有几十个，例如，基本药物目录、集中采购等。

医改是一个长期的、不断变化的、全民的大事情。虽然新医改方案酝酿了 3 年多才得以颁布，但仍然存在许多缺陷，需要在执行过程中加以调整和修

正。不只是中国在医改，无独有偶，美国政府2009年12月24日通过了奥巴马支持的全面医疗改革法案。如果说中国医改进行了20多年，那么美国的医改将近100年了。美国作为全球第一经济体，尚且没有完全解决全民医疗的问题，更何况是作为第三世界国家的中国。

新医改是由卫生部、发改委、工信部、监察部、财政部、人保部、商务部、药监局等部委牵头的，说白了，目前的医改是中央政府主导全局，地方各级政府负责具体落实。中国地域广大，东部和西部、农村和城市，差异很大，无法用统一的细则来指导全局。那么，只能放权给地方根据政府了。这样，就会出现对新医改理解上的差异。地方政府不可避免地有地方保护主义，都是按照有利于本地的思维方式来对新医改制订具体的实施细则。

各地政府对新医改积极响应，在2009年上半年，内地31个省市自治区均成立了医改领导小组，绝大多数由常务副省长主任组长。安徽、浙江、陕西、四川等地启动新农合市级统筹试点；北京、上海、天津、湖南、山东等地探索基本药物在社区医疗机构零差率销售；新疆、青海、陕甘宁五省区全面推行乡镇卫生院工资由财政统一拨付。

医改中对医药物流影响最大的是集中采购。政府主导，卫生行政部门牵头组织，省级政府组建工作领导机构、建立集中招标采购机构，地市、县级负责本级集中采购监管工作。从表面上看，分工明确，层层把关。但具体到实施，还是困难重重。集中采购本意无非是保证药品质量，降低药价。也就是要打破过去医药流通各个环节形成的层层加码的利益链。政府想通过规范集中采购工作、整顿购销秩序、纠正不正之风、降低老百姓看病成本。很自然想到的第一点是减少中间环节。简单地理解，减少中间环节至少有两个好处，一是可能降低成本；二是环节少了，不正之风的风险也小了。对于医药流通企业来说，进了这个名单就衣食无忧，没进这个名单就要想办法挤进去，否则只能饿死。这是一个事关生死存亡的大事情，政府和企业都很紧张。

而且，原则上要求不允许二次委托配送。一方面要保障用药安全，一方面又不允许二次委托，有哪一家能做到呢？如果要做到，其成本可想而知。这又与降低药价的宗旨背道而驰。但是，如果放开了，一旦允许多次委托配送，过票等行为又抬头了，而且质量难保证，出了问题难追溯。

地方政府制订各项新医改措施和落实这些措施时，很难完全平衡各方利益，也是在摸索中前进。以北京为例，2009年12月出台了《2009年北京市医疗机构药品集中采购配送商遴选工作方案》，北京市200多家医院，2000多家社区卫生服务中心，确定遴选出10家大型现代化医药经营企业作为集中采购配送商，还选择2家作为备选配送商。从这个方案的出台就能看出，各方利益的斗争很厉害。目前已初选出33家配送商，最终“10+2”的名单还没公布。

2009年快结束了，才出台2009年的配送商遴选方案。一方面重启的集中采购没有全部铺开，一方面想挤进这个名单的企业太多不好一刀切。其实最开始北京只想选择1~2家配送商，但在讨论时，反对意见很多。以往北京社区卫生服务中心的配送由北京医药股份垄断，现在由这10~12家来分享，孰优孰劣还不能断言。北京城每年有七八百亿的医药消费，到底选择多少家配送商合适，还需要时间的检验。

关于选择配送商，北京、上海等面积比较小的省市还比较好解决一些，因为配送半径有限，配送商能够满足配送的要求。新疆占了全国1/6的面积，如何选择配送商，特别是最后一公里的配送如何实现，恐怕没有哪一家能做到。

（二）新版GSP千呼万唤没出来，医药流通标准化裹足不前

GSP征求意见稿从2005年开始，修改了多个版本，最新的公开征求意见稿从2008年8月15日截止。已经截止一年多了，还没下文，弄得药监部门、医药经营企业都无所适从。新版GSP对于医药物流来说，最关键的一点是温度。旧版GSP要求阴凉库温度20℃以下，新版要求25℃以下。这5℃之差，对于很多企业来说是要命的。因为医药流通行业本身利润就很低，虽然旧版要求是20℃，但因为原来大部分都是老的仓库，GSP验收时没有真正按照要求去验收。现在很多医药流通企业都在进行新建或改造仓储设施设备。各地药监部门基本上对新建医药物流中心要求比较高。本身新建医药物流中心的成本比较高，医药物流中心运营过程中，能耗是仅次于人工成本的一项支出。20℃和25℃，据笔者测算，在南方夏季的用电相差超过一半。如果一家企业经营普药比重比较高，新建医药物流中心，再按照20℃去运行，可能就得关门大吉。而且，在新建医药物流中心时，20℃和25℃的用电总需求不一样，供电方案也不一样，空调设备的选型也不一样，甚至建筑结构形式也不一样，直接影响着整个物流中心的造价。

新版GSP标准迟迟未公布，导致各省级药监部门无法使用统一的标准对医药企业进行现代医药物流验收，这成为当下许多地方在实践中的难题。在这一大环境下，各省级药监部门必然会加快制订本省现代医药物流暂行标准的步伐。

虽然国家在医药流通的标准化上做了很多工作，但没有实质性的进展。主要在几个方面，编码和条码、包装，特别是统一条码，医药生产企业、流通企业、医疗机构都长期呼吁这件事。2009年大家都去欢迎新医改去了，很少顾及标准化的事情。现在的情况依然是药厂一个条码，流通企业一个条码，到了医院或药店再来一个条码。不只是一个条码的事情，还需要在各自的系统中维护这些数据，还需要和上家的编码进行关联，这项重复的、不必要的、现在又不

得不做的工作也会增加医药的成本。到商场买一袋饼干，甚至是一盒牙签，上面也有编码和条码，商家无需再贴一个条码。食品和日用百货能做到，相信货值高得多的药品也能实现。

预计在未来的3~5年，医药流通的标准化还会踟蹰不前。在这低碳时代，这种因为标准的不统一造成的浪费，实在是令人痛心。

（三）医药物流大佬招兵买马，中小企业羽翼渐丰

医药物流的前三甲屹立不动，国药、上药、九州通。这一格局在最近几年内将无法改变。

2009年前3家的收入（没有剔除医药工业的部分）是：国药集团650亿元，新上药集团348亿元，九州通集团220亿元。这3家的合计1200多亿元，市场份额超过20%。

国药集团下属的医药流通企业国药控股股份有限公司（以下简称国药控股）2009年销售收入超过500亿元。国药控股的战略是建立全国性的医药物流网络，将在所有省会城市设立现代化医药物流中心。除了并构原来的省级医药站外，国药控股正在积极推进二级城市医药流通企业的并构，甚至会把触角伸到三级城市，以实现深度分销和乡镇及农村的配送。国药控股目前已经建成和在建的有北京、上海、天津、广州、乌鲁木齐、沈阳、太原、长沙、武汉、合肥、南宁、成都、扬州、银川等，山东、海南、江西、内蒙古、福建、贵州等省也在与当地政府洽谈购地。值得一提的是，国药控股所有新建物流中心都是严格按照GSP要求和现代医药物流中心标准来建设并运行的，确保进入国药控股的药是安全的，出去的药也是安全的，在国内医药流通企业中可以说起到了典范作用。预计在2012年国药控股收入将接近1000亿元；未来5年内，国药控股将建成30家左右的省级公司，150~200家市级公司，从而成为国内物流网络最全、标准最高的医药流通企业，真正起到国有企业应该承担的社会责任。

国药控股2009年9月23日在香港上市，目前股票涨幅已超过100%，成为世界上市值第三的医药流通企业。

中生集团已并入国药集团，上海医工院整合工作已报国资委审批。这样，医药央企将从5家变为3家。

上药集团在华东地区的地位是首屈一指的，覆盖了华东地区3800多家医疗机构，二级和三级医院覆盖率超过55%。上药集团总体规划是立足华东，南北扩展。上药集团（及其子公司）增持宁波医药的股权，与苏州物流中心有限公司成立合资公司，收购常州亚邦医药的股权，重组河南商丘新先锋药业，增资上药安庆公司和重庆上药医药，控股了广东中山医医药有限公司，由此切入

此前未曾涉足的华南板块。而且，上药集团还和国际物流地产巨头普洛斯合作，借助普洛斯的物流网络来拓展企业版图。

国药集团的“三合一”还没最终完成，新上药集团的“三合一”在2009年年底获批，吸收合并了上实医药和中西药业。预计新上药整合完成后，会在医药流通上有大的动作，重新梳理其医药工业、医药商业以及医药零售业务。

九州通是医药流通企业前10家唯一的民营企业。而且一直保持着高速发展，从2001年的5亿元到2009年的280亿元，复合增长率达到43.7%，可以说是一个奇迹。而且，目前为止，九州通是全国物流网点最多的医药流通企业，在数量上，国药集团和上药集团2家的物流网点加起来还比九州通一家的少。九州通经营的药品相对国药和上药来说货值低很多，所以利润率更低，这样就需要把物流成本控制得更低。九州通的物流网点已经很多，需要做的是进一步完善。九州通目前正在筹建合肥、南宁、哈尔滨等地的物流中心。未来5年规划建设20家左右省级现代医药物流中心，100家市级配送中心，300家终端配送点。

九州通2009年5月成为云南白药物流中心项目的集成商，具体由其子公司九州通达科技开发有限公司承担，开创了医药流通企业和生产企业联姻的佳话。九州通A股上市工作也正在推进中。

2009年南京医药的发展道路显得有些崎岖。上半年资产负债率高达90%，外界纷纷担心其资金链能维持多久。南京医药代理西安杨森23个品种，销售量占西安杨森的一成多，与西安杨森两年的纷争在2009年年中虽然得到解决，但对双方都有一定的杀伤力。2009年年初和KNAPP的合作轰轰烈烈，但一直到年底都没有太大的进展。在大部分医药经营企业保持两位数增长的2009年，南京医药的销售额基本与2008年持平。南京医药可圈可点的是药房托管业务，在行业里处于领头羊地位，目前药房托管业务已覆盖了江苏、安徽、福建、云南、河南、山东、新疆等地。相信南京医药走过其艰难的2009年，在后面会有好的发展。

作为华南地区的龙头企业，广药2009年销售额124亿元，同比增长14%左右。“足球打黑”也给广药造成了一些负面影响。

其他主要医药流通企业经营状况也都还不错：华源2009年销售额预计突破130亿元大关；占据首都地利的北药2009年首次突破100亿元，和重庆医药一起成为百亿军团的新兵；2009年8月底乐仁堂牵手德马泰克，成为北药、广药后再次选择德马泰克的医药流通企业。

各地中小医药流通企业也在纷纷投资改建或新建物流中心，主要是投入在信息系统改造，购置叉车、货架、RF、输送机、电子标签等方面。少的投几十万，多的三五百万。为的是在这次新医改中不被淘汰出局，同时想分得更多的

“蛋糕”。

医药零售方面，湖南老百姓大药房继续保持快速增长趋势，其业务除了覆盖湖南外，还开发了北京、上海、天津、广东、江苏、浙江、江苏、江西、山东、陕西、河南、河北等市场。老百姓大药房2009年开始大手笔兴建现代化医药物流中心。上海雷允上（上药）、国药国大（国药）、海王星辰、北京金象、北京京卫、开心人等连锁药店业绩都不错。

互联网药品交易获批企业由2008年的25家增加到41家。互联网药品交易2009年估计超过100亿元，未来几年会快速增长。

（四）医改迫使改善物流设施，集成商咨询商分享盛宴

现代化医药物流中心建设方面，几乎所有大型医药流通企业都在动手或动脑。因为如果不改善现有物流设施设备条件，就会在医改中被淘汰出局。物流系统集成商和咨询商也在这次“盛宴”中分得一大块“美食”。据统计，2009年医药行业物流系统集成商冠亚军分属北京起重运输机械设计研究院（以下简称北起）、北京伍强科技有限公司（以下简称伍强科技）。北起中标了国药控股7个项目中的6个、一致药业、北京科园信海、山东瑞康、吉林永新、哈药等十多个大型医药物流项目。伍强科技一举夺得了国药山西、老百姓长沙、老百姓杭州、淮海医药、华东医药杭州、华东医药下沙、河北永正润生、四川成都医药等大中型医药物流项目。

此外，大福拿下北京嘉事堂项目以及制药行业的重庆药友、阿斯利康和天狮等物流项目。德马泰克除了乐仁堂和北药三期项目外，还得到了浙江英特项目中的输送和分拣系统的合同。富基融通帮助九州通做了几个项目。

北京昊鼎为哈药、国药湖北、国药新疆等项目做规划咨询；爱佳富勒2009年为江苏省医药公司、安徽东升等医药物流项目做咨询。

二、2010年医药行业物流市场展望

（一）市场持续增长

2009年中国经济率先走出低谷，走向复苏，工业经济出现连续的景气回升，物流业逐步向好的方向发展，物流行业投资大幅度增加，这些因素都为2010年中国医药物流市场的快速发展打下了基础。

2009年国家出台了中国新医改方案，加强了对医药流通的监管，对医药企业采用现代物流技术改进医药流通给予了政策支持，这些措施都会加大医药企业对现代物流设施的投入，增加对物流技术装备的需求。随着新医改方案的推

出，基层医疗服务体系势必将不断建立和完善，以农村卫生站、乡村小药店、私人诊所、社区医疗点、民营药店等为代表的第三终端市场的医药需求势必将迅猛增长。农村市场点多面广，造成客户家数多、配送批次多、配送里程远、单笔订货金额小。如何完善农村市场的物流节点布局，将成为这一市场发展的重要环节。

（二）并购加剧

随着基本药物目录配套措施陆续出台，预计国家、省、市三级政府将围绕基本药物目录的扩容投入大量的资源，各地区域型的商业药企也会加大与制药企业的强强联合，而围绕各地基本药物配送权的争夺，将成为点燃现代医药物流建设的火星。

医药物流企业的发展呈现出两极分化的现象。一部分医药物流企业做大做强，同时不断产生新的医药物流企业。与医药商业企业做大规模相反的另一股趋势是：随着国家对医药商业投资领域的完全放开，一些中小型医药商业企业大量涌现，由于机制灵活、成本低、效率高，这些中小型医药批发企业焕发出了勃勃生机。

（三）第三方物流市场开禁

随着现代医药物流中心的普及，第三方医药物流资格的授予将在 2010 年有所放开，将有利于医药物流产业整体运营水平和效益的提升。

（上海国药集团　王银学）

2009 年钢铁行业物流发展回顾与 2010 年展望

自金融危机以来，我国政府 2009 年采取了 4 万亿元的经济刺激政策，大范围内进行产业调整和振兴规划，大力发展基础设施建设，实施汽车消费优惠和家电下乡政策，房地产繁荣发展，钢铁行业逐步走出低谷，产量恢复增长，钢铁消费需求强劲，带来钢铁物流的稳步回升。

一、2009 年钢铁行业物流发展回顾

（一）2009 年钢铁产品产销分析

2009 年在国外钢铁产量下降的大环境下，我国钢铁产品的产量总体保持稳定增长态势，粗钢、钢材的产量分别是 56784 万吨、69244 万吨，比 2008 年分别增长 13.5%、18.5%。其中，2009 年重点统计的大中型企业生产粗钢 46453 万吨，地方中小企业生产粗钢 10331 万吨。2009 年河北、江苏、山东、辽宁 4 个省产钢占全国总量的 50.48%。2009 年河北、宝钢、武钢、鞍本、沙钢 5 家产粗钢最多的企业，共计生产粗钢 16502 万吨，占当年粗钢总量的 29.06%，比 2008 年 5 家产钢最多的企业占钢总量的 26.33%，提高了 2.73 个百分点。这与钢铁企业联合重组、进一步提升产业集中度紧密相关，如表 1 所示。

表 1　　2009 年我国主要钢铁产品产量

产品	2009 年产量（万吨）	比 2008 年增长（%）
粗钢	56784	13.5
钢材	69244	18.5
生铁	54375	15.9
焦炭	34502	10.5
铁矿石	88017	8.9
铁合金	2209	20.4

资料来源：国家统计局

在钢铁产品消费方面，受国家4万亿元投资拉动、房地产繁荣发展、家电下乡、汽车优惠政策等因素的影响，普通钢铁产品销售状况良好，但高附加值钢铁产品销售欠佳。具体来看，2009年粗钢的表观消费量为56497万吨，净出口为286万吨，产量增长率为13.5%，消费增长率为24.8%，如表2所示。

表2　2009年我国粗钢产销情况

年份	粗钢产量（万吨）	表观消费量（万吨）	净出口（万吨）	产量增长率（%）	消费增长率（%）
2008	50048	45286	4763	1.1	2.9
2009	56784	56497	286	13.5	24.8

资料来源：中钢协网站

（二）2009年钢铁物流运行分析

1. 钢铁产品的运输方式

2009年我国钢铁及有色金属的国家铁路货运量为21527万吨，而2008年的同类数据为20716万吨，2009年增长了3.9%。近几年，我国钢铁及有色金属的铁路平均运距约为1000多公里，每年均有小幅上升。

据初步估算，我国钢产量与物流量的比值约为1∶6，也就是说，生产1吨钢，对应产生的总物流量约为6吨，2009年我国生产5亿多吨钢，总物流量近30亿吨，由于钢铁产品的运量大、运距长、运输方式复杂，因此，选择合理的运输方式，减少单位物流成本，对钢企提高效益具有显著的作用。国家发改委《全国重点企业物流统计调查报告》公布的数据：物流企业货物综合平均运价为0.14元/吨公里，其中，地方铁路、公路、水运、空运的平均运价分别为0.12元/吨公里、0.46元/吨公里、0.045元/吨公里、1.653元/吨公里，综合物流服务型企业为0.37元/吨公里。由此可见，钢铁企业可以充分利用铁路运输、水路运输或者合理的多式联运方式，尽量减少运输费用较高的单一方式，如公路运输的平均运距，将有效地降低钢铁产品的物流成本。

2. 钢铁产品的流通渠道

据MySteel报道，2009年1～10月，我国重点钢铁企业累计生产钢材31593万吨，其中直供9925万吨，分销14987万吨，零售1053万吨，分支机构销售4591万吨。直供的比例只占到产量的31%，这个数据反映了我国钢铁企业的流通渠道仍然较长，也就是说60%左右的钢铁产品从生产到终端用户手中，需要经过多级传递和交易，从而导致流通成本增加，如图1所示。

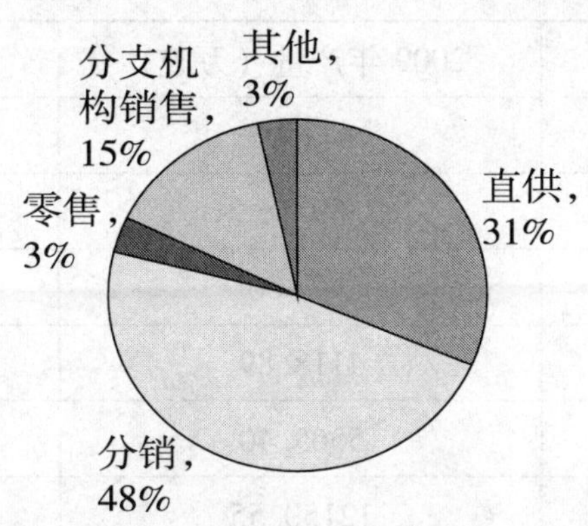

图1　2009 年 1 ~ 10 月我国重点钢铁企业的钢材流通渠道

纵观世界钢铁流通模式，日本模式的特点是钢铁企业以生产为主，商社以销售为主，集中度高，钢铁企业 97% 的产品通过商社来销售，商社下设多家钢铁流通加工厂，经过加工过的钢材占其销售量的 60% 以上。欧美模式的钢材销售主要以钢铁企业为主，大型钢铁企业的直销比例约为 80%，同时钢铁企业也从事加工配送业务，直接为终端用户提供多种形式的钢铁产品深加工服务。我国的钢铁流通应借鉴日本、欧美模式的优点，将钢铁产品加工和服务向下游延伸，为终端用户提供高质量、多品种的钢铁物流加工业务。

3. 钢材产品种类和物流加工类型

2009 年我国钢材产品的下游行业主要是建筑、铁道、机械、船舶、家电等行业，因此，重轨、中小型型钢、钢筋、盘条、热轧薄宽钢带等产品产量比 2008 年有较大幅度的增长。从具体行业来看，2009 年的用钢数据如下：建筑和房地产投资增速强劲，用钢增长较快，全年用钢量达 29000 万吨；2009 年我国汽车产销超过 1300 万辆，用钢达 3245 万吨；2009 年我国交付船舶约 5600 万载重吨，用钢量近 1800 万吨；2009 年机械行业用钢量在 6000 万吨左右；2009 年家电用钢量约为 780 万吨，消费水平与 2008 年相当；2009 年国内铁路建设快速增长，全年铁道用钢表观消费量近 520 万吨，铁路车辆用钢 140 万吨左右，铁路用钢量共计 660 万吨；2009 年集装箱的用钢消费水平不高，约为 170 万吨。

在钢材加工品种方面，根据 MySteel 对部分企业调查的结果显示，2009 年 12 月，螺纹钢、线材、热轧、冷轧、中板的产能利用率分别达到 89%、84%、83%、91% 和 78%。可见，2009 年我国钢材产品的生产和加工均处于比较稳定的状态。另外，按照物流加工类型划分，2009 年 1 ~ 10 月板材的数量为 19876.9 万吨，窄带 4192.4 万吨，管材 4277.6 万吨，如表 3 所示。

表3　　2009年我国主要钢材产品分类产量

产品	2009年产量（万吨）	比2008年增长（%）
重轨	442.07	35.7
轻轨	89.56	2.5
大型型钢	947.06	6.7
中小型型钢	4118.89	33.2
棒材	5565.40	16.7
钢筋	12150.55	27.1
盘条（线材）	9585.74	20.9
特厚板	474.56	8.1
厚钢板	1874.86	-3.2
中厚宽钢带	8383.75	13.2
热轧薄宽钢带	3033.63	24.3
冷轧薄宽钢带	2187.04	15.9
镀层板（带）	2013.80	13.5
涂层板（带）	504.15	9.9
电工钢板（带）	451.17	7.1
无缝钢管	2178.60	3.0

资料来源：国家统计局

4. 我国已形成五大钢铁物流圈

当前我国已基本形成五大钢铁物流圈，分别是以北京、天津、沈阳、大连、青岛为核心的环渤海物流圈，以上海、南京、杭州、宁波为核心的长三角物流圈，以广州、深圳为核心的珠三角物流圈，以武汉、郑州、长沙为核心的中原物流圈，以厦门、福州为核心的台湾海峡物流圈。其中，以长三角规模最大，上海现有大中型钢铁现货贸易市场近60个，市场数量和贸易量都在全国省市中居首位。

5. 多样化的钢铁交易方式

目前，随着钢铁交易网络建设的展开，传统的交易方式逐步以方便快捷、成本低廉的电子商务方式所取代。目前国内从事钢铁电子商务的代表性网站有华南国际物流钢铁交易中心、中国联合钢铁网、环渤海钢铁交易网、金银岛网交所、新钢铁网、上海大宗钢铁电子交易中心、上海斯迪尔电子交易市场、东方钢铁在线、我的钢铁、钢之家、搜钢网、浙江金属网、铁公鸡网、中国钢材现货交易网。以上海大宗钢铁电子交易中心为例，2009 年该中心实现网上交易 1.1 亿吨，实物交割近 27.7 万吨，日成交量稳定在 50 万吨左右。

另外，2009 年推出的钢材期货方式，为钢材交易注入了新的活力。2009 年全年，螺纹钢期货成交量为 3.23 亿手，合 32.3 亿吨，成交金额为 13.3 万亿元；线材期货成交量为 218.4 万手，合 2184 万吨，成交金额 825.7 亿元，开市 9 个月的钢材期货成为国内成交量最大的产品。

二、当前钢铁物流存在的问题

（一）钢铁物流成本居高不下，严重影响钢铁企业的利润率

2009 年钢铁原料价格总体表现为稳中有升，据海关数据统计，2009 年全年我国进口铁矿石 62778 万吨，较 2008 年增加 18433 万吨，同比增长 41.6%，总金额约为 501.1 亿美元，折算全年进口铁矿石平均价格为 79.8 美元/吨。总的来看，全年铁矿石进口价格相对平稳，但震荡上行趋势也较为明显。2009 年钢铁原料及成品的运输成本逐步上升，铁路、公路、水运价格受费用上升、经济通胀预期等因素的影响，运价均呈上涨趋势，从而导致钢铁物流成本居高不下。

据中钢协发布的数据显示，2009 年国内 68 家大中型钢铁企业实现利润 553.88 亿元，比 2008 年下降 31.43%。2009 年钢铁行业的平均销售利润率仅为 2.43%，接近 2009 年整存整取一年期的银行定期利率。按照中钢协名誉会长吴溪淳的说法，钢铁企业辛辛苦苦运转一年，不如将钱存到银行拿利息。造成如此低的利润率，其原因包括：利润被上游的铁矿石供应商挤压；我国钢铁生产企业和钢铁贸易企业的产业集中度均不高，生产运营效率低，反映在物流方面，缺乏钢铁物流的总体规划，运输、仓储、加工、配送等环节缺乏有效地衔接和协调，存在盲目组织货源、钢铁产品的跨区域不合理流动等现象，部分钢材成品经过多次倒手，再运送到终端用户手中，直接导致物流成本增加。

据中钢协调查，我国钢铁物流成本占总成本比例达 20%，而世界平均水平仅为 8% ~10%，2009 年我国钢铁物流总量估计超过 30 亿吨，因此，钢铁物流成本每降低一个百分点，将产生巨大经济效益，这对提高钢铁企业利润率具有举足轻重的作用。

（二）钢铁行业的物流服务水平有待继续提高

据统计，目前国内钢铁制造企业约4000余家，从事钢材贸易企业高达25万多家，传统钢材市场1500多家，钢铁业内担保公司约500家。由于国内钢铁物流企业众多，特别是中小型企业数量多，规模小，管理不规范，存在定价不合理、贸易秩序混乱等现象，有些钢贸企业主要赚取价差，进行单一的“低价买进、高价卖出”的经营活动，没有在深层次的高价值、高品质、个性化服务的物流加工业务上多下功夫，因而行业的整体物流服务水平难以提升。

（三）钢铁行业迫切需要应用先进的物流信息技术

中物联钢铁物流专业委员会主任、西本新干线CEO虞钢指出，纵观近年来钢铁行业快速发展的背后，是长期低水平扩张而导致的企业规模小、信息化程度低和平台资源共享、整合缺失的现实。通过产业信息化改革，是推动钢铁行业有序发展的途径之一。

国外的钢铁物流信息技术主要包括：钢铁物流网站建设、钢铁物流信息系统、GPS跟踪系统、RFID自动标签识别技术、货物自动分拣系统等。由于我国目前只有几十家大型钢铁企业实现了较先进、较系统的信息管理，而其他多数钢铁企业的物流信息化还处在初级阶段，因此，理顺钢铁企业的基本业务流程，统一行业标准，构建资源共享平台是当务之急，在此前提下，再来考虑应用先进的物流信息技术，才能保证技术运用的实际效果。

三、2010年钢铁物流展望

（1）随着全球经济的缓慢复苏，以及国内经济的持续发展，国家铁路建设继续发力，国家其他固定投资项目延续，我国钢材需求强劲势头仍将持续，预计2010年我国钢铁物流将继续保持稳定的增长态势。

（2）由于2010年国际市场原油、铁矿石、焦煤、废钢、海运费以及国内市场的铁精粉、冶金焦、动力煤等资源、能源性产品依然呈现上涨趋势，加之国家对煤、电、油、运等国家定价产品向上调整等，都会推动钢铁产品成本的上升，从而对钢铁物流成本形成较大的压力。

（3）根据物流产业振兴规划的具体实施方案，2010年我国钢铁物流行业将调整税费，仓储和交接环节的营业税由以前的5%和3%，两种税负统一为3%。这项举措对降低钢铁物流成本提供了一个利好消息。

（4）大型钢铁物流园区的建设，为我国钢铁物流的发展提供了新的契机。最近一年，拟建和在建的大型钢铁物流项目不少，像天津的北辰钢铁物流园区、武汉的长江金属交易中心、郑州的华丰（国际）钢铁物流园、南京江宁滨江钢铁物流园、莱芜的齐鲁钢铁物流园，都是全国或省属区域范围的大型钢铁物流园区，它们将为钢铁物流的发展提供巨大的动力。

（湖北大学商学院　杨艳玲
武钢港务公司　张远利）

2009年连锁零售物流发展回顾与2010年展望

2009年，我国社会消费品零售总额12.5万亿元，比2008年增长15.5%，最终消费对GDP的贡献率为52.5%，消费对经济的拉动作用明显增强。据中国连锁经营协会调查统计，2009年，中国连锁百强销售规模达到1.36万亿元，同比增长13.5%。百强企业门店总数达到13.7万个，门店总数增长18.9%。百强企业销售额占社会消费品零售总额的11%，与2008年基本持平。2009年上半年，零售业不可避免地受到金融危机的影响，出现销量下降、利润下滑等问题。为应对金融危机，零售商普遍采取打折、降低损耗、压缩开支等手段，以求能将影响降至最低。随着中国经济逐步复苏，零售商信心开始恢复，对市场的判断和预测向好。从2009年下半年开始，零售企业开始重启扩张步伐。企业开店圈地步伐加快，加速向三四级市场下沉，跨区域发展更加明显，并购整合蓄势待发。连锁企业的快速扩张，对物流后台保障能力提出了更高的要求。随着现代物流在企业战略中地位的提升，零售企业物流理念逐步成熟，逐步加大对物流环节的投入和整合升级，加快物流网络延伸，努力打造低成本、高效益、产供销一体化的供应链体系。

一、2009年连锁零售物流发展回顾

（一）重视物流基础设施投入和建设

随着国内消费市场的持续回升，连锁零售企业开店圈地步伐重新驶上快车道。区域范围的扩大和销售品类的增多要求配送规模和效率随之提升，带动了现代化物流配送中心的建设。目前全国有700多家连锁零售公司，较大型的连锁零售公司都在建设自已的配送中心，一些店铺数量少、规模不大的小型连锁企业也在筹建配送中心，以期实现100%的商品由自己的配送中心配送。据中国连锁经营协会统计数据显示，国内连锁百强企业当中，有80%的企业拥有自己的配送中心。

国内零售企业加大投资力度。2009年，苏宁电器募集资金30.55亿元，计划其中约10.1亿元投入成都、无锡、重庆、天津、徐州、北京物流中心二期6家物流基地建设项目。武汉中百募集了6.2亿元资金主要用于新物流和配送中心的建设，计划在省内四角兴建恩施、咸宁、浠水和襄樊四大物流配送中心。

此外，山西美特好物流有限公司投资建设的配送中心年底可投入使用，福建永辉将在北京建立物流中心，步步高、山东家佳乐等超市也都在开建物流配送中心。同时，一种新型合作建设模式开始出现。2009 年，首农集团根据物美配送具体要求，投资 2.2 亿元建设的物流配送中心完工，并由物美集团租赁使用。这种模式结合了首农集团的土地资源和物美集团的配送运营能力，实现了资源的优势互补和合作共赢。

外资零售企业后来者居上。2009 年外资零售企业更加青睐中国消费市场，纷纷加大对中国市场的投资力度。韩国乐天集团 42 亿元收购江苏时代超市，获得 65 家门店资源，并计划在 2010 年完成突破 100 家门店任务，为此计划在华设立统一采购物流中心。荷兰自愿连锁组织 SPAR 合资兴建的广东物流中心 4 月全面动工，该中心不仅为广东的 SPAR 店提供服务，还为广东的其他零售店提供配送。全球 500 强、英国零售企业桑斯博里计划在广东省清远市阳山县投资 3000 万欧元（约合 3 亿元人民币）兴办桑斯博里（阳山）食品有限公司，并配套建设物流配送中心，项目建成后年产值可达 4 亿多元人民币，其中 2 亿元为物流产值。沃尔玛、麦德龙、乐购等企业也加大了物流基础设施的改造升级。外资零售企业凭借成熟的供应链管理经验，在物流基础设施建设的理念、运营的效率等方面都远远优于国内企业，在前期完成大规模投入的基础上，将逐渐发挥出低成本和快速响应的优势。

（二）企业物流能力逐步转型升级

物流能力是连锁零售企业参与市场竞争的后勤保障力量。连锁零售企业要做到统一采购、统一配送、统一管理、统一结算和统一形象，才能发挥规模递增效应，对物流的控制能力越来越成为企业竞争的焦点。目前，国内一批大型物流企业经过多年的探索，逐步升级和完善自身物流体系，充分发挥了物流在降低成本和提升供应链效率中的作用，加快积累差异化的物流竞争力。

物流设施不断升级。苏宁电器历来将物流能力作为自身快速发展的核心资源，很早就提出了物流基地战略。早在 2005 年，苏宁电器就实现了第一代物流配送中心的布局和建设，初步形成了全国性的连锁网络。随着市场竞争日趋激烈，苏宁电器对物流模式的成本和效率提出更高的要求，提出了建设第二代物流基地的目标，要求配送中心兼具城市配送和区域调拨的功能。杭州、北京和南京的第二代物流基地已经建成启用。为进一步降低运输费用，2007 年，苏宁电器提出了建设第三代物流基地的计划，引入运输管理系统（TMS），针对订单的零售配送和长途配送，优化路线排程计划。目前，南京雨花物流基地作为第三代物流基地的代表投入使用。2009 年，苏宁电器最新的物流规划提出将建设北京、上海、广州、南京和重庆 5 个覆盖全国的中央级配送中心，全部实施信息化、机械化和自动化作业，实现全自动存储、分拣和配送。苏宁电器在自营物流体系的不断投入，初步实现了“网络集成化、作业机械化、管理信息化”的物流系统建设目标，强化了自身独特的竞争优势。国美、百联、物美、华润万家一批连锁百强企业为配合自身竞争战略，也在不断改造升级自身物流设施。

物流模式加快转变。越库配送（Cross Docking）、供应商管理库存（VMI）等先进供应链管理模式在国内加快推广。越库配送是现在许多大型连锁零售企业采用的物流运送方式，即商品到了配送中心以后，不进库，而直接在站台上向需要的客户进行配送，这样就使物流成本大大地降低了。华联配送通过越库配送的方式，甚至将部分商品的库存周期降至 2 ~ 3 天。供应商管理库存是供应商通过信息系统获得零售企业的 POS 数据，自动产生补货订单，订单经零售企业确定后，供应商就直接发货到零售企业。信息的共享，使零售企业和供应商双方的成本都有所降低。并且，与传统的库存管理方式相比，双方的服务水平也都有所提高。物美在新物流配送中心中实现了与供应商 VMSI（库存一体化），节省了中间流通环节，降低了流通损耗，预计将使配送成本下降 15% 左右。此外，一些企业尝试创新物流运作模式。物美集团通过扩大配送中心的经营和服务范围，开展寄售和分销业务，增加增值服务收入，推动了成本中心向利润中心的转变。

（三）物流网络布局在广度和深度上延伸

随着经济危机对国内消费市场影响逐步退却，连锁零售企业加快扩张步伐。密集开店，抢占规模仍然是现阶段企业竞争的重心所在，带动物流网络在广度和深度上的延伸。

物流网络覆盖面逐步扩大。苏宁电器积极推动密集布店物流基地战略，计划在 2012 年之前投资 120 亿元，在全国建设 60 个物流中心。目前，除了在北京、杭州、南京建成三大物流基地外，天津、重庆、沈阳、合肥、成都、无锡、徐州等地物流基地在建，2009 年新开工的物流基地增加 10 个以上，包括长春、济南、广州、厦门、福州、杭州、武汉、哈尔滨、西安等。物流网络布局加快向二三级市场延伸，配送范围覆盖主要三四级市场。国美在东北、华北、华南、华中、西北、西南的配送中心也已经陆续开发、建设和使用。未来通过在区域重点城市建立 6 ~ 7 个大区级 CDC，在一级市场规划建设 40 个区域 RDC，在二级市场以 DC 覆盖城镇及乡村的方式来构建国美电器的三级物流网络。作为以物流战略支撑商业模式的跨国连锁企业，沃尔玛先后在深圳、嘉兴和天津设有物流配送中心，基本覆盖了沿海经济发达的一二级市场。九州通集团建成的北京现代医药物流中心投入使用，上海物流中心开工建设，并计划在

3 年内在全国范围逐步建立 100 家二级配送中心。

物流布局加快向中西部市场倾斜。随着西部大开发战略的继续推进，由东向西的产业转移有序推进，民生工程初见成效，带动西部消费市场快速发展，即使在遭受经济危机的 2009 年，仍然保持了两位数的增长，远远高于沿海经济发达地区的增幅。越来越多的连锁零售企业加大西部市场的投入，并积极在西部进行物流布局。沃尔玛与四川商务厅签署协议，承诺将投资 2400 万美元在达州、遂宁、乐山、攀枝花和西昌分别开设一家卖场，并计划在川设立西部物流配送中心，担负起向西部、中部和西北部地区的物流配送任务。华润万家西北物流中心在西安市户县沣京工业园建成并投入使用，除为华润万家西北地区 33 家门店提供物流配送外，还可向社会提供订货、收货和配送等物流业务，服务半径可达 940 公里。国药控股的甘肃、湖北、湖南物流中心相继开工建设。此外，武汉中百重庆配送中心，永辉重庆盘溪配送中心等纷纷开工建设。重庆本地的重百超市、新世纪超市的大型配送中心也将投入使用，加入对本地市场的争夺。

（四）第三方物流服务向专业化、定制化发展

多数本土零售企业受规模限制并不适合全面实施自营物流模式。为降低物流投入，加强物流控制，一些零售企业逐步转向引入专业的第三方物流企业，采取“自营 + 外包”或全部外包的模式，力求降低物流成本，提高物流效率。2009 年，欧尚（中国）投资有限公司与中外运股份公司上海分公司正式签约，为其纺织品项目提供仓储管理、转运平台管理及全国配送服务。广州本土连锁零售企业宏城超市，将冷冻食品的冷链物流服务交给物流公司，进行局部试点。2009 年开始的新医改方案，提出统一配送的要求，带动物流外包的快速扩张。下一阶段，专业化和响应度要求较高的冷链、食品、医药等业务将成为外包重要突破口。随着区域零售企业加快向异地省份扩张，外包服务也迎来发展良机。如福建永辉在北京市场的物流配送，就外包给了北京快行线物流配送有限公司。此外，一些大型零售企业分离自身物流业务，实现向社会物流转变。百联集团旗下上海现代物流投资发展有限公司前身是百联集团物流事业部，通过聚焦以商贸零售连锁企业为服务对象的城市配送物流业务，所属商业储运、华联配送、百联配送，主要服务对象有世纪联华、华联吉买盛、可颂坊、家乐福，配送范围辐射市内和苏浙两省数千家网点。

（五）采购模式变革改善企业供零关系

连锁零售供零关系一直是制约行业健康发展的关键因素。通过物流模式变革，建立战略联盟关系，供零关系得到有效改善。物美采取精简物流环节，实

现双赢的采购模式。通过集中采购模式，实现规模采购优势，供应商数量从原来的2000多家精简到1000多家，供应链大大缩短；与主力供应商建立战略合作，现在前30名的主力供应商就占采购量的25%。大润发设立苏州物流中心推行统一配送，各供应商由原先送到各分店，改由送至物流中心，由物流中心统筹，降低了成本，提高了营运效率，缺货问题得到了持续改善，能够实现净利提升0.5%~1%。

农超对接成为供零关系改善的典范。生鲜食品经营能力的提升是中国零售提升企业核心竞争力的突破口。“农超对接”给了零售经营生鲜商品一种新的思路和利润突破口。在商务部的推动下，农超对接已经在全国24个省市试点，一大批零售商通过农超对接，去掉了售地批发和经销商，减少了生鲜商品的采购环节，成本大幅降低，进一步提升了生鲜经营的水平和利润空间。京客隆连锁超市专门在北京周边建了3个生鲜配送中心，从基地采购的食品统一进入京客隆生鲜产品配送中心，严格产品加工，抓好食品进入超市的中间环节，降低了成本，提高了品质，带动了其他品类的销售，实现了与农户和经济组织的双赢。

（六）物流信息化和技术应用挖掘物流潜力

物流信息化成为企业挖掘供应链潜力的重要手段。物美从2006年开始实施“百宝箱”项目（Wumart In a Box，WINBOX），支持物美多业态下的品类管理、采购、配送中心、门店销售、主数据管理等多种业务流程，并且包含了风险管理、变革管理等内容，不仅支持物美的正常运营，更为其区域扩张和进一步并购提供了帮助。新IT系统的应用，使物美的门店订货满足率从2007年的88.6%升至2009年上半年的96.2%。有了IT系统的支持，物美绕过中间商直接向诸如宝洁、联合利华等国际商家下订单，并在系统里把一次采购行为生成的多张订单合并成一张，使得采购过程更简单、高效，节省了配送中心的运营和管理成本。华联配送建立了一个较完善的信息管理系统，把大量的销售信息转化为对零售企业、对生产企业、对中间的批发都非常有用的数据和信息。把顾客的信息转化为对生产和配送的指导，并根据客户需求，完成库存的自动补货和提供储存、加工（有时需要捆绑销售）等附加服务。将库存周转天数从30天降低到18~22天。而且还能保证商品配送的及时安全，提高商品的满足率15个百分点以上。苏宁电器早在2006年就对信息系统进行了巨额投资，并初见成效。物流平台和信息化建设，对公司经营成本的降低起到了一定作用。2009年半年报由于物流平台的合理规划，以及公司采购及库存管理水平的提高，存货数量比2008年年末下降2.99%，存货周转比2008年年末缩短4.84天。苏宁电器现代化配送中心，采用了高位货架、自动作业设备，通过集成在

SAP 信息管理系统平台上的库存管理系统（WMS）进行管理，统一使用安装 GPRS 全球定位系统的车辆进行派送，大大提高了物流运作效率。九州通现代医药物流中心将采用九州通医药集团完全自主研发并拥有自主知识产权的 LMIS 物流管理信息系统、WCS 设备控制系统、TMS 车辆管理系统以及应用 RFID 技术的全程冷链管理系统等 20 多项现代物流技术。麦德龙已经在中国内地、中国香港特区和越南的 100 多个制造商中部署了这项 RFID 计划。目前正在考虑扩大该计划，将 RFID 系统部署到 75 家中国和印度消费品供应商中，即要求所有参与者都需将其货物粘贴上 RFID 标签。通过 RFID 试验计划，有望提高物流效率及透明度，更准确、及时地了解货运数据，挖掘物流潜力。

二、2010 年连锁零售物流展望

2010 年，我国经济将进入新一轮上升周期，消费拉动经济的内生作用将更加明显。随着国家对中低收入者保障水平的提升，对传统和新兴消费热点刺激政策的陆续推出，我国消费市场启动速度将进入快车道，这也对行业物流发展带来了新的机遇。对于连锁零售业来说，物流在行业中的作用将加快显现，带动行业进入新一轮整合发展期。

（一）物流配送中心加快现代化升级

我国大部分连锁零售企业的配送中心硬件设施落后、自动化水平低，仓库、车辆、装卸搬运设备投入不足，一些配送中心是从传统的仓库改建而来的，还有一些物流配送作业仍然以人工操作为主，运作效率低，既影响速度，又影响质量。此外，信息系统建设落后，一些企业还停留在简单的进销存管理阶段，没有实现配送中心与店面的信息共享。随着大型连锁零售企业加快吸收国际同行的先进经验，在配送中心规划理念和运营能力上逐步提升，配送中心的自动化、集约化开始在业内形成共识，一场配送中心现代化升级的运动将加快到来。新建成的配送中心将普遍采用机械化和自动化作业，装卸搬运由吊车、电动叉车和传送带完成，设有高层货架的立体仓库，各种先进的信息系统在配送中心各方面管理中得到应用。配送中心和供应商、连锁零售企业实时联网，实现信息共享和网上信息处理。此外，随着食品和药品安全问题日益受到重视，冷链配送中心和医药配送中心的建设将成为现代化升级的热点领域。

（二）物流配送加快集中

从目前看，我国没有一家零售企业能够对门店经营的商品达到 100% 的配送，平均配送效率只有 60% ~70%，绝大多数配送中心没有达到经济配送的规模，而且仅局限于中心城市或某一个地区，随着市场范围的扩大和下沉，配送效率明显降低。而国外一般都在80%～90%，足见差距所在。为进一步降低成本，将加快推进连锁零售集中配送。一批零售商凭借现代化配送中心等设施，将供应商纳入自身物流体系。即把不同供应商的货物集中到配送中心，然后根据不同门店的需求进行拣选、加工、组配等作业，并配送至各个门店。在集中配送模式推行过程中，物流成本的分摊和配送运作的过渡方式都是需要考虑的重点问题。随着中间环节生存压力的加大，一些大型批发商、经销商加快向批发物流商转型。立足商品进货的多样化和物流服务的专业化，整合客户企业商品需求，集中对客户物流配送，满足中小零售企业降低成本的采购要求。此外，随着品类管理在零售行业加快推广，在一定程度上集约了采购的功能，可大幅提高采购和物流管理的效率。

（三）物流网络加快向三四级市场延伸

目前，我国连锁零售业的竞争主要还是在中心城市及周边地区，也即所谓的一二级市场。一二线城市既有的网点和市场份额已基本被蚕食。新进入市场的竞争者加快向三四线城市扩张，尤其是中部和西部一些三线城市，已经吸引着诸多大型零售商的目光。三四级市场较为落后的物流基础设施成为制约渠道下沉的重要因素，也为企业设点布局提供了良好机遇。物流基础设施作为企业竞争的后勤保障，将加快向三四级市场延伸。企业将通过设置多级配送中心、延伸配送覆盖范围、改进配送方式等措施，建立在三四级市场上的物流竞争力，协助企业渠道下沉策略。

（四）供零伙伴关系加快巩固

在目前比较普遍的联营扣点模式下，零售商长期拖欠供应商货款，多种进场费、租赁费等给了供应商巨大压力，直接影响到企业的业绩提升和产业链的可持续发展。面临经营压力的中国零售企业也开始思考改善供零关系之道。家乐福免去农户进场费，国美电器、物美、武汉中百等一批大型连锁零售企业启动供零关系改革。连锁零售企业将进一步改善供应关系，加强与主力供应商的战略联盟。最见成效的是通过信息系统的对接，实现数据的实时传输，并利用此信息实现企业生产、库存和零售企业实际销售的同步化。从而改善销售预测和生产计划的准确性，加快商品周转，缩短提前期，快速提升销售规模。

（五）第三方物流专业化能力加快提升

我国大部分零售企业，特别是中小企业往往采用供应商配送的物流模式，无法发挥规模效应和快速响应企业需求，导致物流成本难以降低，涨库、断货、缺货现象时有发生，也增加了交通和环境压力。相关统计显示，我国零售企业的平均物流成本一般占销售额的10%，一些甚至更高至20%以上。而这一数据在欧、美、日零售业仅占4%~6%。随着我国第三方物流企业群体的加快成熟，行业领域细分趋势更加明显。一批专注于连锁零售的专业化物流企业逐步成熟起来。第三方物流将实现对物流配送环节的专业化管理，节省物流费用，整合资源，提高设备利用率，节约连锁企业的经营成本。减少企业物流方面的投资，增加企业经营的灵活性，化解企业经营风险。通过定制化服务，制订出以客户为导向、低成本、高效率的物流方案。

（六）供应链管理加快推进

我国连锁零售企业在与外资企业竞争中，商品陈列、布局、环境等都能模仿，只有供应链管理短时间内根本无法赶超。外资零售企业依托雄厚的资金和技术优势，合理优化自身供应链，能够做到供应链最短、最低价进货。而国内企业在这方面还面临历史条件制约和体制机制束缚。国内连锁零售企业将加快在物流配送、信息技术、供应商合作等方面的创新和投入，尽可能压缩自己的供应链，最大限度地降低产品成本，改进运营模式，构建产供销一体化的供应链体系。

（七）行业物流资源加快整合

我国连锁零售行业起步较晚、集中度较低，物流功能也分散在生产商、供应商、批发商、连锁零售企业和物流企业中，大大降低了物流效率。未来连锁零售企业并购扩张步伐将进一步加快，物流资源的集中也是题中应有之意。连锁零售企业将加快对传统仓库资源的收购和改造，升级打造现代化的物流配送中心，进一步构建完善自身物流网络体系。社会化的第三方物流企业在承接连锁零售企业外包服务时，将整合更多存量物流资源，重新规划和搭建一个高效有序、物流功能一体化的连锁零售物流配送体系。

（八）信息技术加快应用

目前，我国许多连锁零售企业缺少物流管理信息系统，造成企业内外通信系统不畅，使得连锁零售企业无法很好地进行多数据源的信息收集、交换和处理，不能及时有效地进行货物的加工运输。借助现代信息技术将增强连锁零售企业物流管理能力。随着以电子数据交换（EDI）、条形码技术、无线射频识别技术（RFID）、GPS、互联网技术为代表的现代信息技术的飞速发展，物流管理这一连锁零售企业的核心竞争手段正从传统物流设备转向信息技术和信息的管理能力。在信息技术的支持下，连锁零售企业将通过对物流管理中信息的有效控制使整个供应链中的物流功能和流程得到了优化和整合，大大缩短了物流信息的传递时间，从而提高了企业对客户的响应能力。将现代信息技术融入企业的物流管理，借助信息技术打造企业的核心竞争力将成为我国未来连锁零售企业的必经之路。

（中国物流与采购联合会　周志成　程松海　杨　博）

2009年商品交易市场发展回顾与2010年展望

一、整体经济形势变暖影响市场走势

(1) 2009年社会消费品零售总额125343亿元，比2008年增长15.5%，扣除价格因素，实际增长16.9%，实际增速比2008年同期加快2.2个百分点，仅仅低于最高年份1985年实际增长17.2%的增长速度。1月、5月、8月、9月、10月、11月、12月超过10000亿元。其中，分行业看，批发和零售业消费品零售额105413亿元，增长15.6%；住宿和餐饮业消费品零售额17998亿元，增长16.8%。在限额以上批发和零售贸易业商品零售中，除通信类器材外，其他20类商品零售均实现较大幅度增长。其中，服装、鞋帽、针纺织品类增长18.8%，家具类增长35.5%，汽车类增长32.3%。社会消费品零售总额农村增长超过城市，农村社会消费品零售总额为4.02万亿元，增长15.7%，城市为8.51万亿元，增长15.5%。但是，城乡居民收入差距引致社会消费差距较大。

2008—2009年，中国城乡收入差距突破1万元的关口，据2008年统计，城乡居民人均收入差别为3.31:1，社会消费品零售总额为2.12:1；2009年城乡居民收入比扩大到3.33:1，绝对差距由2008年的11020元扩大到12022元，农村内部收入差距也在不断扩大，目前仍有4007万农村人口尚未脱贫。2009年，社会消费品零售总额为2.11:1，2010年1~2月春节期间城乡消费市场为4.82:1，这就需要我们进一步统筹城乡发展，促进城乡经济一体化，如表1所示。

表1 2006—2009年城乡收入差别与社会消费品零售总额差距 (单位：元)

年份	城市收入	农村收入	城乡比	城市社会消费品零售总额	农村社会消费品零售总额	城乡比
2006	11759	3587	3.28:1	51543	24867	2.07:1
2007	13786	4140	3.32:1	60411	28799	2.10:1
2008	15781	4761	3.31:1	73735	34753	2.12:1
2009	17175	5153	3.33:1	85133	40210	2.11:1

资料来源：国家统计局公报

由于一系列政策措施的激发，2009 年汽车消费市场止跌回稳，并出现新一轮高速增长，连续几个月汽车销售超过 100 万辆，2009 年汽车销量达到 1364 万辆，2010 年将超过 1500 万辆。

2009 年社会消费品零售总额超过 12.5 万亿元，是 1992 年以来 17 年跨过的第 12 个台阶，是一年跨过两个台阶的年份。2010 年消费将继续为经济发展的重点，社会消费品零售总额可能持续超过 15%。

（2）2009 年全社会实现生产资料销售总额 27.7 万亿元（现价），2008 年 26.55 万亿元，按可比价格计算比上年增长 13.8%，比 2008 年增速提高了 3.4 个百分点。一季度、上半年、前三季度同比增速分别为 2.2%、6.4% 和 9.8%，如图 1 所示。2010 年在生产资料价格上涨前提下，生产资料销售额也将增长。

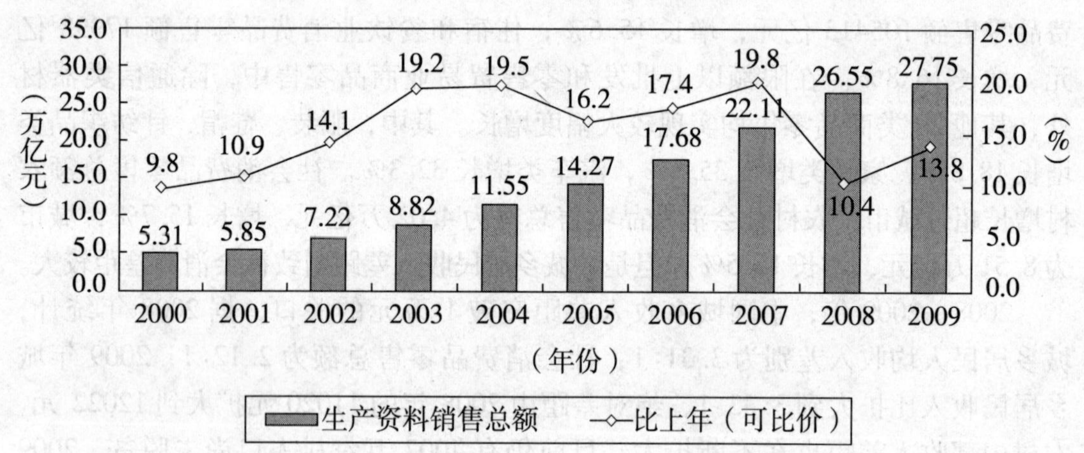

图 1　2000—2009 年全社会实现生产资料销售总额

（3）2009 年 GDP 在 1～4 季度先后为 6.1%、7.9%、8.9%、10.7%，全年增长 8.7%，仍然是全球最高的增长速度。预计 2010 年全年增长超过 9%，远高于世界经济增长 3% 的水平。根据 2009 年世界各国 GDP 排名，中国经济已经超过日本，成为世界第二大经济体，自此欧盟、美国、日本三大全球经济体将变为——欧盟、美国、中国，具体来说，美国 14.8 万亿美元，中国 5.2 万亿美元，日本 5 万亿美元，预计再过 10 年中国经济总量将达到或者超过美国。

（4）2009 年进出口总额 2.2 万亿美元，同比下降 13.9%，但是 10 月环比是上升的。2009 年上半年出口总额超过德国 1 亿美元，全年出口总额超过德国，中国成为第一大出口国家。2009 年我国进出口总值为 22072.7 亿美元，其中出口 12016.7 亿美元，下降 16%；进口 10056 亿美元，下降 11.2%。全年贸易顺差 1960.7 亿美元。2010 年 2 月 9 日，德国联邦统计局公布的 2009 年贸易统计数据（初值）显示，德国 2009 年出口总额为 8032 亿欧元，相当于 11213 亿美元，比 2008 年减少了 18.4%，少于中国的 12016 亿美元。中国的年出口额首次赶超德国，跃居全球首位，如图 2 所示。

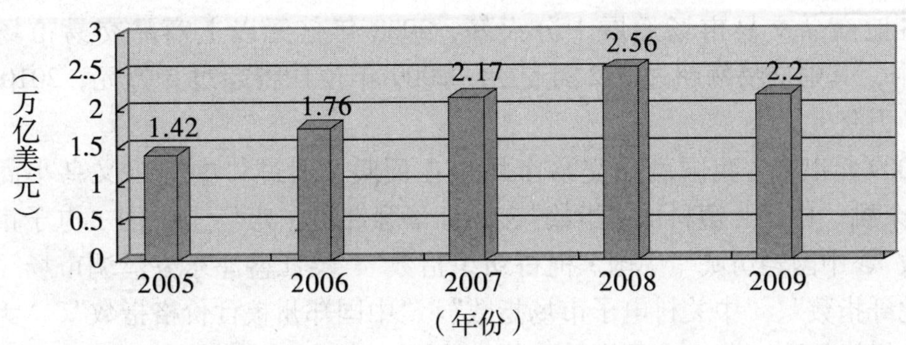

图 2　2005—2009 年我国进出口总额

（5）通货膨胀预期成为人们关注的热点。控制过剩经济规模、结构性调整、发展方式转变、通货膨胀预期增强 4 大矛盾集中，表现为经济隐忧。2009 年 CPI 增长是 -0.7%，11 月我国居民消费价格 CPI 同比上涨 0.6%，结束了连续 9 个月的同比负增长，虽然我国目前没有通货膨胀，但是由于货币发行量太大，以及政府投资增长拉动型的因素，通货膨胀预期仍然是非常强的。预计 2010 年 CPI 为 3.4%，仍在通货膨胀可控区间，如图 3 所示。

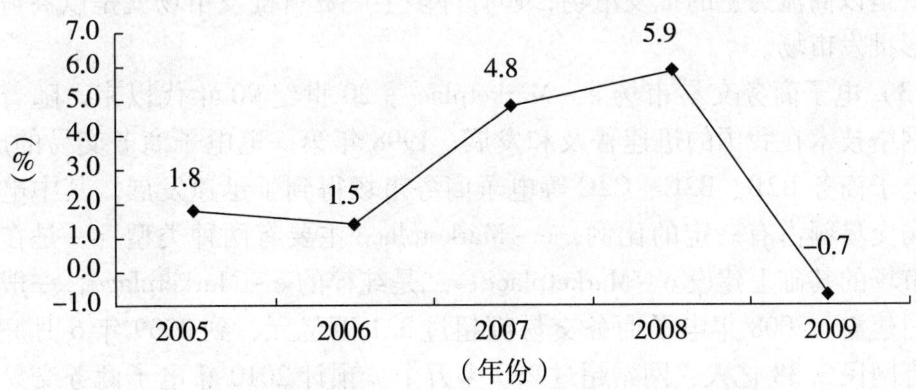

图 3　2005—2009 年居民消费价格涨跌幅度

二、商品交易市场模式创新

改革开放30多年来，我国各类商品交易市场蓬勃发展，1998年曾经达到10万个，经过10多年的调整现在为8万个左右，调减了近2万个，但是，近几年各地商品交易市场发展十分火暴，2008年亿元以上商品交易市场达到4567个，其中交易额超过5.2万亿元，2009年预计将超过6万元，2010年将超过7万亿元。

2009年以来，我国商品交易市场也在回暖，通过“中国·义乌小商品指数”、余姚“中国·塑料价格指数”、深圳华强北电子市场“中国·电子市场价格指数”、中国轻纺城“中国·柯桥纺织指数”、吴江盛泽东方丝绸市场“盛泽丝绸化纤指数”、“中关村电子市场指数”、“中国郑州粮食价格指数”、“无锡不锈钢市场指数”、“华中商品指数”等，就可以看到商品交易市场回暖已成定局。

至今各地商品交易市场在调整结构、交易创新、管理升级进行了探索，初步形成了25种模式：

（1）物流（即期现货）批发市场。物流批发市场是指从事现货批量交易的商品交易市场，即“一手钱一手货”的交易，至2008年年底，我国现有亿元以上商品交易市场4567个，交易额达到5.2万亿元，其中大多数是物流商品交易市场。

（2）商流（中远期现货）批发市场。在一些中心城市也出现了一些商流批发市场，如以中国郑州粮食批发市场为主的42家省会中心城市的粮食批发市场就是以商流为主的批发市场，还有许多生产资料批发市场就是以商流为主的无形批发市场。

（3）电子商务交易市场e－Marketplace。20世纪90年代以来，随着计算机和网络技术在我国的迅速普及和发展，1998年第一笔电子商务交易的成交，我国电子商务B2B、B2C、C2C等电子商务市场得到了迅速发展。其中电子商务市场交易额占有一定的比例，e－Marketplace主要有两种类型：一是在传统批发市场的基础上建设e－Marketplace；二是纯粹的e－Marketplace，一般由网络公司建立。2008年电子商务交易额超过3.1万亿元，到2009年6月底，我国已有网民3.38亿人，网站超过280多万个。预计2010年电子商务交易额将超过15万亿元。目前电子商品交易市场有7种模式：①跨国的网上B to B交易。阿里巴巴网络有限公司为全球领先的B to B电子商务公司。阿里巴巴每天通过旗下三个网上交易市场连接世界各地的买家和卖家，其国际交易市场（alibaba.com）集中服务全球的进出口商，中国交易市场（alibaba.com.cn）集中服务中国大陆本土的贸易商，而日本交易市场（alibaba.co.jp）通过合资企业经营，主要促进日本外销及内销。三个交易市场形成一个拥有来自240多个国家和地区近3600万名注册用户的网上社区。阿里巴巴的总部设于杭州，并在中国超过30个城市设有销售中心，另外在中国台湾、中国香港、欧洲及美国均设有办事处。②中华粮网的交易模式。中华粮网的交易主要由协商交易、竞争交易、合同转让、栈单交易、自由贸易构成，其中除自由贸易外，其他交易都必须经过认证过程，以防范风险，如图4所示。③现货网上中远期交易模式。浙江塑料城网上交易市场、嘉兴中国茧丝绸市场、宁波液体化工电子交易市场、绍兴中国轻纺城网上交易市场、浙江中酒酒水网上交易市场、台州金属材料电子交易市场、钱清中国轻纺原料城网上交易城等7家网上市场属于这一类。这类网上市场的交易方式是：通过网上交易平台开展标准化合同的网上集中竞价交易，交易达成后通过网上银行实现支付，由分布在全国各地的仓库实现交货、提货，信息流、资金流、物流相互配套，形成了完整的网上交易。如浙江塑料城网上交易市场，创建于2004年11月，2005年、2006年、2007年网上交易额分别达180亿元、380亿元、415亿元。网上交易采用会员制形式，现有会员单位2500家，以中塑交易网为电子交易平台，开展中塑仓单集中竞价交易。交易达成后，卖方将货就近交到第三方仓库（现全国已有15家交货仓库），买方将货款打入银行账户，完成交易。④现货网上即期交易模式。以浙江钢铁现货电子交易市场为代表。交易方式为：卖家将要卖的钢铁运入市场的监管仓库，仓库验货后卖家在钢铁网上挂牌销售，买家和卖家就价格、交货方式等商议达成交易后，卖家开具“中国钢铁平台网销售提单”给买家，买家通过网上银行或支票、电汇等方式支付货款，卖家收到货款后，通知仓库出库。卖家也可以自行在网上发布信息，与买家商议并完成交易。目前，浙江钢铁现货电子交易市场有交易会员1300多家，信息会员33000多家，资源信息3万多条，2007年网上交易额为69.5亿元，2008年上半年已达39.57亿元，发展态势良好。⑤网上商铺模式。浙江织里童装市场网上交易城、濮院羊毛衫网上市场属于这一类。交易特点：为现货市场的经营者在网上建立网上商铺，通过网上商铺发布信息、展示商品、洽谈商务、达成交易，实现有形市场与无形市场的无缝接合。浙江织里童装市场网上交易城依托织里童装市场已为199家经营户建立了网上商铺。采购商浏览商铺商品后与卖家进行在线洽谈，洽谈好后签订网上合同，采购商通过网上银行支付，卖家自行配送或通过网上市场订单合成配送。为建立可信的电子商务平台，买家、卖家和物流方通过CA中心认证三方身份，签订合同时卖家采用数字证书签章技术、采购商采用和银行共同研发的电子签名技术，支付时可以把钱打入网上市场的商城通账号。⑥网上信息模式。通过网上市场发布商务信息、广告，促成交易。如瑞安怡兴房网，房网在网上发布房源供求信息，求购者浏览网页后如果对某套房子感兴趣，与经纪人联系，由经纪人带其看房，并与其具体洽谈，洽谈成功后到公司签约。目前怡兴房网已免费培训了80多个经纪人，这些经纪人遍布温州各县市。⑦大宗商品电子交易市场。近年来北京大宗商品电子交易市场建设不断加速，全国棉花交易市场（1998年）、金银岛网交所（2004年）、兰格钢铁电子交易中心（2006年）、北京石油交易所（2007年）、北京国家粮食交易中心（2009年）先后挂牌。2009年北京大宗商品电子交易市场、北京粮油交易所正在积极筹备、计划开业。

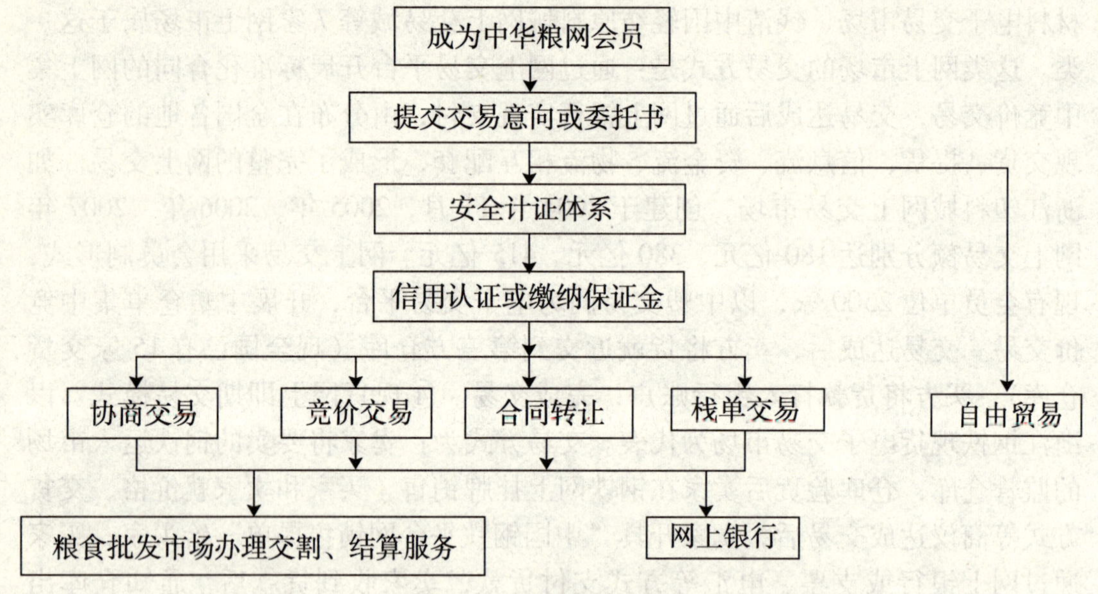

图4　中华粮网交易模式

（4）管委会—公司模式的市场。①管办合一模式：管委会既是市场管理者，也是市场经营者。②管办分离模式：中国东方丝绸市场模式：市场管委会主要承担辖区范围内的管理职责，履行规划、指导、管理、协调、服务五大职能，而市场的开发、建设职能主要由中国东方丝绸市场股份有限公司及其他投资主体承担。市场管委会根据市场发展和建设项目实施监督，并对市场内的经营商实施指导、管理、协调和服务的职能，创造一种公正、公平、公开的竞争氛围，打造一个安全、和谐的市场环境。

（5）深圳“布吉模式”：“企业办市场、企业管市场、市场企业化”。我国的商品交易市场与日本、法国等国家不一样，国家投资较少，大多数市场是采取“布吉模式”，即企业投资建市场、管理市场、经营市场，采取现代企业制度对市场进行运作与管理。

（6）股份制商品批发市场：①股份制商品交易市场。许多工业品交易市场采取股份制的方式，如中国（浙江）轻纺城集团股份有限公司1993年3月成立，是中国第一家以大型专业批发市场为基础改组的股份制企业，1997年1月向社会公开发行“轻纺城”股票，也是第一个上市的股份制市场；深圳农产品股份有限公司1989年成立，1997年向社会公开发行股票；中国（义乌）小商品城2002年5月9日上市。深圳农产品股份有限公司先后在深圳、南昌、上海、寿光、长沙、北京、成都、西安、柳州、合肥、惠州、昆明、沈阳、南宁14个城市投资经营20多家市场，年交易量2000多万吨，交易额700多亿元，比尔·盖茨也投资深圳农产品1200万股。②非上市的股份制商品批发市场。如宁波轻纺城、洪城大市场、2001年成立的中国第一家合资批发企业——中日合资的上海百红公司于2002年10月在上海七浦路开出一家名叫“世富上海”的服装批发市场[1]等。

（7）市场服务中心“再转型市场”。自1995年，特别是2001年，工商行政管理部门与所办市场实行“管办分离、管办脱钩”以来，大约1万多家商品交易市场与原工商行政管理部门脱钩，成为事业单位，其组织形式有市场发展局、市场服务中心、市场管理中心、市场物业管理中心，甚至有许多直接转变为企业或企业集团来经营商品交易市场。

（8）会员制市场。如中国郑州粮食批发市场、上海华通有色金属现货中心批发市场（国家指定白银交易市场）等。

（9）单体市场、连锁商品批发市场。除了单体市场外，一些批发市场形成了自己的品牌效应，并利用其品牌效应向外进行品牌输出，如中国小商品城（义乌）、汉正街小商品市场、深圳布吉农产品市场等，特别是中国小商品城已在甘肃、青海、新疆、江苏、陕西等全国20多个省市区开办了30多家分市场，在南非、乌克兰、泰国、保加利亚等国家设立了6个分市场。12万义乌经商大军，其中5万人分布在全国各地，在国外经商者多达6000多人。

（10）拍卖商品批发市场，如深圳福田农产品批发市场模式、山东寿光蔬菜批发市场模式。

（11）摊位租赁式市场、产权式商铺市场。摊位租赁市场是采取投资主体建设市场后，采取租赁摊位的方式经营市场，摊位的所有权属于投资主体，商户按时交纳租金。产权式商铺是采取开发商投资建设市场，然后出售商铺产权给商户，一般是40年使用权，由商户经营与管理自己的商铺。

（12）封闭型市场、开放型市场、半开放型市场。这是按经营环境划分的

---

① 这是我国第一家中外合资的批发市场，日方合作者是日本大西衣料株式会社，是日本纺织业的龙头企业，其在东京的世富大西批发市场，以经营各种产自日本、韩国以及在中国生产的日本定牌商品为主，2001年商品销售额超过36亿日元，2004年9月18日，这家批发市场因为批发市场模式“水土不服”而关闭。

三种形式，至2007年年底，我国4121个亿元以上商品交易市场中，封闭型的市场有2936个，开放型市场有677个，半开放型的市场有508个。这是根据不同的商品特点而设计的不同的商品交易市场。

（13）常年营业、季节性营业、其他营业状态。这是按营业状态来划分的三种形式，至2007年年底，我国4121个亿元以上商品交易市场中，常年营业的市场有4048个，季节型的市场有65个，其他类型市场8个。

（14）批发为主型市场、零售为主型市场。我国纯粹的批发市场较少，批零兼营成为主流。

（15）商品租赁市场。全国建成了北京、上海、济南、无锡四大租赁市场[①]，其中上海金海岸租赁市场及其网上租赁市场十分活跃，代表了我国租赁业的发展趋势。

（16）文化艺术、出版物、音像制品市场。如广州音像城、北京图书批发市场等，具有规模大，层次高的特点。

（17）旧货市场。如潘家园旧货市场，主要经营民间旧货、古玩字画；北京古玩城，以经营工艺礼品，古玩为主；报国寺文化工艺品市场，主要经营文化工艺品旧货等。

（18）按产品进入市场的时间先后分为正货市场和尾货市场。所谓正货市场是指较早进入市场的产品交易的场所，尾货市场是相对滞后进入市场的产品的交易场所。2007年1月，尾货市场在北京出现，至今已经形成了北京、济南、常熟、郑州、广州、上海6大尾货中心，同时在青岛、河北（保定）、杭州等地也出现了一些尾货市场。

（19）商业街区型市场。商业街区型市场是在商业街（步行街）区的基础上形成的市场，如马连道茶叶一条街（市场），杭州四季青服装特色街区型市场、中国（杭州）石祥路汽车贸易街区型市场、武汉汉正街市场等，采取街区管委会的模式进行管理；福建福州粮食城街区型市场则采取街区集团公司式管理；还有采取行业协会的管理模式进行管理。

（20）园区型市场。园区型市场是指在空间上集聚形成的市场群进行市场园区型管理。如广州从2009年1月开始将老城内249家市场分5年陆续分批改造升级，将占据广州专业市场半数的越秀区内的249家市场逐步实现园区化管理，以培育一批档次高、幅射面广、带动力强，能够形成“广州价格”的大型专业市场园区，集商品集散、会展贸易、金融结算、信息发布和价格形成等多功能于一体的市场园区型管理。

（21）大宗商品交易市场。目前，据商务部统计我国的大宗商品交易市场

① 至今上海、北京相继建立了租赁行业协会，北京于2002年7月8日成立了租赁协会。

已达100多家，交易的品种包括农副产品、大宗工业原料、石化产品等105个品种。我国大宗商品电子交易市场产生至今不过10余年，但是发展速度较快。2006年有11家成立，2007年12家成立，2008年高达16家，截至2009年9月就有14家成立。2006年之后成立的大宗商品电子交易市场占市场总数的比重高达63%，尤其是2009年各地都积极建设大宗商品交易市场，全年有望新建50家交易市场。

（22）易货网上交易市场。即将易货贸易搬上网上平台运营的一种方式，如中国易货贸易网（威海易货）、易巴特等，通过网上进行批量易货贸易。

（23）再生资源回收交易市场。至今在建或建成的进口再生资源加工园区已达15家，年处理废旧金属占我国进口总量的50%以上，交易量较大的国内废物回收交易市场也有10家。

（24）集群市场。经过30多年发展，许多城市成为市场集群城市，有的几百家，甚至上千家市场，形成中国特有的市场集群现象。如浙江绍兴柯桥中国轻纺城，2009年以来，每月新增经营户300户，与2005年相比，市场经营户增加2倍，总投资达50亿元，市场群总成交额超过600亿元。

（25）中国商贸城（200多个国家）。即在200多个国家，采取商品交易市场的形式进行商品交易的市场输出型模式，最近2009年年末美国加州也欲建中国商贸城。

总之，我国形成了具有中国特色的商品交易市场，拥有了各种类型的商品交易市场。

三、中国商品交易市场“走出去”面临的问题

（一）200多个国家的中国商贸城

改革开放30多年以来，被“走出去”战略的边缘化的批发市场，在200多个国家纷纷出现，这些批发市场大都冠名为“中国商贸城”，成为中国特色的批发市场“走出去”的结晶，表现为不同的类型：封闭型、开放型、半开放型、街区型的市场、摊位型、商铺型、产权式、租赁型、商城型的市场、MALL型的市场、集装箱型的市场等。这些市场出现在美国、瑞典、法国、英国、德国、沙特阿拉伯、叙利亚、伊朗、韩国、俄罗斯、老挝、缅甸、马德里、马来西亚、几内亚、阿联酋、南非、沙特、意大利等一些国家[①]。甚至有些国家的中国商贸城（市场）有10多家。

① 美国—洛杉矶、瑞典—卡尔玛、德国—马格德堡、阿联酋—迪拜等。

（二）俄罗斯驱逐华商事件

许多中国商贸城在国外受到歧视，如发生在西班牙的烧鞋事件、马来西亚商户遭制裁、俄罗斯驱逐华商事件。2009 年影响比较大的是俄罗斯驱逐华商事件：6 月 29 日，俄罗斯下令关闭。这是俄罗斯最大的华商市场。由此导致 6 万多名华商、20 亿美元资产受损。

切尔基佐沃市场形成于 20 世纪 90 年代初，是莫斯科最大的服装鞋帽等日用品批发市场，并辐射俄罗斯和独联体周边国家。这个市场是许多在俄华商的“淘金地”，也是在俄罗斯有名的中国商品集散地——中国习惯称之为“一只蚂蚁”。这次事件为众多海外淘金的华商敲响了一记警钟。在俄罗斯，中国客商往往拿不到通关手续，诸多必要文件更无从谈起。近年来，俄政府加大了整顿国内市场秩序的力度，一旦“灰色清关”商品被认定为非法，遇到税务检查就会面临罚款、没收货物等处罚。

我认为，应认真研究 200 多个国家的中国商贸城经验、教训，政府应加强对这些国家的中国商贸城的保护，行业协会应加强对中国商贸城的运行进行规范，引导中国商贸城融入当地经济体，从而避免对立与冲突的发生。

四、市场集群、市场联盟与产业集群互动

（一）市场集群

1. 市场集群的概念

市场集群是指商品交易市场在一定地理空间上的集聚现象，是一群既相互独立、又相互依存、具有特殊关系的市场群体。

一个大城市的商品交易市场有 500 ~ 600 个，甚至 1000 个，相对应的交易额是 500 亿 ~ 600 亿元、1000 多亿元，上海市亿元市场最多，2006 年、2007 年交易额分别超过 2200 多亿元和 3700 多亿元，分别达到 2649. 95 亿元和 3770. 8 亿元，其相互联系、相互竞争、共同发展。我国上规模的商品交易市场（包括日用工业品综合市场、农副产品市场、生产资料市场）主要集中分布在环渤海湾、长江三角洲、泛珠三角洲区域内，其他分散在东北、中部省会城市、西部省会城市。

2. 市场集群类型

（1）商品交易市场主导型产业集群。如汉正街市场集群、义乌市场集群、虎门市场集群、镇江市场集群、常熟市场集群、北京市场集群、柯桥市场集群、临沂市场集群等，也有“反市场集群现象”，如表 2 所示。

表 2　　**2009 年纺织服装专业市场集群一览**

地区	数量	市场集群名称	地区	数量	市场集群名称
华北	1	北京大红门市场群	华中	1	河南郑州火车站服装市场群
	2	北京雅宝路服装市场群		2	湖北武汉汉正街服装市场群
东北	1	辽宁沈阳五爱市场群		3	湖南株洲芦淞服装市场群
华东	1	上海七浦路服装市场群	华南	1	广东广州流花火车站服装市场群
	2	江苏常熟服装市场群		2	广东广州中大面料市场群
	3	江苏吴江盛泽丝绸面料市场群		3	广东东莞虎门服装市场群
	4	江苏海门叠石桥家纺市场群	西南	1	重庆朝天门服装市场群
	5	浙江杭海路服装市场群		2	四川成都荷花池服装市场群
	6	浙江绍兴轻纺面料市场群		3	四川成都青年路服装市场群
	7	浙江义乌小商品市场群	西北	1	陕西西安康复路服装市场群
	8	浙江濮院羊毛衫市场群			
	9	福建石狮服装市场群			
	10	福建石狮鸳鸯池布料市场群			
	11	山东青岛即墨针织服装市场群			

资料来源：纺织服装市场联盟 2009

据统计，中国轻纺城市场集群最早遭遇危机，最早走出低谷，截至 2009 年 12 月底，轻纺城市场集群经营户达到 19172 家，其中公司 3626 家，经营户新增 1763 家，市场集群（含钱清原料市场）成交额 708 亿元，同比增长 11.5%。

（2）连锁市场集群。采取市场连锁经营的方式，实现各个市场之间的相互联系，相互影响，相互促进。

（3）营销市场集群。以北京家居建材专业卖场联盟组成的营销联盟，2005 年年底，北京十里河灯饰城、闽龙陶瓷市场、圣大暖通商城、李文锁城和十里河彩虹窗帘布艺城五家市场组建“家居建材专业卖场联盟”。

（4）输出技术、管理市场集群。许多市场采取输出市场技术、管理模式实现市场集群，如东方家园、好美家等就以注入资金的方式将许多地方的原有市场经过改造后变为自己的连锁店面开展经营。天津环渤海市场通过输出技术、管理经验，开辟唐山、包头的市场，这种模式在一定程度上形成了优势互补、资源互补，有利于外地市场的开拓和发展。

（5）以资本为纽带的市场集群。采取参股、控股甚至兼并、重组的方式，强势市场对弱势市场、“空壳市场”纳入控制系统，实现市场集群发展。

（6）计算机和网络技术基础上的市场集群。如“装饰诚信通网”就是采取计算机和网络技术将许多建材、装饰、家居市场的诸多业务环节有机地结合起来，形成相互联系的市场集群。

（7）第三极市场集群。改革开放30多年来，我国服装市场的业态演变，经历了7代，分别是：①露天集贸型市场，如露天衣架展示形式，以农村集贸市场最为常见；②棚亭式或街铺式服装批发市场；③退路进亭集中式服装批发市场；④高楼大厦式市场，如封闭式服装批发市场；⑤批发、餐饮、娱乐、休闲、综合MALL式服装批发市场；⑥专业个性服装批发市场、主题服装批发市场，如北京天兰天尾货市场、天通苑尾货市场等；⑦“第三级市场”，现在我国服装市场正在进入“第三级服装市场”的时代。“第三级服装市场”是指既不是以制造商为中心形成的服装市场，也不是以经营者为中心形成的服装市场，而是以服装制造商、供应商、采购商、中间经营户为服务对象的“第三方服装市场”。它为各类服装商品交易市场提供更细分的市场服务，如物流、结算、信息、科研、休闲、体验等方面的创新商务服务，如图5所示。

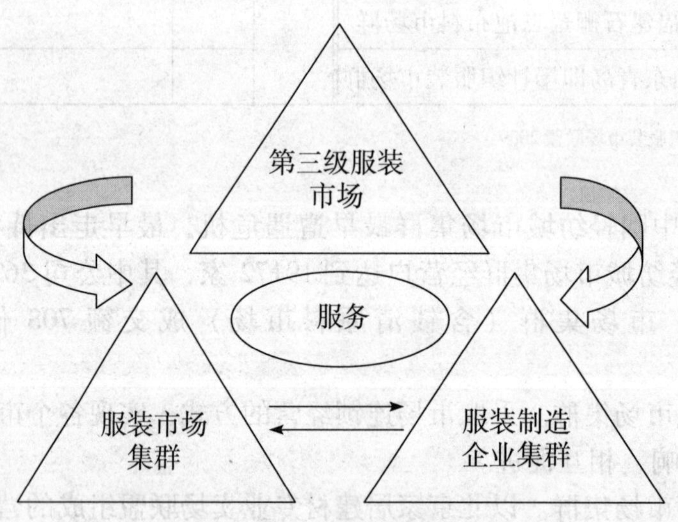

图5 第三级服装市场模式

（8）反市场集群现象。两个或两个以上市场采取商品趋同、经营趋同、管理趋同的方式进行市场投资、经营，导致两个或两个以上市场之间不是相互联系、相互依存、共同发展的关系，而是相反的关系，如相互对立、相互排斥、相互敌对。

（二）市场联盟

1. 市场联盟概念

市场联盟是一种中立性组织，是非正式组织。目前国内比较著名的有"中国纺织服装市场联盟"、"全国重点批发市场总裁联席会"、"中国建材市场联盟"等市场联盟。

一个市场不可能孤立存在和发展，应融入市场集群和市场联盟中去。因此，我们应建立企业集群、市场集群、市场联盟协同机制，探索市场集群的规律。市场联盟应在市场集群中发挥较大的作用，并消除商品交易市场中的同业损害。

2. 市场联盟类型

市场联盟包括多种类型，如组织上的市场联盟、网络上的市场联盟、组织和网络相结合的市场联盟：

（1）全国重点批发市场总裁联席会。这是我国最早的市场联盟，至今已经先后举办了六次全国重点批发市场总裁联市会议，发挥了市场联盟的重要的社会效应。

（2）中国纺织服装专业市场联盟。该市场联盟由中国纺织工业协会中的纺织服装专业市场发起，2007 年1 月 19 日成立。目前包括 95 家成员单位，专业市场数量超过 300 家。至今先后出台了《中国纺织服装专业市场建设与管理规范》等。

（3）天津建材市场联盟。最早由天津环渤海建材市场发起，形成国内 30 多家知名建材市场的联盟体。现已有 4 ~5 年，其主要任务是沟通信息，研讨发展思路，有针对性地解决各自市场存在的具体问题。2006 年在中国建材市场协会牵头下，联盟体又在重庆召开会议，重新签订联盟公约，吸收了一批新成员。2007 年4 月15 日，中国建材流通业第一个跨区域合作组织——中国建材市场联盟在环渤海建材市场成立。这是我国建材行业第一个由跨地区的具有独立法人资格的区域中心市场组成的全国性的市场联盟。来自北京、上海、天津、重庆、南昌、广州、沈阳、西安、杭州、南通、青岛等城市中心市场的总裁共同签署了《中国建材市场联盟章程》，成立了联盟主席团，推选了联盟执行主席和秘书长，组成了联盟常设机构执行委员会。

（4）中华市场联盟网。该网是 21 世纪推出的具备专业、领先水平的电子商务、网上商贸平台。我们以 web 站点为载体，利用国际先进商贸理念、营销谋略、电子商务技术，将国际超前沿的 SEO 和 web2. 0 网络技术与国内外商界进行完美的结合，帮助企业解决会商务却不懂网络技术的困扰。同时为企业提供了网站建设，网站宣传推广，网站维护更新等技术性较强的专业服务，企业通过我们的网站平台完全可以省下以上流程自行设置所需投入的数万元、数十万元甚至数百万元的开支。

（5）北京汽配市场联谊会。2006 年 1 月，由北京西郊汽配城、北京四元桥汽配市场、北京草桥汇丰汽配市场、北京十里河新星汽配市场四大汽车配件市场组织的北京汽配市场联谊会成立，这是北京有汽车配件市场近十年来，几大汽配市场首次联手。建立一个汽配市场少则几个亿，多则十几亿元。2005 年北京的整车交易市场有 26 家上马，互相压价，竞争无序，争到 2006 年所剩无几。2006 年北京的汽配市场也有这样的迹象出现，为保证行业正常有序地发展，四家联手成立联谊会可以起到市场引导作用，规范市场，加强沟通，整合资源，提高核心竞争力，做大做强北京汽配市场。

（6）绿色建材家居联盟。2007 年 3 月，河南《郑州晚报》发起建立“绿色建材家居联盟”，目前已有 14 家建材市场、超市、家居城、广场、建材港等参加，其联盟宣言：我们郑重承诺，我们经营的每项工程、每一种建材材料和产品都符合国家规定的有害物质限量标准，绝对不污染环境，绝对不危害健康。

3. 建立企业集群、市场集群、市场联盟协同机制

（1）形成相互联系、相互反馈的体系和机制。从现代企业体系来看，“企业—企业集群—企业联盟—企业行业协会—现代企业体系”，从现代市场体系来看，“市场—市场集群—市场联盟—市场行业协会—现代市场体系”，两个体系均呈现正向和逆向的联系和反馈；现代企业体系与现代市场体系又相互联系、相互沟通形成一个有机的整体，如图 6 所示。

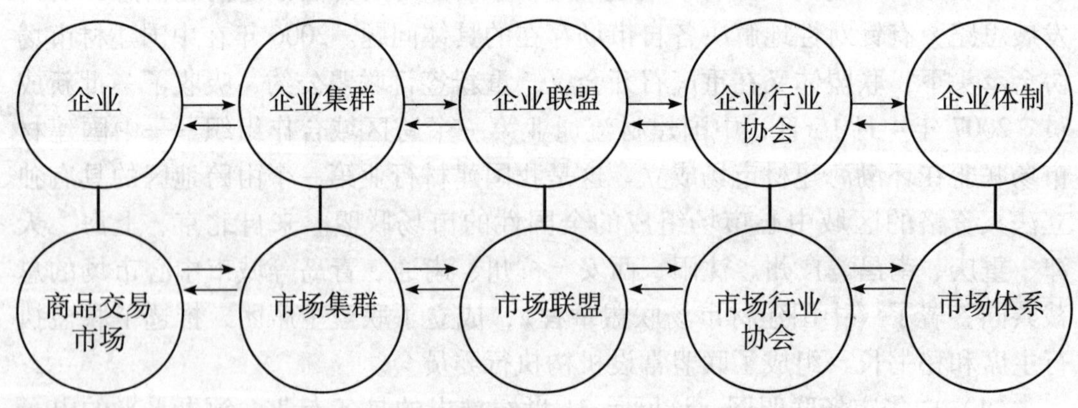

图 6　企业集群、市场集群、市场联盟协同机制

（2）市场应充分发挥为企业集群服务功能。商品交易市场的功能包括交易功能、信息功能、价格功能、结算功能、物流配送功能、外向型功能、引导

（生产和消费）功能、甚至旅游功能等，对于国家而言，还有解决就业功能、增加 GDP 功能、上交税收（管理费）功能等。在当前我国完善市场经济体制阶段，还应创新交易方式，即充分发挥其为企业集群服务的功能。我国中小企业达 2300 多万个，并且逐渐形成了企业集群，一个市场应该为企业集群服务，形成新型的互动机制，促进其发展。

（3）一个市场不可能孤立存在和发展。在现代开放的市场经济条件下，一个商品交易市场不可能孤立发展，必然会受到其他市场的影响，同时也影响其他市场。优良的市场集群有利于单个市场和市场集群的发展。

五、当前应研究商品交易市场八个问题

（一）中国商品交易市场 60 年回顾与总结

新中国建立 60 年以来，我国商品交易市场经历了计划经济时期和市场经济时期，商品交易市场先后时开时关，经历了 7 个发展时期，甚至外资也进入商品交易市场领域，60 年以来，我国商品交易市场有经验，也有教训，应该认真回顾与总结。特别是国外先进批发市场模式，如中外合资批发市场“世富上海”凭着两个第一（第一家外资、第一家会员制市场）却在开业两年后退出中国。

（二）网上交易市场的 6 种模式及其运作

电子商务概念进入已经有 17 年，第一笔电子商务交易至今也有 12 年，许多传统商品交易市场通过计算机与网络进行了交易升级、管理创新的革命，许多商品交易市场进行了探索，也有市场出现倒闭，但是，也有网上交易市场创新非常成功，真正起到了网上与网下联动发展，浙江省网上交易市场应有 6 种模式值得我们借鉴。

（三）国际金融危机背景下外向型交易市场对策

2007 年美国的次贷风波引起的金融危机，使许多国家遭受到前所未有的影响，我国一些外向型商品交易市场也面临着影响，如何应对国际金融危机，如何迎接挑战，许多国际型交易市场做出了探索，取得了经验，也出现了一些问题，认真研究这个问题具有重要意义。

（四）特色商品交易市场运作与管理

我国商品交易市场经过 30 多年的改革开放，已经初具规模，形成了一批

亿元以上的商品交易市场，2008 年年底亿元以上商品交易市场有 4567 个，交易额超过 5.2 万亿元，未来商品交易市场不是铺摊子，而是调整结构，促进其发挥特色，谁有特色谁就有生命力，可以说未来商品交易市场的发展趋势是特色经营。

（五）中国商贸城的规范与保护

改革开放 30 多年来，我国一直提出“走出去”战略，但是，长期被“走出去”边缘化的商品交易市场却走出国门，在 200 多个国家建起了许多各具特色的中国商贸城，但是，长期以来，得不到重视，也得不到保护。近几年来，先后出现的西班牙烧鞋事件、马来西亚驱逐商户事件、俄罗斯关闭市场、没收商品、驱逐华商等事件，应引起我们的高度重视，一方面，应规范华商的经营行为，另一方面应对其利益进行保护，再一方面对中国特色的商品交易市场应给予充分宣传，这一模式需要当地政府进行积极的支持，才能发挥其“建一个市场、活一方经济、带一片企业、富一方居民”的作用。

（六）商品交易市场的商业模式与管理

商品交易市场也如一个企业，需要加强管理，如对商户的服务、对商户的管理、对商户的经营，通过他们经营好商品，为消费者服务，但是，现在绝大多数市场的经营管理者对市场的管理重视不够，研究市场管理较少，如何用现代化管理提升商品交易市场的管理水平，应引起人们的高度重视。其赢利的核心，赢利点、赢利源、赢利杠杆、赢利对象、赢利屏障等“5 + 1”模式，如图 7 所示。

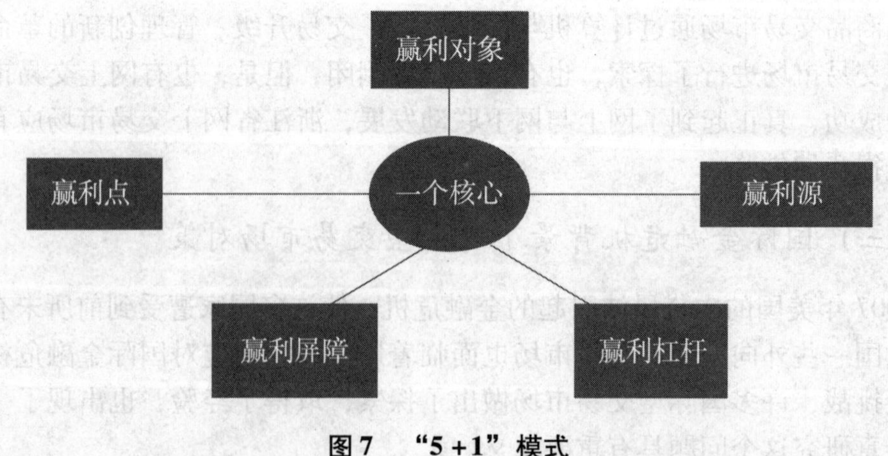

图 7　“5 + 1”模式

（七）商品交易市场的栈单质押与融资

金融危机的背景条件下，许多商品交易市场的商户资金周转不灵，而商品交易市场的栈单交易及其栈单质押交易可以较好地解决这些问题，因此，应认真引导市场进行研究，并介绍更多的方法，引导许多商品交易市场，特别是生产资料市场解决这些问题，此外还有大宗商品电子交易问题也应引起人们的高度重视。

（八）如何发挥商品交易市场主流通渠道作用

商品交易市场如何与上游生产者形成供应链，如何与下游零售业态，或者其他经济组织形成现代化的供应链关系，充分发挥当前商品交易市场60%～70%的主商品流通渠道的作用。

六、商品交易市场的发展趋势及其主题

（一）商品交易市场发展趋势

（1）商品期货交易品种多样化趋势。在现有24个品种的基础上，期货交易品种应该更加丰富，从而才能够发挥其功能，使现货市场与期货市场更紧密地联动起来。

（2）商品电子交易市场模式多样化趋势。在现有多种电子市场模式的基础上探索更多的商品交易市场模式。

（3）农产品交易市场物流与冷链体系趋势。农产品交易市场物流中心已经形成，但是目前仅仅处于初级层次，需要进一步发展，农产品市场冷链体系应与农产品交易市场紧密结合，成为不可分割的组成部分。

（4）多种形式的"农超对接"模式趋势。"农超对接"不可能是单一模式，也不可能脱离农产品市场体系，更不可能脱离农产品批发市场，单独形成一个体系。

（5）商品交易市场的现代化趋势。没有商品交易市场的现代化，就没有流通的现代化，在目前我国应加快商品交易市场现代化的进程。

（6）商品交易市场的标准化趋势。近几年来我国先后出台了许多市场标准，如农产品、纺织品、建材、尾货等市场标准，对我国商品交易市场规范化发展奠定了基础。

（7）商品交易市场的集群化趋势。一个商品交易市场不可能孤立地存在发展，而是采取集群化的发展方式，相互联系、相互依存、和谐共存、共同

发展。

（8）商品交易市场的结构化趋势。商品交易市场采取大中小结构优化的发展，大型的市场越来越大，但是中小市场也应有其发展空间，许多特色市场虽然不大，也具有较强的竞争力。

（9）商品交易市场的绿色化趋势。商品交易市场交易无公害商品、有机商品、绿色商品，交易过程及其交易环境的节能环保，绿色市场建设不仅仅局限于农产品市场，日用工业品、生产资料、再生资源市场也呼唤绿色环保。

（10）商品交易市场外向化趋势、专业化趋势、特色化趋势、法人主体化趋势、主导供应链趋势等。

（二）2010 年中国商品交易市场转型升级主题

（1）规模控制：从总体而言，我国 8 万个市场规模已经能够满足经济的发展需要，否则盲目发展会带来一系列的风险，特别是一些地方 1000 亩、2000 亩地发展规模，如果布局不合理可能会带来巨大的同业损害风险。但是实力较强的市场可以采取兼并重组的方式整合“休眠”市场、“空壳”市场，实行资本重组基础上的“管理模式”输出。

（2）结构调整：在总量规模控制的基础上，实行现有商品交易市场存量的结构性调整，减少同质化市场，开办具有特色的市场，发展一些专业性市场，优化现有商品交易市场结构，促进商品交易市场良性发展。

（3）交易升级：在以上两个主题的基础上，采用先进的计算机和网络技术，不断地进行商品交易市场交易方式升级，不仅仅是发展电子市场，而是发挥多种市场功能，促进市场的升级和换代。

（4）管理创新：商品交易市场是一种业态，而且商品交易市场业态是多样的，需要加强管理，改变现有的“管理就是收费”的陈旧方式，采取先进的理念、先进的技术、先进的管理方式，“经营好商户、管理好商户、服务好商户。”

（北京工商大学经济学院　洪　涛）

2009 年农业物流发展回顾与 2010 年展望

2009 年是新世纪以来我国经济发展最为困难的一年。面对历史罕见的国际金融危机的严重冲击，面对多年不遇自然灾害的重大考验，面对国内外农产品市场异常波动的不利影响，我国的农业物流仍实现了长足发展。

一、2009 年中国农业物流发展回顾

2009 年全国农产品物流总额为 1.97 万亿元，同比增长 4.3%，占全社会物流总额的 2.0%。尽管农产品物流总额在全社会物流总额中所占比重很小，但农业作为基础产业的事实决定了农产品物流乃至农业物流的运营状况直接关系到国计民生。回顾 2009 年中国农业物流的发展，其特点可以概括为以下方面：

（一）农业物流受到各级政府的持续关注

2009 年中央一号文件继续关注“三农”问题，提出要加强农产品市场体系建设。自 2003 年以来中央一号文件一直锁定在“三农”问题上，并在 2007 年明确提出发展适应现代农业要求的物流产业，在 2009 年明确指出要加大力度支持重点产区和集散地农产品批发市场、集贸市场等流通基础设施建设；推进大型粮食物流节点、农产品冷链系统和生鲜农产品配送中心建设；支持大型连锁超市和农产品流通企业开展农超对接，建设农产品直接采购基地；发挥农村经纪人作用；长期实行并逐步完善鲜活农产品运销绿色通道政策，推进在全国范围内免收整车合法装载鲜活农产品的车辆通行费。

《物流业调整和振兴规划》在主要任务中提出推动重点领域物流发展，其中包括加快发展粮食、棉花现代物流，推广散粮运输和棉花大包运输；加强农产品质量标准体系建设，发展农产品冷链物流；完善农资和农村日用消费品连锁经营网络，建立农村物流体系。在重点工程中提出大宗商品和农村物流工程，其中包括加快粮食现代物流设施建设，建设跨省粮食物流通道和重要物流节点；加大投资力度，加快建设“北粮南运”和“西煤东运”工程；进一步加强农副产品批发市场建设，完善鲜活农产品储藏、加工、运输和配送等冷链物流设施，提高鲜活农产品冷藏运输比例，支持发展农资和农村消费品物流配送中心。

（二）农业物流基础设施建设快速推进

在全球金融危机的经济背景下，国家实施了4万亿元的刺激经济方案，其中“农村水电路气房等民生工程和基础设施”被纳入国家扩大内需4万亿元投资重点投向，与农业物流相关的项目包括购置农产品质量检验检测设备、购置食品质量安全检验检测设备、购置粮食烘干设备、新增油脂油料仓（罐）容等。此外，在《农村物流服务体系发展专项资金管理办法》中，设置了专项资金支持农业物流的发展，支持大型连锁超市、农产品流通企业与农产品专业合作社对接，在农产品生产基地建设鲜活农产品冷链系统、快速检测系统、配送中心、物流配送体系等项目；支持大型鲜活农产品批发市场对冷链系统、质量安全可追溯系统、安全监控、废弃物处理以及仓储、分拣包装、加工配送等设施进行升级改造；支持农业生产资料连锁经营，重点培育大型农业生产资料流通企业，加强农业生产资料现代仓储物流设施建设。

（三）农业物流产业安全开始受到关注

随着中国入世后过渡期的结束，经过长期激烈的市场竞争与兼并，西方发达国家的以仓储为基础、工业为支柱、贸易为龙头、物流为延伸的大型农业跨国公司或粮食企业集团，凭借商流、资金流、信息流与物流的突出优势，形成了“从农场到餐桌”的全球食品供应链，并不断通过主导国际农产品价格涨跌与农业行业洗牌等获得进一步发展的机会。这将对国内农业物流从农产品生产、收购、储运、加工、销售到消费带来巨大的产业威胁，目前各级政府以及一些国有大型涉农企业（如中国储备粮管理总公司、中粮集团、华粮物流集团等）已经意识到这种威胁，并积极按照物流供应链一体化及核心竞争力增强的要求努力打造以仓储、转运、加工、贸易一体化为重要特征的大型国有企业集团。

（四）农业物流全过程的安全可追溯不断受到关注

食品安全的可追溯性可以理解为，对一种食品在生产、加工、销售等各阶段的踪迹均可追溯查寻，即食品的整个生产过程都可以找到踪迹。在信息管理方面，可追溯性可以将信息流与物流系统地联系起来，因此农业物流过程中的安全可追溯还必须依赖于一定的信息技术手段，如RFID等。目前，农业物流过程中的安全可追溯体系已经被越来越多的物流中心运用，如杭州农副产品物流中心实施的农产品质量安全追溯管理，对交易的蔬菜、水果、生猪等都开展全面的质量安全追溯工作；常州粮食现代物流中心基于RFID技术建立了粮食质量追溯与食品安全控制追溯体系等。

（五）农业物流中心（园区）建设全面开展

农业物流中心是开展农业物流活动的重要场所，也是现代物流区别于传统物流的标志之一。商务部开展的“千村万乡市场工程”在2009年建设和改造了1100个农村配送中心，农村连锁经营网络初步形成。随着“双百市场工程”和“农超对接”项目的全面展开，2009年中央财政安排专项资金，对600家农产品批发市场和农贸市场的790个项目建设进行扶持，其中包括冷链物流、质量安全可追溯、废弃物处理、安全监控系统建设等，并且农贸市场建设是2009年“双百市场工程”的亮点。目前已建成的农业物流中心有寿光农产品物流园、连云港市现代农业物流中心、皖江农产品物流中心、安徽现代粮食物流中心库、宁夏农产品物流中心、川渝粮食物流中心等。

（六）冷链物流持续受到关注和发展

随着食品质量越来越受到各方重视，冷链和冷链物流已成为人们关注的热点，冷链物流作为农业销售物流的一种特殊形态在2009年得到了多方关注和发展：2009年7月在杭州召开的“亚太冷链物流高峰论坛”，论坛让业内人士了解到国际先进的冷链供应链操作及商业理念，旨在探讨冷链物流行业的最新发展动向，当前遇到的焦点问题和困难，并对其提出具有前瞻性、可持续性的解决方案；2009年9月，全国物流标准化技术委员会冷链物流分技术委员会组织召开“2009冷链物流系列标准项目落实工作研讨会”，对冷链标准的修订进行了研讨；2009年11月在北京召开的第二届中国冷链物流年会，旨在全面反映冷链物流行业的发展动态，分析预测冷链物流产业的发展趋势，引导我国现代冷链物流行业稳步健康发展，促进冷链系统各行业合作，加强加大整合冷链市场资源，展现冷链行业最新科研成果；中国食品工业协会食品物流专业委员会组织的全国范围不同时间和城市举办“2009中国冷链物流万里行系列活动”等。

二、2010年中国农业物流发展展望

（一）农业物流的发展仍将受到重视

2010年中央一号文件继续提出了要健全农产品市场体系，主要内容包括统筹制定全国农产品批发市场布局规划，支持重点农产品批发市场建设和升级改造，落实农产品批发市场用地等扶持政策，发展农产品大市场大流通；加大力度建设粮棉油糖等大宗农产品仓储设施，完善鲜活农产品冷链物流体系，支持

大型涉农企业投资建设农产品物流设施；全面推进双百市场工程和农超对接，重点扶持农产品生产基地与大型连锁超市、学校及大企业等产销对接，减少流通环节，降低流通成本。在未来一段时间，农业物流将是我国经济发展关注的重点，也将得到进一步重视。

（二）农业物流网络将进一步完善和发展

农业物流在发展现代农业、促进农业结构调整、增加农民收入、推进社会主义新农村建设等方面都具有重要影响，随着《关于完善农业生产资料流通体系的意见》、“千村万乡市场工程”、“双百工程”的实施，农产品物流网络体系和农业生产资料物流网络体系将得到进一步完善和发展。农业供应物流的发展将会以乡、村两级经营网络为基础，以农资交易市场为平台，以大型农资龙头企业为重点，以区域性连锁配送中心为骨干，建立布局合理、经营规范、运作高效、协调发展的多元化、连锁化农资流通体系。农业销售物流体系的建设则可以通过在重点销区和产区再新建或改造一批农产品批发市场和农贸市场；通过加强冷藏保鲜、卫生、质量安全可追溯、检验检测、物流等设施建设；通过积极推动“农超对接”，支持大型连锁超市、农产品流通企业与农产品专业合作社建立农产品直接采购基地，培育自有品牌，促进产销衔接；通过建设从鲜活农产品生产基地到超市的冷链系统、物流配送系统和快速检测系统等一系列措施来提高物流效率，保证产品质量和安全。

（三）农业物流信息化水平将加快发展

信息在现代农业物流中发挥越来越重要的作用，强化信息服务对农业物流的提升功能，可以考虑以商业信息的采集、加工、利用和传播为主线，形成“信息流促进农产品物流”、“农产品物流带动信息流”良性互动局面。一要建立相应的信息数据库，充分利用企业信息化和电子政务设施，建立一批公用和专用的高质量、大规模、动态更新的商情、政策法规等方面的信息数据库；二要促进信息资源的深度加工和开发利用，培育一批有较高信誉度、专业分工明确的龙头信息服务企业或信息平台，提供高水平的增值信息服务；三要强化信息产品的传播与发布工作，加强公共信息资源的披露与共享工作，支持企业利用信息技术搭建基于互联网的互动式信息服务平台、电子商务平台。

（四）农业物流的专业化程度、组织化程度将得到进一步提高

农业物流的专业化依赖于相应的物流技术和专业人才。物流技术包括各种操作方法、管理技能等，如流通加工技术、物品包装技术、物品标识技术、物品实时跟踪技术等，还包括物流规划、物流评价、物流设计、物流策略等。随

着先进物流技术在农业物流领域的广泛应用，对农业物流专业人才的需求也会进一步增加，这也会推动农业物流管理人才、专业技术人才等的培养。而农业物流的组织化程度提高，可以依赖于各种农业合作社，也可以依赖于各类农产品加工配送中心、农产品物流中心等，将现有的分散的农户集并在一起，这对于解决农业物流的产销衔接可以发挥很好的作用。

（五）农业特种物流将得到快速发展

农业特种物流主要包括冷链物流、应急物流等具有特殊性质的物流形式，特种物流虽然对物流过程及管理提出了很高的要求，但是其发展也是符合市场需要的。商务部已经把冷链系统建设作为2010年农产品流通体系建设的重点。在发达国家，食品和鲜活农产品冷藏运输率达到80%～90%，中国只有10%左右，差距非常大；而中国的鲜活农产品损耗率在25%左右，在美国只有2%～3%，发达国家只有5%左右；加之市场需求也对冷链物流发展提出了要求。所以，农业冷链物流将会成为农业物流发展的重点内容之一。与此同时，应急物流的发展主要是考虑到农产品，尤其是粮食产品的重要战略地位而对应急加工、应急运输等提出新的要求。

（六）农业物流三大平台将会得到整合和应用

在现代农业物流中，基础设施平台、信息平台和支撑技术平台是建设现代农业物流体系的基石。目前在全国范围都建设了一定的农业物流基础设施平台、农业物流信息平台、农业物流支撑技术平台，但这些平台也存在着诸如地区行政分割、人为的物流环节分割、平台和技术之间的不兼容等缺陷，使得三大平台无法发挥本该有的作用，带来资源的浪费。通过对三大平台的整合应用将会使得资源得到充分利用，真正发挥平台对农业物流发展的促进作用。因此，未来对农业物流的三大平台的整合应用将会得到进一步重视和加强。

此外，农业物流规划的制定及农业物流相关法律体系建设将会得到进一步完善。农业物流规划是促进农业物流发展的核心工作，其制定应该在对农业物流状况调查与分析的基础上，规划农业物流中心、配送中心，并积极引进国内外先进的物流管理方法与技术，构建农业信息化系统软件平台，初步形成科学、合理的现代农业物流网络体系。

（南京林业大学经济管理学院　胡非凡）

2009 年食品行业物流发展回顾与 2010 年展望

一、2009 年市场回顾

对于食品物流行业来说，过去的 2009 年也是不平凡的一年。之所以不平凡，主要是两大因素，一是同所有行业一样，受到了前所未有的金融危机和经济动荡的影响；二是行业得到了来自最高层前所未有的重视和支持。国务院及时出台了振兴物流业的产业政策，这一忧一喜相互激荡的结果，就是我国食品物流行业全年不仅未现整体下滑，还在稳定中得到了一定的发展。这主要表现在以下几个方面：

（1）食品流通领域物流总额稳定增长，流通业存货周转次数继续提高，物流费用占 GDP 的比率有所下降；出现了一批能够为食品生产和流通企业提供综合性一体化服务、初步具有国际竞争力的物流企业；食品企业生鲜物流配送能力和水平逐步提高，农产品及食品批发市场物流功能普遍增强。

（2）食品冷链物流业发展迅猛。这方面，主要体现在对行业利好的国家政策。2009 年 1 月 15 日，全国鲜活农产品流通“五纵二横绿色通道”网络全部开通，这是我国首次构建全国范围的低成本鲜活农产品运输网络。这一网络累计长度 2. 7 万公里，全面实现了省际互通，直接连通了全国 29 个省会城市，71 个地市级城市，覆盖了全国所有具备一定规模的重要鲜活农产品生产基地和销售市场。另外《食品安全法》的出台，也对食品流通的安全规范等，提供了法律上的保证。

2009 年，尽管受到了世界经济危机的影响，但我国的冷藏车产业仍保持了较好的增长势头，年销售量达到了 4000 多辆，与 2008 年相比，增长率为 12%。通过我们对国内多家大中型冷藏车公司的市场调查，预计 2010 年我国冷藏车市场将突破 5000 辆。冷链市场的需求也越来越大，据专家预计，2010 年食品冷链市场的需求就在一亿吨左右，今后每年年增长率将为 8% 左右。我国方兴未艾的冷链市场，也引起了国内外许多投资企业的高度关注，食品冷链物流行业的资本运作，已然成为国民经济一个重要的投资热点。

（3）信息化技术开始更加广泛运用，我国食品物流的软实力有所提升。2009 年，我会新开通了中国食品物流网站，与原有的中国冷藏网和中国冷链物流网三网一体，并充分利用中国食品工业网，为企业提供了信息更充足行业物流网络平台，支持食品企业和物流企业运用互联网先进技术，实现资源共享、数据共用、信息互通。我会积极推广和应用食品物流，特别是冷链物流信息化解决方案，支持企业开发适应不同农产品特点的宽温度带冷藏运输技术，开发和应用适应多品种、小批量、高频率的食品物流配送管理软件，提高鲜活产品配送和分销能力，提升了食品供应链的全程安全监管水平。

（4）协会进一步强化服务功能，进一步增强了行业凝聚力。2009 年，中国食品工业协会主办的会员刊物《中国食品物流》保持了连续出版，刊登了大量实用的行业和企业信息，为食品企业、物流企业和设备技术企业，搭建了三方互动的供需平台，同时为行业内一批优秀企业和领军企业提供了一个展示企业风采和扩大企业影响力的窗口，受到企业的好评。

2009 年，我会主办了包括中国冷链物流万里行和全国冷链设备技术供需洽谈会议的系列活动，通过这些活动，规范行业运作、整合行业资源、加强市场信息流通、搭建沟通合作平台、传播行业现代理念等，已产生并将继续产生广泛的、良好的影响。同时，企业通过这些平台，也更加密切和加强了彼此间的交流与合作。

（5）实施食品物流示范基地工程，带动了现代食品物流整体水平的提升 。2005 年以来，根据国家发改委等三部门关于构建我国现代食品物流体系的要求，我会遴选了一批有一定实力和水准的食品物流企业，授予其称号，与其共同打造“中国食品物流示范基地”，取得了行业领头羊的良好效果。2009 年以来，我们在选定一批新的食品物流示范基地、示范企业和对前几年授牌的示范基地、示范企业继续扶持的同时，又根据国家工信部的要求，先后物色和选定了上百家食品冷链物流定点联系企业，为今后政府与协会、协会与企业的紧密合作和信息的即时沟通打下了扎实的基础。

二、2010 年展望

2010 年，根据中央经济工作会议精神，初步确定从以下几个方面继续推进行业的发展。

（1）继续鼓励食品企业将物流业务外包给第三方物流公司，自身专注于对核心竞争力的打造，让第三方物流的规模效益降低自己的物流成本。帮助企业引进先进的物流硬件设备和物流管理软件，并大力提高企业的硬件设备和人员管理水平，推进集约化共同配送以降低企业物流成本，实施配送、流通、加工一体化，引入先进信息技术进行货架管理，用现代物流技术推进食品物流合理化。

（2）加强协会与企业和政府间的合作，共同建立和完善食品物流行业的法规和制度。在企业依靠自身努力提高企业核心竞争力的同时，呼吁政府主管部门提供相应的政策支持和资金支持，并由行业协会提供更广大的交流合作平台，尽快建立起食品供应链全面质量管理体系，共同打造中国食品物流行业“安全、健康，绿色”的新格局。

（3）进一步加强对食品物流行业的调研，并接受国家有关部门委托，继续做好食品物流行业国家标准的理想和起草工作。目前，已经起草完成《易腐食品机动车辆冷链运输要求》国家行业标准，在由国家主管部门批准颁布后，将开始国家行业标准贯彻实施监管工作。除此之外，2010 年还要尽快完成已上报的国家行业标准的立项工作，并开始着手组织起草。

（4）根据国务院物流产业振兴规划要求，积极推进食品物流供应链信息化建设，要利用协会的公信力和影响力以及拥有众多食品企业和物流企业会员的资源优势，进一步提高行业使用食品特别是冷链食品供应链管理软件的水准和规模。为此，专委会将在已与国内一流的物流供应链管理软件支持商联合成立食品物流信息化推广办公室基础上，大力推广国产化的符合企业实际的先进管理软件。

（5）2010 年，按照国家“十一五”食品工业发展纲要中关于建立现代食品物流体系的要求，还将继续实施已进行多年的中国食品物流示范基地、示范企业、定点联系企业的认定和授牌工作，从而进一步推动行业健康有序持续的发展。

（中国食品工业协会食品物流专业委员会秘书长　张签名）

2009 年大宗商品电子交易市场发展回顾与 2010 年展望①

大宗商品是指用于工农业生产和消费使用的大批量流通的物资产品，如石油、钢铁、煤炭、塑料、糖、橡胶、粮食等，是国民经济发展和保障人民生活安全的重要物质基础。随着经济的持续高速发展，中国对各类大宗商品的需求与日俱增，目前已经成为钢铁等众多大宗商品的主要生产国与消费国。同时，由于受到生产能力等因素的限制，中国很多资源性产品需要大量进口，其中铜、石油等重要大宗商品的进口量接近乃至超过国内消费总量的一半，庞大的消费量和进口量使得"中国因素"成为影响世界商品供求格局和市场价格的重要力量。然而，中国在国际商品市场定价权的缺失，对中国经济发展带来很大的负面影响。国际市场的价格剧烈波动，以及国内市场供需信息无法实时、有效地反映，对中国企业产生巨大的风险、甚至造成巨大的损失。

电子商务是网络化的新型经济活动，正以前所未有的速度迅猛发展，已经成为主要发达国家增强经济竞争实力，赢得全球资源配置优势的有效手段。鉴于大宗商品所具有的重要战略地位，近年来，国家出台多项政策鼓励大宗商品流通领域的创新和电子商务的应用与发展。2009 年国务院《物流业调整和振兴规划》（国办发［2009］8 号）中明确提出要"加快建设有利于信息资源共享的行业和区域物流公共信息平台项目，重点建设电子口岸、综合运输信息平台、物流资源交易平台和大宗商品交易平台"；工业和信息化部编制的《物流信息化发展规划（2010—2015）》中明确提出要建设"电子商务与物流服务集成建设工程，推进煤炭、钢铁、粮食等行业性电子商务平台与物流信息化集成健康发展，促进现代流通体系建设。"

大宗商品电子交易市场是提供大宗商品交易的第三方多对多、动态定价的 B2B 电子交易市场。作为一种特定领域的 B2B 第三方电子商务模式，大宗商品电子交易市场是一种介于现货市场与期货市场之间的新型市场形态，是中国现代商品市场体系的重要组成部分。这类市场的出现不但推动了传统现货批发市场的改造与提升、促进了电子交易与物流系统的整合，拓宽了企业的购销渠道、减少了流通环节、降低了物流成本，而且这类市场还具有商品价格发现的功能，使企业能够规避价格波动风险、提前锁定成本和收益、合理安排生产计

① 本项研究获国家自然科学基金（70672058）资助。

划。从其发挥的作用来看，大宗商品电子交易市场有利于促进和完善国内生产要素和资源价格形成机制，在关系国计民生的大宗原材料市场，形成国际定价中心，从而保障国家经济安全。

正是在市场和政策多种因素的影响下，大宗商品电子交易市场行业在中国发展迅速、战略地位日益提升。为了促进和规范其发展，国家相关部门强化管理也成为该行业未来发展的主基调。本报告首先回顾了2009年中国大宗商品电子交易市场的发展状况，分析了大宗商品电子交易市场发展所面临的挑战和机遇，然后对大宗商品电子交易市场2010年的发展趋势进行了预测。

一、2009年大宗商品电子交易市场发展回顾

（一）大宗商品电子交易市场规模不断扩大，规避风险、稳定生产与流通的作用日渐增强

电子交易市场在促进物资流通方面发挥了重要的作用。随着交易规模的扩大和供应链不同环节交易商的进入，大宗商品产业链上的企业已不仅仅满足于电子交易市场提供的信息中介功能，而是把自己的一部分购销计划放到网上，利用电子交易的低成本、跨地域来完成商品购销。特别是在2009年全球经济危机进一步蔓延、国家实施“保增长、促发展”的宏观经济形势下，全球大宗商品价格暴涨暴跌，大宗商品电子交易市场为产业链中的企业提供了有效的避险工具。多个规范经营的大宗商品电子交易市场发展势头迅猛，交易量大幅度上升。

例如，上海大宗钢铁电子交易中心坚持规范经营的基本理念、以专业务实的态度积极采取技术创新、贴近市场深化服务、从客户的现实需求出发多方链接各类资源（现代金融服务、现代物流等）为交易会员提供增值服务等有效措施，再创公司自2004年成立以来的最好成绩：2009年成交量达到1.128亿吨，占全国钢铁生产总量的19.8%；成交额达4141亿元，税收贡献5300多万元，荣获上海市名牌企业、上海市信息行业优秀企业、上海市品牌服务企业、上海市守合同重信用企业、上海市诚信建设奖等诸多荣誉，取得了经济效益和社会效益的双丰收。其交易商包括钢铁供应链上的企业会员7100多家，客观真实的大宗钢铁价格不仅影响到长三角地区，更辐射到全国甚至境外，成为钢铁产业链各企业生产经营中不可或缺的最具权威性的风向标。

广西糖网食糖批发市场2009年全年单边交收量317.5万吨，比2008年增长30.93%，占广西壮族自治区食糖总产量的40%，占全国总产量的26%，相当于全国每消费4吨糖就有1吨是通过广西糖网实物交收和配送出去的。广西

糖网每日的结算价已成为糖厂、实体批发市场定价和制定销售计划的重要依据。

浙江塑料城网上交易市场自2004年11月开业以来，经过不断创新、发展，已经建立了“中塑仓单”、“中塑现货”两大电子交易平台和“中塑资讯”信息平台。开业五年来，已累计成交塑料1460万吨，成交额达1638亿元。全国各地5000多家从事塑料生产、经营、加工的企业成为网上市场的交易商，交易商客户遍布全国30多个省、区、市，成为目前国内规模最大、交易品种最多的塑料电子交易中心。

2009年，大宗商品电子交易市场继续快速发展，市场数量大幅增长。根据课题组截至2009年12月31日的统计，全国目前共有大宗商品电子交易市场128家，分布在23个省、市、自治区，其中2009年新增市场35家，如表1所示。据一项内部统计表示，其中的56家规模较大的电子交易市场2009年的交易金额达到1.8万亿元。

表1　　各省区市大宗商品电子交易市场分布

省份	数量	省份	数量
上海	17	辽宁	3
山东	17	吉林	2
广东	13	宁夏	2
北京	11	山西	2
广西	10	陕西	2
江苏	10	重庆	2
天津	10	海南	1
浙江	8	黑龙江	1
河北	5	湖北	1
安徽	3	江西	1
河南	3	云南	1
湖南	3	总计	128

在2009年新开业的35家电子交易市场中，有21家市场定位于农产品领域，交易的品种为农产品，占新开业市场的比例达到60%。一方面，农产品生产受天气影响较大，产量不确定性较大，因而该领域的企业避险需求较为强

烈；另一方面，农产品的供销渠道相对较不稳固，中小企业较多，更易于加入到电子交易行业中来。这些农产品市场交易品种包含苹果、棉花、白糖、玉米、淀粉、红枣、猪肉等，涵盖种植业、畜牧业、林业、副业等多个领域。

（二）加强风险控制、重视资金监管成为大宗商品电子交易市场的管理核心

在交易制度和风险管理制度上的严密设计，是大宗商品电子交易市场规范运营的重要基础。实行第三方的、带有强制性的监管措施，从制度上确保了客户交易资金的安全，避免了类似“华商所”案件的发生。

多家有代表性的大宗商品电子交易市场出于规范管理、加强风险控制的考虑，纷纷与大型商业银行探讨资金监管模式、开展紧密合作。上海大宗钢铁电子交易中心与广西糖网食糖批发市场是国内较早探索资金第三方监管的电子交易市场，2009 年这两家市场建立了更为严格的第三方资金监管模式。2009 年 7 月 31 日，上海大宗钢铁电子交易中心与中国建设银行上海市分行签署了《银企合作协议》，主要针对交易商的交易资金实行全面监管。在随后的四个多月时间里，从项目考察、立项申报、软件开发、技术测试、协议拟定到上线部署等一系列工作，在中国建设银行总行、上海市分行、虹口支行各级领导和部门的支持下，一一得以顺利落实，2009 年中国建设银行独家针对上海大宗钢铁电子交易中心开发的资金监管项目正式上线运行。广西糖网食糖批发市场与中国农业银行合作开发银企自动转账的“银商通”系统，加强资金监管力度，提高客户资金办理效率，目前已在分公司进行了银商通转账业务的推广使用，会员反映较好，表示能提高资金利用率、安全快捷。广西糖网食糖批发市场与交通银行、中国工商银行合作的银企自动转账系统也进入系统开发阶段，完成开发后将在全国范围内推广使用，以提高结算服务水平。其他多家大宗商品交易市场也纷纷与银行机构签订合作协议，开展资金第三方监管、银商转账业务等工作。

大型商业银行介入到大宗商品电子交易领域提供资金监管的服务，不仅能保证客户资金安全，也预示了大宗商品电子交易市场这个行业只要遵纪守法、严于管理、规范经营，必将能够获得社会各界的认可，也能够有效地整合各种社会资源来更好地服务于广大企业，它必将成为具有巨大社会价值和广阔发展空间的新经济代表。

（三）各级政府加大扶持力度，促进大宗商品电子交易市场健康发展

为了更好地发挥国家信息化试点在“培育新模式、探索新机制、推广新技

术”方面的作用，国家发展和改革委员会会同有关部门，选择实施效果好、社会影响大的试点项目列为“国家信息化示范工程”并予以授牌，通过多种方式进行宣传、推广。上海大宗钢铁电子交易中心、宁波都普特液体化工电子交易中心、浙江塑料城网上交易市场、山东寿光蔬菜电子交易市场四家大宗商品电子交易市场被国家发展和改革委员会列为“国家信息化试点工程”。国家发展和改革委员会将对纳入国家信息化试点、并确有近期建设需求的试点项目给予一定资金补助。获得试点称号代表着这四家大宗商品电子交易市场的运作模式、交易机制等已得到国家相关部门的认可，并值得推广。

《国务院关于推进天津滨海新区开发开放有关问题的意见》（国发［2006］20号）明确了推进天津滨海新区开发开放的意义、指导思想、功能定位和主要任务，批准天津滨海新区为全国综合配套改革试验区。在国务院批复的《天津滨海新区综合配套改革试验总体方案》中明确要求天津“加快现代市场体系建设。充分发挥北方对外开放门户的作用，按照把天津建成北方国际贸易中心的要求，加快石油化工、煤炭、钢材、棉花、粮食等大型商品交易市场建设，进行商品远期合约交易业务的探索。”在此文件精神的指导下，滨海新区2009年建设并成立了渤海商品交易所、天津保税区大宗商品电子交易市场、天津铁合金交易所、天津天保大宗煤炭交易市场等四家大宗商品电子交易市场。今后几年内，围绕完善市场体系和推动建设全国最大的电子交易市场集群的问题，滨海新区将加快建设散货、煤炭、棉花、稀有金属、食糖等十大市场，积极推动物流中心和保税平台建设，加快推动建设全国最大的电子交易市场集群。

《国务院关于推进重庆市统筹城乡改革和发展的若干意见》（国发［2009］3号）支持重庆建设长江上游金融中心和建立统筹城乡金融体制，围绕服务重庆的西南地区经济发展，大力建设金融要素市场，完善金融市场体系。其中明确指出“支持在重庆设立以生猪等畜产品为主要交易品种的远期交易市场”。

《国务院关于进一步促进广西经济社会发展的若干意见》（国发［2009］42号）进一步明确了要“加快建设大型工业品、粮食和农副产品批发市场和专业市场，进一步完善柳州食糖现货交易市场”。

（四）规范运行的市场产生良好的社会效益，少数市场发生风险事件而产生负面影响

大宗商品电子交易市场作为新经济模式的代表，其成长和发展符合市场经济的客观要求和基本规律。在国家加快发展方式调整，全力发展服务经济、低碳经济、绿色经济，着力引导和推进商品交易市场与现代流通产业、现代金融服务业接轨的新形势下，一些大宗商品电子交易市场规范运营，产生了良好的经济效益和社会效益，促进了中国现代商品市场体系的建设。

例如，上海大宗钢铁电子交易中心始终坚持规范经营的基本原则，总结起来就是“一有五无”的原则：“一有”即交易资金严格实行银行第三方监管，“五无”是指无履约担保、无股东背景的交易者入市、无自营交易、无交易商代理业务、无个人投资者入市；同时严格遵守国家有关部门的管理制度，如20%保证金等。正因为如此，上海大宗钢铁电子交易中心成为中国大宗商品电子交易市场的典型代表，也成为全国领先、国际上有一定影响力的专业化钢铁交易综合服务平台。当然，上海大宗钢铁电子交易中心能够取得这些成绩，其特大型国有企业股东的背景和文化优势、良好的品牌优势、高素质的团队优势、先进的技术优势、上海“四个中心”的区位优势等均是缺一不可的因素。

然而在全球整体经济不景气的状况下，商品交易量普遍下滑的形势也使得一些小规模的电子交易市场面临生存危机。少数市场追求短期利益，将电子交易市场变作资本投机市场，从而发生风险事件。2009 年年初，中国石油和化工交易网发布公告，宣布“因公司董事会有重大事项研究，该网即日起暂停交易”。三天后，中国石油和化工交易网再次发布公告，承认“经公司内部初步核查，发现交易网上存在违规现象，造成大额资金损失”。2009 年 5 月，由于部分交易商对花生价格暴涨暴跌不满以及无法完成实物交收，沂蒙山花生电子交易市场被迫停止交易进行整顿。由于山东龙鼎电子商务股份有限公司涉嫌价格操纵，2010 年 1 月 23 日《华夏时报》报道记录了龙鼎大蒜事件的全过程，报道刊发后被各大报纸和网站转载，引起不小的浪潮。

（五）大宗商品电子交易市场业务模式持续创新，现货流通受到普遍重视

大宗商品电子交易市场逐步认识到他们的竞争对手并不仅仅来自于具有相同交易品种的电子交易市场，更有批发市场等传统流通渠道的竞争。为了更多地掌控流通渠道，吸引更多的生产商和终端用户在电子交易市场上销售和采购，许多大宗商品电子交易市场纷纷在融资、信息服务、个性化交收等方面开展创新。

广西大宗茧丝交易市场 2009 年 8 月推出买方自助交收系统。干茧和生丝个性化程度较高，客户对清洁洁净、解舒率、万米吊糙等一系列指标有不同的偏好。如果在合约设计的时候把这些指标都分离开作为单独的品种，会造成品种数量过多而导致交易不活跃无法反应真实价格，如果不考虑这些指标，把他们作为同一个品种交易，在交收中又会面临个性化需求太多无法匹配的问题。为了满足这种个性化需求，广西大宗茧丝交易市场在 2009 年 8 月推出买方自助交收系统。通过该系统，增强了买卖双方交收的积极性，解决了以往某些货物无人接手的问题。

为了满足实物交收的要求，广西糖网食糖批发市场推出周合约，与月合约相比增加了交收频率。但随着交收量的增长，每周一次的交收也难以满足买卖双方的需求。于是广西糖网食糖批发市场在2009年推出提前交收业务。通过该业务，交易商可以在非交收时间提出交收申请，如果买卖双方同时提出申请并且货源充足，那么提前交收就可完成。这项举措使得中远期交易更贴近于现货贸易，缓解了卖方的资金压力，也使得买方在非交收时间能够采购到食糖。

浙江塑料城网上交易市场经过三年多的研究，开发了“中塑现货”交易模式，经过半年多的模拟运行，各项技术指标达到预定的效果，于2009年4月开始“中塑现货”电子交易业务实践。2009年4月23日，余姚中国塑料城的一家生产企业在“中塑现货”电子交易平台顺利购买了宁波江东区一家化工公司的20吨聚丙烯塑料，短短几分钟内，在网上完成了洽谈、购买、付款、生成电子合同、提货单的全部过程。这是继成功推出“中塑仓单”交易模式之后，该市场推出的又一塑料电子商务模式。运行第一天，网上挂牌850多单，数量10000余吨，货值达1.3亿元，有150多家生产厂的300余个塑料原料、助剂品牌挂牌交易，挂牌价格平实。广东、浙江、上海、新疆、四川、陕西等12个省市的涉塑企业参与交易。“中塑现货”交易模式可实现网上在线销售、在线采购、在线洽谈、在线物流、在线支付，网上挂牌交易不受塑料品种和地域的限制，能大幅降低企业的购销成本、物流成本。有专家认为，这是网上市场推出的又一项革命性的塑料交易电子商务模式，是对大宗商品电子商务模式的又一突破，必将对余姚中国塑料城实现跨区域、集约化、可持续的发展，保持其在生产资料市场领域全国领先的地位产生重大影响。

在具体实践的基础上，浙江塑料城网上交易市场广泛吸取企业、研究机构等社会各方面的意见和建议，充分借鉴国内外成功的经验，经过反复的研讨、论证和实践检验，制定了《中塑现货交易规范》企业标准。2009年9月5日，浙江塑料城网上交易市场举办中塑现货企业标准审定会，《中塑现货交易规范》企业标准顺利通过了国内权威专家的审定，成为浙江塑料城网上交易市场继《中塑仓单交易规范》后的又一个企业标准。与会专家一致认为，该项标准符合国家的相关法律、法规，编制过程规范，文本符合我国标准编制的有关要求，标准内容系统、科学、全面，具有较强的创新性和可操作性，是规范“中塑现货”网上交易行为的准则，对全国电子商务的发展具有积极的推动和示范作用。

二、大宗商品电子交易市场发展面临的机遇与挑战

（一）大宗商品价格的剧烈波动对中远期电子交易产生重大需求

国际金融危机的蔓延，对实体经济产生了深刻影响。大宗商品价格的暴涨暴跌成为普遍现象。例如，甲醇2008年5月的价格为5080元/吨，2008年年底暴跌至1575元/吨，仅为半年前价格的30%；热卷板2008年7月的价格为5700元/吨，4个月后暴跌至2670元/吨，仅为半年前价格的50%；冷卷不锈钢2009年3月中旬价格为14400元/吨，8月中旬涨至25500元/吨，1个月后又降至20000元/吨。价格剧烈波动造成的合同纠纷和违约、巨额损失屡见不鲜，某铁矿石经销商就是非常典型的实例。按照常规，该经销商已经与下游客户签署了销售合同、拿到定金，也已经向上游供应商采购，但是在铁矿石从供应商向他这里的运输途中市场价格发生剧烈下跌，下游客户毁约，从而导致该经销商损失数亿元。残酷的事实让企业认识到传统的购销思路已经不能适应现实的变化形势，因此产业链中的企业纷纷参与中远期现货交易，进行避险。在电子交易市场，交易商通过签订中远期合约，确定了期末实际成交价格，锁定了成本及收益，并可以根据中远期价格行情合理安排经营计划。因此价格的剧烈波动使得产业链上的企业对通过参加中远期电子交易来规避价格波动风险产生了重大需求。

广西糖网食糖批发市场已有交易商会员2400余家，蔗糖行业内90%以上的制糖企业以及80%以上的经销企业把广西糖网作为必不可少的购销平台。甚至可口可乐在中国的生产工厂都直接在广西糖网采购蔗糖。宁波大宗商品电子交易中心以带钢电子交易为主，目前在带钢业内已具有较大影响力，为产区与销区建立了高效的流通渠道。2009年，浙江塑料城网上交易市场新发展了包括浙江凯利、北京群星集团、苏州开元集团等大型生产、贸易企业在内的客户200多家，并根据塑料市场的变化，选取青岛T30S、大连西太T30S和沙特1102K等国内外知名厂家的PP品牌作为新增交收品牌，五大类通用塑料的交收品牌已达78种。目前已有中国石化、中国石油、埃克森美孚、巴斯夫、巴塞尔、沙特沙贝克、奇美等国内外140多家知名品牌的产品进场交易，日挂单超过10000单。

（二）国家整改力度增强，大宗商品电子交易市场进入规范化发展阶段

经过近10年的高速发展，大宗商品电子交易市场行业已经呈现出一片繁

荣的景象。然而正如其他新生事物一样，初期的发展常常会出现良莠不齐的现象。过去几年中，一些典型风险事件陆续发生，产生恶劣的社会影响，引起社会各界和政府部门的高度重视。

2009 年 12 月初，国家工商总局以 232 号文，要求“全国禁止新设立大宗商品中远期交易市场”。该文要求对新设企业的名称、经营范围及原有企业申请名称、经营范围变更登记的，不得使用“大宗商品中远期交易”、“大宗商品中远期交易市场管理”、“仓单交易”等字样。不久后商务部等六部委出台《中远期交易市场整顿规范工作指导意见》，内容包括：禁止设立新的大宗商品中远期交易市场、保障资金安全、禁止自然人和无行业背景的企业入市交易、禁止代理业务、规范保证金缴纳形式、限定每个交易品种和每个交易商的最大订货量。这些文件和政策的出台标志着国家相关部门对大宗商品电子交易市场的规范管理将成为未来的重要趋势。

历次的整改对于行业内各市场来说，既是机遇，也是挑战。如果大宗商品电子交易市场能够按照国家相关部门的要求进行整改，建立严格的风险控制体系，并严格执行国家的有关规定，那么这些电子交易市场不仅能在整改中生存下来，更能够适应市场发展的客观要求，迅速成为行业内的定价中心、信息中心、物流中心和物流金融服务中心。当然，如果某些电子交易市场仅仅是以应付的态度来应对整改，以改变表述、弄虚作假的手段来蒙混过关，那么这些电子交易市场不仅得不到发展，而且会逐步失去行业客户，即使不在整改中被关停，也会在风险事件中倒闭。

三、2010 年大宗商品电子交易市场发展展望

（一）大宗商品电子交易市场在规范管理中稳步发展，国际定价中心的地位逐步形成

大宗商品电子交易市场充分发挥互联网的技术优势，打破了各有形市场间的物理界限，以大宗商品现货流通的客户群体、购销体系、交易方式为市场基础，通过强化电子交易市场的运营管理、提升技术服务、整合各方资源等，为促进中国商品流通事业的进步作出了积极的贡献。在中国经济继续保持快速发展的宏观形势下，许多运营规范、已有良好工作基础的大宗商品电子交易市场会积极挖掘客户需求，在服务上强化开展物流等配套业务，在地域上从一级城市向二三级城市发展，设置分支机构或分市场，确保交易规模保持稳定的增长，从而进一步发挥大宗商品电子交易市场在商品流通中的社会作用。

随着政府相关部门整改力度的加强，大宗商品电子交易市场领域曾经出现

的不规范的经营行为将会受到很大程度的遏制。新市场的成立和新品种的上市将会面临极大的限制。一些投资规模较小、资金监管不到位、物流配套设施不完善的电子交易市场可能会暂时停业整顿。应该说，在目前形势下，这种管理是非常必要的，将会对整个大宗商品电子交易市场行业的健康发展产生积极的作用。

在国际金融危机持续产生影响的形势下，大宗商品电子交易市场的价格发现功能为供应链中的企业提供了有益的决策参考与指导。例如，浙江塑料城网上交易市场编制并发布的中国塑料价格指数得到了更加广泛的应用，新华社实时发布中国塑料价格指数，路透社、彭博社等国外知名通信社也实时转发，专家学者、行业网站普遍接受并运用中国塑料价格指数分析塑料行情走势。该市场编制发布的《塑料市场库存报告》，每半个月发布一期，至今已发布78期。中国塑料价格指数、中塑仓单价格、中塑现货价格、塑料库存报告组成了一个完整的价格反映体系，为业内分析价格走势提供了重要的依据。它不仅影响了国内塑料价格走向，同时也影响着国际塑料价格的走势，成为塑料行情风向标。

有理由相信，随着大宗商品电子交易市场的不断发展，它们的定价地位将会越来越强，使中国在逐渐成为众多大宗商品生产、消费与贸易大国的同时，也逐步具有成为大宗商品国际定价中心的可能。

（二）面向供应链各企业提供服务，业务创新持续进行

在中国的钢铁、化工、塑料等原材料领域和食用糖、花生、苹果等大宗农产品领域，行业市场化程度比较高，行业集中程度非常低。很多领域主要是通过多级经销商将商品销售给最终用户，市场竞争异常激烈。大宗商品电子交易市场最显著的特征之一是其交易商全部为行业内的企业。无论是从商品流通，还是从规避价格波动风险的角度出发，供应链上各环节的企业都对参与电子交易投入了极大的热情。由于交易商的背景不同，例如生产企业、经销企业、终端消费企业，在参与电子交易时关注点不同、服务需求也有很大的差异，从而对大宗商品电子交易市场的服务提出了更高的要求。上海大宗钢铁电子交易中心、广西糖网食糖批发市场等率先在供应链客户服务上进行服务创新。

大宗商品电子交易市场将电子交易与物流配送信息化相结合，有利于降低大宗商品的交易成本和物流成本、提高交易和物流服务水平，实现大宗商品流通环节的集成高效管理。在实践中，大宗商品电子交易市场与第三方物流企业往往以合约形式在商品产区和消费区域设置交收仓库，建立物流服务体系。根据交易商需求的不同，物流服务的范围在不断拓展，货物交收已经由初始的少数固定地点扩展到生产场地等更大的范围，而且电子交易市场组织的代发运业

务能力也在不断增强。

物流金融通过银行等金融机构与电子交易市场的合作创新，充分利用电子交易市场的信息优势，解决中小企业融资难的问题。2010 年该项业务将得到更大的重视和推广。在物流金融业务中，以交易商所从事交易项下的担保品（如存货、应收账款）为依托，对交易商资金投放、商品采购、销售回笼等经营过程的物流和资金流进行锁定控制或封闭管理，依靠处于银行和电子交易市场监控下的商品和资金的贸易流转所产生的现金流实现对银行授信的偿还。目前这一业务已在钢铁、塑料、丝绸等商品领域有比较成熟的运作，其中大宗商品电子交易市场在货物监管和价格监控中发挥了重要作用，也获得了相应的监管和信息咨询收益。预计物流金融的这些成功经验在今后几年将会迅速复制到其他行业和电子交易市场，为更多行业客户解决融资问题。

（三）现货交易模式给大宗商品电子交易市场带来更多的发展机会，也带来更大的工作压力

大宗商品电子交易市场的发展是以实物交收为基础的。目前越来越多的大宗商品电子市场重视现货流通，以实物交收为基础发展网上交易。例如，北京大宗商品交易所、上海化工品交易市场等在建设初期就定位于现货集散中心，与多家物流企业签订合作协议，注重发展现货交易。

更多的现货流通服务为大宗商品电子交易市场增加了更多的业务内容，也增加了更多的收入来源。除原有的交易佣金或手续费外，大宗商品电子交易市场还可以收取交收佣金、仓储服务费、代发运服务费、物流金融业务服务费等。同时，贴近现货服务也使得大宗商品电子交易市场的交易价格与现货流通价格更加趋于一致，吸引更多的行业客户前来交易。

当然，服务内容的增多也使得大宗商品电子交易市场的工作压力不断增大，对软硬件设备的要求也大幅提高。如何确保货物在库、在途的数量不出现短缺，质量不出现降低，如何满足交收中客户的个性化要求，如何处理交收纠纷，如何设置升贴水，如何匹配买卖双方使得总体成本最小，如何与传统流通渠道形成差异化竞争，如何保证存货质押过程中风险处于可控范围，这些都给大宗商品电子交易市场提出了新的课题。如果市场主办方能够设身处地地为客户着想并解决好这些问题，那么大宗商品电子交易市场不仅能在与其他电子交易市场的竞争中脱颖而出，而且能够吸引更多的传统渠道的企业参与到电子交易中来，这些大宗商品电子交易市场也会得到跨越式的发展。

（四）行业协会成立的迫切性不断增强，行业自律将成为重要手段

由于大宗商品电子交易的特殊性和交易模式在不断创新，政府监管体系和

法律体系还有待于进一步完善。2003 年颁布实施的国家标准《大宗商品电子交易规范》是这类市场的主要指导依据，然而这份由国家质量监督检验检疫总局颁发的国家标准主要是作为技术管理文件对大宗商品电子交易进行规范，在该标准未被强制执行的前提下，一些不规范的市场没能做到自律运行而成为害群之马。

2010 年将是大宗商品电子交易市场发展的关键时期。非常有必要设立大宗商品电子交易市场行业协会，实现行业自律、开展市场认证，并通过信息的公开和透明，促进行业健康发展。该行业协会一方面可以加强大宗商品电子交易市场企业与相关政府部门的沟通，展示和介绍行业情况；另一方面也可以在市场建设、规则制定、客户开发、交易管理、风险监控等方面对大宗商品电子交易市场企业进行实际指导。

（五）电子交易发展出现新动向，虚拟商品领域的交易活动崭露头角

随着业务模式的创新、技术的进步，大宗商品电子交易市场的商品交易品种在不断扩展，原有的易于标准化、不易变质等属性也在发生改变。例如，2009 年在重庆和湖南两地建立的生猪交易市场就是典型的代表。

特别值得一提的是，目前在中国，电子交易出现新动向，开始逐步渗透到虚拟商品领域。2008 年 8 月 5 日北京环境交易所和上海环境能源交易所分别挂牌成立。北京环境交易所是经北京市人民政府批准设立的特许经营实体，是集各类环境权益交易服务为一体的专业化市场平台。其目标是成为国内、国际环境类权益的价值发现平台和市场交易平台，通过先进的交易系统、广泛的会员网络和合作伙伴，将实现节能减排领域的资源优化，降低污染治理的成本和交易成本，提高环境治理的效率，它主要会在节能减排和环保技术交易、节能量指标交易、二氧化硫、COD 等排污权益交易以及温室气体减排量的信息服务平台建设方面发挥作用。上海环境能源交易所是上海市人民政府批准设立的服务全国、面向世界的国际化综合性的环境能源权益交易市场平台，其交易范围涉及环境能源领域的物权、债权、股权、知识产权等权益交易服务。

2009 年 10 月，中油资产管理有限公司、美国芝加哥气候交易所与中国人民银行金融研究所共同签署三方协议，决定成立“中美低碳金融研究中心”，共同研究如何试点大规模基于市场机制的碳交易。协议约定天津排放权交易所作为人民银行碳金融试点平台。美国芝加哥气候交易所董事长兼创始人理查德·桑德尔指出：“这个中心的成立进一步证明，中美可以利用金融创新，应对温室气体排放。”中国人民银行行长周小川此前会见桑德尔和天津排放权交易所董事长戴宪生时表示，中方期待和美方合作，在低碳经济发展这个新兴的

重要领域，一起进行关键的研究。天津排放权交易所目前已收到天津华能杨柳青热电有限责任公司、天津国华盘山发电有限责任公司等9家企业递交的书面函件，确认参与企业自愿减排联合行动计划。

广州“易物流”网络交易平台在线买卖运价和舱位，自动生成合同。该平台以物流服务撮合交易为主，确保交易信息的真实可靠，让交易双方的利益得到保障。

预计这类更具有创新性的交易市场将会在2010年得到较大的推动和发展。

（西安交通大学　冯耕中
深圳市农产品交易中心股份有限公司　何朝阳
解放军第二炮兵工程学院　石晓梅
中国科学院数学与系统科学研究院　汪寿阳）

参考文献

[1] 李毅学，屠惠远，汪寿阳，等．中国仓储金融服务分析与展望［J］．物流工程与管理，2009（12）．

[2] 邱玉峰，赵书生．工商银行首推大宗商品银商转账业务［N］．潇湘晨报，2009－11－22.

[3] 曾繁华．广西糖网首开食糖专列［N］．柳州日报，2009－01－10.

[4] 郭文生．中美低碳金融研究中心成立 天津碳交易迈向市场化［N］．中国环境报，2009－10－23.

[5] 陈竹．中国石油和化工交易网监管账户被查封［N］．财经，2009－01－08.

[6] 李攻．山东沂蒙山花生电子交易市场停业调查［N］．第一财经日报，2009－06－16.

[7] 金水．龙鼎电子盘涉嫌价格操纵 交易蒜农血本无归［N］．华夏时报，2010－01－22.

[8] 黄杰．大宗商品市场全面“被整顿”［N］．中国经营报，2010－02－13.

[9] 李云静．农行国内首家推出银商通业务［OL］．世华财讯，2009－07－09，http：//content. caixun. com/NE/01/f2/NE01f2ma. shtm.

[10] 胡建东．《中塑现货交易规范》通过企业标准审定［OL］．新华网，http：//www. zj. xinhuanet. com/df/2009－09－09/content_ 17647072. htm.

[11] 陆洲．北京环交所在京试点排污权交易［OL］．新华网，2008－10－19，http：//cs. xinhuanet. com/cqzk/03/200810/t20081019_ 1626260. htm.

2009 年网络购物物流发展回顾与2010 年展望

近年来，网络购物作为一种新兴的业态模式，正逐步渗透到消费者的生活和工作中来，形成了一种引领潮流的生活方式。网络购物借助虚拟渠道，优势是价格便宜、方便快捷，节省时间和精力。特别是2009 年以来，金融危机的影响逐步显现，消费者纷纷压缩家庭支出成本，网购优势更加突出，带动网购市场高速发展。网购物流作为实现网络购物的关键环节，获得了快速扩张的机会。

2009 年，我国网络购物市场加速扩容。据中国互联网信息中心（CNNIC）调查统计，截至2009 年年底，我国网民规模已达3. 84 亿人，其中，有近1 亿人的网购用户，年增幅达45. 9%，比2004 年翻了近两番，规模呈持续快速增长势头，如图1 所示。

2009 年，据艾瑞咨询统计，全国网络购物消费金额总计为2483. 5 亿元，同比增长93. 7%，占社会消费品零售总额2%。网民在C2C 和B2C 购物网站花费金额分别为2210. 3 亿元和273. 2 亿元，在C2C 购物网站上的购物支出占网购总金额的89%。

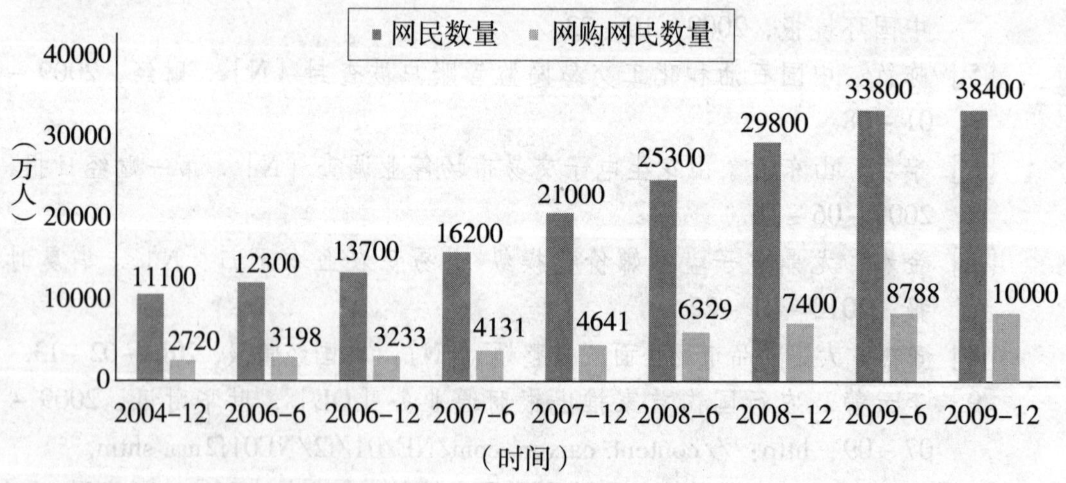

图1　2004. 12—2009. 12 中国网民和网购网民规模变化

目前我国网络购物已经进入了高速增长期。据艾瑞咨询预测，网上购物市场未来几年将继续保持高速增长，到2011 年，我国网上购物人数有望突破2

亿人，而销售金额有望突破5000亿元。

此外，我国网购政策环境持续改善。2009年，商务部发布《关于加快流通领域电子商务发展的意见》指出，要鼓励加快流通领域电子商务发展，到“十二五”期末，力争网络购物交易额占我国社会消费品零售总额的比重提高到5%以上。

一、2009年网络购物物流发展回顾

2009年，我国网络购物物流实现了跨越式增长。在总量、服务水平、体系建设、网络布局、联盟合作、信息对接等方面取得了一定成绩，成为网购购物市场发展的重要支撑。

（一）业务规模爆发式增长

2009年，受网络购物市场持续高速发展带动，网购物流业务规模呈爆发式增长。据测算，2008年全年网购物流业务量在100亿元左右，2009年将实现100%增长，达到200亿元。网络购物网站中，淘宝网2009年上半年物流单数已达到创纪录的3.2亿单，而2008年全年才3.5亿单数。淘宝网2009年日交易量达到了400万个包裹，75%的交易通过快递寄发，占到全国快递业务量1/3左右。圆通、申通、韵达等一批物流企业借助网购业务较好地抵御了经济危机的威胁，实现了逆势增长。作为较早与淘宝合作的快递公司之一，2009年上半年圆通快递日配送单数已达到47万~50万单。

（二）服务水平快速提升

网络购物的蓬勃发展为物流企业提供了重要的市场机遇，也提出了升级服务水平的挑战。顺应网购物流便捷、高效、集约的要求，网购企业和物流企业相互配合，不断创新服务品种，提供了包括限时送达、代收货款、仓储、理货、整体物流管理等多种增值服务，提高服务准时率，降低破损率、丢失率、投诉率，企业服务质量显著提升。

为保证客户要求，多家网购企业提高了配送速度。淘宝网宣布在杭州试行“限时快递”，承诺如果没有在指定时间内将货物送达，买方有权拒付快递费用。当当网宣布，针对北京、上海、广州、深圳四大核心城市的物流进行全面提速：凡北京城区顾客订单，当日下单次日就可送达；而广州、深圳也新推出了航空线路，一半以上订单隔日即可送达。凡客诚品（Vancl）宣布2010年将推出定点定时等个性化配送服务，夜间配送时间将延长至21点，这是凡客诚品在北京、上海、广州、深圳四地实现24小时配送后推出的又一项物流改进。

为便利客户交易，货到付款业务在领先企业中普遍推开。当当网开通货到付款的地区已经达到1238个，并且在很多核心城市已开通加急服务，当当网还在北京地区为联营商城商户开通了货到付款服务。凡客诚品支持货到付款的区域已经超过862个城市。其中，全境覆盖的省（含直辖市）包括北京、上海、天津、山东、江苏、浙江等。淘宝网每日新增的交易量中货到付款业务稳定在2000~3000笔的水平。货到付款业务的开通对新进入的网购人群具有很大的引导作用。

此外，针对许多网商已经从小商家发展成了规模化的企业，快递和物流企业开始尝试提供仓储、配送、加工等一条龙服务。申通为从C2C转变为B2C的网商提供“仓储服务+配送服务”的整体电子商务物流供应链服务产品，全面介入企业物流管理，提升企业物流效率。

（三）服务体系加快建设

随着网购平台在商品、服务等方面的差异度快速降低，网购物流已经成为网购企业打造差异化的突破点。为更好地控制物流质量，提升客户体验水平，企业加快物流体系建设。其中，大型网购企业自建物流配送中心的趋势越来越明显，网购物流已成为支撑网购模式转型的关键环节。

大型网购企业自建物流中心越来越普遍。2009年，当当网在武汉沌口新建的物流仓储中心正式落成并投入试运营，面积达15000平方米。卓越亚马逊入住成都的西部运营中心，面积约18000平方米。京东商城也在北京、上海、广州设有配送中心，并计划2009年进行三地配送中心的扩建和改造工程，增加配送站点数量，以实现辐射范围小，配送效率高的要求。

部分企业尝试自营物流配送业务。凡客诚品全资设立“如风达”的物流公司，主要承担凡客诚品在北京、上海地区的部分物流配送。目前物流配送队伍接近200人，能够实现一天两次送货，提供当场开箱试穿服务和移动POS机的刷卡服务。京东商城在全国25个城市已经建有配送队伍，并投资2000万元在上海成立“上海圆迈快递公司”，主要提供上海及周边地区的配送业务，预计将进一步缩短配送周期。而卓越亚马逊在京、津、沪、粤4地拥有自己的配送队伍，共约300人。

领先网购企业积极推行订单跟踪服务。当当网、卓越亚马逊、京东商城等B2C网站逐步推行订单跟踪服务，客户在网上下完订单后，从送货到客户手中，每个环节都能够实现跟踪监控。在订单跟踪页，客户可以查询发货单号、配送公司、配送站电话和配送进行步骤，这样能够保证物流配送信息的透明，方便客户查询货物发送进度。

通过自建物流体系，大型网购企业增加了物流的可控性，提升了客户的消费体验，在一定程度上树立了企业品牌，客户满意度大幅提升。此外，自建物流体系还可以加速资金周转，降低了资金占压风险。但是，企业自建物流体系，将有限的资金投入到物流基础设施、技术设备等耗资较大的非核心领域，具有较大的风险性。

（四）网络布局向均衡发展

物流网络的均衡布局提高了物流服务效率。淘宝网物流指数显示，淘宝网物流业务覆盖全国90%以上市、县、区，达到2999个。

网购企业编织覆盖全国的物流网络。卓越亚马逊入相继设立了北京、苏州、广州和成都四个区域运营中心，基本覆盖了全国主要网购市场。当当网相继建立了北京、上海、广州、成都和武汉5大物流配送中心，形成了覆盖东西南北、辐射全国的服务网络，库房面积也达到8万平方米。京东商城陆续完成北京、上海、广州3地仓储中心的扩建、改造工程，并将陆续在天津、南京、苏州、杭州、深圳、沈阳、宁波等14座城市建立自有配送站，配送站网络将逐步覆盖至全国200座城市。

为配合网购市场的发展，快递和物流服务商也加快网络调整。圆通网点建设的路径与淘宝网网商分布尽可能地做到吻合。目前，网商和网购最为集中的是江、浙、沪等地，圆通的网点几乎覆盖到乡镇。随着网购人群的增长，圆通的网点也加快向全国铺开。为了进一步接近自己的客户，很多快递公司都在积极地进行网点下沉，进一步在二三线城市布局。此外，大学生对网购服务接受度较高，许多物流企业开始加大学校配送力度。圆通正在很多大学与勤工俭学办进行合作，招收大学生在校内建立网点。申通2009年的“四进”策略当中，进学校、进社区被提上重要日程。

（五）产业链上下游合作加强

网购企业和物流企业是一种相互依存的关系，正在形成一种各取所需、互利共赢的战略合作关系，来实现上下游协调发展。

为规范网购物流市场，淘宝网积极推行“推荐物流”制度。通过与物流企业签约，签约的物流企业进入淘宝网的推荐物流企业行列，可直接通过与淘宝网对接的信息平台上接受其用户的订单。据统计，网商中使用推荐物流的用户已经达到了70%，申通、圆通等较早加入推荐物流平台的快递企业，电子商务业务每年增长在100%以上，目前每天的业务量已经达到50万单左右。

随着网购物流逐渐成为决定网购服务整体水平的关键环节，网购企业与物流企业合作向纵深发展。2009年10月末，B2C网站阿里巴巴与天天快递、韵达快运、申通快递、圆通速递等签约，四家快递公司正式成为阿里巴巴的“合作伙伴”。成为合作伙伴之后，快递公司获得了阿里巴巴的45万诚信通会员资源，阿里巴巴的诚信通会员可以在这四家物流企业市场价基础上享受6～9折不等的优惠。浙江支付联宝网络科技有限公司已与天津大田集团和宅急送这两大国内物流巨头联盟，成立了我国第一个电子商务第三方物流联盟。通过将适合的物流企业整合到在支付宝的在线支付平台上，保证交易安全，杜绝网络欺诈，更好地执行“全额赔付”制度。作为最大的C2C网上商城，淘宝网加快对物流资源的控制，整合分散的物流渠道。2009年10月22日，安得物流与淘宝网正式结成战略合作伙伴，开始尝试构建符合B2B电子商务特点的物流服务模式。淘宝网将依托安得物流全国近500个交叉理货平台和定点班车搭建网上电器商城物流平台，集中管理客户货源，实现全国小件货品快速、高效的一体化运营。

（六）信息技术应用成为重要支撑

网络购物本质是通过互联网及其技术应用，设置虚拟化的购物渠道，缩减供应链上没有增值的环节，为消费者提供全新购物体验和商业模式，因此，信息技术的应用是网络购物的根本，而IT系统的整合和对接是其中的重中之重。通过系统整合与对接，网购企业和上下游企业实现了物流、信息流乃至资金流、商流的统一。淘宝网与推荐物流公司之间的信息平台对接已初步完成。用户在淘宝网上达成交易后，如果使用推荐物流，便可以直接在线发送订单，经确认后，物流公司就会上门取货，而且买家和卖家还可以随时跟踪订单。首批入选阿里巴巴“伙伴计划”的4家物流企业已实现与阿里巴巴平台的对接，网商可直接与阿里巴巴网站选择物流企业下订单，订单识别、分发、查询、跟踪系统也进一步优化。为提升网购服务水平，全国邮政电子商务速递业务系统正式上线运行，系统基于邮政综合信息处理平台，包括业务操作、业务监控、综合查询、系统管理以及数据报表5个模块，实现了分派订单、回执录入、信息监控、订单查询等功能，可有效保障信息共享和实时传输。同时，新系统与淘宝网的网商实现了实时对接。

二、网购物流面临的主要问题

网络购物作为新兴业态，增长步伐较快，发展方式有其自身特色。近年来，网购物流日益成为网购的瓶颈环节，制约了网购市场的协调发展。

（一）第三方物流发展跟不上发展需要

网购规模每年100%的增长，而物流公司最多不过30%～50%的年扩张速度无法满足其需要。而且，现在的物流企业普遍存在专业化程度低、缺失社会化服务、物流标准混乱、物流设备落后等问题，与网购所需要的标准化、专业化、个性化物流服务还有不小的差距。

（二）价格竞争不利于可持续发展

据国家邮政局统计，承担网购物流重要份额的快递业务平均单价呈现下降趋势。2009 年上半年，全行业平均单价比去年略有下降。其中，国内同城快递业务平均单价上涨，而国内异地和国际及港澳台业务的平均单价下降。同城快递业务每件上升了 0.3 元，异地快递业务每件下降了 0.8 元，国际及港澳台业务每件下降了 4.1 元。主要原因是，在 C2C 业务中，物流费用一般由卖家承担，卖家更多的是考虑物流企业的配送价格，其次才是物流企业的服务质量，不愿意为客户服务提升支付差价。2009 年 9 月，受产能不足的影响，快递企业提出集体涨价，但考虑到市场份额的影响最终没有全部实现。

（三）网购物流服务标准亟待建立

物流服务的好坏直接影响到网购用户的体验。2009 年 3 月，中国电子商会消费电子产品售后服务委员会向社会正式发布 2008 年消费电子产业售后服务蓝皮书，其中 B2C 投诉率是 C2C 行业的 500%。目前的物流企业在配送时间、物流质量、先验货再签收方面没有标准可循，都存在着较大的问题，直接影响到网购“以顾客为中心”理念的实现。

三、网购物流发展展望

随着网络购物日益成为消费者的普遍购物方式，网购物流仍将保持快速增长态势。预计今后几年，网购物流仍将保持 100% 的年增长速率，2010 年网购物流业务量将超过 400 亿元。网购物流将作为一个专业物流领域，显示出自身独特的发展趋势。

（一）物流功能上升为核心竞争力

在网络购物中，已经实现虚拟化的信息流、商流、资金流等活动，成本差异不明显，而物流活动必须要通过实实在在的运作过程，运作水平的不同、模式的差异导致成本和效率的较大的差异，直接影响到网购企业效益。此外，由于网络购物的虚拟性，物流环节是网购企业与客户唯一的接触点，是客户体验网购服务水平的最直接渠道，直接关系到客户对网购服务的满意度，物流功能将成为实现“以客户为中心”理念的根本保证。

（二）价格竞争被创新产品和服务替代

随着消费者的不断成熟，对网购服务的要求从简单收发货向专业网购物流服务延伸，越来越需要企业开发标准化、个性化、专业化、一体化的物流服务，提高服务整体满意度。物流服务不仅是提供简单的仓储和运输服务，还要向上下游延伸，提供与网购供应链相关的采购、集货、配载、配送等各种增值服务，尽可能地形成多功能的物流服务模式。物流公司在设法满足客户需求的同时，将加快提升自身服务水平，积极探索增值业务，切实提高自身收益。

（三）网购物流服务标准加快建立

针对网购物流的特性，我们也需要制定一些关于网购物流配送领域的服务规范与标准。如代收货款的回款时间、货款的结算与保障，签收规则，投诉与理赔规则等。在发达国家，所有的物流配送全是由大型的物流企业按一定的标准在做，他们的价格也是透明的。针对国内情况，领先的网购企业将率先行动起来，承担制定标准的任务。借助自身平台优势，输出网购物流标准，通过认证和资质管理，引导物流企业标准化服务。2009年，国内外十余家主要物流企业与淘宝网首次联合推出了“网货物流推荐指数”，作为衡量物流公司服务的行业指标。中国邮政速递、申通、圆通、中通、天天、宅急送、韵达等十余家物流企业加入其中，指数的推行还要加强探索应用。

（四）速度、可靠性、客户体验日益成为竞争焦点

未来，速度、可靠性、客户体验将是未来网购客户最关注的物流因素。无论是自建还是外包物流业务，实现以最快的速度送达目的地，保证货物完整和准时到达，为客户提供最佳服务体验，三者组合将成为网购商提供差异化服务的关键。未来，谁在物流速度、可靠性、服务态度上形成优势，谁将成为网购市场最终胜出者。

（五）上下游融合逐步加强

物流企业和网购企业已经是一种你中有我，我中有你的关系，产业融合联动关系日趋稳固。与价格博弈相比，上下游企业在业务创新和模式对接方面的机会更加重要。物流企业将更加深入网购业务流程的各个环节，帮助网购企业挖掘降低成本和提高效率的措施，改善网购供应链服务水平。网购企业通过整合物流资源，加强对供应链全程的有效控制和优化配置。目前，两个行业都处在上升期，随着网购产业规模越来越大，相互依赖的关系也会越来越强。

（六）系统集成与对接走向深入

在电子商务时代，要提供最佳的服务，物流系统必须要有良好的信息处理和传输系统。而在供应链时代，网购信息系统与物流系统的集成与对接显得尤为必要。企业与企业间打破传统思想，推进信息流的一体化将充分发挥整合资源、优化配置的优势，大幅提升物流管理的效率和效益。

（七）自营物流与外包物流协调发展

物流体系的构建涉及企业的战略制定和路径选择，自营和外包物流的区别在于是拥有还是控制物流资源，两种方式都可以实现供应链的协调发展，关键是要与自身核心竞争力相匹配。达到一定规模的网购企业将选择尝试自营物流业务，打造物流网络平台，保证网购物流的快速、稳定和客户满意，将自身核心竞争力构筑在物流优势上。而外包物流业务的网购企业，将借助信息化技术和模式创新，通过科学规划、规范管理、绩效考核和反馈调整，加强对物流资源的控制，更多地选择灵活、便捷和低成本。满意服务的获得一方面要依靠严格的制度，另一方面更需要加强双方沟通，建立良好的信任机制和信息对接系统，实现多方资源的整合。

（八）专业化网购物流开始出现

网络购物本质上是个性化的服务，互联网本身没有时间和地域的限制，可以实现每周 7 天、24 小时的购物体验，而网购物流目前总体上还没有与之配套的服务能力。根据网络购物对实体物流的个性化需求，专业化的第三方物流企业开始出现，针对网购市场实际需要，除传统服务外，还提供货到付款、动态仓储、开箱验货、退换货等个性化业务，建立实时的资金周转平台和多层次的社会化物流配送网络以满足网购顾客需求，真正实现物流、资金流、信息流三流合一，与网购企业共同成长。

（中国物流与采购联合会　周志成　程松海　杨　博）

2009 年化工行业物流发展回顾与 2010 年展望

一、2009 年化工行业物流发展回顾

2009 年为应对国际金融危机，实现“保增长、扩内需、调结构”的战略目标，国务院及时制定和实施了扩大内需、促进经济增长的计划，出台了《石化产业调整和振兴规划》，全年石油和化工行业经济出现了企稳回升、总体向好的发展局面。从总体看，全行业工业增加值实现了两位数增长。2009 年，行业工业增加值占全国工业增加值的 12.00%，同比增长 10.13%。分时段看，年初增长 6.6%，上半年增长 7.7%，前三季度增长 9.06%，呈现逐步增长的态势。2009 年，我国石化产业的格局未发生大的变化，重心仍在东部沿海一带，但部分产业正由东部向中西部地区转移。内蒙、江西、四川和湖北等中西部省区的增速已位于全国前列。

在《物流产业调整和振兴规划》和化工产业整体发展的支持下，2009 年化工物流产业发展也呈现 V 型反弹，快速发展态势。其特点如下：

（1）国内生产多数产品产量出现恢复性增长带动化工物流增长。2009 年 8 月以后，多数产品出现恢复性增长。62 种（类）重点石化产品产量显示，2009 年，同比增长的产品有 58 种（类），占 93.5%。特别是成品油、化肥、基础化学原料、合成材料、轮胎等类产品增速比上年明显加快。

（2）主要液体化工品进口快速成长，带动化工进口物流快速成长。据不完全统计，2009 年 1～9 月甲醇进口量累计 445.6 万吨，2008 年同期进口累计 92.2 万吨，同比增长 383.6%；2009 年 1～9 月纯苯累计 57.5 万吨，同比增长 155.9%；2009 年 1～9 月乙烯进口量累计 78.7 万吨，2008 年同期进口累计 54.3 万吨，同比增长 45.0%；2009 年 1～9 月合成树脂进口量累计 2197.7 万吨，2008 年同期进口累计 1818.9 万吨，同比增长 20.8%。

宁波、张家港等化工品进口物流中心继续发挥重要作用。据海关统计，2009 年宁波市共进口液体化工品 407.9 万吨，价值 33.8 亿美元，同比（下同）分别增长 33% 和下降 7.3%。张家港 2009 年 1～11 月累计进口化工品 312 万吨，比上年同期增长 55%；价值 19.5 亿美元，下降 12.8%。

（3）2009 年国内油气管道建设飞速发展，成为又一个建设高峰年。我国最长的成品油管道、中部成品油运输大动脉——中国石油兰州—郑州—长沙成

品油管道全线贯通；中国石化加工原油近半实现管道运输，并实现了北起河北曹妃甸，南至浙江册子岛、大榭岛全长3000公里的中国石化东部原油管网全网连通；中国海油陆上成品油管道建设取得进展，惠州—东莞—立沙成品油管道正式打通；陕西延长石油集团建成投产了延炼—西安成品油管道；2009年年底，西气东输二线西段建成投运，并与中国—中亚输气管线成功对接。

（4）从总体来看化工物流企业经济效益较好。主要从事化工品仓储的保税科技，预计2009年1～12月实现净利润比上年同期增长40%～70%。（信息来源：保税科技2010－01－28临时公告）。主要从事化工品运输的中化国际物流板块2009年1～6月共实现水运量231万吨，同比增长36%，实现销售收入75871.94万元，同比增长19%，销售毛利率上升1.4%。国内另一从事化工品运输的长航油运，化工品运输，营业利润率则增加6.63%。所有这些表明，化工物流企业整体经济效益比较好。

（5）在2009年仍然是化工物流企业积极扩张的一年。2009年长江国际拟扩建116500立方米储罐扩建工程项目，该项目建设投资为9795万元，建设用地费2964万元，项目总投资12759万元；华西村集团控股的江阴华西化工码头有限公司拟新建液体化工储罐11万立方米，投资估算6700万元。中化国际截至6月底公司控制船舶37艘、控制运力30.3万吨，拥有集装罐2547个。长航油运也有进一步的发展。

二、2010年化工行业物流发展展望

（1）总体来看，我国化工物流产业在化工产业发展带动下将有进一步发展。从长期来看，中国经济的快速发展推动了中国重化工业的发展。据美国化学委员会（ACC）估计，过去的10年中，中国的化学品产值已经增长近7倍，中国很有可能在2011年取代美国成为全球最大的化工市场。2010年石油化工行业开局顺利，运行良好。油气生产稳步增长，价格平稳，化工产品生产保持稳定，价格继续维持上升趋势。预计2010年主要产品产量都有较大幅度增长。随着经济好转，市场对石化产品的需求回升。中石化集团预期，预计2010年内地五大合成树脂消费量达到4715万吨，同比增长5.4%；合成纤维及合纤原料需求增长6.2%；合成橡胶需求将增长6.5%；其他化工产品的需求也有不同程度增长。随着天津石化千万吨炼油，百万吨乙烯装置投入运行，国内乙烯、丙烯等有机化工原料产量继续稳步上升，乙烯月产量预计超过105万吨，纯苯达45万吨。主要产品生产量的增加将为化工物流产业发展提供坚实基础。预计2010年，中国化工物流产业仍将有较快的发展。

（2）化工物流产业发展的地区布局将进一步均衡，化工物流发展将出现新

的热点地区。2009 年以来，国家出台了多个新的区域发展规划，江苏沿海地区、辽宁沿海、环鄱阳湖地区、关中—天水、成渝经济区、新疆等地经济发展规划或已公布，或在调研中。这些地区中很多都把石油化工产业作为主导产业加以培育，作为化工产业的基础和支撑产业，这些地区化工物流产业一定会有新的发展。

（3）节能减排将成为化工物流企业发展新的方向。物流行业是碳排放较大的行业。从长期来看，化工物流行业能耗问题值得关注。在全球性的低碳经济发展的大趋势下，国内化工物流产业企业应当与时俱进，积极探索低碳化的企业发展道路，为中国低碳经济发展作出积极贡献。

（北京邮电大学管理学院　张永译）

2009 年绿色物流发展回顾与 2010 年展望[①]

哥本哈根气候大会的召开，为世界各国敲响了警钟。“低碳经济”，不再只是一个时髦的新名词，更是各国经济走上健康、快速发展道路的必然选择。它是指依靠技术创新和政策措施，实施一场能源革命，建立一种较少排放温室气体的经济发展模式，从而减缓气候变化。其实质，是能源效率和清洁能源结构问题，核心是能源技术创新和制度创新，目标是减缓气候变化和促进人类的可持续发展。

绿色物流是发展低碳经济的内在要求。物流是国民经济的大动脉，无论是企业内部的生产活动，还是企业间的物能交换，乃至整个社会的经济活动，都离不开物流。只有抓好物流业，优先发展绿色物流，才能有效实现资源的减量化，降低排碳量，减少环境污染，为低碳经济的持续发展提供动力和可靠保障。

目前，绿色物流的研究内容主要有：物流发展与能源消费的关系研究、物流业耗能现状及节能减排的对策研究、环境税及资源再生利用立法研究、逆向物流研究、生态工业园区研究、企业绿色物流研究、绿色供应链研究、绿色物流技术研究、国外绿色物流研究等。可以说，理论研究更加全面、更趋成熟。同时，各行业实施绿色物流也取得了不少成果。

一、我国绿色物流的行业实施现状

（一）交通运输行业

运输费大约占社会物流总费用的60%，所消耗能源亦旗鼓相当。因此，作为物流的核心活动，降低运输能耗对实现绿色物流具有重要意义。现在，采用智能交通系统，成为交通运输业绿色化的有效途径。它可以提供实时的交通信息，供运输管理的决策者选择最优路径及合适的运输方式，帮助车辆驾驶员及时调整行驶路线，避开拥挤路段，尽快完成运输和配送任务，从而实现物流的畅通，减少物流能源成本，缓解交通压力。其电子收费系统，可以实现收费车

① 基金项目：重庆市社科规划项目“重庆工业节能减排统计指标体系研究”的资助。

作者简介：龚英（1968—），女，重庆人，重庆工商大学教授。研究方向：绿色物流，供应链。

道上不停车、不用票据的自动收费，减少用现金收费所产生的延误，提高道路的通行能力和运行效率，有效减少车辆的停车次数，节省运输时间和能源消费。

在智能交通系统的建设方面，广东省做了积极且富有成效的探索。从2001年开始，广东省在进行基础设施建设的同时，加大了智能交通系统的建设力度，逐步建立起城市交通管理系统、高速公路监控系统、收费系统和安全保障系统等。广东省联合收费系统的开通，使得广东的路网和交通环境获得极大改善，实现不停车通关及粤港公路收费的无缝连接。深圳市建立起现代物流信息系统，作为全国唯一的物流信息平台项目，入选"十五"国家智能交通系统应用十大示范工程，已经为95%的运输相关企业和85%的大型加工贸易企业提供服务。事实证明，智能交通系统可以大大提高物流运输效率，减少物流能源消耗，是实施绿色物流的有力武器。

（二）生态工业园区建设

生态工业园区是依据循环经济理念、工业生态学原理和清洁生产要求设计建立的一种新型工业园区。它有意识地将废物排放企业和再生利用企业安排在一个工业园区内，通过物流等传递方式，把不同工厂或企业连接起来，形成有机的循环组合和产业共生网络，使得一些企业产生的废物作为另外一些企业的原料进行再利用，发挥逆向物流的作用，提高资源利用率，降低能源消耗和污染物排放。同时，借助集中化管理，确保物流运输、仓储等活动过程中产生的废弃物得到及时妥善的处理，运输路径和配送计划安排科学合理，在保证物流服务水平的前提下，降低运输能耗，实现绿色物流目标。

我国正处在工业化的初级阶段，建立工业生态园区是发展低碳经济、实现物流绿色化的有效途径。截至2009年1月，正式命名或得到同意批复的国家级生态工业示范园区已达33个。其中，广西贵糖（制糖）生态工业园区等行业类园区占总数的27%；综合类园区占总数的70%，其中，南昌高新区国家生态工业示范园等国家级高新技术产业开发区4个，天津市经济技术开发区等国家级经济技术开发区11个，国家级保税区1个，环保产业园1个，省级工业园区6个；静脉产业类园区1个，占总数的3%。很多生态工业园区取得了可观的经济效益和环境效益。例如，大连经济技术开发区生态工业园，年处理产业废物达2万吨，回收资源6000吨。2007年，全区在年生产总值同比增长25%的情况下，实现万元GDP能耗同比下降4%，主要污染物排放总量同比下降10%。

（三）再生资源的回收利用

再生资源，是指在社会的生产与消费过程中产生的，失去原有使用价值而以各种形态赋存，可以通过回收与加工处理使其获得新的使用价值的各种物资的总称。由于开采和利用方式粗放，中国资源利用率低、浪费严重，每年大约有500万吨废钢铁、20多万吨废有色金属、140多万吨废纸及大量的废塑料、废玻璃没有回收利用，价值达300亿~350亿元。如果把这些废旧物资转化为再生资源，将产生巨大的经济和环保效益。

再生资源的回收利用离不开逆向物流的支撑。作为绿色物流的重要组成部分，逆向物流在提高资源利用率、减少环境污染等方面，有非常大的发展空间。但是，我国从事逆向物流行业的企业还较少，处于起步阶段。在全球7万多家再制造企业中，中国公司不超过10家。海尔集团在“再利用”逆向物流领域做得比较成功，值得其他企业借鉴。海尔以强化废旧家电的回收和资源化为突破口，提高废旧家电回收利用技术水平和提高再生产品附加值，并加快静脉产业园建设。该项目每年可回收铜、铝、铁、不锈钢、贵金属、塑料等可利用再生资源8381吨，可利用零部件折合整机2000套。海尔的静脉产业园形成了更深层次的资源产业链：废家电金属—冶炼厂—金属原材料—新家电。青岛海尔建成了我国第一个国家级废旧家电回收处理示范基地，并成为我国第一个绿色环保教育示范基地，成为废旧家电环保处理的标杆，将大大提升广大国民的环保意识和国内的环保技术水平。

二、2010年展望

（一）开征低碳经济方面的税费

我国发展低碳经济面临的主要问题，在于我国以煤为燃料的火电成本较低，使得风能、太阳能、核能等清洁能源的发电成本相对较高，缺乏市场竞争力，国内需求不足，产能过剩。然而，火电成本较低是以损害环境为代价的。只有开征碳税，才能平衡经济发展和环境破坏之间的矛盾，是发展清洁能源最有效的手段。现在，不少国家，特别是西方发达国家，已经或者正在考虑征收碳税，如果我们不及早开征碳税，等到他们对我国产品开征碳税，我们将变得十分被动。开征碳税的时间越推迟，我们为此付出的代价就会越大。在这样的形势下，开征低碳经济方面的税费仅仅是时间的问题。

开征碳税，对我国发展绿色物流既是机遇也是挑战。一方面，气候恶化、国际压力等各种因素形成强大的合力，促使社会各个层面接纳节能减排的号召，积极参与降低排碳量的各种行动，配合政府部门实施相关政策。对宏观经济政策较为敏感的物流业，也必然迎来物流绿色化的新浪潮。另一方面，开征碳税，必然增加物流成本，首当其冲的就是交通运输业。根据测算，欧盟开征碳排放税，将导致全球民航业成本增加 24 亿欧元，将给我国航空业造成很大的负面影响。

（二）进一步出台再生资源方面的法规

发达国家十分重视资源再生利用的立法工作。例如，在过去 10 余年间，美国共出台了《21 世纪清洁能源的能源效率与可再生能源办公室战略计划》、《国家能源政策法规》等 10 多个政策或计划来推动节能。2003 年出台的《能源部能源战略计划》，准备在 2005—2010 年，提供 200 亿美元发展能源技术。德国政府也先后出台了《可再生能源法》、《生物能源法规》、《能源节约法》、“10 万个太阳能屋顶计划”等一系列有关环保和节能的法规与计划。由此可见，资源再生利用的法律化，对强化节约资源、保护环境具有重要作用。

这几年，虽然我国一直倡导循环经济，但是，高消耗、高污染的经济发展模式并没有得到根本转变。面对来自国内外的双重压力，加快再生资源的立法步伐，已经箭在弦上，刻不容缓。自 1997 年《中华人民共和国节约能源法》颁布以来，《中国节能技术政策大纲》、《节能中长期专项规划》、《资源节约综合利用技术改造项目管理办法》等法律法规已经相继出台。哥本哈根气候大会之后，我国面对的减少碳排放量的国际压力陡然增加，无论是为了在短期内缓解国际压力，还是从长远考虑，协调经济发展和环境保护之间的平衡，都要求在法律层面做出积极的应对措施。出台再生资源的相关法规，势所必然。

（三）新能源汽车将越来越普及

2008 年的国际金融危机，迫使陷入困境的汽车工业，把更多的目光集中到新能源汽车。2009 年，《汽车产业调整和振兴规划》（以下简称《规划》）出台，新能源汽车成为我国汽车产业振兴的焦点。《规划》从科研开发、技术改造、标准法规、基础设施、市场营造等方面全方位推动我国节能与新能源汽车的发展。引导社会接受能量效率更高、低排放甚至零排放的新能源汽车，促进新能源汽车的研发和产业化发展。最大限度地采用节能、低排放或零排放的电动汽车，将对我国在交通领域节约和替代燃油，构建绿色运输体系，减轻我国作为世界上第二大二氧化碳排放国所承受的巨大国际压力，起到至关重要的作用。

（四）绿色供应链管理

经济全球化步伐加快，社会分工进一步深化，企业间联系进一步加强，供应链管理理念深入人心，为绿色物流在供应链层次进行管理，创造了有利条件。绿色供应链管理的核心在于引入全新的设计思想，对产品从原材料购买和供应、生产、最终消费直到废弃物回收再利用的整个供应链进行生态设计，通过一贯制运输和共同配送等方式，促使供应链上各企业内部部门和各企业之间紧密合作，在提高物流服务水平的同时，减少废气排放、噪声污染和交通阻塞，最大限度降低对环境的负作用，提高资源利用效率，使整个供应链的经济效益、社会效益、环境效益协调优化。它包括绿色设计、绿色材料选择、绿色制造工艺、绿色包装、绿色营销和绿色回收等诸多方面，是绿色物流理念和技术在更高层次、更大范围的贯彻运用，是在消费者绿色消费意识增强和环境保护政策法规约束下，当今企业作出的必然选择。

（五）绿色包装

初步统计，2009 年，我国社会消费品零售总额已经突破 9 万亿元，商品经济愈加发达，绿色包装在物流绿色化中扮演的角色也越来越重要。绿色包装具有保护、方便、节约功能。可以防止物品破损变形、变质腐败，方便运输装卸和储存，节约包装材料。绿色包装的理念，即倡导无公害包装。尽量采用无污染、可回收利用或可再用的包装材料及制品。也就是说：包装产品从材料的选择，产品制造、销售、运输、使用、回收等整个过程都应符合绿色物流和生态环境的要求。注重绿色包装的发展，是在物流业推行循环经济的关键。大力提倡绿色包装，既有利于保护自然环境，节约资源，实现可持续发展；也有利于企业顺应社会发展趋势，满足消费者需求，避免不必要的法律纠纷，提高市场竞争力。随着低碳经济的到来，绿色包装可能会在立法、材料税收、包装材料和方式的创新、包装标准化等方面加快发展步伐。

（重庆工商大学　龚　英　程永伟）

2009 年应急物流发展回顾与 2010 年展望

应急物流是近年提出的一个崭新概念。在历次突发事件的应对过程中，应急物流发挥了极其重要的作用，逐步得到学术界和政府的认可，特别是 2008 年汶川特大地震后，在社会各界的共同努力下，应急物流逐步进入实质性发展阶段。

一、应急物流发展回顾

（一）应急物流在突发事件中浴火诞生

2003 年“非典”爆发后，解放军后勤指挥学院王宗喜教授及其领衔的科研团队敏锐洞察到物流在应对突发公共卫生事件中的巨大作用，在国内率先公开提出“应急物流”这一概念并进行系统研究，开创了国内应急物流学术理论研究的先河。在 2003 年 12 月 27 日闭幕的“第七次中国物流专家论坛”上，经出席论坛的政府和企业代表、物流行业媒体以及专家现场投票，“中国经济经受非典严峻考验，物流系统建设特别是应急物流机制引起社会广泛关注”被评价为“中国物流与采购行业十件大事”之一，显示出应急物流已经在灾难的考验中诞生。

（二）应急物流得到社会各界广泛认同

应急物流概念提出后，学术界对此进行了持续的跟踪研究，取得了丰富的理论成果。截至目前，国内有关科技期刊已经公开发表了 200 余篇与应急物流相关的学术论文。国家发展和改革委员会委托中国物流与采购联合会，于 2008 年和 2009 年连续开展了《中国应急物流体系建设研究》和《应急物流规划研究》课题，形成了较为系统的理论研究成果。2008 年南方低温雨雪冰冻灾害以及四川汶川特大地震灾害发生以来，应急物流得到政府和社会各界广泛重视，先后组织召开了 2008 年成都应急物流高峰论坛、博鳌亚洲论坛“应急物流战略——突发事件与快速响应”分论坛，以及 2009 年上海军事物流与应急物流研讨会等会议，对政府、企业、行业协会等在抢险救灾活动中的角色和作用进行广泛探讨研究。特别是 2009 年国务院发布的《物流业调整和振兴规划》将应急物流列为九大重点工程和七项专项规划之一，标志着应急物流的地位，作用无论是在政府层面，还是在社会层面，都得到了空前的理解和认同。

（三）应急物流行业社会团体应运成立

2006 年，经国家民政部批准，正式成立了中国物流与采购联合会应急物流专业委员会，作为我国第一个应急物流行业协会组织，促进和推动应急物流的科学发展。该委员会携手应急物流领域科研单位和企业，开展应急物流理论研究、技术开发及成果推广，制定相关标准，整合行业资源，规范服务市场，培养应急物流人才，开展国内、外交流与合作，协助会员企业提高综合竞争能力。自成立以来，该委员会始终坚持以为军队及各级政府、大型企业提供应急物流服务为己任，积极推动军队现代化和地方经济建设。目前，该委员会受中国标准化管理委员会委托，立项开展了“应急物流标准体系及重点标准项目研究”课题。该课题在研究分析应急物流标准化现状及需求的基础上，论证应急物流标准化建设的目标任务及方法措施，拟制《应急物流企业条件评估》、《应急物流包装及标识》、《应急物流仓储设施设备》等重点标准，以推动应急物流标准化建设，促进应急物流体系建设。

（四）应急物流在应对突发事件实践中逐步发展

2003 年抗击“非典”引起了人们对应急物流的初步认识，但直至 2008 年两场严重灾害后，人们方才在实践中对应急物流有了更加深刻而清醒的认知。2008 年年初，我国南方地区大范围持续低温雨雪冰冻灾害，给交通运输设施等带来极大破坏。国务院启动应急机制，成立煤电油运和抢险抗灾应急指挥中心，保障群众生产生活，确保电煤、粮食、棉衣被、发电机、成品油等重点物资运输，力保鲜活农产品运输“绿色通道”畅通和抢险救灾物资运输；人民解放军和武警部队也承担了大量抢运救灾物资等任务；民航、铁道等部门和中铁快运等企业全力保障救灾应急物资运输。“5·12”四川汶川特大地震发生后，给我国震区造成空前巨大的损失，物流通道基础设施遭受重创。大批物资和人员需要调运、分配和发送，对应急物流管理能力提出了严峻考验。中央和地方各级政府总体指挥和决策应急物流活动，为救灾物资和救援人员开辟“绿色通道”。在抢险救灾的一个月里，全国投入应急运输车 4.2 万辆，运输救灾物资 68.5 万吨。军队在抗震救灾应急物流保障中发挥了骨干和突击作用。整个抢险抗灾应急物流保障中也暴露出应急物资储备和保障能力不足、资源信息不充分等问题。由此，应急物流在实践中逐步发展，积累了大量经验教训。

二、2010 年应急物流发展展望

（一）应急物流建设逐步进入发展正轨

2009 年国务院发布《物流业调整和振兴规划》后，“应急物流规划”的研究制定已经进入紧锣密鼓的筹备阶段。中国物流与采购联合会受国家发改委委托，于年前完成了《应急物流规划研究》科研课题，日前已经启动了“应急物流规划”的制订工作，预计年底即可完成。“应急物流规划”规划期为 2011—2015 年。作为应急物流建设第一个政府层面的专项规划文件，“应急物流规划”无疑发挥着顶层设计的作用，值得社会各界翘首期待。“应急物流规划”将对“十二五”期间我国应急物流建设的指导思想、基本原则、目标任务、重点工程等有关重大问题予以明确，由此，我国应急物流建设也将步入制度化、规范化、科学化的轨道。

（二）应急物流将步入“产学研”结合的良性发展之路

在中国物流与采购联合会应急物流专业委员会的大力推动下，政府、企业、科研单位通力协作，共同推动应急物流的建设与发展。目前，学术界和政府对应急物流建设普遍认同的一个基本原则是“政府主导，市场参与”，即由政府主管部门出台论证相应的政策措施和标准规范，以适当的减免税收等手段鼓励和引导物流企业参与应急物流建设，按照市场价值规律维持应急物流保障能力，对应急物流运作进行必要的约束和规范，进而优化整合资源和服务为政府应急所用，或由政府出资购买服务，逐步加大投入，切实为提高政府应急管理能力提供坚实的物质基础。

（三）应急物流技术发展将进入崭新时代

应急物流突出强调时效性，需要强大的物质技术手段作支撑。因而，射频识别（RFID）、地理信息系统（GIS）、全球导航卫星系统（GNSS）、第三代移动通信技术（3G）等先进技术在应急物流领域具有很大的发展需求和很好的应用前景，亟需与标准化包装、立体化仓储、即时制配送等先进物流技术进行集成创新和推广应用，特别是着力提升冷链物流、大件物流、危化品物流等专业化物流保障能力和紧急状态下运输机、货运车辆等运输装备的通过能力，以构建高效、可靠的应急物流保障网络，并搭建应急物流公共信息平台，全面提升应急物流保障的能力和水平。

（四）应急物流军地协同发展是大势所趋

历次突发事件应对活动的实践证明，军队在人员、装备和指挥体制等方面具有独特的优势，能够发挥骨干和先锋作用，为各级政府所倚重，更为人民群众所信赖。因此，应急物流建设将按照军民融合式发展模式，集中全社会的力量，从国家安全发展战略的高度，发挥政府的主导作用，通过加强军地之间的协同，整体谋划应急物流体系建设的蓝图，逐步制定统一的规章制度，规定统一的标准要求，明确统一的目标任务，统筹规划、优化配置军民两大渠道的应急物流资源，避免军民重复建设、各搞一摊。

（五）应急物流标准化建设将应势而动

应急物流涉及行业多，物资品种复杂，且我国应急物流建设刚刚起步，许多领域基本处于研究空白，因此，亟需在全局视角上给予必要的规范、约束和指导，以避免在各系统、各部门出现“孤岛”和“烟囱”。如正在紧锣密鼓地酝酿制订的《应急物流企业条件评估标准》，将在客观上提供一个相对的参照系，确保应急物流企业具有充分的应急应变能力，为应对突发事件提供高效、可靠、精确的物资保障。

（六）应急物资储备将得到重视

物资储备是实现应急物流的基础。《突发事件应对法》中明确规定，“国家建立健全应急物资储备保障制度”。2008 年 10 月，胡锦涛总书记《在全国抗震救灾总结表彰大会上的讲话》中，也明确指出要健全保障有力的应急物资储备体系。我国的应急物资储备，在国家和军队战略物资储备方面已经取得了很大的建设成绩。但是在储备物资的品种、结构、布局等方面还存在很多不尽如人意的问题，特别是在地方、市场和家庭 3 个储备层次上还存在重大缺失。发达国家在应急物资储备体系建设上积累了很多先进经验做法，如日本建立了家庭储备、公共储备等 4 种物资供给途径，完善了从国家到家庭的储备体系，为有效应对地震等自然灾害奠定了坚实的物质基础。可以预见，我国将在应急物资储备方面迈出更加坚实的步伐。如北京计划在 3 ~ 5 年，力争在 2 万人以上的大型社区配建民防应急物资库，包括食物、药品、衣物棉被、救生工具等 17 类应急物资。

（中国物流与采购联合会应急物流专业委员会
解放军后勤指挥学院　徐　东　黄定政）

第三章

物流技术装备设施业

2009年中国物流装备市场回顾与2010年展望

一、2009年中国物流装备业发展环境

2009年是中国物流装备业经历了跌宕起伏巨大变化的一年，是充满了危机与挑战的一年。国际金融危机的冲击、国家《物流业调整与振兴计划》的出台，宏观经济的V型反转、物流业与制造业的全年增长的跌宕起伏等，都对2009年中国物流装备业产生了直接而巨大的影响。

（一）国际金融危机对中国物流装备业的冲击

国际金融危机的爆发对中国物流技术装备业影响巨大，首先国际金融危机的爆发直接影响了中国物流装备产品的出口，使得2009年中国叉车等重要物流装备出口呈现自由落体式的大幅下滑。尽管四季度以来全球经济出现复苏迹象，中国物流装备产品出口的严峻形势略有好转，但前景依然很不乐观，出口市场还未见复苏迹象。

从中国物流装备的国内市场来看，据我们的调查分析，2009年国际金融危机对中国物流装备市场的不利因素远远大于有利因素。受金融危机的冲击，2009年一季度中国物流装备业出现整体的大幅下滑。根据中国物流技术协会信息中心的调查统计：关于国际金融危机对企业物流装备采购意向的影响，回答有利的为0，说明没有企业受益；回答没有影响的占25%，主要集中在食品、烟草、医药、商贸流通等行业，这些行业主要集中在国内市场，行业特点较为

特殊；回答受到较大负面影响的占51%，受到严重冲击的占24%；合计起来看：受到严重冲击和较大负面影响的企业比例达到75%，这一调研结果说明中国物流装备市场受到国际金融危机的冲击很大，如图1所示。

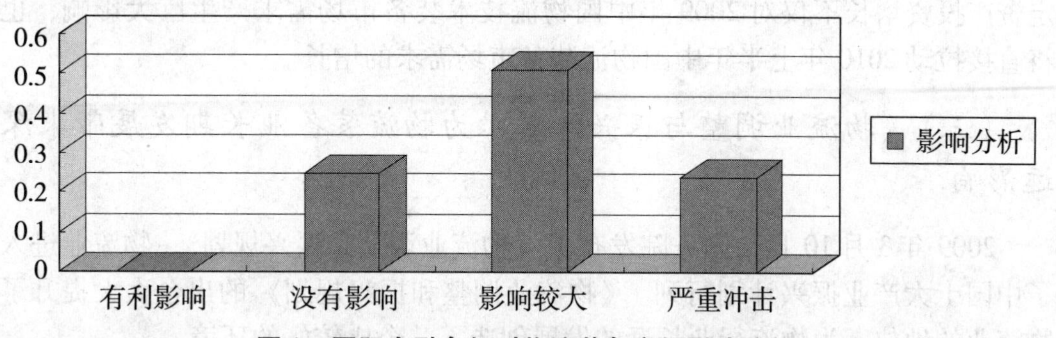

图1　国际金融危机对物流装备市场影响分析

（二）中国4万亿投资计划拉动中国物流装备市场走出低谷

为了应对国际金融危机，国家及时出台了4万亿投资刺激经济增长的计划。4万亿的投资计划一出台，就极大的提振了中国企业对宏观经济增长的信心，也在一定程度上抑制了物流装备业的快速下滑局面，使中国物流装备业在2009年二季度出现触底回升迹象。

国家加大固定资产投资的计划，直接拉动了物流及物流相关产业固定资产的投资增长，使中国物流业固定资产投资在2009年上半年出现了巨幅增长，总投资额达到9244亿元，同比增长61.8%，增幅比同期全国城镇固定资产投资高出28个百分点。从投资构成看，交通运输业投资额为6691亿元，同比增长65.3%，增幅创近年来新高，比2008年上半年提高61个百分点。仓储、邮政业投资额为712亿元，同比增长78.1%，增幅比2008年上半年提高30.9个百分点。贸易业投资额为1841亿元，同比增长50%，增幅比2008年上半年提高28.7个百分点。这对物流装备业的振兴与发展产生良好的促进作用，是拉动物流技术装备业走出低谷的最主要因素，如表1所示。

表1　2009年上半年物流业固定资产投资

	本期（亿元）	同比增长（%）
物流业固定资产投资	9244	61.8
其中：交通运输业	6691	65.3
仓储、邮政业	712	78.1
贸易业	1841	50.0

在2009年二季度投资大幅增长的基础上，为防止经济大起大落，三季度投资增幅有所放缓，但全年预计仍将保持大幅增长，2009年物流业固定资产投资将超过56%。根据投资增长对物流装备市场影响的滞后效应分析，物流业固定资产投资增长不仅对2009年中国物流技术装备市场需求产生巨大影响，也将直接拉动2010年上半年中国物流装备市场需求的增长。

（三）《物流业调整与振兴计划》为物流装备业长期发展带来深远影响

2009年3月10日，国务院发布了《物流业调整和振兴规划》，物流业进入了中国十大产业振兴计划行列。《物流业调整和振兴规划》的出台大大提升了物流业的地位，为物流行业长远的发展创造了一个比较好的环境。

《物流业调整与振兴计划》明确了政府推进物流业发展的工作重点和努力方向，提出了一系列的政策措施。国家相关部门在此基础上，也陆续出台了相关的配套政策及实施细则，各地政府也陆续出台了地方的促进政策与措施。这一计划的出台影响是深远的。它不仅对2009年物流业发展产生了巨大影响，为物流装备业发展带来了市场机遇，更为今后物流装备业的发展创造了有利条件。这方面已经有很多的权威人士与专家做了很多分析，在此不再赘述。

（四）工业企业与物流业增长速度的强劲反弹对物流装备业影响分析

根据国家统计局发布的2009年11月国民经济运行数据表明，自4月以来，中国工业增长已经连续7个月同比增速加快，11月规模以上工业增加值同比增长19.2%，比上年同月加快13.8个百分点，比10月加快3.1个百分点。

根据中国物流与采购联合会发布的中国物流业2009年前三个季度的分析，社会物流总额同比增速为一季度下降3.3%，上半年下降0.8%，1～3季度转为增长2%，扭转了持续下滑势头。扣除价格因素，同比增长6.9%，增幅比上半年提高0.9个百分点。反映出物流需求在投资和经济增长的带动下企稳回升步伐有所加快。

前三季度，物流业增加值为1.47万亿元，按现价计算同比增长4%，增幅比上半年提高1.9个百分点。在物流业增加值构成中，交通运输业增加值为1.08万亿元，增长4.5%，仓储业增加值增长13.7%，贸易业、邮政业增加值分别增长0.1%和2.6%。

根据我们对中国物流装备业发展的一般规律分析，中国物流技术装备业与物流业和工业经济的发展呈现的是联动、同步的正相关趋势。因此中国工业经济的复苏，中国物流业的发展，必将给中国物流装备业带来有利影响，直接拉动中国物流装备业走出低谷，实现复苏，并为2010年的中国物流装备业的进一步发展打下基础。

二、2009年中国物流装备业发展分析

（一）2009年中国物流装备业的调整幅度巨大

在2008年年底，我们提出了关于2009年中国物流装备业将面临调整的基本判断，并指出国际金融危机的冲击及影响是遇到的一个新问题，超越了我们固有的经验与知识，因此中国物流装备业受到的冲击也可能超过我们现在的预期，我们必须做最坏的打算。

2009年中国物流装备业增长的轨迹被我们不幸言中了，进入2009年，中国物流装备业就出现了大幅下滑，在2009年一季度出现了物流装备业10多年来的首次负增长，增长幅度由过去的年度增长30%左右下降到一季度的两位数的负增长，巨大的增长速度下滑超出了很多业内人士的预期，企业更是遇到了前所未有的困难局面。

2009年中国经济困难的开局直接促使国家权威部门实施了前所未有的经济刺激计划，国家陆续出台了一系列经济刺激政策，尤其是4万亿投资计划的出台，对稳定经济增长起到了极大作用。

国家4万亿投资政策的出台，也直接给中国物流业打了一支强心剂。受国家加快投资政策的影响，中国物流业二季度的投资也达到了创纪录的增长幅度，物流业投资的增长提振了企业信心，也拉动了对物流装备的市场需求，因此，在2009年二季度中国物流装备业开始了触底，开始了从低谷的缓慢回升。

2009年上半年国家的投资幅度是巨大的，物流业固定资产投资增长幅度更是超过了全国投资增长水平。受物流业投资增长的影响，从三季度开始，物流装备业回升幅度开始加快，到四季度就出现了爆发式的增长。

由于2008年四季度物流装备业开始出现了负增长，因此其基数较低，2009年中国物流装备业又从三季度就开始了快速回升，增长速度逐步加快，因此到了2009年四季度，中国物流装备业环比增长幅度更快，加上上年四季度同期基数较低的因素，中国物流装备业2009年四季度与上年同期相比，增长速度出现了爆发式增长，预计同比增长幅度在30%以上，2010年一季度将继续延续这一增长趋势。

不过从全年来看，由于上半年物流装备业的负增长的影响，预计全年物流装备业与上年同比将基本持平，扣除价格因素全年增长也不会超过5%，与我们2009年年初的预测基本一致。

（二）2009 年中国叉车生产与销售大起大落

根据我们的监测分析，中国叉车行业自 2008 年 4 月产销达到高峰以来，从 2008 年 5 月起就开始逐月回落，到 2009 年 1 月达到谷底。产销量也从 2008 年 4 月每月产销 2 万台左右下降到 2009 年 1 月 6000 台左右，下降了近 3/4。从 2009 年 2 月中国叉车企业产销开始逐月缓慢回升，2009 年 3 ~ 7 月在低位徘徊，8 月开始回升加快，预计四季度月度产销将会出现创历史新高的局面。

2009 年中国叉车产销的运行趋势表明，中国叉车市场在 2009 年出现了大起大落，增长速度从前些年的增长 30% 以上，下降到负增长 25% 左右，到四季度再回复到 30% 左右的同比增长，其产销的振幅变化前所未有。

中国叉车出口市场自 2009 年 2 月达到谷底，目前虽然有所恢复，但国际市场仍然低迷，未达到 2008 年上半年的出口水平，全年累计将处于较大幅度的负增长的区间。

从进出口综合因素分析，尽管 2009 年四季度中国叉车产销出现了爆发式增长，出现报复性反弹，但 2009 年全年叉车产销累计也难以实现正增长。

根据对国内市场运行监测分析，中国国内的叉车市场从 2009 年二季度开始回升，三季度回升加快，四季度出现较大幅度的增长，全年预计实现叉车产销正增长 5% 左右。

尽管 2009 年中国叉车市场增长幅度不大，但相对于国际上叉车市场的下降，中国叉车市场仍是世界最好的市场，是世界叉车市场的亮点，更是世界上发展最快的，规模最大的叉车市场。

（三）2009 年中国托盘与货架行业全年微幅增长

受国际金融危机的冲击，中国托盘与货架行业在 2009 年上半年也出现了一定幅度的负增长。根据我们监测，托盘与货架行业也是在一季度达到谷底，二季度开始触底回升，但回升幅度有限，从三季度开始回升幅度加快，四季度出现较大幅度的增长。全年来看，预计产销与上年基本持平，出现 3% 左右的增长。

2009 年上半年中国货架市场萎靡不振，销售下滑，供大于求，企业受到严重冲击。下半年以来，随着中国物流业的复苏，国家投资的逐步到位，货架市场开始出现复苏，市场需求增加，到四季度市场需求增长幅度加快，开始出现供不应求的情况。全年来看，中国工业货架行业 2009 年可实现微幅增长。

2009 年中国托盘市场需求与货架市场类似，但上半年市场下降幅度大于货架行业。托盘行业也是从二季度开始触底回升，三季度回升加快，四季度出现加大增长，但全年预计也仅仅与上年持平而已。

（四）2009年中国物流装备业微幅增长

受全球金融危机影响，中国物流装备出口出现大幅下降，国内市场2009年上半年低迷不振，下半年才开始恢复增长，虽然四季度出现较快增长，但预计2009年的增长幅度将低于国民经济增长幅度，不考虑价格因素，综合来看2009年中国物流装备业基本与上年持平。如果剔除价格因素，估计中国物流装备业全年增长也不会超过5%。这是10多年来中国物流装备业最低的增长幅度。

三、2010年中国物流装备业发展预测

目前中国经济复苏的势头已经不可逆转，全年经济增长速度“保八”也已没有悬念，全球经济危机最困难的局面已经过去，开始出现经济复苏的迹象。这一发展趋势必将逐步向物流技术装备领域传导。在这种情况下，中国物流装备业必然会度过寒冬，快速复苏，迎来新一轮快速发展的局面。

从工业经济增长上看，2009年11月，规模以上工业增加值同比增长19.2%，连续7个月同比增速加快；1～11月，同比增长达到了10.3%，从分行业看，39个大类行业全部保持同比增长。其中与物流行业相关化学制品制造业增长30.7%，通用设备制造业增长17.6%，交通运输设备制造业增长31.3%，电气机械及器材制造业增长16.8%，通信设备、计算机及其他电子设备制造业增长14.4%，都超过了平均增长幅度。

根据对国民经济发展预期和对国家4万亿投资延续效应分析，我们认为2010年中国工业经济的增长一定好于2009年，工业经济的快速增长必然会为中国物流技术与装备业2010年的快速发展打下坚实的基础。

从物流行业来看，从2009年前三季度物流实物量看，呈现逐步回升势头。前三季度，国内货运量、货运周转量、港口货物吞吐量同比分别增长5%、6.5%和6.1%，增幅分别比上半年提高3个、1.6个和3.5个百分点。前三季度社会物流总额同比增速由一季度下降3.3%，上半年下降0.8%，转为增长2%，扭转了持续下滑势头。扣除价格因素，同比增长6.9%。反映出物流需求在投资和经济增长的带动下企稳回升步伐有所加快。这些数据表明，我国物流业的需求正呈回升的势头，四季度回升势头逐步加快，预计2010年中国物流业将好于2009年。

此外，2009年国家加快投资增长的效应会在2010年显现，《物流业调整与振兴计划》的出台影响也更为深远，必将对未来几年中国物流业发展产生不可估计的影响。根据这些因素预计，2010年以后中国物流业也将迎来重大发展机

遇，从而带动物流技术装备的市场需求。

从物流业投资情况看，形式更为乐观。为了应对国际金融危机影响，国家在2009年加大了投资力度，在投资结构中对物流业及相关行业给予了重点倾斜。根据相关统计，2009年1~3季度国家对物流业固定资产投资的增长达到了55%，远高于全国固定资产投资的平均水平。其中与物流技术与装备更为密切的仓储业与邮电业的投资更是达到了71.2%。2009年全年物流业投资增长会达到56%，估计2010年物流业投资虽然会逐步回归平稳的增长，但增长幅度也不会小于30%。物流业投资的大幅增长必然带来物流技术与装备市场需求的大幅增长。

根据上述因素，考虑中国经济发展趋势及中国物流技术装备产业正处于快速增长的工业周期，考虑到对2010年工业增长的预期分析和中国物流业的稳定发展及物流业投资的快速增长趋势，初步预测中国物流装备业在2010年将出现15%左右的增长。其中预计叉车产销将创年度新高，货架总产量将超过60万吨，市场流通的托盘年产量将超过3800个。

四、2010年中国物流装备业市场新机遇

市场机遇总是给有准备的人。我们预测的目的就是为了把握时代发展脉搏，跟上市场发展步伐，抓住市场发展机遇。

2009年中国经济率先走出低谷，走向复苏，工业经济出现连续的景气回升，物流业逐步向好的方向发展，物流行业投资大幅度增加，这些因素都为2010年中国物流装备业快速发展打下基础。但是我们也必须看到，我们经济复苏的基础还不扎实，为了保证今后经济稳定增长，下一轮中国经济的增长需要转换增长模式，大幅度调整经济结构；而经济结构的调整也必然带来热点的转移，带来新的市场机遇和挑战，更会带来市场需求结构的变化，如果不看到这一点，继续延续原有的做法，极有可能抓不住市场机遇，丧失发展良机。

（一）新医改将促进医药物流中心建设热潮

2009年国家出台了中国新医改方案，加强了对医药流通的监管，对医药企业采用现代物流技术改进医药流通给予了政策支持，这些措施都会加大医药企业对现代物流设施的投入，增加对物流技术装备的需求。基于此原因，有专家预计2010年医药物流即将进入一个真正的拐点，即中国的现代医药物流产业由过去的“小打小闹”进入一个蓬勃发展的拐点。

目前随着基本药物目录配套措施陆续出台，预计国家、省、市三级政府将围绕基本药物目录的扩容投入大量的资源，各地区域型的商业药企也会加大与

制药企业的强强联合，而围绕各地基本药物配送权的争夺，将成为点燃现代医药物流建设的火星。

由于各地在基本药物配送中都将“现代医药物流”的诸多因素纳入了评分细则，因此，对药监部门、商业药企而言建设符合要求的现代医药物流体系是当务之急。在这一大环境下，预计 2010 年随着新医改医院配送招标政策和地方政策向现代医药物流倾斜，将有更多的企业在 2010 年建设具有较高水平的现代医药物流中心，面积在 10000 平方米以上的现代医药物流中心，将广泛采用自动分拣系统、WMS 系统、电子标签辅助拣货系统、RF 手持终端等现代物流与信息化设施设备，从而促进物流装备市场需求，为物流装备企业带来发展机遇。

（二）2010 年低碳物流成为热点

2009 年哥本哈根会议虽然未达成实质性决议，但低碳经济已经深入人心。中国政府在哥本哈根会议上做出了到 2020 年全国单位国内生产总值二氧化碳排放比 2005 年下降 40% ~45% 的承诺。中国政府的这一表态必将影响中国经济的方方面面。在物流领域，多年以前绿色物流就成为热点，随着中国政府对二氧化碳排放的控制，低碳物流必将成为未来的热点，更会给物流装备企业带来机遇与挑战。

首先，现代物流中心必须考虑节能与环保问题，尤其是冷库建设更应把节能降耗作为重点；其次，冷链运输中保温与制冷问题、内燃叉车尾气排放问题、托盘租赁与循环使用问题、货运车辆节能降耗问题都将成为未来的关注焦点，国家将会出台系列政策推进物流作业中的节能降耗，从而给相关的物流技术装备企业带来市场机遇。

当然，如果企业不注重节能降耗的物流装备的技术开发，也必将面临市场的挑战，在今后的发展中遇到很多问题。

（三）物资管理与现代物流对接将给物流装备企业带来商机

物资管理是指企业在生产过程中对本企业所需物资的采购、使用、储备、配送等行为进行计划、组织和控制的过程。企业的物资管理各个环节环环相扣，组成企业的物资供应链。

过去受计划经济影响，我国企业的物资管理模式被深深地烙上了计划、配额、定量等烙印。虽然经过近 30 年的改革与探索，企业物资管理也已经取得了巨大的进展。但受传统的物资管理的理念影响，在电力、煤炭、钢铁、铁路、石化等的传统行业还没有全面引入现代物流理念，其管理手段与技术水平还很落后。

近些年，一些企业已经认识到现代物流理念的先进性及重要性，开始在物资管理领域引入现代物流管理技术与装备，提升企业物资管理水平，取得了良好的经济效益。如神华集团物资公司已经在全集团普及物流知识，开始大规模更新改造或新建现代自动化立体仓库，引入现代物流技术装备，完善和优化企业物资采购、储存与配送系统，取得了良好成效。此外，一些电力、铁路、钢铁等传统行业物资管理部门，也纷纷引进现代物流技术与装备，建设现代化物资立体仓库，大大改善和降低了企业库存，提升了物资的利用率。

中国传统的煤炭、钢铁、电力、铁路等系统，规模庞大。这些系统的物资管理领域引入现代物流装备还仅仅是开始，将是中国物流技术与装备未来急需开发的巨大市场空间。2009 年太原刚玉在铁路系统物流改造中收益巨大，新松机器人在电力系统的物流系统改造中也获益多多，相信随着这些传统行业物资管理与现代物流的对接，将对中国物流装备市场产生巨大影响。

预计 2010 年中国传统行业物资管理部门现代物流系统改造将启动，这一领域蕴涵着巨大的商机。为此，中国物流产品网将联合相关部门组织相关研究与会议，推动中国物资管理领域的物流系统改造。

（四）2010 年物联网发展推动物流信息化革命

近期，中国物联网技术与应用取得突破，电信技术的发展为物联网搭建了基础平台框架，RFID/EPC 技术、传感网络技术、物流可视化追踪技术等技术发展为物联网发展打下了基础，智能交通、智能电力、智慧物流的发展为物联网应用提供了广阔空间，从而引发了物联网新一阶段的发展热潮。

对我国物流信息化而言，借助物联网东风，搭乘新一轮技术革新的高速列车，积极构建统一信息平台，形成物畅其流、快捷准时、经济合理、用户满意的智慧物流服务体系，将促使中国物流业信息化技术变革，为物流信息化产品供应商提供新的市场机遇。

物联网具有内涵丰富、信息渠道多种多样的特点，因此物联网的建设不会排斥物流信息平台的百花齐放，而随着物联网的兴起，物流业信息化整合将进入新周期，在这个阶段，信息技术的单点应用将会整合成一个体系，以追求整体效应，从而提高资源利用效率。

物流信息化的变革，智慧物流的兴起，必然带来新的市场机遇。

（五）2010 年服装物流将有大发展

服装物流领域近年来获得了较快发展，一些大型服装企业通过改善企业供应链管理、构建现代化物流系统与网络和建设现代化的物流中心取得了成效，极大提升了企业竞争力。

服装季节性强，流行因素关键，对物流运作的要求也很高。它要求物流系统反应灵敏、分拣速度快捷准确、信息服务周到、退货与收货及时、物流网络发达、物流包装精良。

建设高效、精良的物流系统与物流网络，可以大大提升物流过程的服务价值。近年来，雅戈尔、李宁等著名服装企业纷纷改造物流系统，给物流装备企业带来了市场机遇。预计2010年，随着中国服装行业发展，服装物流也将获得大发展，从而会带来物流装备的市场新机遇。

（六）烟草、食品、汽车等领域物流装备需求继续保持旺盛势头

近年来，烟草、食品、汽车、图书等领域是中国物流技术装备主要的市场需求领域，这些领域每年建设大量的物流中心，对物流装备的系统集成、物流咨询服务需求旺盛，对叉车、托盘、货架等物流产品需求旺盛。预计2010年这些行业还会继续保持旺盛的需求势头。

（七）2010年物流企业将增加物流技术装备的需求

随着物流业快速发展，国家也陆续出台了鼓励物流企业做大做强的系列政策，物流企业也面临着产业升级、服务技术手段提升的需求。此外，企业劳动力成本的提高、物流网点的优化也使企业更多的采用现代物流技术装备代替人工搬运，借助现代自动化物流装备提升服务水平，借助现代物流信息化手段做好物流管理，因此也会带来物流技术装备及信息化产品的巨大需求，给物流技术装备带来了较大的利益和好处。

（中国物流产品网《物流技术与应用》杂志　王继祥）

2009年自动化立体仓库发展回顾与2010年展望

自动化立体仓库是指不用人工直接处理，是由电子计算机进行管理和控制，实现自动存取物料的系统，是物料搬运、仓储科学的一门综合科学技术工程。它是传统仓储设备的新发展方向，是物流行业的重要装备设备。自动化立体仓库技术集规划、管理、机械、电气于一体，是一门学科交叉的综合性技术，能广泛应用到各行各业当中，在制造工厂、商场、机场、港口、军需部门等各行各业均有采用。随着信息技术、物流技术的不断发展和推广应用，同时为了适应市场发展，快速响应市场需要，自动化立体仓库的应用范围将日益扩大，成为一种在各行各业中应用普遍的仓储设备。

一、2009年发展回顾

我国自20世纪70年代开发研制立体仓库以来，跨越20世纪90年代直至21世纪，自动化物流系统的开发应用得到了很大的发展。自动化立体仓库发展的快慢主要受四大方面的因素影响：一是全球经济发展态势；二是现代物流发展情况；三是自动化立体仓库相关装备设备的发展情况；四是行业固定资产投资情况。

由于金融危机，2009年是21世纪以来我国经济发展最为困难的一年，政府连续推出并不断完善应对国际金融危机的一揽子计划和相关政策，较快扭转了经济增速下滑的局面，实现了国民经济总体回升向好。据国家统计局统计，我国GDP全年增长8.7%，全社会固定资产投资增长30.1%。2009年我国国民经济仍推进发展，各行各业为了适应国内外市场环境，参与到激烈的竞争当中，适时加大技术改造力度，提高产品质量，降低成本，加快销售、物流等过程的工作效率，为满足市场需求，不断推广应用各种物流技术，为自动化立体仓库的开发利用提供了机遇。

同时，在经济回升的推动下，并在国务院《物流业调整和振兴规划》的支持中，我国物流行业抓住机遇，迎难而上，运行速度止跌回稳。据有关资料测算，2009年，我国社会物流总额同比增长可达7%左右，物流业增加值同比增长在8%上下；社会物流总费用与GDP的比率比上年略有下降，物流业的运行质量进一步提高；物流基础设施条件继续改善，配送、仓储、信息等现代物流业务快速发展。中国物流业止跌回稳，稳住发展，它必然带动2009 年自动化立体仓库行业的较快发展。

（一）自动化立体仓库的需求仍继续上升

自动化立体仓库行业从供求角度来看，可以分为需求方和供给方，也即自动化立体仓库的使用企业和提供自动化立体仓库的制造商。据国家统计局统计数据，2009 年交通运输、仓储、邮政业固定资产投资额达23278 亿元，比上一年增长48. 3%；制造业固定资产投资额达58817 亿元，比上一年增长26. 8%。由于物流业发展必然带动相关行业发展，自动化立体仓库需求也会随之增长，为满足其需求，如堆垛机、传送带、机器人、自动导引小车、信息控制系统等相应设备的制造投入也增加了。据有关资料显示，2009 年全国自动化立体库有700 余座，楼库建设增长速率快，其中上海、厦门、广州、深圳最多。与往年相比，自动化立体仓库需求的增长不仅体现在医药、烟草、食品、制造业、煤炭业、军需部门、机场、港口等方面，还体现在随着经济逐渐回暖得以继续发展的第三方物流行业。

（二）自动化立体仓库向更加专业化方向发展

2009 年，随着物流发展对自动化立体仓库的需求的增加，自动化立体仓库的建设步伐不断加快，为了适应如食品、医药等行业的需求，很多制造企业纷纷加强自动化立体仓库的技术改造，促进自动化仓储系统向更专业化的方向发展，如西门子、大福、昆船、精星、太原刚玉等大型物流技术装备制造商推陈出新，推出了适应各种需求的低温库、冷藏冷冻库、轻型和重型立体循环货柜等产品。

（三）自动化立体仓库行业发展主要存在问题

虽然，自动化立体仓库在经济发展较为困难时仍有所发展，但总体来看，该行业的发展仍存在以下问题：

1. 认识问题

总体上看，目前国内企业的管理水平普遍还较低。企业的管理人员素质仍需有所提高，其对立体仓库的认识还不够，不清楚企业使用立体仓库后到底能给企业带来怎样的好处。此外，加上目前物流企业规模小、零散而无序的现状，不利于自动化立体仓库行业的发展。

2. 成本太高

虽然自动化立体仓库的效益显而易见，能够降低人员劳动强度、提高现场作业效率，提高库房面积和空间的利用率，提高货物的安全可靠性等。但是，这些优势需要很昂贵的成本投入，往往企业用不起。而国内大部分仓储设施相对落后，许多仓库都已没有改造的价值，基本上需要重建。目前，在国内建造自动化立体仓库投入每立方米高达2000～3000元，而一个立体仓库建成需要几万立方米，上千万的投入会使企业力不从心、承受不起。即使企业建成了立体仓库，但是立体仓库的运行成本，如叉车、巷道机、自动导引小车、自动分拣系统、信息集成控制系统等成本也相当高。此外，还要不断地在维修、燃料、零部件更换中不断地投入，因此，国内企业要广泛应用到自动化立体仓库，这需要花费巨大的财力。

3. 应用范围仍有限

由于受限于对自动化立体仓库的认识情况和高昂的建造成本等问题，国内应用到自动化立体仓库的企业为医药、煤炭、食品、军需用品等行业的龙头企业。此外，再加上立体仓库具有不可移动、难以拆装的特点，如果企业需要搬迁时就会存在问题，还不如采用平库易于进行改造。因此，自动化立体仓库在2009年仍未被广泛应用。

4. 技术的应用有待提高

从立体仓库设计、制造和使用的现状来看，发达国家走在我们的前面。目前为止，我国自主建造自动化立体仓库系统的技术应用与德国、欧洲相比，仍存在一定的差距，有待提高。

二、2010年展望

（一）拓宽自动化立体仓库的应用范围，提高应用率

相比于国外发达国家仓储自动化80%的普及率，自动化立体仓库在我国应用还只占很小的比例。寄望于2010年我国经济快速发展，带动物流量的增长，从而需要一定数量的仓库作为物流储备环节的缓冲，能够促进自动化立体仓库的发展，扩大立体仓库的应用范围，提高其应用率。另外，随着可利用土地的减少和地价的上涨，发展和采用自动化立体仓库以加快物流周转、降低管理成本、提高经济效益已在现代物流企业中形成了共识。因此，2010年自动化立体仓库行业将会保持增长势头。

（二）加强技术研发，优化仓储自动化系统，发展特殊用途自动化立体仓库

随着经济和物流的发展，仓储实现自动化已成为一个不可逆转的趋势。在2010年，我国自动化立体仓库开发制造商应通过改造技术，加强研发，推出新

型式、管理、控制系统等各方面性能更优的立体仓库，设计、制造适用于各种货物的专用堆垛机和物流输送系统，完善组装性能、稳定性更好的货架生产工艺等；并积极引入先进技术，发展特殊用途的自动化立体仓库，如防爆自动化立体仓库、低温自动化立体仓库、高温自动化立体仓库等，以适应黑暗、低温、污染、有毒、易爆等特殊场合物品储存的需要。

（三）降低成本，不断带动需求增长

自动化立体仓库的应用符合政府节能、环保、高效的政策，政府在用地、建造、财税等个方面给予更多的支持，继续加大政策扶持力度。同时，还应鼓励制造企业开发一些使用方便、价格低廉、适用不同企业需求的、分散式的小型立体仓库，从而降低自动化立体仓库的使用成本，形成储物形式的多样化，使得中小型企业甚至营业仓库都能应用到自动化立体仓库，不断拉动需求增长。

（四）发展更新自动化立体仓库的相关标准

标准是企业和国家的核心竞争力来源，法定化的标准有利于促进生产力发展，促进行业技术水平的不断提高。为促进自动化立体仓库行业的健康快速发展，2010 年应注重发展、更新、修订相关的系列标准，如巷道堆垛机的技术条件、自动导引小车的相关技术条件、高层货架的设计规范等。此外，随着自动化立体仓库应用领域不断扩展，各种形式的立体仓库相继出现，如防爆自动化立体仓库、低温自动化立体仓库、小规模自动化立体仓库、轻型自动化立体仓库等，应补充此类标准。

（南华工商学院　黄静云）

参考文献

［1］姜超峰. 2009 年仓储业的新进展. 中国物流招标网.
［2］中华人民共和国国家统计局. 2009 年全国国民经济和社会发展统计公报.
［3］祁庆民. 自动化立体仓库 2008 年发展回顾与 2009 年展望.
［4］祁庆民. 自动化立体仓库 2007 年发展回顾与 2008 年展望.
［5］刘伟钦. 自动化立体仓库的发展与展望［J］. 中国科技博览，2008（23）.

2009 年工业车辆发展回顾与 2010 年展望

2009 年是世界经济遭遇严峻考验的一年，工业车辆行业同样受全球经济形势影响，国内外市场需求明显下降，企业经历了出口订单量大幅减少，国内市场竞争激烈的严峻挑战。总体来看，国内市场呈现出先抑后扬、逐渐上升的走势，国际市场则是需求大幅下降，主要工业车辆销售市场持续低迷的态势。

一、2009 年市场概况

根据工业车辆分会统计数据显示，2009 年机动工业车辆总销售量为 138908 台，与 2008 年的 168119 台相比，下降了 17.38%；非机动工业车辆销售量为 88 万台，与 2008 年的 228 万台相比，下降了 61%。如表 1 所示。

表 1　**2009 年机动工业车辆各月销售情况**　（单位：台）

类别名称 / 月份	Ⅰ类 电动平衡重乘驾式叉车	Ⅱ类 电动乘驾式仓储叉车	Ⅲ类 电动步行式仓储叉车	Ⅳ类 + Ⅴ类 内燃平衡重式叉车（实心、充气轮胎）	Ⅰ ~ Ⅲ类电动叉车	Ⅰ + Ⅳ + Ⅴ类平衡重式叉车	Ⅰ ~ Ⅴ类工业车辆
1	991	229	986	4517	2206	5508	6723
2	906	278	975	6426	2159	7332	8585
3	1001	277	1240	8708	2518	9709	11226
4	827	261	1129	8144	2217	8971	10361
5	954	308	1011	7827	2273	8781	10100
6	1394	363	1201	9460	2958	10854	12418
7	1182	268	1135	8885	2585	10067	11470
8	1347	332	1372	10093	3051	11440	13144
9	1634	449	1469	10895	3552	12529	14447
10	1347	343	1165	9659	2855	11006	12514
11	1537	405	1226	10486	3168	12023	13654
12	1522	447	1696	10601	3665	12123	14266
合计	14642	3960	14605	105701	33207	120343	138908

（一）国内市场

2008 年三季度开始，受全球金融风暴影响，我国叉车销售量开始下滑，从 2008 年年初的每月销售 10000 多台一直下降到 12 月的每月销售 5000 多台，在 2009 年 1 月这种下滑达到最低点 4140 台，创出 2005 年以来单月销售最低纪录。2009 年 2 月虽然是中国传统的春节，但受国家宏观调空、拉动内需政策的鼓舞，市场信心和采购需求得到恢复，销售量开始回升，走出了令世界同行刮目相看的 V 型反转，这种趋势一直延续到 2009 年年底。全年销售机动工业车辆 114964 台，与 2008 年的 110957 台相比，增长了 3.6%。中国市场的销售量占亚洲叉车市场销售量 207207 台的 55.5%，比 2008 年增加了 14.02 个百分点，继续列亚洲第一位；占世界叉车市场总销售量 565748 台的 20.32%，比 2008 年增加了 8.4 个百分点。在 2009 年中国市场首次超过美国，成为世界第一大消费市场。图 1 为 2008—2009 年各月国内销售情况图表，由此可以清楚地看到过去两年中国叉车市场的销售量的变化情况。

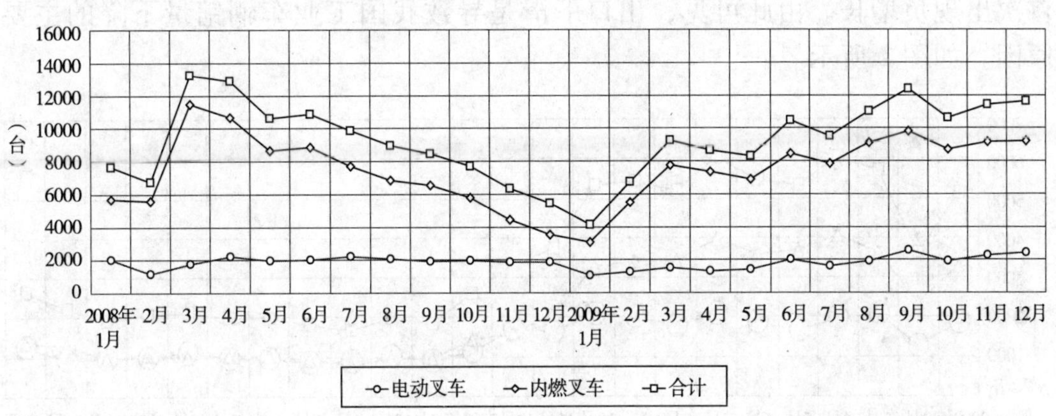

图 1　工业车辆产品 2008—2009 年各月国内销售情况

（二）出口情况

从 2002 年开始我国工业车辆出口一直保持了稳定的增长，如表 2 所示。

表 2　2002—2009 年我国机动工业车辆出口数量、金额情况

年　份	出口数量		出口金额	
	台数（台）	同比（%）	金额（美元）	同比（%）
2002	3775	17.67	43922723	6.13
2003	4772	26.41	53985851	22.91
2004	9696	103.19	102061755	89.05

续表

年　份	出口数量		出口金额	
	台数（台）	同比（%）	金额（美元）	同比（%）
2005	16462	69.78	178385261	74.78
2006	26588	61.51	290735210	62.98
2007	48871	83.81	529515401	82.13
2008	60333	23.45	722682384	36.48
2009	27558	-54.32	309421396	-57.18

可以看出，在世界经济面临巨大困境的时候，我国工业车辆制造商在出口方面也受到严重影响，2009 年我国机动工业车辆出口 27558 台，相比 2008 年的 60333 台下降了 54.32%。2008 年出口占到总销售量 168119 台的 35.9%，而 2009 年出口只占总销量 138908 台的 17.9%，并且是自 2002 年以来出口首次出现负增长。由此可见，出口下滑是导致我国工业车辆销量下降的主要原因。如图 2 所示。

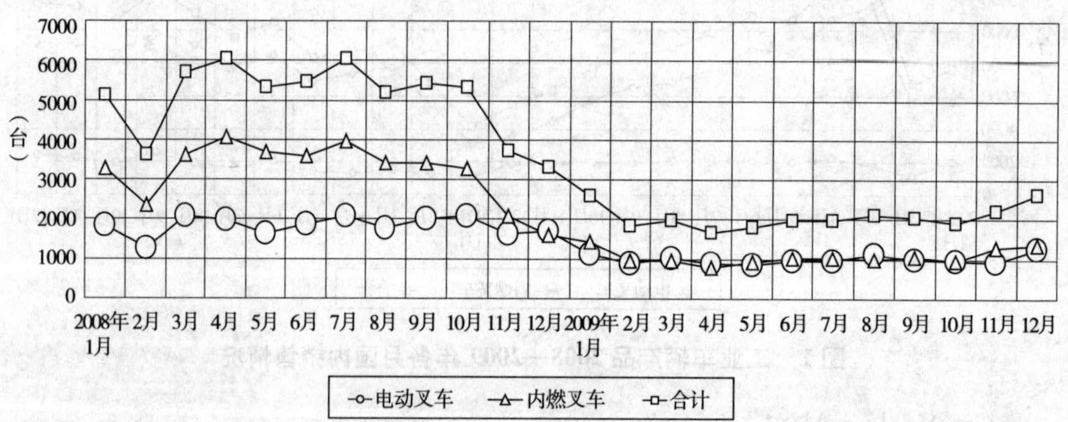

图 2　工业车辆产品 2008—2009 年各月出口销售情况

机动工业车辆出口 27558 台中，欧洲占 34.69%、美洲占 23.28%、亚洲占 26.90%、非洲占 11.39%、大洋洲占 3.75%；电动叉车（含巷道堆垛机）出口 12695 台中，欧洲占 44.12%、美洲占 22.00%、亚洲占 27.11%、非洲占 2.92%、大洋洲占 3.84%；内燃叉车（含集装箱叉车）出口 14863 台中，欧洲占 26.63%、美洲占 24.38%、亚洲占 26.71%、非洲占 18.62%、大洋洲占 3.67%。出口各洲数量比例情况如表 3 所示。

表 3　　机动工业车辆出口各洲数量比例情况

地 区	机动工业车辆		电动叉车		内燃叉车	
	台数（台）	百分比（%）	台数（台）	百分比（%）	台数（台）	百分比（%）
亚 洲	7412	26.90	3442	27.11	3970	26.71
非 洲	3138	11.39	371	2.92	2767	18.62
欧 洲	9559	34.69	5601	44.12	3958	26.63
拉丁美洲	4360	15.82	1219	9.60	3141	21.13
北美洲	2056	7.46	1574	12.40	482	3.24
大洋洲	1033	3.75	488	3.84	545	3.67
合 计	27558	100	12695	100.00	14863	100.00

2009 年出口非机动工业车辆（轻小型搬运车辆）销售量为 914684 台，与上年同期的 1606078 台相比，降低了 43.05%。2009 年度非机动工业车辆（轻小型搬运车辆）各月出口情况如表 4 所示。

表 4　　2009 年度非机动工业车辆各月出口情况　　（单位：台）

	1月	2月	3月	4月	5月	6月	7月	8月	9月	10月	11月	12月	合计
轻小型搬运车辆	79011	45308	69240	62589	67502	70110	78999	76896	87424	80807	91529	105269	914684

2009 年度非机动工业车辆（轻小型搬运车辆）出口各洲情况如表 5 所示。

表 5　　2009 年度非机动工业车辆出口各洲情况

地 区	合计（台）	比率（%）
亚 洲	178774	19.54
非 洲	27433	3.00
欧 洲	392353	42.89
拉丁美洲	60422	6.60
北美洲	234132	25.60
大洋洲	21570	2.36
合 计	914684	100.00

（三）进口情况

2009 年进口叉车及装有升降或搬运装置的工业车辆共 9652 台，与 2008 年的进口量 13807 相比，下降了 30.09%，进口金额为 293627560 美元，与 2008 年的进口金额 343233710 美元相比，下降了 14.45%。其中电动叉车（含巷道堆垛机）为 4310 台，与 2008 年的进口量 6978 台相比，下降了 38.23%；内燃叉车（含集装箱叉车）为 1525 台（其中集装箱叉车 18 台），与 2008 年的进口量 3723 台相比，下降了 59.04%；未列名叉车 3817 台，与 2008 年的进口量 3106 台相比，增长了 22.89%。我国外贸进出口中工业车辆近年来进口情况如表 6 所示。

表 6　我国外贸进出口中工业车辆近年来进口情况

年　份	进口数量		进口金额	
	台数（台）	同比（%）	金额（美元）	同比（%）
2002	17128	-1.09	141886156	13.78
2003	15630	-8.75	183873569	29.59
2004	15103	-3.37	208570176	13.43
2005	14920	-1.21	238796519	14.49
2006	14938	0.12	285835052	19.70
2007	16549	10.78	347486220	21.57
2008	13807	-16.57	343233710	-1.22
2009	9652	-30.09	293627560	-14.45

2009 年进口机动工业车辆 5835 台中，欧洲占 40.55%、美洲占 10.40%、亚洲占 48.38%、大洋洲占 0.67%；进口的工业车辆来自 23 个国家和地区，从进口数量来看，日本、德国、美国、瑞典和韩国位列前 5 名。

二、2009 年行业发展的特点

过去的一年，全球经受了金融危机的考验，在持续低迷、需求大幅减少的市场环境中，各行业都受到很大影响，工业车辆行业也不例外。值得庆幸的是在我们国家一系列政策推动下，中国率先迎来了经济复苏的春天。工业车辆行业企业抓住机遇，迎难而上，走出了止跌回稳，逐步上升的市场走势。

与前几年的高速增长相比，2009 年国内外工业车辆市场体现出一些新的特点，主要表现在：

（1）在全球金融危机影响下，需求明显下降，国内工业车辆市场销售量在 2009 年 1 月达到最低点。随后在国家宏观经济调控和扩内需、保增长等一系列政策影响下，市场形势逐渐好转，全年国内工业车辆市场销售相比 2008 年不仅没有下跌，还有 3.6% 的增长，在严峻的经济形势下，实现小幅增长，说明我国经济的持续稳定发展是推动物流装备需求的根本保证。

（2）受全球经济大环境影响，2009 年世界工业车辆总销售量同比下降 39.21%，欧洲、美洲、大洋洲、非洲下跌均超过 40%，亚洲下降最少，为 22.55%。几大主要工业车辆市场中美国、德国、法国、日本等国家跌幅均超过 30%，俄罗斯跌幅最大，达到 84%。世界经济形势使我国工业车辆出口受到巨大影响，相比 2005—2007 年每年 60% 以上和 2008 年 23% 的增长，2009 年出口同比下降了 54%，也是自 2002 年以来首次出现出口的负增长。

（3）市场销售竞争激烈，前些年工业车辆销售的高速增长刺激了各方力量加入到此行业中来，并且产能也在不断扩张，出口受阻使很多企业转战国内市场，从而供大于求的现象逐渐加剧，销售难度加大，多数企业均采取了各种措施积极应对，但效果不同，有些企业增加了国内市场的份额，有些企业在过程中退出了这个市场。

（4）企业利润同比下降，国内市场竞争激烈和原来产品利润较好的外销市场的大幅下降是利润下降的主要原因。

（5）从产品类型上看，内燃叉车与电动叉车的比例基本维持了前几年各占 75% 和 25% 的状况，没有明显的改变。

（6）从各省市销售市场份额来看，广东、上海、北京等省市有所下降，而中西部省市份额略有上升。

三、2010 年工业车辆行业发展应注意的问题

2010 年既是“十一五”计划的完成之年，也是规划“十二五”发展方向之年，对工业车辆行业来说也将是充满机遇与挑战的一年。2009 年此时我们在说：冬天来了，春天还会远吗？现在我们需要去思考春天来了怎么办，到了春天我们有什么样的机会，我们是否做好了各方面的准备，我们需要如何调整，才能在即将到来的春天中得到更大的发展和进步。

我们认为 2010 年工业车辆行业发展应注意的问题：

（1）从国内宏观经济环境来看，2010 年在国家保持政策的连续性和稳定性的基调下，在科学发展、转变经济增长方式等新发展思路主导下，《物流业

调整和振兴规划》、《装备制造业的振兴规划》的实施，加快城市化进程、“西移战略”和经济发展方式的转变等政策将继续为工业车辆行业发展提供机遇。

（2）需关注产品类型调整和技术储备，要紧跟市场发展需求又要符合国家发展战略和国际未来发展趋势的要求，密切结合节能、减排对各行业的要求，及时调整产品结构，适合未来市场的需求。

（3）全行业需清醒地认识和分析行业发展特点，努力在产品技术创新、质量可靠性、优质高效服务、科学管理等方面下工夫，提升企业综合竞争力。世界经济一体化，全球化是大势所趋，中国作为世界工业车辆消费的主要市场，国内工业车辆制造商通过不断地努力和发展，会进入世界主要制造商排名中，并在世界工业车辆行业发挥越来越重要的作用。

（4）随着更加激烈的市场竞争和行业的逐渐规范，行业洗牌时代会逐步来临，发展需要一个逐步整合、逐步淘汰的过程，每一个企业都肩负着梳理行业、造福社会的责任，既要有顺势而为、发展自己、一统河山的激情，更要客观地看待市场现状，找准出路，少几分浮躁，多几分沉稳！同时密切把握行业走向，踏准市场的节拍，打出自己的节奏。务实进取，方能在变革中取胜！

（5）在做好出口工作中，一方面要积极关注欧盟、美国等主要工业车辆市场的恢复情况；另一方面也要关注新兴市场和与中国签订自由贸易协定的国家，利用这些市场的发展机遇和关税减免的优惠，扩大出口，努力弥补欧、美市场恢复前失去的份额。

（6）2010 年还要重点关注贸易摩擦，2009 年这种现象已经呈明显上升状况，2010 年很可能通过更多的方式表现出来。这就要求全行业共同关心，共同应对。

（中国工程机械工业协会工业车辆分会　张　洁）

2009 年货架行业发展回顾与 2010 年展望

一、2009 年市场回顾

货架行业在 2009 年整体走势应该说同国内经济的整体走势基本一致，随着 2008 年下半年开始的金融风暴很快席卷全球，全球经济如同坐过山车般的从之前的经济极度过热瞬间跌到近几年甚至是近十几年的全球经济最低点。此时国内经济受到了极大的冲击，最先波及到的是以出口为主或专营出口的外向型企业，许多企业生意一落千丈，甚至一些企业不得不暂时或永久的停产歇业，这些企业的衰退将在国内本来尚属稳定的一部分供应链及资金链彻底打断，处在这些供应链、资金链的下游的企业不同程度的受到了冲击，这些冲击通过众多企业复杂的供应链关系形成的网络逐步影响着我国的其他各行各业。货架行业不可避免的受到了这股强烈的金融风暴的冲击，从整个一年来看，货架市场较往年有着较大的萎缩。当然我们国家为应对金融风暴出台了多项刺激经济发展的政策，到下半年我国经济逐渐回暖，货架市场也随之有所好转。

造成货架市场萎缩的主要原因

（1）国内企业受全球性经济危机的影响减少了货架方面的投资。受全球经济危机的影响，国外对国内产品需求的急剧下降，导致国内外向型企业订单急剧减少，产量也降至近几年的最低谷，本应作为保证交货的仓库建设也随之暂停或取消，虽然非外向型企业开始时受到经济危机影响较小，但是他们担心随着经济危机对我国影响的逐步加深及加剧，迟早会波及到自己并威胁自身的生存，为降低全球性的经济危机对企业运营的影响，许多企业为控制风险，保证流动资金的安全，选择执币观望的居多，同时对生产的控制进一步加强，尽可能的降低库存，本来应有的投资计划及投资预算也大幅缩减，而作为扩大产能、保证生产或销售供货的仓库建设在此时已显得不再重要，相应的投资也被减少或取消。

仓库投资的减少也意味着货架需求相应减少，从国内大多数货架厂大幅裁员、无活可干，可以看出货架市场的萧条。虽说 2009 年下半年国内经济逐步回暖，人们的投资信心增加，货架市场重新热闹起来，但是也无法达到 2007

年和2008年年初的火爆场面，整年来货架市场交易量同2008年比较估计至少下降30%。

（2）政府拉动经济的措施对货架行业虽有帮助，但仍无法阻止货架行业的萎缩。为应对全球经济危机，防止国内经济受到破坏，政府出台了多项措施以拉动国内经济，尤其是4万亿的投资计划更是刺激了经济的发展，应该说政府出台的政策效果非常显著，不仅有效地控制住国内经济的下滑，而且在下半年成功稳定住了国内经济，国内经济继续朝着增长的方向发展，到2009年结束，成功的完成了年初政府制定的经济增长“保八”目标。

然而，政府所制定的刺激经济的计划主要方向是基础建设方面，虽说物流业也是政府重点发展的行业之一，但是作为可以解决因经济危机而造成的大量劳动力就业的问题，以及对其他行业的发展的支持，物流行业还不足以成为刺激经济计划中的主要部分，因此国家还是选择了建筑业作为国内经济复苏的关键。另外，政府制定的对企业方面经济刺激计划主要方向仍是国有企业为主，而对于货架行业来说之前的市场来源主要是在非国有性质的企业，虽说国有性质企业在仓库投资方面有一定的加大，但同非国有企业在仓库方面投资减少的相比显得少的多了。

（3）国外对货架需求的减少，使货架出口大量减少。经济危机对货架行业的直接影响应该说就是国内货架的出口，因为需求的减少导致国内货架出口锐减。

二、2009年货架行业呈现的特点

一面受到经济危机的影响，一面又受到政府宏观调控拉动内需的影响，2009年国内货架市场呈现出了较往年不一样的地方，以下是国内货架市场的主要特点。

虽说2009年初货架市场非常萧条，但仍不乏大项目的出现，而这些大项目主要来自于以下几个方面：

（1）来自于国家拉动内需所产生的项目，如烟草行业、医药行业等国有性质的企业投资，而作为拉动内需的项目，在立项时规模上就比较大，本来计划分为几年分布实施的项目，在条件允许的情况下，在2009年纷纷被批准实施，因此这些项目在2009年较为集中的出现。

（2）另外一部分来自于受经济危机影响较小的行业，如食品、饮料行业以及超市零售百货行业等，作为人们生活中的必需品、消耗品，这些行业基本未受到大的冲击，其利润并未受到影响，因此对于这类企业为抓住因经济危机而导致的建设成本下降的有利时机，适时的加大对仓库建设上的投资，因此也提供了不少大的项目。

（3）2008 年三聚氰胺事件的曝光使其中一些国内知名乳品企业受到了较大影响，其中三鹿集团永远的从人们的视线中消失了，虽说整个乳品行业一下进入寒冬期，但一些未检出三聚氰胺的乳品行业却趁机扩大产能抢占市场，尤其是三鹿集团倒闭所留下的市场空白，为赢得市场上的先机，这些企业纷纷加大投资规模，因此乳品业的货架需求仍然显示出强劲的势头。

2009 年中、小型的货架项目减少非常明显。

中、小型的货架项目在往年应该说是货架市场上的主力军，然而在经济危机的影响下，这些可有可无，或不是目前最为紧迫投资的项目，往往在投资预算中被决策者取消。而拉动内需、趁机扩张等项目往往选择在货架价格处于低位的阶段趁机加大投资扩大项目规模，这些项目趁机弥补了因经济危机而暂停或不上的大项目，而中小项目在此时却无法得到其他方面的有利补充，这也造成了 2009 年中小项目明显减少。这种情况一直持续到 2009 年 9 月，随着国内经济的回暖方才恢复货架应有的发展轨迹。

2009 年货架厂商的情况也各不相同，以下是 2009 年货架厂商所表现出的不同情况。

（1）绝大多数的货架厂商受到货架市场萎缩的影响而生意萧条，许多货架企业因订单急剧减少，而纷纷进行裁员，企业进入半停滞或停滞状态，也有一些小企业受不了经济危机的影响，而选择了退出这个行业。

（2）少部分企业并未受货架市场萎缩的影响，反而逆势而上，我们公司精星就是其中之一，而造成这种情况的主要因素，其一，市场因素，大项目的投资总比上升，这些项目工期一般较长，在经济危机时期，这些项目往往选择履约能力强的较大的货架公司。其二，2008 年汶川大地震时，许多仓库货架出现了不应该出现的情况，客户在选择货架时也意识到货架品质的重要性，以及货架供应商的设计能力的重要性，这是绝大部分小的货架供应商甚至许多大的货架供应商所不具备的重要因素。其三，经济危机期间，各个企业投资的谨慎程度也非常高，信誉好、服务好、口碑好的货架企业往往受到客户的青睐。

2009 年货架价格走势情况呈现的特点。

2009 年年初价格尚属正常，在 4～5 月后货架价格开始急剧下降，出现这种状况主要是 2008 年基本上每个货架厂生意都非常不错，虽说 2008 年年末已感受到货架市场上的丝丝冷意，但由于 2008 年“吃得太好”，相对来说“不饿”的时候，也就是在 2009 年初，大多数厂家仍抱着观望的、试试看的态度进行竞价，这时谁也没有将价格降下，但随着一些厂家大项目拿不到，而中、小项目在急剧减少，市场竞争的压力徒增，在 3 月就有厂家将价格调整到了成本或降在成本以下，进入 4～5 月绝大多数的货架厂商也参与到价格竞争当中，货架售价一降再降。

2009 年货架的售价应该说降到了历史的最低点，由于市场萎缩，加上本来以出口为主的货架制造企业受国外订单急剧减少的影响而转向国内销售，货架市场更是出现僧多粥少的局面，各货架制造厂为维持住基本的生产经营活动，大打价格战，小型的货架企业生存空间进一步被压缩，而许多大中型货架企业也在市场中苦苦挣扎。

2009 年 9 月之后，货架市场逐步回暖，货架需求逐步增多，货架制造厂的业务量也相应上升，但需求总量还远不能满足货架制造厂的产能总和，货架的价格仍处于低位运行阶段，竞争仍然非常激烈。

三、2010 年展望

从 2009 年下半年的发展情况来看，2010 年货架市场总量与 2009 年相比应该会有所增加，而支持增加的因素有以下几点。

（1）价格的上升需要缓慢的过程，因此进入 2010 年后货架的价格应该仍处于低位运行阶段，对于许多有能力的企业而言，是一个不错的投资时机。

（2）国内经济的回暖，增强了许多企业的投资信心，原来计划要上的项目有望重新启动，甚至追加。

（3）在经济危机中并未受到影响，反而逆势而上的企业，投资的力度会加大，同时也会带动整个行业竞争性的投资。

而 2010 年货架市场需要注意的是，国外经济状况仍然处于低谷，并且国内拉动内需的政策也做了相应调整，此类项目会相应减少，经济危机的影响仍处在漫漫黑暗的隧道中，2010 年是否始终能保持 2009 年下半年的经济增长还是未知数，因此货架市场远不会达到 2007 年及 2008 年年初的火爆程度，货架行业的竞争仍然会非常的激烈。过度的压价，恶劣的付款条件以及盲目而上的竞争性的投资给货架市场也会带来极大的风险。

（上海精星仓储设备工程有限公司　崔　雄）

2009年托盘行业发展回顾与2010年展望

2009年是经受国际金融危机的考验，中国经济率先企稳复苏的一年，也是托盘生产企业奋力拼搏，跨步向前的一年。

一、2009年托盘行业发展状况回顾

2009年第一季度，托盘行业和制造业情况相类似，处于金融危机之下的“黎明前的黑暗”。大部分企业在疾风暴雨、惊涛骇浪中煎熬，尤其是出口型托盘生产企业，更是因订单减少过半而苦不堪言，艰难渡日。尽管如此，他们依然坚如磐石、岿然不动，表现出中国托盘企业坚不可催的英雄气概。第二季度，开始看到曙光，出现景气恢复迹象，订单开始增加，特别是塑料托盘，最先迎来黎明。第三季度伊始，中国经济出现明显触底企稳现象，制造业克服了全球金融危机后顷刻之间恢复景气，托盘生产企业，特别是塑料托盘生产企业订单一下子雪片般飞来。上海力卡、上海庆豪、派瑞特等多家大型知名塑料托盘生产企业业务量骤增，几乎应接不暇，设备24小时运转，员工加班加点作业。第四季度，订单平稳上升，部分企业经营基本重回金融危机前状态，但还不能与前几年相比。其原因，一是因为毕竟全球金融危机还没有真正结束，对实体经济的影响还在继续。二是因为托盘生产企业对实体经济的依赖性很强，此轮实体经济受金融危机的冲击强烈，要真正恢复元气尚须时日。而且金融危机也难以断定是否就此休止，其影响是持续性的，不可能一下子消除。三是因为我国的托盘生产大多数是中小型企业，小、弱、散、差，低端产品、粗放经营、势单力薄，受到剧烈冲击很难立即复原。

2009年，虽说先抑后扬，但并非想象得那么好。除了塑料托盘外，木托盘仍然困于原材料供给不足，价格持续上涨，产品比例呈现下降态势；金属材料托盘紧随汽车制造业从下半年开始有所恢复，但11月初美国商务部声称要对中国产金属丝网托盘进行反倾销调查，因为2008年中国向美国出口的金属丝网托盘达3.17亿美元，比2006年增长49%，因此美国要征收惩罚性关税；复合材料托盘虽说研发新材料、新产品的积极性和热情不减，也同样没有走出低迷处境。尤其是出口用托盘生产企业，尽管下半年部分企业从停产、半停产状态中起死回生，还是因制造业此前出口数量减幅过大，没能摆脱负增长；纸托盘状况稍微好一些，下半年订单增加，利润回升。

总之，2009年全年的情况，还没有恢复到金融危机前的程度。金融危机前的2007年，全国各类托盘的增长率曾高达30%，个别类型托盘如胶合板等复合材料托盘高达40%以上，2009年却仍有负增长的情况存在。当然，托盘行业与其他行业相比还算是较好的。这是由于托盘的地位和作用日益被重视，托盘行业正处于快速升温时期。托盘的总产量在大幅增加，用户群体正迅速扩大，销售量增长比例持续大跨度增长。

2009年托盘行业在以下几个方面可圈可点。

（一）一批优秀托盘生产企业脱颖而出

近几年，伴随中国经济的快速发展与进步、物流影响力的增强、托盘的宣传普及和行业活动的展开，加之国内外经营环境的千变万化、扑朔迷离和竞争的激烈，一部分托盘生产企业努力提升自身素质，增强改革创新的经营理念，注重分析经营环境和发展动向，把握行业发展脉搏和态势、预测发展趋势和总体方向，准确选择企业发展战略和管理模式。如被评上“中国十大明星托盘企业”的上海力卡、上海庆豪、无锡前程木业、江阴丰惠包装、苏州安华物流、金华捷特包装、浙江荣信模具、仪征升泰环保材料、南京汉青竹业、芜湖金源集团钟山木业企业脱颖而出。这些企业的共同特点是经营理念超前、管理规范化、经营模式变革、企业诚信守约、产品质量可靠，热心行业建设、顺应时代潮流。所以，企业产能不断增强、质量不断改进、产品不断升级换代、影响不断扩大，并被同行企业认可。同时，明星托盘企业的老总能审时度势、锐意进取，改革创新意识强、拼搏奋进意志坚。有这样一批企业领军人物带领，中国托盘事业的大发展指日可待。

（二）节能环保、可再生利用的托盘新材料、新产品研发高潮迭起

在全球气候变暖、能源问题突出、低碳经济理论兴起，各国愈发注重节能减排、生态平衡、环保再生、可持续发展的大环境中，托盘生产企业和相关科研单位、大专院校及其专家学者，积极响应政府号召，顺应新的经营发展态势，掀起了托盘新材料、新产品研发的热潮。诸如南京汉青竹业有限公司，为了研制可节能降耗、低碳环保、循环再生的托盘新材料、新产品，耗资2000万，历经两年的调研、考察、试用、验证，终于研制出了原材料资源丰富、成本低廉、减排环保的竹托盘材料和产品。该新型材料和产品一旦成功走向市场，既能解决以竹代木的老大难问题，又可实现低耗节约和可持续发展等带有根本性的托盘发展方向问题。近几年，一些托盘生产企业研发托盘新材料、新产品热情愈发高涨。以钢代木、以塑代木，塑钢、塑木、塑竹一体的新型托盘材料和产品层出不穷。大家十分关注国家在这方面的政策取向，也愿意参与相

关研发活动，对托盘新材料、新产品开发和研制表现出越来越浓重的兴趣。新研制的竹托盘在年度托盘工作会议和托盘国际会议（上海召开）上展出时，备受与会者的青睐。南京林业大学李大纲教授多年来矢志不渝、锲而不舍地研究托盘新材料、新产品。他带领的团队，走遍祖国大江南北、长城内外，深入企业、扎根车间，努力开发科研基地，注重理论与实践结合，成效卓著、硕果累累。为中国托盘新材料、新产品的研发做出了贡献，成为广大托盘科研人员学习的榜样。

（三）托盘标准化事业迎来了转折性发展

(1) 托盘基础标准的突破为我国托盘标准化事业的发展带来曙光。

在物流系统中，要处理的对象绝大多数都是杂件，货物形状各异、大小不一。为了实现机械化、自动化，最好的办法就是把货物规划为整齐划一的作业单元，而托盘恰恰是这个单元的最佳载体。它便于叉车装卸搬运，从而大大提高作业效率。所以，在整个物流设备这个大家族中，托盘虽不起眼但又无处不在，是最为简单但又极为重要的基本集装单元和搬运器具。以托盘为基础的货物单元是物流系统中最主要的单元。

利用托盘作为储存和运输单元使货物在不同企业之间、不同地区之间运用不同的贮存和运输方式实现联运，实现物流作业托盘化。托盘的这种频繁的流动性、广泛的应用性和举足轻重的连带性，也赋予了这个小小的器具重要的衔接功能，托盘标准与产品生产线、产品包装、叉车、货架、公铁路运输车辆、货船、集装箱和仓储设施等许多物流设备和设施的标准均有较为严格的尺寸匹配关系。托盘尺寸标准的确会波及包装业、制造业、运输业、建筑业等许多产业的相关标准必须作相应调整，具有牵一发而动全身的作用。鉴于托盘标准在物流标准体系中处于基础地位，因此，《联运通用平托盘主要尺寸及公差》国家标准的公布实施具有里程碑意义，标志着我国物流标准化征途中的一次跨越。

托盘标准只为推荐标准，不带有强制性。托盘使用企业更多考虑自己产品的包装规格和尺寸的要求，托盘制造商则依据客户订单生产，形成了托盘规格无序发展的现状。根据中国物流与采购联合会托盘专业委员会的调查结果，我国目前市场流通的托盘已有几十种，而且还在不断增多。一般来说，一个国家一种尺寸托盘的使用率超过50%，才是真正的托盘标准化。目前，澳大利亚标准化托盘使用率最高，为95%；美国为55%；欧洲为70%；日本为亚洲之最，使用率为35%；韩国紧随其后，为33%。我国的托盘规格种类繁多，标准规格托盘的占有率非常低，难以与澳大利亚、欧美、日本和韩国等标准规格托盘使用比例高的国家相比。实现我国托盘标准化的道路，还需要一个很长的过程。

抓住我国托盘标准尺寸确定的有利时机，积极开展托盘尺寸新国标的宣贯工作。使托盘生产企业、用户单位、托盘质量检测及监督部门、政府相关决策机关等准确了解和掌握新国标，引导企业积极参与托盘标准化应用，规范托盘行业的发展，积极呼吁政府部门的政策扶持，建立我国的托盘共用系统，以市场化行为推进我国托盘标准化进程，这是一项具有现实意义和长远意义的工作。

（2）托盘标准化技术管理组织的建立将加大加快我国托盘标准化的步伐。

为满足新时期我国转变经济增长方式，大力发展循环经济，建设资源节约型、环境友好型社会，构建社会主义和谐社会等各项事业对标准化工作的新需要，确保完成《中华人民共和国国民经济和社会发展第十一个五年规划纲要》和《国家中长期科学和技术发展规划纲要（2006—2020 年）》对标准化工作提出的各项任务，2008 年 1 月国家标准化管理委员会下发“关于批准筹建全国特殊膳食标准化技术委员会等 468 个全国专业标准化技术委员会的通知”。贯彻该通知精神，2008 年 12 月，全国物流标准化技术委员会托盘分技术委员会正式成立。托盘分技术委员会接受国家标准化管理委员会的工作指导，在全国物流标委会下托盘领域内从事全国性标准化工作的技术组织，负责托盘运行专业标准化的技术归口工作，并协助全国物流标委会承担国际标准化组织相应技术委员会的国内对口工作。托盘分技术委员会秘书处设在中国物流与采购联合会托盘专业委员会，负责处理托盘分技术委员会的日常工作。

托盘分技术委员会的主要工作任务有：①根据国家标准化工作的方针政策，研究并提出有关托盘运行专业标准化工作方针、政策和技术措施的建议。②按照国家标准制、修订原则，以及积极采用国际标准和国外先进标准的方针，制订和完善本专业的标准体系表。提出制、修订本专业国家标准、行业标准的长远规划和年度计划的建议。③根据批准的计划，组织托盘运行专业国家标准和行业标准的制、修订工作及标准化有关的科学研究工作。④组织本专业国家标准和行业标准送审稿的审查工作，对标准中的技术内容负责，提出审查结论意见。定期复查本专业已发布的国家标准和行业标准，提出修订、补充、废止或继续执行的意见。⑤受国家标准化管理委员会和全国物流标准化技术委员会的委托，负责本专业国家标准、行业标准的宣传贯彻解释工作；收集对标准执行过程中的反馈意见。担负本专业标准化成果的审核，并提出奖励项目的建议。⑥受国家标准化管理委员会委托，协助全国物流标委会承担国际标准化组织相应技术委员会的国内对口技术业务工作。⑦受国家标准化管理委员会和全国物流标准化技术委员会的委托，在产品质量监督检验、认证和评优等工作中，承担本专业标准化范围内产品质量标准水平评价工作，承担本专业内项目的标准审查工作，并向项目主管部门提出标准化水平分析报告。⑧在完成上述任务前提下，托盘分技术委员会可面向社会开展本专业标准化工作，接受有关省、市和企业的委托，承担本专业地方标准、企业标准的制订、审查、宣讲和咨询服务工作。承担国家标准化管理委员会和全国物流标准化技术委员会委托办理的与托盘运行专业标准化有关的事宜。

托盘生产企业越来越关注标准的原因，一是由于出口托盘数量大幅增加，国际贸易中这方面的要求越来越严格；二是由于托盘标准化问题在经济发展、物流运作中显得越来越重要，大势所趋，企业无法违背潮流，否则会失去商机，产品会失去竞争力；三是由于企业在产品销售和服务过程中，经常会遇到与托盘标准相关的问题。而且，托盘标准是物流标准化的基准，牵涉到货架、叉车、车辆、包装、装卸搬运、货物运输、仓储等方方面面的利用效率和协调性。

（四）外商投资热情高涨

受国际金融危机、全球经济景气低迷影响和我国欣欣向荣、持续发展而形成的投资环境魅力，许多外商投资企业看好中国托盘大发展的广阔前景，对来华投资兴办企业进一步表现出高涨的热情。除了前几年进驻我国托盘行业的美国集保、澳大利亚路凯、欧洲托盘协会和韩国众力物流外，丹麦一家主营箱式托盘和货架销售租赁的 Container Centralen 公司，也通过丹麦驻华使馆对中国托盘市场进行调研，拟在华投资设立企业。瑞典一家木托盘生产企业也委托驻华机构了解中国木托盘生产和销售现状，探索投资的可行性，如在华销售他们生产的欧标托盘。南非的 Lomold International 公司是一家生产填加玻璃纤维的塑料托盘生产企业，准备在上海设立办事处，在江苏建厂生产托盘。类似的外商投资例证还有很多，这里不一一例举。总之，近几年外国企业越来越关注中国的托盘发展现状、托盘标准、托盘质量、托盘市场，越来越热心细致地调查研究中国的托盘发展前景，热情越来越高，态度越来越积极。

（五）行业团体的凝聚力增强

经过几年孜孜不倦的努力，托盘委在国内外托盘生产企业、大专院校、科研单位和行政部门中逐步树立起了威信，使广大会员单位对托盘委的地位和作用有了进一步的认识，对托盘委几年来做的工作给予了肯定和称赞。体会到了“托盘大家族”团结、共建、共存、共赢的深刻意义。从而积极配合托盘委开展各项工作，使托盘委 2009 年开展的托盘知识竞赛、《中国托盘手册》编著、托盘国际会议及展览、出国参观考察等项工作得以顺利完成。托盘委的影响力、号召力、凝聚力明显增强，在国内外托盘业界的知名度也在不断扩大。

二、2010 年托盘行业发展预测

2010 对中国经济发展来讲，又是一个“大考之年”。2008 年下半年由美国引发的国际金融风暴并不是偶然现象。就早期发达起来的欧美国家而言，在产能长期过剩，市场长期饱和的历史阶段，泡沫经济、金融危机等问题在所难免。日本早在 20 世纪 90 年代就已经发生了。由此不难推测，此轮国际金融危机难以在短期内彻底消除，2010 年在逐渐减弱的情况下，会持续一段时间，因而出口贸易仍不乐观，我国出口型托盘生产企业经营同样不可掉以轻心。木托盘依然会受原材料问题困扰，塑料托盘也可能受原油价格重上新高的影响，强劲升势受阻，金属托盘和纸托盘前景较难预料，复合材料托盘还需要有一个铺垫的过程。以结构进行分类的托盘，与平托盘相比较，上部带有结构的托盘会继续扩大用量，特别是箱式托盘。与此同时，我们也应该从另一个角度分析。由于我国在全球金融危机中曾一枝独秀，并率先复苏，成为一块难得的投资沃土，小幅的通货膨胀和经济建设热潮，不是绝对不会发生。在托盘整体处于上升势头之时，产能扩大的可能充分存在。越是在这种时候，托盘生产企业越要审时度势、未雨绸缪。着重在低碳经济、节能减排、循环持续发展、再生利用、环保和生态平衡等方面狠下功夫，多做文章。

2010 年，尽管有一些不测因素，但总的情况来说，将会好于 2009 年，上升势头不会逆转，只不过不能过高地估计形势，盲目乐观。托盘委将综观全局、高瞻远瞩，用科学发展观洞察分析发展态势，推进行业发展，引领企业紧跟时代步伐，沿着政府指引的方向前进。同时要争取政策扶持、加强行业建设、做好协调和服务工作，推动托盘行业跨越式发展。

（中国物流与采购联合会托盘专业委员会　靳　伟　唐　英）

2009 年输送分拣设备发展回顾与 2010 年展望

2009 年中国经济总体呈现出加速复苏态势，投资是 2009 年经济强劲复苏的主要动力。2009 年 1～10 月，投资同比增速达到 33.1%，创下近 14 年以来的最高纪录。分行业看，其主要源于三类投资：基建投资及其上游行业投资（如通用设备、专用设备）、民生投资（如教育、科研、卫生社保和文化）以及消费行业投资（如农副食品加工业、烟草、医药）。当然，也有一些行业的投资增速较以往扩张周期相对低迷，对外贸易（如纺织业、通信设备、纺织服装）投资增长则刚刚出现好转，而石油、钢铁、化学纤维制造行业继续在缩减开支。

在这种情况下，对于各种现代化物流设备来说，2009 年也是个需要被铭记的年份。这一年，对于尚未发展完备的现代化物流设备来说，受到了前所未有的影响。这场危机一方面对现代化物流设备制造商与用户的正常作业生产都造成了冲击，另一方面也促使现代化物流设备行业加速企业洗盘进程，优胜劣汰，推进产业结构升级，为现代化物流设备的复苏夯实基础。

一、2009 年发展回顾

输送分拣技术和设备是一种运用普遍的产品，因此决定其客户多样性和设备的多样性。多年来，各专业厂商根据用户物件规格差异、场地布局及主要技术指标需求等因素，研制出了许多不同类型、规格的输送分拣设备。

输送分拣设备所属行业的特性是见效慢、投资大、销售周期长，其生命周期如图 1 所示，当外界经济出现波动时，比较容易受到大幅的影响，其行业也容易受到打击。

从 2003—2009 年，输送分拣设备业经历了需求稳步上升时期，2009 年受到金融危机影响，输送分拣设备业呈现出一定的波动。总体态势，如图 2～图 5 所示，在 2009 年，从行业企业数量、从业人员数量、销售收入以及利润总额几项指标来看，输送分拣设备业在金融危机的影响下呈现平稳无增长局面。

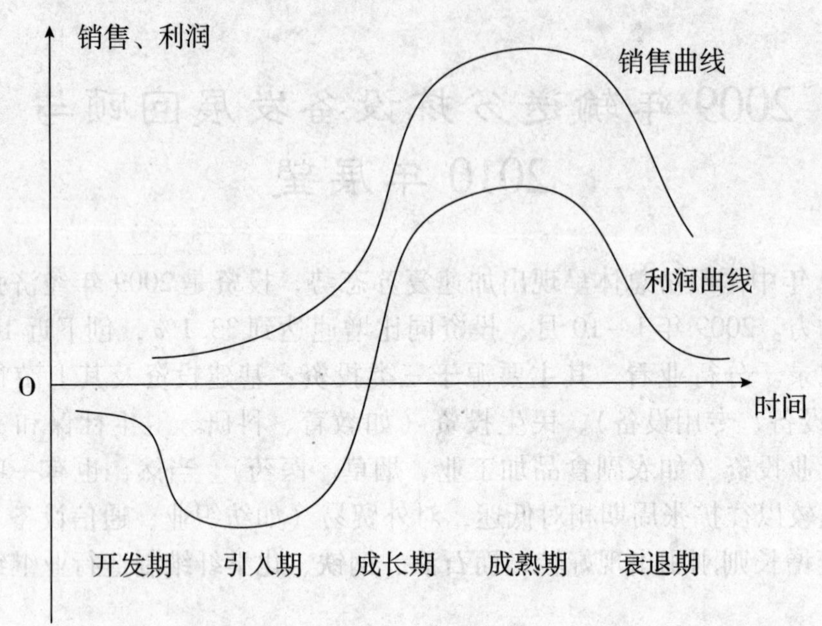

图 1　物流输送分拣设备产品所属行业生命周期曲线

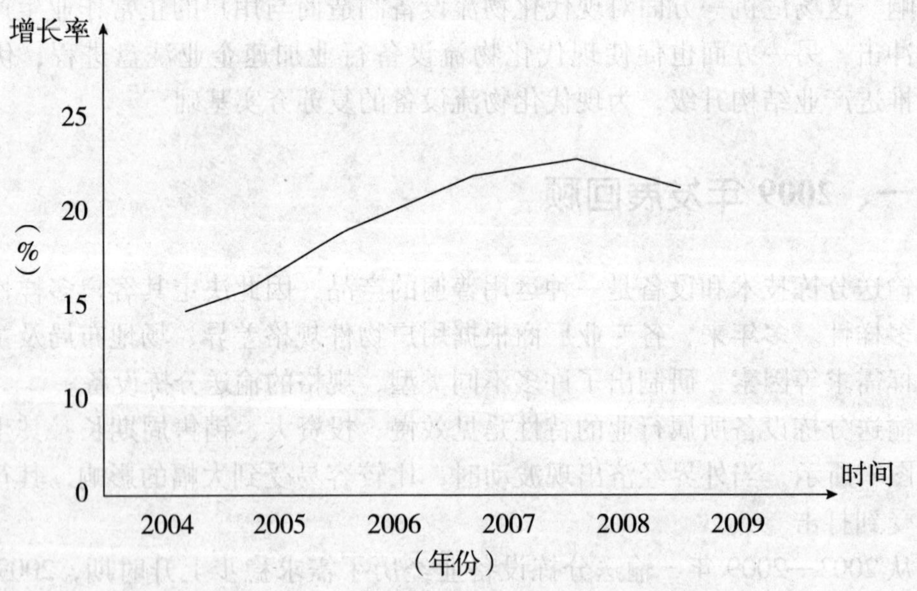

图 2　2004—2009 年行业企业数量增幅走势

输送分拣设备是生产和流通企业的常用设备，适用范围不局限于传统的烟草、图书、医药、零售行业，同时在其他行业如重工业、交通运输部门、粮食、化工、轻纺、食品、石油化工等领域，输送分拣设备同样也有大量使用。

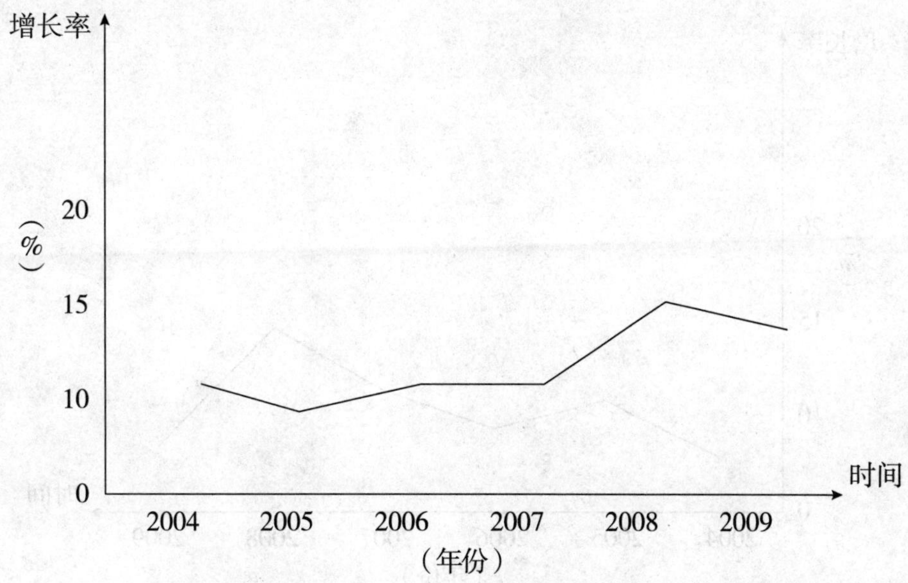

图 3　2003—2009 年行业从业人员数量增幅走势

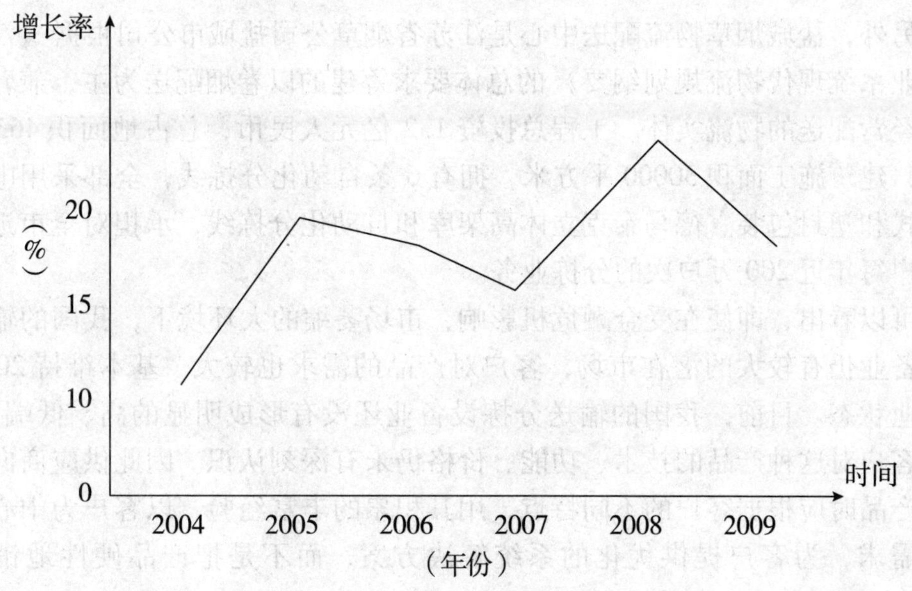

图 4　2003—2009 年行业销售收入增幅走势

2009 年，快递行业的代表——圆通快递在危机中寻找机遇，投资 9000 余万元在上海增购土地，扩建集仓储、分拣为一体的高度机械化转运中心，并于 2009 年年底完成该项目的建设工作，实现在全国建立了 26 个集仓储、分拣功能为一体的大型直营转运中心，在全国大中及二三级城市设立 2000 余个配送网点，拥有各类车辆 18000 余辆，为快件的高效、安全转运和及时派送提供了可靠的运营保障。

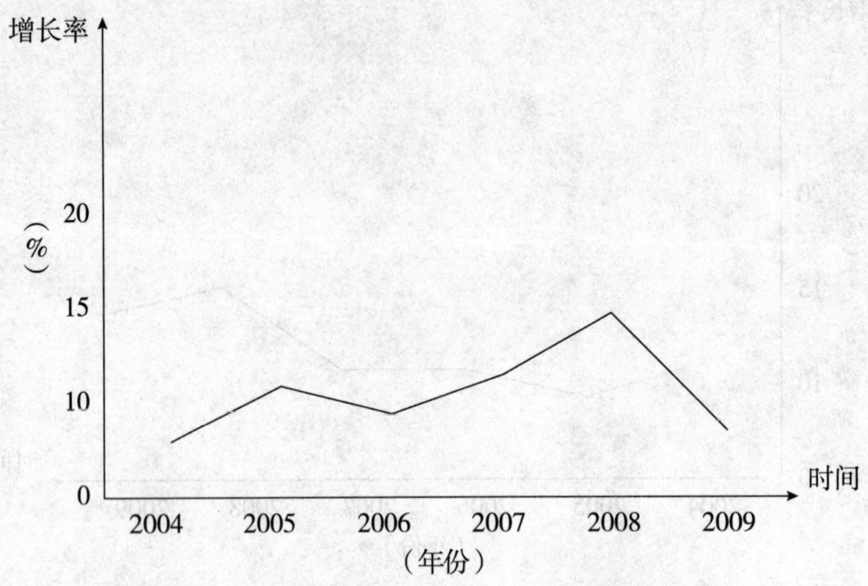

图 5　2003—2009 年行业利润总额增幅走势

另外，盐城烟草物流配送中心是江苏省烟草公司盐城市公司根据《江苏烟草商业系统现代物流规划纲要》的总体要求筹建的以卷烟配送为主，兼营非烟商品经营配送的物流实体。工程总投资 1.2 亿元人民币，总占地面积 46378 平方米，建筑施工面积 30000 平方米，拥有 6 条自动化分拣线，全部采用电子标签模式和塑封包装、德马泰克立体高架库和自动化分拣线，承担对全市近 4 万零售户每年近 200 万户次的分拣业务。

可以看出，即使在受金融危机影响，市场萎缩的大环境下，我国的输送分拣设备业仍有较大的潜在市场，客户对产品的需求也较大，基本维持 2008 年的行业状态。目前，我国的输送分拣设备业还没有形成明显的高、低端市场，很多客户对这种产品的技术、功能、价格仍未有深刻认识。因此供应商向用户销售产品时应根据客户的不同特点，用其积累的丰富经验，以客户为中心认真分析需求，为客户提供优化的系统解决方案，而不是把产品硬性地销售给客户。

二、2010 年展望

2009 年，国家、行业和企业都努力寻找应对危机的策略，国内市场上的声势浩大的“救市”搞得红红火火。而且值得庆贺的是，这些策略与措施促进了国内经济实现了 V 型反转，意味着 2010 年的输送分拣设备行业可能会出现一种稳中有升，但涨幅不大的趋势。对于设备行业应更注意满足客户的性价比要求以及客户的个性化需求。

笔者个人认为物流输送分拣设备业可能会发生几个方面的转变。

(1) 物流输送分拣产品的功能及技术性能指标不断提高，随着市场的不断变化，不断有新的市场竞争及产业结构调整，用户对于这些输送及分拣产品的型号要求越来越多，在今后的发展过程中，设备生产商考虑如何采用通用零件组装成不同型号产品，使得其对瞬间万变的市场更具有抗击能力。

(2) 经济的回暖，消费需求逐渐上升，出口增幅也有所回温的迹象，租赁行业也表现出了出租率上升，租金上涨等良好的现象。这反而会使设备生产商判断失误，造成供大于求的局面。如今市场需求不再仅仅关注数量而更看重质量，因此，用户对于投入产出比更为重视。

(福建铁路机电学校轨道运输科　谢　芳)

2009 年包装行业发展回顾与 2010 年展望

2009 年由美国次贷危机引发的世界金融风暴席卷全球，给世界经济带来巨大的冲击，世界经济剧烈动荡。我国的包装行业受到了较大的影响。但是，通过全行业的共同努力、克服困难、沉着应对世界金融危机的侵害，包装工业经受住了严峻的考验，仍然保持了稳步发展。主要体现在产业结构调整取得新进展，产品结构和生产经营方式进一步优化，行业集群化发展，重点培育龙头企业的技术创新能力，形成了珠三角、长三角和以京津地区为核心的环渤海经济包装产业带。科技创新成效显著，一批具有世界先进水平的包装产品和技术、设备脱颖而出，企业的综合竞争能力有了较大幅度的提高。2009 年我国包装工业总产值已经突破 1 万亿。纸包装产值占 35% ~ 40%；塑料包装占 20% ~25%；金属包装占 15% ~20%，玻璃包装占 5% ~ 8%；其他包装占 5% ~7%。我国包装制品已成为全球仅次于美国的包装材料消费大国。

一、2009 年我国包装业发展回顾

（一）《中华人民共和国循环经济促进法》2009 年 1 月 1 日起正式实施

《中华人民共和国循环经济促进法》的正式实施，为我国社会和经济的健康和可持续发展提供了基本的法律依据。该法中明确指出：禁止生产、进口、销售列入淘汰名录的设备、材料和产品，禁止使用列入淘汰名录的技术、工艺、设备和材料，否则将依照《中华人民共和国产品质量法》的规定，没收违法设备、材料，并处以五万元以上二十万元以下的罚款；情节严重的，由县级以上人民政府循环经济发展综合管理部门提出意见，报请本级人民政府按照国务院规定的权限责令停业或者关闭。

《循环经济促进法》的颁布实施，为各种包装废弃物（如一次性塑料餐饮具、矿泉水瓶以及利乐包等）的回收利用打下了基础，为包装物环境污染问题的解决指明了方向。“减量化、资源化、无害化、低碳化以及安全化”将成为包装行业，特别是食品包装行业的发展方向。

（二）《中华人民共和国食品安全法》2009年6月1日起正式实施，任何食品都不能免检

《中华人民共和国食品安全法》规定：任何食品添加剂以及食品容器、包装材料用添加剂目录外的物质都将不能使用；任何食品都不能免检；权益受损消费者可要求10倍赔偿。赔偿标准的大大提高，加大了经营者的违法成本，对违法经营者起到震慑作用；对食品及相关产品添加剂首先实行严格的审批管理制度，未获批准的食品包装材料及添加剂不得随意使用；对食品及相关产品的标准进行整合，食品安全有了统一标准，监管的目标和尺度将更加明确。

《中华人民共和国食品安全法》将食品包装材料、容器和生产经营的工具设备等纳入其范畴，对食品包装提出了明确要求：储存、运输和装卸食品的容器、工具和设备应当安全、无害，直接入口的食品应当有小包装或者使用无毒、清洁的包装材料、餐具，禁止生产、经营被包装材料、容器、运输工具等污染的食品，如违反将被处以没收违法所得、罚款、停产停业甚至吊销生产许可证。企业如果生产被污染的包装，不仅会受到处罚，还要赔偿消费者的损失，为食品包装生产企业敲响了警钟。由于直接接触食品，食品包装的安全性直接影响着食品的质量，不合格的食品包装在使用过程中会对人体健康产生不良的影响。《中华人民共和国食品安全法》让人们认识到“食品包装安全等同食品安全”的新理念。

（三）GB 9685—2008等多个食品包装容器、包装材料及添加剂标准相继正式实施

自2009年6月1日起，GB 9685—2008《食品容器、包装材料用添加剂使用卫生标准》正式实施。标准中规定了食品容器、包装材料用959种添加剂的使用原则、使用范围、最大使用量、特定迁移量或最大残留量及其他限制性要求。该标准尤其强调：未在列表中规定的物质不得用于加工食品容器、包装材料。

自2009年8月1日起，GB/T 10004—2008《包装用塑料复合膜、袋干法复合、挤出复合》正式实施，原GB/T 10004—1998《耐蒸煮复合膜、袋》和GB/T 10005—1998《双向拉伸聚丙烯薄膜/低密度聚乙烯复合膜、袋》同时废止。该标准对塑－塑干式复合中苯类溶剂的残留量提出了应小于0.01mg/m^{2}的严格要求，对印刷行业提出了挑战，为环保油墨行业的发展奠定了基础。

自2009年12月1日起，GB 18006.1—2009《塑料一次性餐饮具通用技术要求》正式实施。该标准“适用于以各种热塑性材料制作的一次性餐饮具。”首次制定了一次性塑料餐饮具国家标准，结束了过去不可降解一次性塑料餐饮

具一直无国家统一标准可依的混乱状态，减少了每个企业必须制定企业标准的麻烦；对可降解塑料餐具也提出生物降解率不得小于60%，淀粉基塑料餐具淀粉含量应达到40%以上等更加严格和具体的要求。

自2010年4月1日起，GB 23350—2009《限制商品过度包装要求食品和化妆品》国家标准将正式实施。新标准规定了限制食品和化妆品过度包装的要求和限量指标计算方法。把结构当中的空隙率强制为不得超过60%，包装层数强制为不能超过3层，包装成本不能超过商品零售价的20%。

（四）《食品用塑料自粘保鲜膜》新国标延期执行

由中华人民共和国国家质量监督检验检疫总局和中国国家标准化管理委员会于2009年4月17日共同发布的新标准GB 10457—2009《食品用塑料自粘保鲜膜》，代替原标准《聚乙烯自粘保鲜膜》（GB 10457—1989）并拟定于2009年12月1日起正式实施。新标准规定了食品用塑料自粘保鲜膜标准适用于以聚乙烯、聚氯乙烯、聚偏二氯乙烯等树脂为主要原料，通过单层挤出或多层共挤的工艺生产的食品用塑料自粘保鲜膜，为消费者选购保鲜膜提供了更具体的指导。

但是由于很多企业对新标准还不了解，有些企业的产品很难达到标准的要求，加上检测设备在技术上还存在一定问题，所以原定于12月1日起施行的这项新国标将延期至2010年9月1日实施。

（五）仿瓷餐具起风波

2008年12月26日，中央电视台《新闻30分》栏目以《变“色”变“味”的仿瓷餐具》为题进行了报道，引起了社会各界的高度关注。此后，全国部分地区开展查处劣质含毒仿瓷餐具活动。

为了揭露国内有毒仿瓷（密胺）餐具，经过暗访调查，2009年4月12日央视《新闻30分》以《部分仿瓷餐具企业继续违规使用有毒原料脲醛树脂》为题，再次披露违规现象。

2009年4月15日，《国家质检总局部署进一步开展仿瓷餐具执法检查紧急通知》出台。通知要求，全国质监系统对生产加工仿瓷餐具开展一次全国性的执法检查行动。广东、福建以及浙江等仿瓷餐具生产集中地区陆续传来查处违规、违法行为。

中华人民共和国卫生部和中国国家标准化管理委员会2008年9月9日发布的《食品容器、包装材料用添加剂使用卫生标准》（GB 9685—2008）于2009年6月1日起施行。由于该标准中没有将脲醛树脂列入到允许使用范围，同时该标准强调没有列入该标准的物质不得用于加工食品用容器、包装材料。

到此，脲醛树脂从强制标准上就被禁止用作食品容器原辅材料。一场脲醛树脂不得用于仿瓷餐具生产的标准和法规的完善与实施，终于为这场历时半年的风波画上了圆满的句号。2009 年 9 月 1 日起，GB 9690—2009《食品容器、包装材料用三聚氰胺—甲醛成型品卫生标准》正式实施。新增的标识规定中明确要求标注产品材料，并告知“食品用”和“严禁在微波炉内加热使用”。

（六）2009 年 12 月 4 日卫生部、工信部等七部委联合下文《关于开展食品包装材料清理工作的通知》

《通知》公布了《我国现行有效的食品包装材料相关标准目录》，包括 133 项国家标准和 126 项行业标准。卫生部会同有关部门成立专家组，对行业、企业提交的材料进行科学评估。根据评估结果拟定《可用于食品包装材料的物质名单》和《禁止用于食品包装材料的物质名单》，并分批向社会公布。政府各相关部门要进一步加大日常监管的力度，采取明查暗访等方式，有针对性地开展监督检查工作。

根据七部委《通知》要求，政府各相关部门要广泛发动各行业、企业。按照《食品安全法》的规定，对市场上存在的可能对人体健康有害的食品包装材料进行清理。督促食品相关产品，特别是食品容器、包装材料的生产单位，按照现行有关食品安全国家标准等相关规定组织生产，并开展自查清理。坚决打击使用有毒有害物质尤其是非法利用废旧材料生产食品包装、容器等违法行为。

各有关部门生产单位要在 2010 年 6 月 1 日前完成自查清理工作，并依照相关规定和程序对未列入食品安全国家标准的食品相关产品及新品种向卫生部申请批准。各有关部门要严厉打击违规使用有毒有害原料生产食品容器、包装材料的行为。各相关行业协会要加强自律、引导、沟通，组织本行业企业开展自查清理工作。各相关监管部门要积极指导、督促并给予帮助。行业、企业应以现有食品包装材料 259 项标准（国家标准 133 项，行业标准 126 项）及相关规定为依据，主动对生产经营及使用过程中存在的问题进行查纠，对认为不存在安全性问题、尚未列入我国食品包装材料标准的物质进行登记。

（七）我国政府进一步加大环保产业的扶持力度

财政部 2008 年 8 月 27 日出台《包装行业高新技术研发资金管理办法》，明确规定包装行业研发资金应重点支持符合国家宏观政策、环境保护和循环经济政策的下列项目：

（1）由有关部门认定的具有国际领先水平或填补国内空白的新型包装制品、包装材料和包装机械的研制及产业化项目。

（2）产学研一体化高新技术研发项目、由有关部门认定的国家级新产品研制项目、在省级以上部门立项的新材料，新技术的设计开发项目、应用技术项目。

（3）保障人身健康安全及符合环境保护要求的新型环保包装材料项目。

（4）包装减量化和节能化项目、包装废弃物处理和利用项目。

（5）包装有关法规和标准化的研究、技术标准的制定和测试项目。

（6）符合国家包装行业政策的其他新技术项目。

高新技术研发资金管理。支持包装行业积极开发新产品和采用新技术，促进循环经济和绿色环保包装产业发展。从即日起，符合规定的企业将有机会获得最高500万元研发资金的支持。研发资金支持范围包括具有国际领先水平或填补国内空白的项目、保障人身健康安全及符合环境保护要求的新型环保包装材料项目、包装减量化和节能化项目、包装废弃物处理和利用项目等符合国家宏观政策、环境保护和循环经济政策的项目。研发资金的支持方式主要采取无偿资助和贷款贴息两种。

根据此办法的要求，2009年10月，中国包装联合会组织专家对中央企业及地方上报的2009年包装行业高新技术研发资金项目进行了评审，共有48家企业通过了包装行业高新技术研发资金项目的评审。

（八）中国举办首届绿色包装与低碳经济高端论坛

2009年11月17日中国首届绿色包装与低碳经济高端论坛在深圳举办。当前，我国已经进入了实施建设资源节约和环境友好型社会战略以及全面推进节能减排的关键时期，此次召开的绿色包装与低碳经济高端论坛更具有十分重要的意义，为促进我国绿色包装产业和低碳经济的发展做出成绩。

通过推广绿色包装产业战略，推广以无毒、无害、易降解和利于回收再生的材料、技术、工艺替代耗能高、污染大的传统包装材料，改进产品包装的行动，是我国正在进行的低碳经济的一个重大贡献，也是我国包装行业助推我国低碳经济发展的一次成功的探索。

论坛发表了《促进低碳经济绿色包装宣言》。

（九）世界包装之星揭晓，中国包装全面丰收

2009年5月，“世界之星2008”颁奖大会在墨西哥举行。我国内地有8件优秀作品获得了“世界之星”大奖。它们是：“百年郎酒纪念酒包装”、“F06手机包装盒”、“天成祥酒包装”、“冷鲜肉气调保鲜零售包装”、“电子秤运输防护包装”、“口子窖珍藏酒包装”、“论道大汉春秋茶礼纪念装”、“仰韶彩陶坊酒包装”。

我国此次选送作品注重了包装结构设计和包装产品的多样性，参加“世界之星”评选活动的各国代表对我国作品给予了充分肯定，很多作品都是高票通过。每年通过国内举办的“包装之星”评比向“世界之星”比赛推荐优秀作品，积极引导和促进了我国包装设计科学健康发展。

2009年10月2日，由世界包装组织（WPO）主办、突尼斯包装技术中心（PACKTEC）承办的2009年“世界学生之星”国际包装设计评审大会在突尼斯召开。在此次国际评审活动中。我国包装行业共有62件包装作品获奖。

“世界之星”包装设计奖是世界包装组织在世界范围内评选出的优秀包装设计最高奖项。代表着全球包装设计发展方向。“世界学生之星”包装设计奖是世界包装组织为世界各地的在校学生设立的具有国际影响力的高水平奖项。WPO 2009年“世界学生之星”国际包装设计评审活动吸引了来自中国、英国、美国等许多国家参赛。经过评委认真评定，最终评选出104件获奖作品。其中最高奖项“世界学生之星”奖获奖作品3件，“荣誉提名奖”10件，“入围证书奖”91件。

为配合此次“世界学生之星”国际包装设计评奖活动。我国共征集了来自我国国内76所大专院校的400余件学生作品，并推荐了其中111件优秀作品参加国际评审。经过严格审评，共有62件作品获得奖项。其中“荣誉提名奖”3名，“入围证书奖”59名。2009年“世界学生之星”国际包装设计颁奖活动于12月在突尼斯举行。

（十）制止过度包装之路仍漫长

“100元的产品，10万元的包装”这是2009年中国爆出的特大新闻。南京出现售价高达99990元的“黄金龙凤蟹”——两只装螃蟹黄金礼盒。也许，这也是世界最贵的包装吧。

据报道，南京高淳出现售价高达99990元名为“黄金龙凤蟹”的两只装螃蟹礼盒，规格为公蟹300克、母蟹200克。它的外包装为纯金盒子。赠品为纯银的蟹八件。推出这款螃蟹包装礼盒的是当地的某螃蟹实业有限公司。另据媒体报道，该公司推出的另一款名为“至尊蟹”的八只装螃蟹礼盒。规格同样为公蟹300克、母蟹200克。售价仅880元。至尊蟹的外包装是塑料盒子，赠品只有一包姜茶；而“黄金龙凤蟹”的外包装为纯金的盒子，赠品为纯银的蟹八件。用黄金打造的螃蟹盒子中，公蟹的包装盒有200克左右，母蟹的包装盒有150克左右。打造的成本就要六七万元，厂家如是说。

过度包装一直备受人们关注。许多国家专门立法。前几年我国对包装豪华的“天价月饼”开始立法。国外对于过度包装的立法有比较成熟的经验，例如欧美都有《商品包装法》，明确规定商品包装不能超过其产品价值的10%，包装空隙不得大于30%，否则就会面临处罚。我们也应借鉴，不宜一事一议。

二、2010 年发展展望

（一）进一步调整包装产业结构，保证包装产业持续健康发展

包装产业结构的调整要瞄准国际、国内两个市场的包装技术发展前沿，淘汰落后陈旧污染耗能的产品，使用新技术、新工艺生产适销对路的新产品。包装生产中应采取从对容器的个性化设计到选材、物流的一体化的包装生产模式，既改变了过去简单加工的生产经营方式，又延长了产业链，扩大了经营范围，促进了包装工业的进步。鼓励和引导龙头企业、优势企业兼并重组落后企业、困难企业，充分利用有效资产促进企业升级。同时，还要鼓励和引导企业强强联合，提高产业集中度和规模效益；鼓励和引导关联企业、上下游企业联合重组，实现一体化经营，增强企业的综合竞争能力。

（二）加强科技创新，促进包装技术水平的提升

加大科技创新力度、提高自主创新能力是促进企业发展的关键。自主创新要在包装新产品的研究开发上下功夫，加快研究开发有较高附加值，有市场竞争力的新产品。针对我国研发基础薄弱，先进的技术设备和优质原料主要依赖进口的状况，不断加大科技研发的力度，通过建立以企业为主体，以市场为导向、产学研相结合的科技研发机制，通过原始创新、集成创新和引进消化吸收再创新的办法，提升我国包装行业的整体水平。

（三）发展循环经济，促进和形成绿色包装产业

在2009 年哥本哈根世界气象会议上，节能减排已成为世界各国的共同关注点，在世界性的资源和能源紧张面前，发展循环经济，建设绿色包装产业，是发展包装行业的基本方略。包装产品是一种使用范围广、用量大、耗材多、生命周期短、高废弃的产品。因此，发展循环经济，减少资源消耗极为重要，这不仅是社会发展需要，也是行业自身发展的需要。经济增长方式执行“资源—产品—废弃物”的单向式直线过程，创造的财富越多，消耗的资源就越多，产生的废弃物也就越多，对资源环境的负面影响就越大。要以科学发展观为统领，大力发展循环经济，走“资源—产品—废弃物—再生资源”的反馈式循环发展的道路，以尽可能小的资源消耗和环境成本，获得尽可能大的经济效益和社会效益。因此包装“绿色化”和“减量化”、废弃物“再利用”和“资源化”，不仅是建设资源节约型社会和环境友好型社会的需要，而且也是突破

一些国家所谓“绿色壁垒”的贸易保护主义，采取发展绿色包装的应对措施。同时“绿色包装”产业的形成和发展，也可能成为包装工业新的技术和经济发展的增长点。

（四）加大开放力度，促进交流与合作

在经济全球化的大潮中增强我国包装行业的国际竞争力，通过合理的引进消化吸收再创新的办法也是一条迅速提高我们自主研发能力的有效途径。企业通过引进国外的先进技术和设备，不仅产量扩大，质量提高，产品品种也更加齐全，企业的面貌，乃至我国整个包装行业也发生很大变化。包装行业的发展需要有一个和谐的环境和积极向上、团结协作的氛围。尤其在全球经济一体化日益显现，社会化大生产日益突出的背景下，包装企业与企业之间的沟通和联系，增进企业与企业之间团结与协作，十分重要。

（五）包装材料向低碳化迈进

“低碳”已经成为2010年的一个重要关键词，低碳包装主要体现在：

1. 重复再用和再生的包装材料

啤酒、饮料、酱油、醋等包装采用玻璃瓶反复使用，已经成为我们的惯例。可是我国的PET饮料瓶很少有循环使用的。而瑞典等国家实行PET饮料瓶和PC奶瓶的重复再用达20次以上。包装材料的重复利用和再生，延长了塑料等高分子材料作为包装材料的使用寿命，也减少了相应的碳排放量。

2. 可食性包装材料

糖果包装上使用的糯米纸及包装冰激凌的烘烤包装杯都是典型的可食性包装。现在一般采用的可食性保鲜膜，已发展成具有多种功能性质的，由多种生物大分子（蛋白质与多糖）和脂类制成的多组分食用膜。此种复合膜主要是通过不同分子间相互作用，形成的一种稳定的乳状液。然后干燥使溶剂挥发而形成的多孔、透明或半透明的三维网络结构的薄膜。这种多孔的网络结构使薄膜具明显的防水性及一定的可选择透气性，因而在食品工业，尤其在果蔬保鲜方面具有广阔的应用前景。

3. 可降解塑料包装材料

可降解塑料包装材料既具有传统塑料的功能和特性，又可以在完成使用寿命之后，通过阳光中紫外光的作用或土壤和水中的微生物作用，在自然环境中分裂降解和还原。最终以无毒形式重新进入生态环境中，回归大自然。

4. 包装设计亦要低碳

在包装设计领域中，产品包装的外形也同样重要。因此，在进行包装设计的时候，除了要追求创新，还应考虑到环保要求。产品的整体重量和包装材料

也是非常重要的两个因素。而有针对性的设计策略能将品质融入到产品中，从而提高企业的价格点和利润空间，降低对材料的浪费。“一个良好的设计和合理的结构不但能减少包装废料，而且还能在某些情况下减少对塑料的使用”。

环保的包装材料，加上有针对性的设计，必然会减少材料的浪费。相应的也降低了企业的生产成本，增加了利润。但低碳的意义远不止于此，更好的是减少了碳排放量，保护了我们赖以生存的环境，营造了良好的生活氛围。

（六）包装机械设备需求将出现飞跃

包装机械设备种类繁多，有一次包装和二次包装，应用范围有食品饮料、日用品、医药、工业等。食品饮料包装是包装机械设备行业最大的一个细分市场，饮料的包装设备生产主要是整条生长线，自动化程度较高。目前中国饮料的人均消费量，尤其是矿泉水，与国际先进国家的水平有较大的差距，市场空间较大，我国人口众多，假如农村市场得以开发，则需求量十分可观。

医药工业包装，这类包装机械设备总体特征是体积小、价格高、产值约占药品的12%～15%。因此这类包装设备对自动化水平要求也较高，相应企业的自动化设备的购买能力也较强。目前国家药品改革只能对包装要求越来越严，尤其是西药这个市场也会保持平稳的高于GDP的增长。

日化方面包装机械设备的应用也比较广泛，日化包装与医药包装类似，体积小、价格高。很多机械设备与医药包装机械设备可以共用，随着食品工业的发展，食品安全要求的提高，我国包装机械设备的需求量将出现一次大的飞跃。

（天津科技大学　韩永生）

参考文献

［1］吴民．2009年包装印刷业国家十大政策行情［J］.包装世界，2010（1）.

［2］韩锦平．解读2009年世界包装十大新闻［J］.包装世界，2010（1）.

［3］王建清．2010年及“十二五”包装行业发展趋势［OEPBL］. http：//www. tjpack. gov. cn/zixun/zixun4. asp.

第四章

物流行业基础工作

2009 年物流标准化工作回顾与 2010 年展望

一、2009 年回顾

2009 年 3 月，国务院颁发了《物流业调整和振兴规划》，开启了我国物流业发展的新阶段，也推动物流标准化的发展进入了一个新的时期。在《物流业调整和振兴规划》中物流标准化是作为九大重点工程之一提出来的，落实《物流业调整和振兴规划》就成了 2009 年物流标准工作的主线。

回顾物流标准化的进展，主要有以下几个方面：

（一）完成物流标准的专项规划，对标准体系结构作出重要的调整

物流标准化工作的“十一五”规划中曾提出过一个体系表，把物流标准分为：基础标准，服务标准，管理标准，技术标准和信息标准五大部分，并优先强调了服务标准的核心地位。“十一五”期间的物流标准基本上是沿着打基础，服务标准带动其他标准的思路开展的。2009 年根据《物流业调整和振兴规划》的要求，责成国家标准委会同有关部门制订物流标准专项规划，即《2009—2011 年物流标准专项规划》。该规划根据物流的发展需要，对原标准体系的结构作了重要的修订，建立了由通用基础、公共类物流、专业类物流构成的新的物流标准体系框架，并根据这样的框架结构确定了 2009—2011 年物流标准化工作的指导思想、主要目标，提出了近期物流标准化工作的重点领域及 13 个重点物流领域近期内标准修订计划项目。该规划将由国家标准委等 10 个政府

部门联合颁发。

为什么要作这样的调整？因为新的标准框架体系的调整反映了物流业发展越来越清晰的两个主要趋势：一是通用类服务如运输、仓储、货贷、快递等将进入资源整合、集约化和规范化网络体系的建设轨道；二是专业化物流如汽车、家电、钢铁、服装、冷链等将进入流程整合、专业化甚至个性化的发展轨道。这样两个趋势都迫切的需要标准体系的支撑，“十二五”期间物流的标准化工作必须适应这样两大发展趋势的需求，也就是横向的资源网络和纵向的专业供应链建设。原有的框架结构难以体现新的趋势要求，因此有必要作出调整，这是具有长远指导意义的。

（二）落实标准项目计划

全国物流标准化技术委员会在落实“十一五”规划的具体工作中，开始体现新的结构框架的思想，加大了专业物流领域的标准化建设工作。

（1）完成并正式发布了6项物流国家标准，包括4项通用基础标准：《第三方物流服务质量要求》、《多式联运服务质量要求》、《社会物流统计指标体系》、《物流中心分类与基本要求》；还有两项冷链物流标准：《冷冻食品物流包装、标志、运输和储存》、《冷藏食品物流包装、标志、运输和储存》。此外，还完成了一批行业标准的制定，如《货架术语》、《易腐食品机动车辆冷藏运输要求》、《物流企业客户满意度评估规范》等。

（2）组织申报了一批新的标准项目，有些是根据原有规划的要求，也有一些是根据新的发展提出的新需求。例如：《医药物流服务规范》、《医药生物冷链物流运作规范》等，预计这些标准将在2010—2011年完成发布。

（三）推动重要标准的宣贯

应用是标准的生命。物流行业标准化应用的推进一直存在较大的难度。2009年开始出现突破，主要表现在A级物流企业标准的贯标工作上了一个台阶。当年共有近400家企业经严格评估通过了标准，数量超过了前五年的总和，到2009年年底全国已有737家A级物流企业。在地区、行业、规模的分布上也有新的进展，更可喜的是此项标准已经开始得到政府的重视、市场的认可、企业的支持，企业评估的流程越来越规范、成熟，工作网络体系也越来越健全，可以说已经步入了一个良性循环的发展阶段。A级物流企业的评估工作是一个物流标准宣贯的经典，经过5年多的不懈努力，终于得到社会各界的认可，在促进物流业的发展中发挥了实实在在的作用。

此外在2009年还在物流的另一个热点领域——物流园区的标准化方面加大了宣贯力度。中国物流与采购联合会在徐州举办“物流园区国家标准宣贯与物流园区评估标准研讨会”，宣贯新发布的《物流园区分类与基本要求》国家标准（GB/T 21334—2008），研讨正在制定过程中的《物流园区服务及评估指标》国家标准（讨论稿）。这次宣贯研讨是与在徐州召开的“第七次全国物流园区交流研讨会”相结合的，也是一个经验。看来，标准的宣贯不宜独立开展，要尽量与相关的业务工作紧密结合起来，把标准的宣贯作为推进行业发展的一个有机组成部分，这样才会有效。

（四）加强物流标准的科学研究

在实践中我们发现标准工作的许多问题，如选题不准、水平不高、宣贯不易等都与前期的研究不深不透有关，因此加强物流标准的科学研究是改善工作的重要一环。为此，全国物流标委会组织了 2009 年度质检公益性标准化科研专项课题“冷链物流等重点物流领域关键技术标准研究”，其中包括六个子课题，即冷链物流、汽车物流、医药物流、应急物流、物流单证、社会物流统计六个领域标准体系建设及重点标准项目研究。经过国家标准委、科技部、财政部审查，专项课题现已正式立项下达。

此外在一些热点领域开展物流标准的研究和交流等基础性工作。例如在广州组织召开“全国家电物流标准化工作研讨会”。家电制造企业、流通企业、物流企业，物流研究、高校、行业机构 40 余家单位负责人、专家学者参加了会议。会议交流了我国家电物流标准化的现状、主要问题、发展方向、工作建议，讨论了开展家电物流标准化的近期工作计划，包括标准项目建议以及进一步建立家电物流标准化工作交流协调机制、推动家电物流标准化工作深入发展的意见。还组织了中美冷链标准交流会议。会议由中国物流与采购联合会与美国驻华使馆农业贸易处在北京共同召开。参加会议的有中美两国政府部门，食品与农产品冷链生产、流通、物流、设备制造企业、行业组织、研究机构近 200 人。会议交流了中美两国各自在冷链物流业发展中和冷链物流法规、标准方面的有益经验和需要解决的问题，为参会者提供一个了解两国冷链物流业发展情况以及与同行建立联系的机会，在促进和加强中美两国在冷链物流业领域合作方面进行了积极的探索。

（五）加强队伍的建设

全国物流标准化技术委员会在 2009 年成立了冷链物流、仓储技术与管理两个分技术委员会。至此，全国物标委物流作业、物流管理、第三方物流服务、托盘、冷链物流、仓储技术与管理 6 个分技术委员会全部正式成立，构成了一个相对完整的组织体系。在此基础上建立了工作机制和管理制度，开展了标准骨干队伍的培养工作。例如在北京举办标准编写培训班，贯彻实施国家标准委新颁布、2010 年 1 月 1 日开始实施的 GB/T 1. 1—2009《标准化工作导则 第 1 部分：标准的结构和编写》。参加培训的包括标委会分技术委员会秘书处、各个标准项目起草人员。

为全面、综合反映有关物流标准化的各类信息，全国物流标准化技术委员会创办发行《物流标准化动态》（网络发行，不定期），面向全国物流标准化技术委员会及其分技术委员会委员以及有关的标准化技术组织、行业协会、研究机构、高等院校、物流企业、政府部门。自 3 月开始共发行 4 期，包括几十条多方面、多个领域的物流标准化信息，收到较好反响。

（六）社会各界共同推进物流标准体系的建设

由于物流是一个开放的体系，是多行业的复合产业，标准体系的建设也依赖于相关的各行业、各部门。2009 年各部门各地区也发布了一些物流相关的标准，例如：交通运输部发布了《交通信息资源核心元数据》等 15 项交通运输行业标准，陕西省制定了绿色物流的地方标准，广东、山东、上海等地都开始建立物流标准化组织。

二、2010 年物流标准化工作的展望

2010 年是继续落实《物流业调整和振兴规划》的一年，同时也是“十一五”时期向“十二五”时期过渡的一年，要体现国民经济的战略调整，支持扩大内需、产业结构调整、发展方式转变的要求。具体工作重点，一是落实 2009 年计划中已经确立的几项重点工作，推动专业物流标准项目建设，提高标准项目编制质量；二是要推进公益性标准化科研专项课题研究工作，保证专项课题研究质量与完成时间；三是要进一步加强重点标准项目的宣贯工作；四是要加强标委会自身建设。全国物流标准化技术委员会的具体安排如下：

（1）大力推进标准计划项目编制工作，保证标准项目的编制质量与水平。主要包括两个部分：一是过去立项与新立项的国家标准、行业标准项目，有 50 余项；二是《2009—2011 年物流标准专项规划》颁布以后，其中由全国物标委归口的项目有 30 余项。两部分总计近 90 项，需要分期分批、有重点地组织完成。

（2）抓紧落实公益性标准化科研专项课题研究工作，切实保证研究水平与研究进度，保证课题经费按要求使用。

（3）继续推进专业物流标准项目建设。除继续完成货架、汽车物流、冷链物流、出版物物流标准项目编制工作，还将开展医药物流、应急物流标准项目编制运作，并将积极开展家电物流标准项目申报、立项工作。

（4）继续加强重要物流标准的宣传、培训、贯彻工作。对2009年正式发布的有关物流统计、冷链物流等重要标准，2010年将相应开展标准的宣贯、培训工作。

（5）进一步加强物流标委会自身建设。根据物流标准化实际需要，申请设立新的分技术委员会。

展望全国的物流标准化工作，应该是更加深入、扎实的一年。物流标准化的重要性已经取得共识，各行各业、各地区都在推进，现在的问题是如何使这项工作更有效。如前所述，从物流发展的趋势来看，物流服务做大和做专是两个长期发展的方向，物流的标准要有利于资源的整合，也要有利于专业化的分工。用这样两个趋势性的规律来衡量，可能会有利于提高物流标准化工作的自觉性。

（中国物流与采购联合会　戴定一）

2009 年物流信息化发展回顾与 2010 年展望

2009 年是中国物流业结构调整和不断提高的关键时期，也是物流信息化加快发展的一年。本报告首先回顾了 2009 年中国物流信息化的发展现状，探讨了中国物流信息化现阶段的特点和存在的问题，然后对中国物流信息化 2010 年的发展趋势进行了预测和分析。

一、2009 年物流信息化回顾

（一）国家对物流信息化工作高度重视

2009 年 3 月，国务院发布《物流业调整和振兴规划》，把物流业列入调整和振兴的十大产业，中国物流业发展面临新的机遇。《物流业调整和振兴规划》提出，加快发展现代物流业要“以先进技术为支撑，以物流一体化和信息化为主线”，把“提高物流信息化水平”作为一项主要任务，把“物流公共信息平台工程”作为提升物流信息化水平的重点工程，这充分说明了信息化在物流业调整和振兴中的重要作用。

为了具体落实《物流业调整和振兴规划》，系统推进全国物流信息化工作，2009 年 10 月，工业和信息化部开始组织编制《物流信息化发展规划（2010—2015）》，征求意见稿中提出了八项物流信息化试点示范工程。

为推动交通运输行业物流信息系统的规范化建设，2009 年 7 月 8 日，交通运输部科技司在杭州主办“交通运输行业物流信息标准培训会”，交通运输部道路运输司相关领导对各级运管部门积极参与此次培训会所体现的对物流信息化工作的重视程度予以肯定，强调物流信息化标准是提高运输服务质量的需要，是提高物流效率的需要，是发展现代物流的基础，对促进交通运输行业的物流发展、物流信息标准化工作寄予了厚望，并提出了要求。

国家发改委、商务部的有关司局也通过召开专家座谈会及到物流企业调研等形式，为物流信息化政策的具体落实听取意见。

（二）物流企业的信息化仍然是围绕着物流业务的整合与专业化这样两个基本的方向展开的

（1）信息整合与企业资源、流程的整合密切联系在一起，互相促进，企业内部的信息平台建设进入更新、提升阶段。

中远物流在整合自身的资源和业务时发现，各地机构的信息系统是相互独立的，由于开发商不统一，系统功能、标准、流程规范均不统一，这样的基础不能支持跨机构的有效协作，无法开展一体化业务。中远的 FOCUS 确定了明确的目标，就是要支撑一体化业务，为此必须实现数据共享，系统要统一维护。这样的信息化建设需要有背后的管理体制变革的支撑，只有这样才能实现信息整合与资源、流程整合互相促进。

（2）物流企业的专业化发展需要高效的开发平台作支撑。我们知道专业化物流服务是以个性化、定制化为特点的，往往是每一个客户需要一个特定的解决方案，也需要一个特定的信息系统来落实这样的方案。物流企业需要这样一个平台系统，既能够用它来快速开发客户的个性化解决方案，又能够使所有客户的定制化系统都能够在平台上运行。

此前，中外运一直从事货代、运输、仓储等相对标准化的服务，后来在发展一体化服务的过程中发现，客户的专业化需求差异很大，如何能够快速形成解决方案和信息系统成为关键因素。上海唯智的两大优势使其在众多竞争者中脱颖而出，一是具有很强的业务咨询能力（包括业务流程设计、机构变革等）；二是采用 SOA 的基本技术架构，善于把功能提炼成模块化结构，子系统之间采用松耦合的连接方式，既满足柔性化，又提高了开发效率。

（3）物流信息化的商业模式需要创新。今天，信息系统已成为物流企业的命脉，物流信息技术的专业化程度也越来越深，这样就产生一个新的问题：物流企业如何建设自己的技术支撑体系，满足“四要”：业务要精通、技术要先进、服务要贴心、成本要低廉。

上海菱通与德利得物流公司合作的信息系统堪称一个典范。他们的做法是这样的：上海菱通以技术（国外先进的物流信息系统）入股，并承诺提供终身服务。德利得低成本地使用该系统，还可根据需求不断提出修改意见。上海菱通可以获得分红回报，还在合作中提高了物流咨询能力，促进了软件产品扩大市场；德利得则大大降低了信息化投资的成本压力，有了一个满足“四要”的技术支撑体系。

（三）物流公共信息平台的建设重点在整合与标准化建设上

1. 艰难前行的公路货运平台面临新的突破

众所周知，公路货运是目前物流中最落后的领域。问题的难点还在于，公路货运的优点是资源分散，带来了服务方便灵活的特点；但其落后的根源也在于资源的过于分散，造成无序竞争、恶性循环。如何整合之、规范之，形成服务平台体系？传化公路港，汇通天下、湖南天骄等案例代表了公路货运市场整合进程。

湖南天骄快车系统的做法可称之为三个“带动”：一是以货源信息的整合带动车辆资源的整合，表明了货与车的关系中，货源是矛盾的主要方面；二是以管理带动服务，说明此类信息网区别于一般互联网的信息在于有管理，这种管理带来了交易的可能，所以才有服务的价值，简言之有管理的信息才值钱；三是以担保服务带动网上交易，突破了此类以往只能传信息，不能在线交易的难题，切入点就是提供担保服务。

2. 公路运输平台是整合标准化服务最基础、最困难的部分

在多元化整合的基础上，一部分区域网络有了彼此互联互通的愿望，这样建设全国性的平台体系有了可能。在“2009 中国物流与采购信息化应用大会暨物流企业 CIO 峰会”上，中国电信、中国配货网、湖南天骄网等单位共同发起了公共物流信息平台联盟，促进全国公路运输平台的互联互通，整合各地方的信息资源，提高物流标准化的建设水平。

3. 政府在推进平台建设上起着非常重要的作用

各级政府在推进物流信息化的过程中，都把建设公共信息平台放在首位，有不少这样的成功典范，例如：浙江省交通物流公共信息系统、安阳“八卦来网”等。事实上有两个方面的工作：一是政府运用财政资金建设的平台要严格依据所赋予的行政职能，从事公共的监管和服务，千万慎入商业领域；二是如何创造环境条件，使得商业资本能够投资信息平台建设，取得市场回报。

浙江省交通物流公共信息系统在这方面做得很成功，它是在政府推进和扶持下，由行业主管部门、行业协会、物流信息系统开发商、运营商、物流企业共同建设，共同拥有在本台上可能接入各种服务，可以为制造企业、物流企业及 IT 企业提供服务，应用服务由参与运营的企业自己负责，目前已经有 16 个省市参与共建联盟，交通部也把此平台作为部省共建的推广项目。“物流电子枢纽”作为中国的物流信息基础交换和共享网络的基础，部省共推、多省共建、多方共建的“共建形式”是建设基础网络的好模式，这是一个公益的、完全免费的公共信息平台。目前，此平台工作重点在标准化建设以及基础网络的推广上。

（四）产业物流信息化是未来最有发展前景的领域，也是真正能够反映出物流与供应链在国民经济中的贡献的领域

（1）如何开发制造业的第三利润。大家知道，制造业的利润在向产前产后转移，中国制造如何从规模的扩张转向效益的提升，从“做大”走向“做强”，需要服务业作支撑，即打造精细化供应链，促进制造与服务的整合。

三一重机必须在制造与服务并重、打造精细化供应链和信息化建设三方面下功夫。特别是在与经销渠道的关系方面，上海博科提供了一套分析透彻，措

施到位，有所创新的解决方案，建立了一个比较综合的应用典范，内容包括企业战略、流程改造、信息系统、配套装备等各方面。值得称道的是，综合解决方案并非没有中心，我们可以看到一切还是紧紧围绕着“挖掘第三利润”展开的。这样的案例既树立了机械制造企业的标竿，也树立了物流信息化服务商的典范。

（2）供应链如何起步？今天供应链的理念在产业界已经不陌生了，但在实际上如何起步的？我国的电信行业在国际上的地位已经很高了，但运营商管理水平还有很大的提升空间。泛太物流虽然名不见经传，但看到了这里的机遇，他们看到运营商的采购、物流、资产管理等环节分属不同部门，整合的潜力巨大，而且只有物流商才有这样的机会。

泛太最初的机会是帮助运营商作采购代理，依靠其贴心的服务和精湛的信息技术，业务扩展到物流服务，进而掌握了客户所有物资的全流程信息，不仅通过这些信息优化了流程，还成为客户实现资产精细化管理的基础平台。客户的供应链搭建起来了，泛太物流的业务流也建立起来了。这个案例是物流企业进入专业领域的一个典范。从技术上看，物流企业紧紧把握了客户的信息，使之成为为客户服务的资本；从商业模式上看，物流企业只有把“挣客户的钱”变为“帮客户挣钱”，才有机会拓展服务范围，参与流程性服务，与客户结成战略伙伴关系。目前泛太物流在电信行业内已经完全具有与国际巨头竞争的优势。

（3）解密智能：信息化+自动化。系统的智能化是许多技术专家追求的目标，常人看来似乎很高深、很神秘。许多案例证明并非如此，走进北京烟草物流中心看一下，原来智能化就是信息化+自动化。

北京烟草物流中心的技术与管理堪称国内领先、国际先进，有三个显著的特点：一是集中式配送，规范了市场，体现了市场专卖的要求；二是透明化流程，信息化覆盖全流程，采集的数据成为决策的依据；三是关键作业自动化。自动化不仅仅靠机械装备，还要靠作业模型的提炼，才能为机械装备提供控制参数。

（4）企业物流如何转变为专业化物流企业？我国的专业物流企业还不多，值得关注的一个动向是企业物流正在实现向专业物流企业的转变，开滦国际物流有限公司的案例就是一个例证。

我国的大型工业集团正处于一场深刻的变革之中，其中物流资源的管理相对集中、相对分离是一个重要动向。开滦国际物流有限公司就是在这样背景下的产物，独立以来发展很快，已成为专业化的5A级物流公司。他们面临的两个主要问题是：解决好煤炭物流中的专业服务与共性服务的关系；解决好母公司市场与社会市场的关系。为此他们一直注重信息化建设，目前的信息系统

GS5.0 就是积累的结晶。这套系统的成长历史凝聚了开滦物流从企业物流走向物流企业的过程。

（五）物流企业对信息系统的建设越来越重视

2009 年中国物流与采购联合会网络事业部对物流企业信息化进行了调查，调查显示：

（1）随着现代物流的观念不断的深入人心，企业信息系统的重要性越来越受企业的重视，在接受调查的企业中，大约 67.2% 建立了企业管理信息系统。

（2）财务管理、仓储管理、运输管理是物流信息系统最主要的功能，比例高达 95%。其次是货运代理、客户关系管理、协同办公系统、订单系统，所占比例依次为 72.3%、66.7%、60.4% 和 59%。

（3）企业认为最需要改进的功能模块为：仓储管理、运输管理、ERP、跟踪定位、信息查询、订单系统。

（4）购买软件和委托开发是最主要的方式，分别占 45% 和 31%。其次是联合开发和自己开发，比例为 19.5%，长期外包的比例最低。

（5）根据调查显示，系统之间没有集成的企业占 11.6%，系统之间部分集成的企业占 45.7%，系统之间全部集成的企业占 22.1%。

（六）物联网在物流行业的应用促进物流智能化

目前对物联网的关注，IT 界比较热情，因为有专家估计，到 2020 年世界上物—物互联的业务，跟人与人通信的业务相比，将达到 30∶1，因此物联网是 IT 产业寄予厚望的新时代。值得注意的是，产业界对物联网热潮却比较冷静，所以在讨论或争论中，无论是内容还是参与者多集中在技术层面。

物流的应用驱动可以概括为“物联网促进物流智能化”。这里包含三个基本要点：一是如何部署更加广泛、及时、准确的信息采集技术，如射频识别（RFID）、各类传感器、地理定位系统、视频采集系统等；二是如何把这些信息实现互联互通，既满足专用的要求，也能实现方便的开放和共享；三是信息如何管理、加工、应用，解决各种现实问题，把虚拟世界的信息转化到实体世界的应用中来，也就是进入到 IBM 称之为“智慧地球”的时代。在物流领域来看，物联网只是技术手段，目标是物流的智能化。

二、2010 年物流信息化的展望

（1）工业和信息化部组织编制的《物流信息化发展规划（2010—2015）》将在今年第二季度公布，同时工业和信息化部在全国范围内组织开展物流信息化典型发现和试点示范工作。对此一系列的活动，将在很大的程度上推进我国物流信息化工作的发展，并为物流信息化工作的发展创造更为广阔的环境。

（2）公共信息平台的标准化建设与推广将有实质进展。中国物流与采购联合会与浙江运管局合作，将联合促进物流标准化的建设与推广，共同促进公共信息平台基础网络在各地及各行业的应用。

（3）物流网（包括 RFID 技术）可能会在一些局部、区域性系统的应用上得到突破。上海世博会已经发布了可承载世博手机票的 RFID – SIM 卡，用户可以通过手机购买世博会门票、刷手机入园、刷手机在园区购物等。由此，面向大众用户的物联网应用诞生是推进此项技术发展的动力，包括有关的标准化体系的建设也要在应用中逐步成熟，更值得关注的是物流网（包括 RFID 技术）对商业模式和物流流程带来的革命性变化。

（4）系统整合技术更受关注。既包括系统的总体设计和建模方法，也包括系统的开发工具和运营平台的日趋成熟，平台化和基础功能标准件的结构越来越成为管理软件的必然选择。

（5）信息化与标准化的结合更加紧密。标准化将进入信息系统的基本结构，基本功能模块，信息系统处理的单证以及相关的物流术语等，此外还会涉及信息技术和设备的标准。

（6）商业智能（BI）技术的应用开始起步。一些有数据积累和信息化管理经验的企业开始进一步提升其管理和决策的水平，更深入地挖掘数据、寻求规律，目前可以预期的方法论有两大类，数据为基础的识别法建模和经验为基础的先验法建模。

（7）物流信息化技术供应商的赢利模式可能会发生重大改变。传统的信息系统供应商将从制造商销售产品的角色转变为服务商，帮助客户使用信息技术获得效益。在市场竞争中，共性的、基础性的服务将被整合，趋于标准化、规模化，与此同时，中小供应商将在市场细分和专业化方向寻求发展。市场竞争会给客户带来更好的技术和服务。

（中国物流与采购联合会网络事业部　晏庆华　张　颖）

2009 年物流科技和教育新进展与 2010 年展望

一、2009 年我国物流本科教育的基本情况

（一）我国物流类专业设置情况

自 2001 年起，国内大学开设物流类（物流管理、物流工程）专业的大学数量逐年快速增加，有力支持了中国物流业的蓬勃发展，如表 1 和图 1 所示。

表 1　2001—2009 年高校开设物流类专业数　（单位：个）

专业＼年份	2001	2002	2003	2004	2005	2006	2007	2008	2009
物流管理	1	7	37	75	132	179	227	254	282
物流工程		2	10	22	33	39	46	54	57

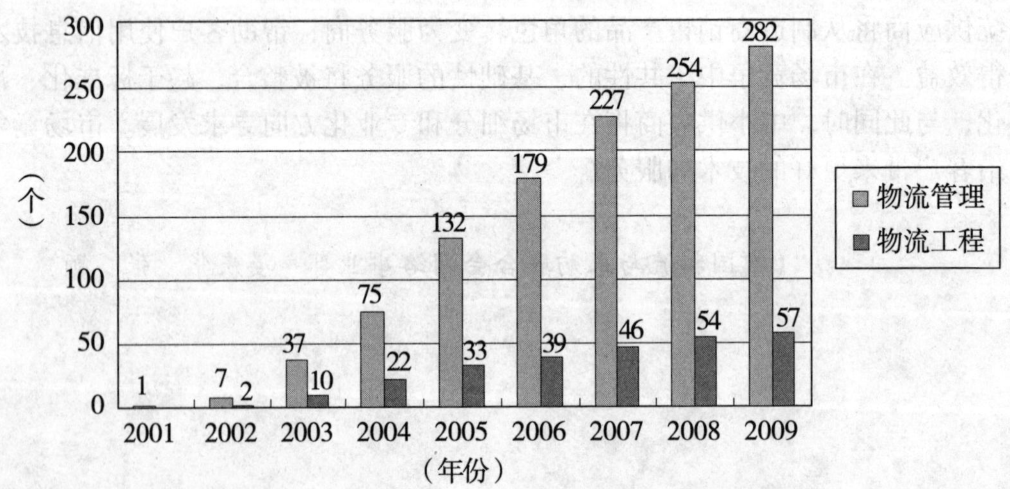

图 1　2001—2009 年高校开设物流类专业数

（二）我国物流类专业招生与毕业情况

2006—2008 年大学物流类专业招生数量快速增长，毕业生数量成倍增长，如表 2 所示。

表 2　　大学物流类专业招生与毕业情况　　（单位：人）

专业＼年份	2006	2007	2008
物流管理（招生）	14326	16608	18986
物流管理（毕业）	1106	4377	7513
物流工程（招生）	2587	3274	3748
物流工程（毕业）	428	893	1641

（三）我国物流本科专业的基本情况

（1）物流教育规模不断增大，物流专业发展迅猛，招生生源充足。

（2）物流教育质量稳步提升，师资素质有所提高；但是物流师资仍然普遍不足，师资结构不尽合理。

（3）尽管各地物流产业环境有差异，但各高校普遍重视提高学生的实践操作能力。

（4）目前物流类专业毕业生就业情况比较好。

（5）很多高校非常重视物流科研工作，科研资助力度不断加大，学术研究水平进一步提高。

（6）在现有规模上，需要进一步提高培养质量。

（7）物流类教材内容重复较多，课程体系不尽规范。

（四）我国物流人才培养的工作安排

2009 年 3 月 10 日，国务院印发国发［2009］8 号文件《物流业调整和振兴规划》，明确了 2009—2011 年我国物流业振兴发展的 10 大任务、9 项重点工程和 9 项政策措施。其中“加快物流人才培养”作为 9 项政策措施之一。“要采取多种形式，加快物流人才的培养。加强物流人才需求预测和调查，制订科学的培养目标和规划，发展多层次教育体系和在职人员培训体系。利用社会资源，鼓励企业与大学、科研机构合作，编写精品教材，提高实际操作能力，强化职业技能教育，开展物流领域的职业资质培训与认证工作。加强与国外物流教育与培训机构的联合与合作”。

2009 年 5 月 29 日，教育部教高函［2009］13 号《教育部关于报送〈落实物流业调整和振兴规划，加快物流人才培养的工作计划〉的函》，向国家发展和改革委员会上报了 2009—2011 年我国物流人才培养工作的任务、目标和具体推进措施。

1. 完善物流人才培养的多层次教育体系

制订科学的培养目标和规划，进一步推进物流学科建设，合理规划物流专业研究生的培养体系；引导有关学校进一步加大教学投入，强化教学管理，深化教学改革，重视实践能力培养，完善普通高等本科院校、高等职业技术学校、中等职业技术学校三个层次的人才培养体系，提高物流人才培养质量。

2. 规范和推进物流领域职业资质认证

贯彻《国务院办公厅关于清理规范各类职业资格相关活动的通知》（国办发［2007］73 号）精神，将职业资质认证工作纳入国家统一管理，向社会公布并接受社会监督。大力推进物流师职业资质认证工作，充分调动行业社团组织的积极性，形成“管理规范，考培分离，注重实效”的资质认证体系。

3. 规范和发展物流在职人员培训体系

规范、鼓励、引导行业社团组织和有关职业培训机构对物流在职人员进行培训，提高企业参与培训的积极性，强化培训质量，提高物流在职人员的职业能力和素质。

4. 进一步加强物流人才培养的国际合作

探索建立物流类师资的海外培训和引进机制。加强与国外物流教育与培训机构的联合与合作，引进相应的国际物流专家，实现国际物流职业教育资格认证的引进与合作。

5. 高校加快物流人才培养工作的具体安排

（1）2009 年、2010 年，调研欧美等发达国家物流高等教育工作。

（2）完善我国物流业人才需求的预测机制。2009—2011 年，进行物流人才供求情况研究，争取定期发布物流专业人才的规模变化和供求情况。

（3）利用国务院学位委员会、教育部正在着手修订学科目录的契机，2009 年考虑物流学科、专业的设置问题。

（4）2010 年，制定出本科物流类专业的指导性专业规范。

（5）加强物流人才实践能力培养。支持高等本科院校建立一批物流实验室；继续将物流专业列为中央财政支持的职业教育实训基地建设项目。支持全国大学生物流设计大赛。

（6）加强师资队伍建设，提高专业教师教学水平。每年举办不同层次的物流专业师资培训班、全国高校物流专业教学研讨会、物流教改教研课题立项等活动。

（7）继续开展专业课程与多层次教材体系建设，继续 2009 年启动的专业教学资源库开发工作。

（8）配合各级各类学校开展实践创新型物流人才培养，鼓励学生毕业获取学历证书和从业人员资质证书，推动物流专业的学生就业。

（9）2009—2011 年，每年建立 100 个产学研基地，承担各类学校物流教学或培训任务。

（10）加强与国外物流教育与培训机构的联合与合作，探索建立物流类师资的海外培训和引进机制。

二、2009 年物流科技研究的基本情况

（一）物流科研论文发表情况

1. 2000—2009 年中文期刊物流科研论文发表情况

2000—2009 年中文期刊物流类论文发表数量①逐年快速增长，如图 2 所示。2007 年突破 10000 篇，2009 年该类论文数虽数因数据库收录时滞而尚无完整结果，但估计有 11600 篇，并在 2010 年保持持续增长。

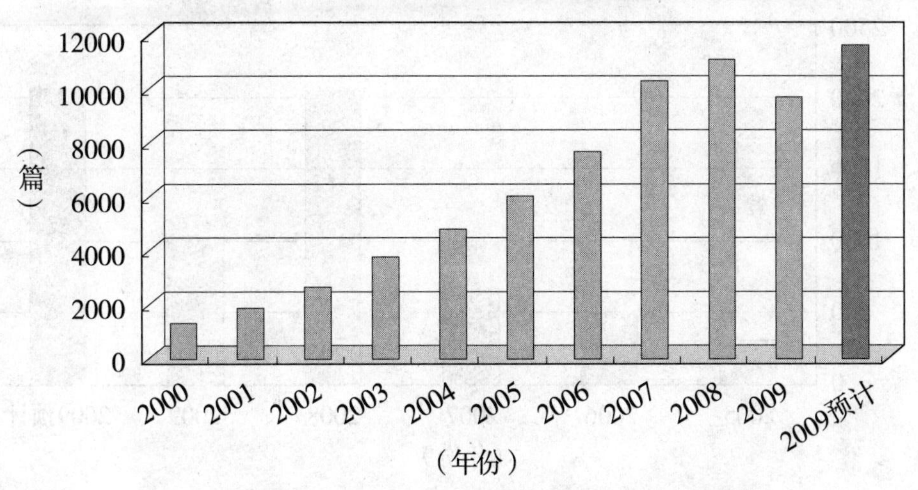

图 2　2000—2009 年中文期刊物流类论文发表数量

2. 2005—2009 年 SCI 检索的有中国作者参与的物流与供应链论文

从 2005—2009 年，SCI 检索的中国作者发表的物流与供应链（简称“物流类”）论文数量稳步上升。并且，由于 SCI 的收录时滞和中国作者论文基数小，

① 对 SCI、EI、CPCI－S（原 ISTP）和 CNKI（中国知网）的 2009 年度论文收录情况的检索执行日期为 2009 年 12 月 31 日，因数据库的收入时滞，所得检索结果并非完整统计，仅供分析相对关系。

因此 2009 年的数据得以继续保持上升趋势，如图 3 所示。

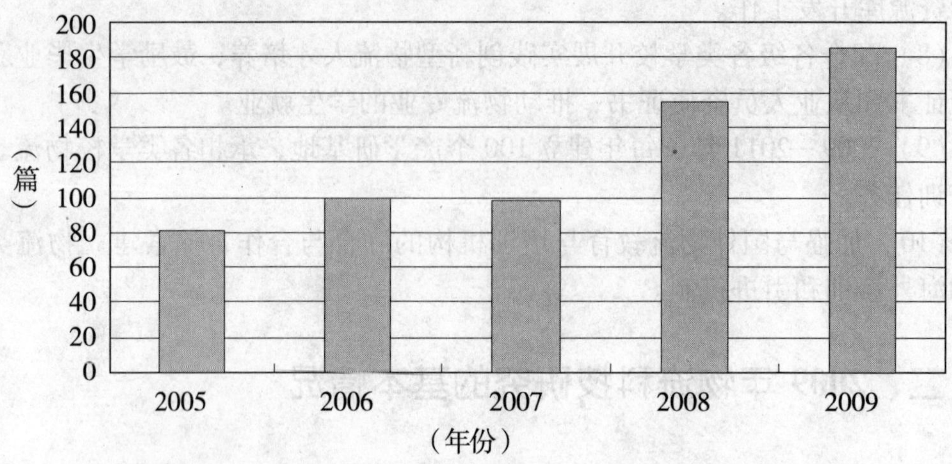

图 3　2005—2009 年中国作者物流类 SCI 检索论文数量情况

3. 2005—2009 年 EI 检索的有中国作者参与的物流供应链论文

从 2005—2009 年，EI 检索的中国作者发表的物流供应链论文数量稳步上升。并且，由于 EI 检索时滞一般在半年以上，因此 2009 年预计在 2000 篇以上，如图 4 所示。

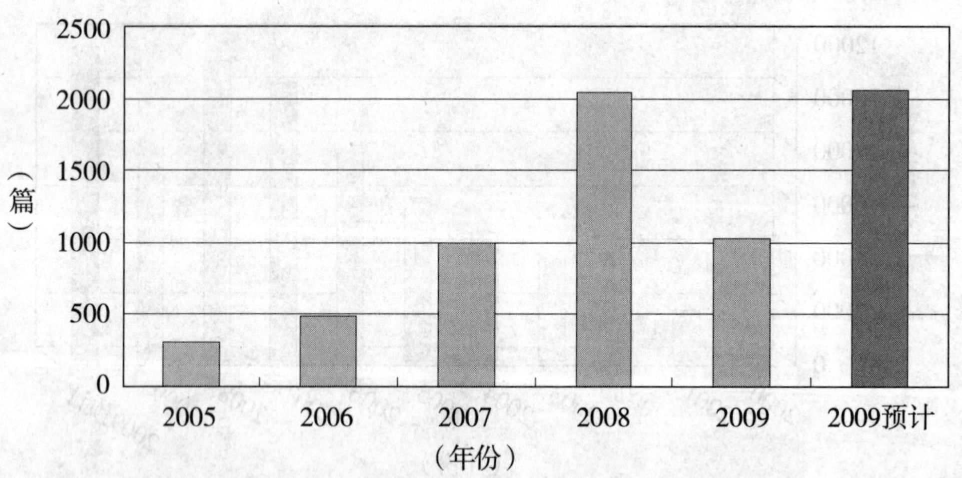

图 4　2005—2009 年中国作者物流类 EI 检索论文数量情况

4. 2005—2009 年 ISTP 检索的有中国作者参与的物流供应链论文

从 2005—2009 年，ISTP① 检索的中国作者发表的物流供应链论文稳步上升。由于 ISTP 的收录时滞，预计 2009 年该类论文数量在 1400 篇以上，如图 5 所示。

① ISTP（国际科技会议录），自 2008 年 10 月 20 日起更名为 CPCI – S（Conference Proceedings Citation Index – Science）。

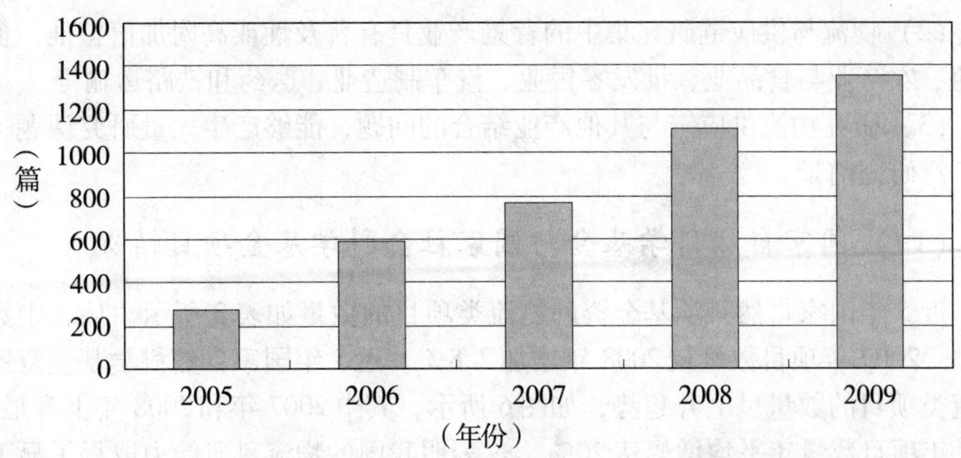

图5　2005—2009年中国作者物流类ISTP检索论文数量情况

（二）物流科学研究方法的应用情况

1. 定性分析与定量研究的对比

由中国知网（CNKI）数据库中采集159个期刊（不包括学报）上2009年发表的632篇与物流供应链相关的论文，发现国内物流科研方法中定性研究论文占63%，是定量研究论文的将近2倍。但从SCI、SCIE、SSCI等收录期刊论文来看，绝大部分是定量研究。

2. 主要研究方法

按相关论文数量多少排列的主要的研究方法有：数学建模、仿真与优化算法、博弈、遗传算法，进化算法，并行GA、实证研究、数学规划、综述研究、模糊理论、相关性分析、分类与聚类、SWOT、蚁群算法、系统动力学、AHP/ANP、案例分析等。其中通过建立规划模型，采用优化方法求解的论文超过10%。

其他方法还有：SCOR、ABC分析法、看板管理、可拓分析、主成份分析、统计分析、因子分析法、SVM、Anylogic仿真研究、差分进化算法、多目标优化、神经网络、禁忌搜索算法、模拟退火、粒子群、约束规划、免疫算法、小世界网络、MAS、群决策、Steiner树、分形、动态规划、DEA、搜索引擎等。

（三）物流科学研究的背景产业

按相关论文数量多少排列的主要研究的背景产业有：农副食品加工业、批发和零售业、食品制造业、饮料制造业、交通运输设备制造业（汽车）、农业、铁路运输业、医药制造业、废弃资源和废旧材料回收加工业等。

对CNKI中2009年632篇与物流供应链相关的论文分析可知：

（1）大部分研究并没有和具体的产业相结合，理论探讨占绝大多数，超过70%。

（2）物流与供应链研究集中的背景产业具有普及性或高附加值特征，例如农业、农产业与食品业、批发零售业、汽车制造业、医药和铁路运输等。

（3）研究物流供应链与其他产业结合的问题，能够产生大量研究课题，具有广泛研究前景。

（四）国家自然科学基金与国家社会科学基金项目情况

近5年国家自然科学基金资助物流类项目的数量如表3所示。从表中数据看出，2009年项目数量较2008年增加7.8%。近5年国家自然科学基金资助的物流类项目的数量呈上升趋势，如图6所示，其中2007年和2008年上升最快，近5年项目数量年平均增幅达20%。这表明我国的物流科研能力取得了显著进步，尤其是高水平的国家级项目的攻坚能力在逐年增强。2009年国家社会科学基金项目为8项。

表3　　2005—2009年物流类国家自然科学基金资助项目一览　（单位：项）

年　份	2005	2006	2007	2008	2009
项目数量	38	30	46	64	69

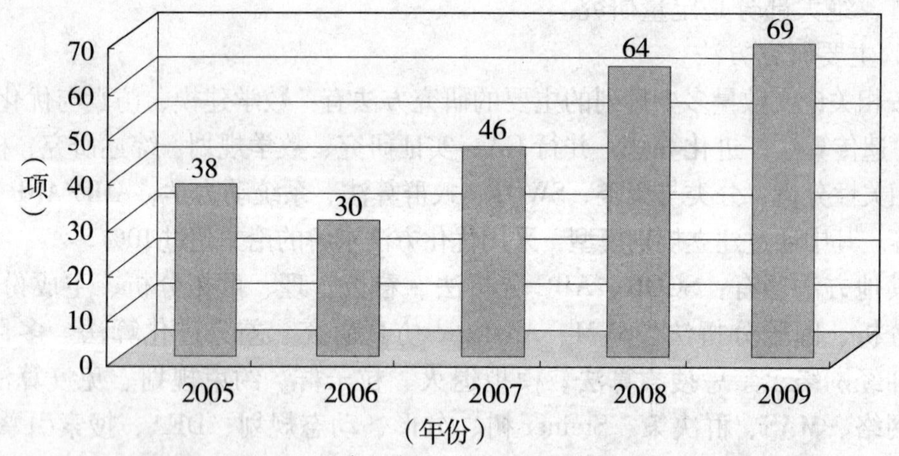

图6　2005—2009年国家自然科学基金资助物流类项目数量情况

（五）专利情况

根据国家专利局网站（http：//www. sipo. gov. cn/sipo2008/zljs/）的检索结果，2009年申请的与物流供应链相关的专利共32项，其中发明专利27项，实用新型5项。

专利主要集中在以下几个方面：物流与供应链信息技术与系统、集装箱运输、物流装备、标签、物流地理信息系统、货物配送监管系统和方法、全球跟踪管理方法、船舶排队模型的建模方法、物流运营通用性仿真系统、无线射频识别技术、多标签识别方法等。

（六）软件著作权情况

2009年登记批准的物流供应链相关的软件著作总共有85件。涉及的领域有：运输、教学、优化与决策支持、配送、仓储、车辆管理、生产管理、生产计划、集装箱码头、保税园区、物流园区、分拣、采购、营销、快递、冷链、场站、外包服务、财务、排程等。

其中，功能较全的通用性软件占47%，专业性较强的占53%。面向特定功能的物流公共信息平台占13%。

三、2009年物流科技研究的主要热点

对CNKI2009年159个期刊（不包括学报）上发表的632篇与物流供应链相关论文的分析表明，2009年物流科技研究的主要热点有：环境与社会友好的物流与供应链；配送；供应链契约；协调与激励；采购管理、政府采购、JIT采购、电子采购；产业振兴规划、政策研究；成本管理、物流成本核算；区域物流、区域经济、集群、产业链；供应链信息共享、供应链知识管理；闭环物流与供应链；配送路径优化、拣货路径；物流不确定性问题与管理等。

其他研究热点有：基于电子商务的物流与供应链；物流与供应链网络设计与优化；物流服务商或供应商的评价与选择；第三方物流；库存管理、存货管理；绩效评价与管理；逆向物流；供应链风险管理；物流信息系统与控制系统；选址与布局；港口物流与临港经济；绿色供应链；供应链集成；物流需求预测与管理；物流金融、供应链金融；联合预测与补货CPFR、订货与补货策略；物流（公共）信息系统平台；供应链安全、应急物流与应急供应链；金融危机的影响；服务供应链；供应链建模与仿真；第四方物流；全球供应链；外包、VMI；物流能力与核心竞争力分析；物流与供应链创新；定价决策；供应链社会责任、供应链声誉管理、供应链信任；再制造物流与供应链；柔性供应链；渠道管理；物流人才、教育与培训；RFID；物流服务外包；军事物流；物流地理GIS；回购问题；价值链；物流与供应链监控与可视化；敏捷供应链；供应链客户关系管理；大规模定制；冷链物流；绿色物流；精益供应链；集装箱运输；仓库管理；保税物流；虚拟企业、虚拟制造；EOQ；拍卖；物流供应链一体化；牛鞭效应；供应链重组；物流企业重组并购；物流园区；全球采购；生态物流、生态供应链；供应链质量管理与控制；供应链订货策略；多式

联运、公铁联运、海铁联运；行为分析、行为运作管理；仓储堆垛问题；订单承诺；物流服务质量；按订单生产；人力资源供应链；物流装备设计与制造；AGV；离散制造业物流与供应链问题；物流保险；城市物流；物流量预测与管理；物流包装；供应链收益分配；货代；物料管理；供应链品牌；危险品物流；立体仓库；自动化现场物流；装箱问题；供应链稳定性；分布式供应链；供应链信息检索；委托代理关系等。

较新的研究方向有：物流模式演化、生产性服务、产业联动发展、交货期承诺、易逝品供应链、特种物品物流、越库、库存与运输集成、现场物流、担保问题、短周期产品供应链等。

四、2009 年中国物流科技研究的国际地位

（一）2005—2009 年 SCI 论文数量国际比较研究

从论文发表的国家和地区分析，本文挑选了近 5 年均出现在前 10 的美国、中国内地、中国台湾、英国、加拿大、德国、荷兰 7 个国家和地区，得出如表 4 和图 7 所示近 5 年被 SCI 收录论文前 10 的国家和地区论文数量趋势。从图 7 中可以看出，近 5 年来，美国被 SCI 收录的物流类论文数量一直遥遥领先，中国内地位居第二，中国台湾、英国、加拿大、德国 4 个国家和地区不相上下，荷兰最少。从增长幅度和方式来看，美国 2007 年论文数量有次大幅提升，其余几年相对增幅较小；而中国 2005—2007 年，论文数量增幅不大，但 2008 年、2009 年是 7 个国家和地区增长速度最快的国家；其次，增长速度较快的还有中国台湾；其他国家的 SCI 收录论文数量也都呈上升趋势，但相对增长速度较慢。

表 4　　2005—2009 年 SCI 收录物流类论文数和排名前 10 的国家和地区及其论文数量　（单位：篇）

年　份	2005	2006	2007	2008	2009
总论文数量	662	774	912	1179	1289
美　国	268	273	387	398	400
中国内地	81	99	98	154	185
中国台湾	40	42	62	78	103
英　国	53	67	74	74	89
加拿大	27	46	49	76	86

续表

年　份	2005	2006	2007	2008	2009
德　国	34	42	34	84	73
荷　兰	34	29	30	44	51
西班牙	—	—	—	44	46
伊　朗	—	—	—	—	45
意大利	—	23	—	—	43

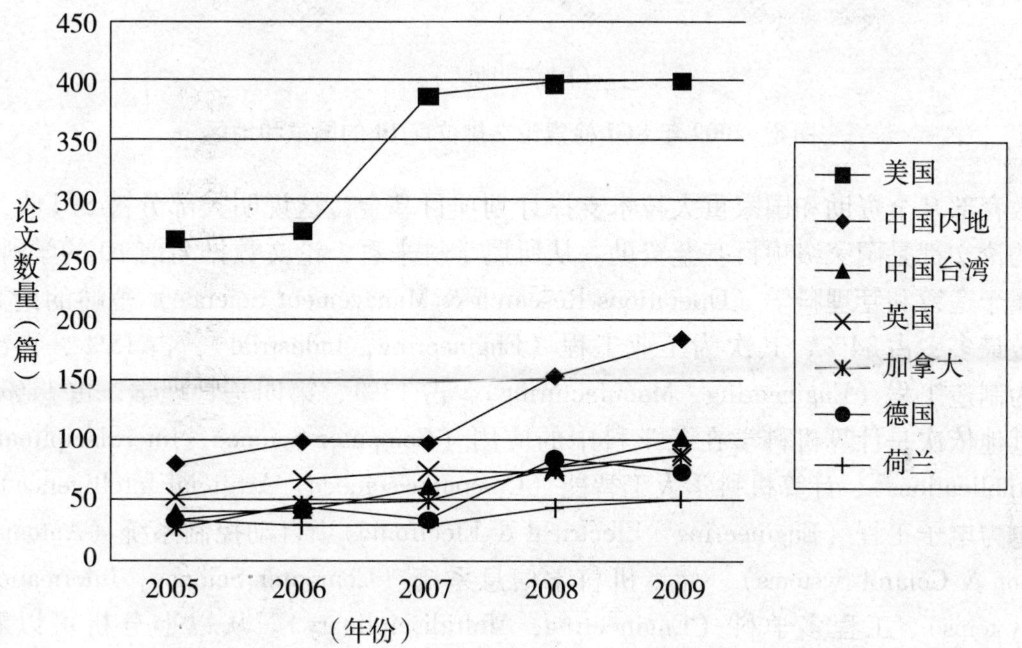

图 7　2005—2009 年被 SCI 收录论文前 10 的国家和地区论文数量趋势

（二）2009 年 SCI 论文数量国际比较

就 2009 年收录论文而言，若以 SCI 收录论文数量多少论，中国物流科研能力排名第二，但 2009 年的 SCI 论文 185 篇较美国 400 篇的差距很大。而中国 SCI 检索论文数比排位第三的中国台湾、第四的英国、第五的加拿大又多出许多，总体科研投入在他们之上。荷兰、西班牙、伊朗和意大利科研能力差不多。所以，2009 年，美国物流科研能力第一，中国内地第二，中国台湾、英国、加拿大、德国并列第三，荷兰、西班牙、伊朗和意大利并列第四，如图 8 所示。

就 2009 年中国作者发表论文被 SCI 收录 185 篇论文，从资助资金来源来看，受国家自然科学基金资助的论文最多，其次是香港理工大学基金，再次是

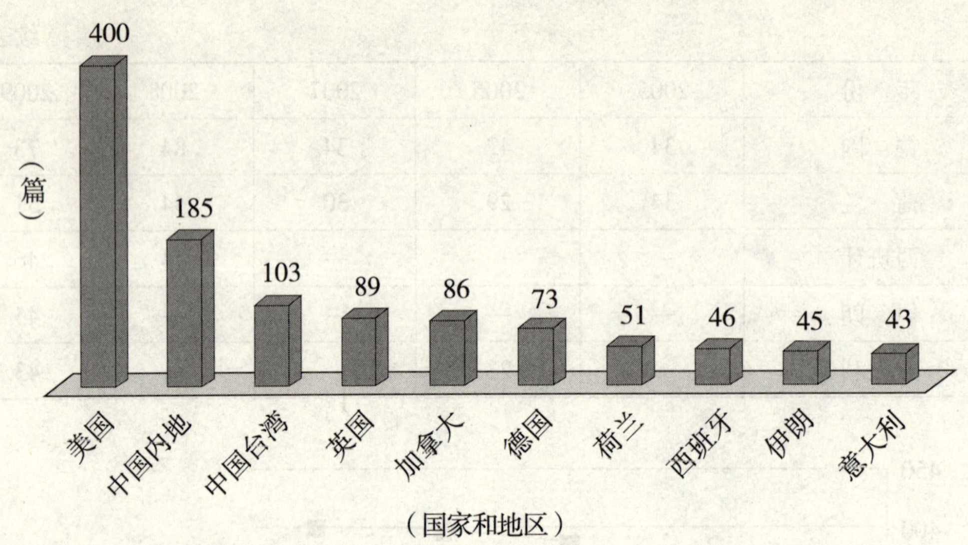

图8　2009年SCI检索论文排位前10的国家和地区

教育部基金资助和国家重大技术支撑计划项目基金，这说明大部分被SCI收录的论文都是国家级项目基金资助。从所属学科来看，论文数排名前10的学科，属于运筹和管理科学（Operations Research & Management Science）范畴的论文数最多，占34%，其次为工业工程（Engineering，Industrial），占15%，再次为制造工程（Engineering，Manufacturing），占13%，第四是管理学，占11%，其他依次是计算机科学在各学科中的应用（Computer Science，Interdisciplinary Applications）、计算机科学人工智能（Computer science，Artificial Intelligence）、电力电子工程（Engineering，Electrical & Electronic）、自动控制系统（Automation & Control Systems）、计算机科学信息系统（Computer Science，Information Systems）、工程多学科（Engineering，Multidisciplinary）。从以上分析可以看出，我国物流科研能力较强的多来自国家级资金资助的项目，而研究能力最强的学科为运筹和管理科学（Operations Research & Management Science），其次依次是工业工程（Engineering，Industrial），制造工程（Engineering，Manufacturing），管理学等。

（三）2009年EI论文国际比较研究

EI（工程索引）检索论文代表工程领域论文的一流水平。2005—2009年EI数据库收录的物流类论文数排名前10的国家和地区如表5所示。

从近5年EI收录论文数量的趋势和时滞看，2009年EI最终收录的物流和供应链主题的论文应不止2703篇。总体上，从2005—2008年物流和供应链主题的EI论文数是逐年增加的。由表5数据可知，2008和2009年有接近一半的EI收录论文来自中国，说明2008年、2009年我国物流科研在工程应用方面发展迅速。

表5　2005～2009年EI收录的物流类论文数和排名前10的国家和地区及其论文数量　（单位：篇）

年　份	2005	2006	2007	2008	2009
总论文数	1602	2046	2882	4096	2703
中国内地	313	493	996	2033	1021
美　国	360	427	501	517	460
中国台湾	68	104	134	194	163
英　国	101	146	182	171	140
德　国	62	77	111	104	97
中国香港	74	69	87	91	90
加拿大	72	76	84	116	87
印　度	—	53	63	—	83
日　本	56	54	—	64	68
澳大利亚	—	—	63	—	63

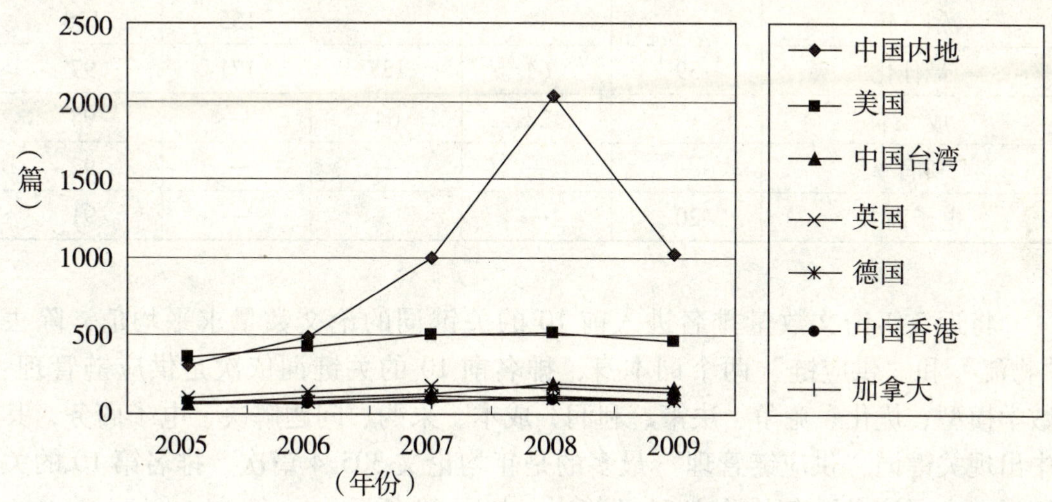

图9　2005—2009年EI收录物流主题论文数量趋势

在论文发表量居前10位的国家和地区中，挑选美国、中国内地、中国台湾、中国香港、英国、加拿大、德国7个国家和地区，得出如图9所示近5年被EI收录论文前7的国家和地区论文数量趋势图。由图9可知，5年来，中国内地被EI检索的物流类论文数量上升势头最猛，自2005年后数量超过美国成为被EI收录论文数量最多的国家；美国在2005年该类EI论文数居第二；中国台湾在2007年超过英国居第三，英国居第四，德国、中国香港、加拿大并列第五。

分析2009年EI收录的中国作者论文的关键词（控制词）发现，论文数量排名前10的关键词依次为供应链、供应链管理、物流、竞争、计算机科学、采购、优化、成本、利润、电子商务，如表6所示。如果把供应链管理和供应链都算作是供应链主题的话，那么可以发现，中国作者在2009年对供应链的研究远多于其他关键词，可见，物流供应链是2009年中国科研的热点，也是科研成果最多的领域。

表6　　2009年EI收录的中国作者论文规范控制词论文数排名前10一览

（单位：篇）

关键词＼年份	2005	2006	2007	2008	2009
供应链	—	28	249	731	527
供应链管理	—	85	285	709	448
物　流	70	95	223	1078	323
竞争力	—	—	—	224	158
计算机科学	—	—	—	—	151
销　售	—	—	—	155	116
最佳化	39	64	127	171	97
成　本	—	28	64	—	94
利润率	—	—	—	—	92
电子商务	20	—	—	—	91

将近5年论文数量排名进入前10的关键词的论文数量求平均值，除去“物流”和“供应链”两个词本身，排名前10的关键词依次是供应链管理、数学模型、优化、竞争、决策、利润、成本、采购、问题解决、电子商务，其中出现关键词“供应链管理”最多的是年均论文305.4篇次，排名第10的关键词“电子商务”年均论文51.4篇次，如图10所示。

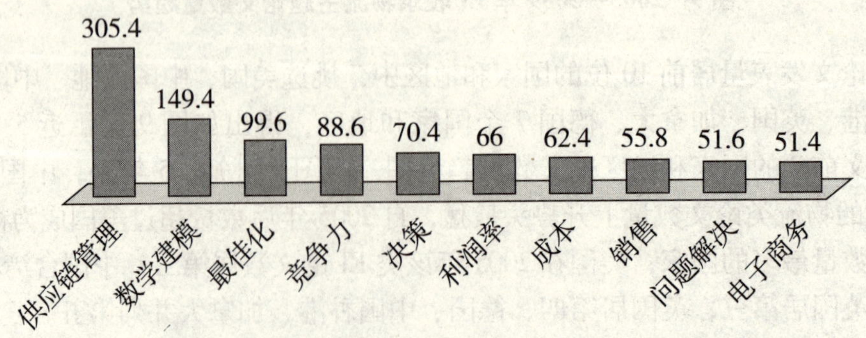

图10　中国作者被EI收录论文排名前10的关键词的论文篇数

（四）中国期刊论文获研究基金资助情况

分析2005—2009年中文期刊论文研究资助基金，国家级基金论文最多，其次是省部级基金，最少的为各领域专项基金。表7列出了代表我国高水平科研资助基金的国家自然科学基金、国家社会科学基金、国家科技攻关计划、国家高技术研究发展计划（863计划）、国家重点基础研究发展计划（973计划）和高等学校博士学科点专项科研基金近5年资助的期刊论文发表数量。从表中可以看出，2009年，国家自然科学基金资助的中文期刊论文数量最多，超过2009年发表总论文数的9%，远多于其他几项资助基金论文数量，说明2009年我国物流高水平科研项目较多。

表7　　2005—2009年资助的期刊物流类论文发表数量　　（单位：篇）

年份 研究获得资助	2005	2006	2007	2008	2009
国家自然科学基金	545	709	663	954	890
国家高技术研究发展计划（863计划）	100	75	66	131	131
高等学校博士学科点专项科研基金	74	72	84	68	105
国家社会科学基金	56	53	70	108	112
国家科技攻关计划	48	55	42	20	15
国家重点基础研究发展计划（973计划）	23	30	18	42	39

从图11中可以看出，国家自然科学基金资助论文数量远高于其他几项资助，且上升速度也最快。在其余5项基金中，国家社会科学基金、863计划、973计划和高校博士点基金资助的论文数量分别有不同程度的增长，以国家社会科学基金资助论文数量上升最快，2008年已超过高校博士点基金资助论文数量。总体来说，2009年，除了国家科技攻关计划外，其余5项基金资助论文数量均较前5年有所增加，表明2009年物流科研总体能力有所提升。

五、2009年中国物流科研能力的国际差距分析

由表8、图12的2009年美国、中国内地、中国台湾、英国三大国际检索物流类论文数量分布情况分析如下：

SCI、EI、ISTP综合数量中国第一：2009年，中国被三大检索系统收录的物流类文章数量已居世界第一，且远多于美国。

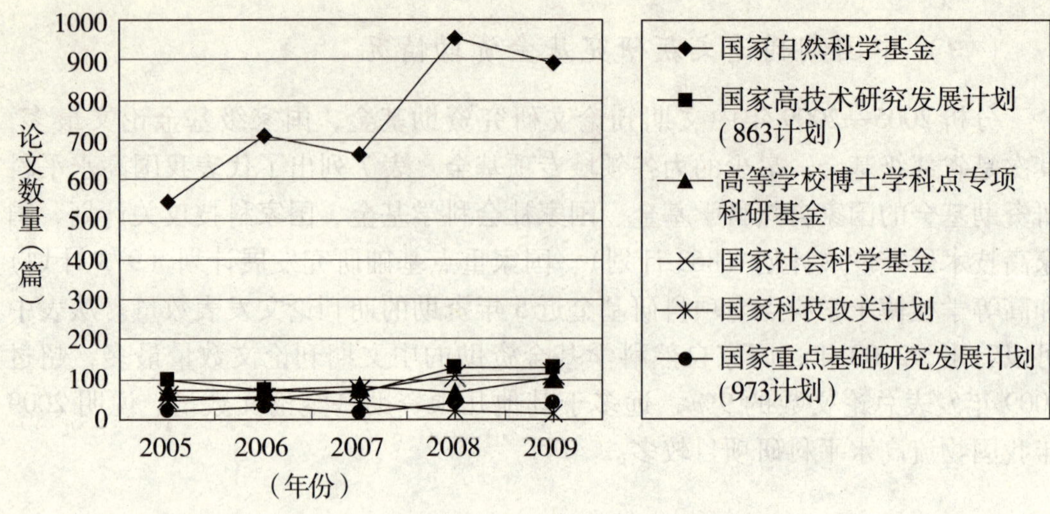

图11　近5年国家级基金资助论文数量趋势

高水平论文数量亟待提升：美国SCI收录的物流类论文数量是中国的2倍多，占其三大检索论文数量的42%，而中国仅占其7.2%，中国作者急需通过创新性基础研究和高水平应用研究提升论文水平。

科研经费投入产出绩效欠理想：中国物流论文多发表在应用性刊物或层次相对较低的会议论文，特别是发表于以大量差旅费、会务费和版面费方式消耗科研经费的会议论文集。

差距正在缩小：仅以代表知识创新成果的SCI论文数量看，中国物流类论文已连续5年位居世界第二，但目前SCI论文数量仅为美国的46%，若以4%的年相对增速追赶，还需13.5年时间。但应当看到，珠穆朗玛峰之高依托于喜马拉雅山之大，中国物流类三大检索论文数量的世界第一，且自2006年起EI物流类论文数量超越美国，EI和ISTP物流类论文数量连续4年世界第一，已即将完成中国物流科研能力的奠基，在良好的政治经济环境下，代表中国物流科技创新水平的SCI论文数量将在2010—2020年得以较快提升，但需要有良好的政策和机制引导物流科研又快又好地发展。

表8　　2009年4个国家和地区的SCI、EI、ISTP检索论文数量一览

（单位：篇）

2009年	SCI	EI	ISTP	SCI、EI、ISTP总量
美　国	400	460	80	940
中国内地	185	1021	1351	2557
中国台湾	103	163	86	352
英　国	89	140	28	257

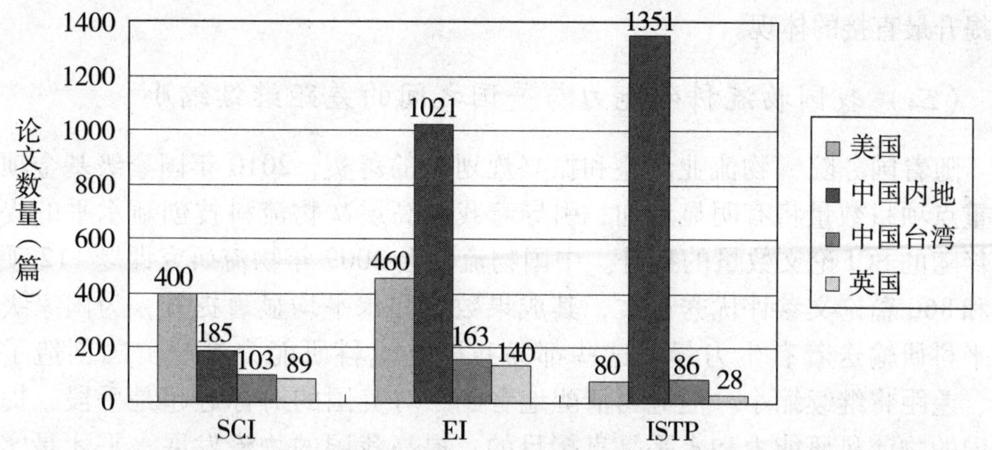

图 12　2009 年美国、中国内地、中国台湾、英国三大国际检索论文数量分布

六、2010 年中国物流科技研究的发展趋势展望

（一）课题研究的水平和数量双提高

在数量方面，不论是国家自然科学基金还是中国物流学会研究课题，课题的数量均逐年快速增加，国家自然科学基金项目数量 2009 年较 2008 年增加 7.8%，近 5 年的年平均涨幅达 20%，中国物流学会研究课题 2009 年完成数是设立该项研究课题的 2006 年的 2.6 倍，表明我国物流课题研究数量增长快速。

在研究水平方面，国家自然科学基金、国家社会科学基金、863 计划等资助项目数量的增加表明中国物流课题科研水平的不断提升。此外，中国物流学会研究课题成果数量和质量提升明显，产学研结合也更加紧密。这两点也表明我国的物流科研水平在不断提高。

（二）物流类论文数量和质量持续上升

论文数量方面，如果排除 SCI、EI、CPCI－S（原 ISTP）和中国期刊全文数据库收录论文时间与实际发表论文时间的时滞，2009 年中国物流论文数量仍可能创历史新高，中国物流类论文被 SCI 检索的数量排名世界第二，EI 和 CPCI－S 检索的论文数量排名世界第一，且被 EI 和 CPCI－S 收录的论文数量比世界其他国家作者发表论文总数还要多，这足以表明中国的物流科研活动频繁，科研成果斐然。

论文质量方面，2009 年较过去的 5 年，国家自然科学基金、国家社会科学基金、863 计划、高校博士点基金等国家级资助发表的论文均有所增加，被 SCI、EI、CPCI－S 三大检索收录的论文数量逐年增加，这是中国物流科研实力提升最直接的体现。

（三）我国物流科研能力与美国之间的差距继续缩小

随着国务院《物流业调整和振兴规划》的落实，2010 年国家级基金项目和重点项目数量将有明显增加，引导着我国高层次物流科技创新水平的提高和伴随的 SCI 论文数量的提升。中国物流学会 2009 年物流研究课题 112 项成果和 860 篇论文参评优秀论文，其成果数量和水平均显著提升，为国家级高水平科研输送着有生力量。这些都为我国物流科研能力赶超美国创造了条件，差距将继续缩小。但应当清醒地看到，对美国的对标赶超是手段，提升我国的物流科研能力和水平是直接目的，提高我国的物流发展水平才是实质所在。

（四）物流类社会科学成果仍将多于自然科学成果

2010 年，仍将有 2/3 的论文是属于社会科学的行业指导、基础研究、政策研究以及职业指导等领域，而仍将有 1/3 的论文是属于自然科学的工程技术、基础与应用基础研究、行业技术指导、专业实用技术、政策研究以及标准与质量控制等领域。该比例并无明显不当，我国在急需自然科学类物流成果的同时，各领域通过大量的、不同层次的物流类社会科学研究，也正是我国提高全社会组织管理能力所急需的。

（五）近 5 年研究热点领域变化不大

通过对中国期刊论文关键词分析，按照论文数量排序，近 5 年中每年论文数量排名前 15 的关键词的总和为 19 个，表明近 5 年物流研究领域热点问题变化不大，以物流和供应链研究最热门。除了特别出现在 2009 年的“物流业”和“金融危机”的研究热点外，其他的如“第三方物流”、“电子商务”、“物流管理”、“现代物流”、“逆向物流”、“绿色物流”是 2009 年及近几年的研究热点。但依据物流发展规律和现实需要，独具慧眼地创导和引领物流研究新热点，则是自主创新、源头创新所期望的。

（六）物流业前景美好、任重道远

2010 年，对于中国的物流业来说意义非凡，中国物流业的发展令世界瞩目，而中国物流科研实力在过去的 2009 年也取得明显进步。目前，中国急需摆脱金融危机影响，扩大内需，增加进出口贸易，是中国物流业发展的最好历史时机，使命任重道远。

（七）物流类高校迎来发展机遇

中国物流类高校迎来了发展的最好时机，有许多物流难题等待中国高校去研究解决，国务院《物流业调整和振兴规划》的落实将产生大量的科技项目，中国物流类高校的科研实力在未来一段时期内将是一个快速发展时期。以现在的发展速度，可以预见未来5年，不论是科研的水平还是数量，中国物流类高校还会更上一层楼，在不远的将来，中国物流类高校必将有能力引领国际物流前沿的发展。

（八）新动向：低碳、减排、环保

此外，最近召开的哥本哈根气候大会，低碳、减排、环保成为最热门的关键词，对于物流业来说，也将迎来低碳物流、绿色物流，如何从物流管理和技术层面实现减少物流供应链中的碳排放，这将成为未来一段时间世界物流学界需要攻克的历史难题。

七、结束语

中国物流发展水平提高的重要基础在人才和科技进步。中国经济发展的方兴未艾，辽阔的国土，众多的人口，快速发展的制造业和欠发达农业的并存，经济发展的地区性长期不平衡，都为中国成为世界物流业圣地创造了条件，也引来了国际物流业巨头的群雄逐鹿。为此，中国物流业和物流学界应当认清形势，在2010年及未来10年里抓住机遇，迎接挑战，努力提高我国的物流教学水平，努力增强我国的物流科研能力，为又快又好地提升我国的物流发展水平提供源源不竭的推动力，从而不断提高人民的生活质量。

（上海海事大学 黄有方 陈伟炯 胡志华 梁伟波）

2009年物流咨询业市场分析与2010年展望

一、物流业在危机中修炼内功

面对金融危机对国内企业的冲击，中国政府的经济刺激计划犹如一剂强心剂，帮助中国制造业越过了2009年的经济“寒冬”。两年4万亿元的经济刺激计划，对中国企业来说，仍然有个疑问：外力的作用到底能持续多久？这个不得而知。但是企业自己知道，要想在这个竞争激烈的全球经济环境中生存，必须练好内功，才能投身到企业之间供应链与供应链的竞争中。

2009年3月，中央政府出台《物流业调整和振兴规划》。政府部门投入大量资金建设和完善社会物流体系，为企业降低物流成本奠定了良好的基础。能够促进社会物流规划和优化的物流咨询企业在这方面不断拓展业务，规划物流基础设施，积极参与内陆港建设、公铁联运、港口物流规划等。

另外，制造企业面对高库存、高物流成本、低响应速度、低信息化水平等问题，积极借助物流咨询企业作为外力，推动企业自身物流系统的改造和改善。在2009年开展了大规模的重塑企业自身竞争力的工作。最重要的是体现在供应链整合、业务流程再造、库存管理等方面。作为“中国制造”的主角，中国的制造行业成为物流咨询业的主要服务对象。

此外，物流企业积极参与制造业与物流业联动发展中，改善企业物流设施及装备的技术水平。在物流咨询企业的帮助下，通过建立物流指标体系逐步提升物流作业效率，通过完善和优化物流网络提升物流服务水平。

二、供应链的两极发展已成趋势

2009年被称之为“中国汽车工业发展的新起点”，有人甚至用“井喷”来形容汽车行业2009年的发展。中国的汽车工业在世界汽车业陷入低谷之际却异军突起，通过“兼并重组”和“海外并购”，不断洗刷世界汽车业的格局。此外，包括钢铁行业在内的资源型企业，在全球金融危机的环境下，也积极开展全球业务拓展，加速了企业的全球化进程。在经济全球化、服务合作的延伸、信息与通信技术的发展、企业以客户为导向与资源问题等因素的推动下，不断对企业提出优化和改善服务时间、提高可靠性和灵活性的更高发展要求。

面对供应链之间的竞争，企业必须在利用全球化的服务、创造价值、降低流程费用、流程透明化与标准化、改善业务流程、提供个性化服务、降低可获得时间和企业资源的合理利用方面做出更大的努力。基于上述原因，一方面，企业供应链必须实现世界范围内的资源整合和满足全球市场供给，朝着供应链全球化的方向发展；另一方面，企业必须整合供应链上下游各环节，朝着浓缩型供应链的方向发展。供应链的两极发展对物流咨询业提出了新的挑战。

三、客户对物流咨询的要求不断提升

随同物流业繁荣而快速成长起来的物流咨询行业似乎呈现出特别的“春天般”的景象。虽然经过几年的发展，已有相当多的企业认识到了咨询的价值，但是，也对咨询行业本身提出了更高的要求。物流咨询是管理咨询，但又不同于一般意义上的管理咨询。其呈现的特点表现为：

1. 应用性

物流咨询项目所要完成的解决方案，必须具有很强的可实施性。无论是物流战略咨询、工程规划设计，还是物流信息系统咨询，都必须保证解决方案的路径、技术效率提升以及成本节约。客户要求体会实实在在的好处和成长的快乐。客户对物流咨询解决方案的应用性要求越来越高，并将在2010年表现的更为突出。

2. 系统性

由于物流咨询是一项系统工作，一个项目通常需要很长的时间才能完成，从战略规划、数据分析、方案设计，到细部设计、招投标、项目实施等一系列过程，短则6个月，长则持续2～3年。客户要求系统化的解决方案，才能对企业供应链的持续改善有所贡献。这就要求咨询公司不仅是客户的外脑，而且还要求成为客户的战略伙伴，陪伴客户一起成长。系统、科学并更具有发展性的解决方案将成为客户是否满意并能否建立长期伙伴关系的决定因素。

3. 专业深度和行业宽度

物流行业是一个具有高度广泛性特点的行业，作为物流咨询顾问需要有能力洞悉不同行业所涉及的各类物流问题。物流系统不断向两头延伸，物流系统改善对咨询顾问的专业要求和知识覆盖面要求越来越高，不仅要懂物流管理，还需要精通采购、财务、信息系统等，物流咨询行业的专业化程度越来越深。这也是未来几年，物流咨询行业必须要不断培养和吸引拥有专业深度和行业宽度知识的专业人才的原因。

4. 中立的解决方案

作为咨询顾问，必须从客户角度出发，提供以客户为导向的解决方案。咨询顾问必须时刻保持中立的态度，不仅要避免外部的影响，还要化解来自客户内部的各种压力，保持解决方案的可实施性和中立特点。这样才能帮助客户（这里的客户指的是客户企业，而非客户某个部门或个人，当然某些时候这三者是统一的）提升竞争力。随着市场对中立咨询价值的认同越来越广泛，愿意为中立咨询支付费用的公司将会越来越多，咨询行业的从业公司必须从战略上保持咨询公司的中立姿态。

四、持续丰富咨询工具方法，倡导创新与基础并重

1. 丰富咨询工具方法

随着物流咨询理念的不断普及，光靠出售概念和理念的时代已经过去了。21世纪初创建的工具方法，在未来的几年内仍需不断完善，才能满足不断变化和丰富的物流咨询需求。物流咨询工作仅靠个人经验就能完成的时代已经接近尾声，要想在物流咨询业持续发展，咨询企业必须创建自己的知识库、独到的咨询工具和方法论，包括德国弗劳恩霍夫物流研究院在内的国外知名物流研究咨询机构，每年都有大量资金投入到开发、创建、完善应用型工具、方法中。由于咨询工具和方法论的可传承性与外延特点，他们是物流咨询企业不断壮大的根本保障。

2. 创新物流解决方案

供应、制造、销售网络的全球化，对企业的物流系统提出了更高更复杂的要求。物流咨询业在经过20世纪90年代的理念创立期、21世纪初的工具方法创建期、最佳实践案例积累期的发展，已经进入为企业物流和供应链管理发展服务的创新期。物流咨询企业作为制造企业的外脑，一方面要根据不同的企业特点帮助企业逐步实现供应链的集成；另一方面要帮助本土企业在国际化进程中做好全球化的物流网络布局。

如何帮助企业实现从供应商供应网络、供应模式、仓库布局和库存管理到厂内物流设计再到成品配送等供应链的各环节的整合、规划和设计？不仅提供物流与供应链战略指导，更要为企业提供具有可实施性的物流解决方案，真正帮助企业减少供应链的非增值环节，这将成为物流咨询业2010年甚至更长时间内的服务方向，也将成为物流咨询企业长久立于市场和建立物流咨询服务品牌的保障。

3. 基础与创新并重

规范和创建符合国情的物流业和物流咨询业的基础体系，依然任重道远。咨询公司作为制造企业的外脑和方案输出者，不仅要提供符合客户企业需求的个性化和创新型的解决方案，同时也要求能在规范化的范围内提供解决方案。这对于优化企业上下游供应链，完善社会物流体系，具有极大的社会价值。

（北京帝欧物流科技有限公司　杨广君）

2009年自动识别和物品编码技术回顾与2010年展望

自动识别技术，是指条码射频等通过信息化手段将与物品有关的信息通过一定的方法自动输入计算机系统的技术。一般来说，这项技术具有广义与狭义两层含义。狭义的自动识别技术一般认为包括条码、射频技术等，这些技术通过光电转换、图像处理与解码、无线电通信等方法，将条码符号、射频标签等数据载体承载的与物品有关的信息识读后输入计算机系统。因此，这些技术采集物品信息时的共性是自动识别的对象是加贴在物品上的数据载体，而非直接对物品本身进行。除了狭义的自动识别技术之外，人们有时也将生物特征识别技术、磁卡技术、光学字符识别技术、甚至传感技术等作为自动识别技术的一种，此集合了以上几种技术的综合技术就称为广义的自动识别技术。

2009年，自动识别技术的发展无惧经济危机的影响，发展非常迅速，特别是由于2009年智慧地球以及物联网概念的提出与炒作，作为物联网接入技术的自动识别技术获得了广泛关注，取得了较快的发展。与此同时，自动识别技术在物流装备业中的应用也不断扩大。

一、自动识别技术目前的发展情况

（一）条码（一维和二维条码）技术

条码技术是最传统的一种自动识别技术。从20世纪70年代产生后经过30多年的发展，条码技术作为一种关键的信息标识和信息采集技术，在全球范围内得到了迅猛发展。国际上，随着应用的不断深入，条码技术正处于一个强劲的集成创新发展期，是商业贸易、物流、产品追溯、电子商务等领域的主导信息技术。条码技术一般特指一维条码技术，条码技术向着深度和广度发展，推动了条码自动识别技术装备的发展，使它向着多功能、远距离、小型化，软件硬件并举，识别准确、信息传递快速，安全可靠、经济适应等方向发展，并出现了许多新型技术装备。

2009年，我国条码行业延续了近年来快速发展的势头，随着商品条码系列国家标准的修订与颁布，我国一维条码的应用更加规范化，应用程度更加深化，特别是医疗、建材等专业行业领域内的一维条码应用发展很快，新的应用模式层出不穷。在物流装备方面，以新北洋、巨普光电等我国企业推出了多款工业级专用条码打印设备以及条码识读设备，并已经形成了较为完整的产品系列。标志着我国企业掌握了条码的核心技术，打破了过去核心技术被国外企业垄断局面，并取得了相当的市场份额。

二维条码在2009年也取得了新的突破，首先，自主知识产权二维条码的代表——汉信码标准正式启动制定国际自动识别制造商协会标准进程，截至2009年年底，汉信码制定已进入TSC委员会草案阶段。此外，我国矽感公司开发的CM、GM码上升成为国家标准的进展非常顺利，截至2009年年底，两项国家标准草案已进入征求意见阶段。在二维条码应用方面，以二维条码作为信息载体的移动票务业务以及防伪应用在2009年取得了快速发展，从2009年一季度开始，我国多个机场陆续推行手机登机牌服务，今后旅客出行将无须持纸质登机牌，只需要拿出手机在识读机具上进行扫描，就可使用彩信里的二维码登机牌轻松登机，不再为排队值机浪费时间而烦恼。2009年年底，我国火车票在全国范围内升级改版，采用了二维条码的新版火车票于12月10日起全面开售。据称该二维条码承载了乘坐车次、座次以及购买者部分个人信息，兼具信息采集与车票防伪功能。此外，二维条码移动商务发展很快，手机电影票、手机优惠券等新的二维条码应用层出不穷。二维条码应用的发展也带动了我国新大陆等一批自动识别设备制造商以及一系列自主知识产权设备的发展。

（二）射频识别技术

RFID是一种识读器采用电磁耦合方式或微波方式与标签进行通信，获取标签承载信息的一种自动识别技术，射频识别技术与诞生于20世纪40年代的雷达技术相近，并被称为21世纪十大重要技术项目之一。RFID技术由于是采用无线电波作为信息传输的技术手段，使得射频识别技术具有识读速度快、可穿透包装识读等特性，被人们视为是下一代最具有发展前途的自动识别技术。

RFID行业2009年取得了令人瞩目的进步，特别是随着新型“物联网”概念的再次唱响与《我国RFID2009中国智能卡及RFID产业发展蓝皮书》的发布，RFID技术又一次成为最瞩目的自动识别技术。2009年8月7日，温家宝总理在无锡发表重要讲话，表示中国要抓住机遇，大力发展“物联网”技术；同年11月3日，温家宝总理在人民大会堂向首都科技界指出：要着力突破传感网、“物联网”关键技术，及早部署后IP时代相关技术研发，使信息网络产业成为推动产业升级，迈向信息社会的“发动机”。2010年3月两会期间，物联网更上升到国家科技发展的战略层面。此外，2009年9月3日RFID被列入国家发改委、工业和信息化部《电子信息产业技术进步和技术改造投资方向》重点目录。交通运输部发布《关于推动公路水路交通运输行业IC卡和RFID技术应用的指导意见》，对 IC 卡和 RFID 标准制修订和贯彻执行、互联互通应用等环节都提出了明确要求。

当前，中国 RFID 技术标准的研发与应用呈现出集成发展的态势，在各级政府的指引下，上海、福建、武汉、深圳、常州等地建立起一批 RFID 和物联网联盟。

在核心技术研发方面，我国企业也取得了重大突破，中国电子信息产业集团公司（简称中国电子）所属上海华虹集成电路有限责任公司（简称“华虹设计”）研发的中国第一枚国家自主安全算法的 RFID 芯片，已通过国家评审，获准进行生产与销售。由先施科技股份公司承担研制的超高频（UHF）RFID 读写器产品已经通过了美国市场准入的美国 FCC 标准委员会 RFID 设备强制认证、日本市场准入的日本通产省 TELEC 标准委员会 UHF RFID 设备强制认证、欧洲市场准入的欧盟 EN 标准委员会 UHF RFID 设备测试认证、中国市场的工信部无管委 CM UHF RFID 设备强制认证。另外，中国台湾、马来西亚、菲律宾、中国香港等国家和地区的 UHF RFID 设备强制认证正在进行中。该款读写器设备产品目前在国际 RFID 行业受到了高度关注，已在国内外多个重大项目中成功实施，有近万套电子标签读写设备和上百万枚电子标签已成功应用在美国、墨西哥、菲律宾、巴基斯坦和马拉维共和国的车辆及海关管理系统中，并开始在日本松下电气公司、三菱重工等生产流程管理中进行试点工作。除此之外，优频科技、远望谷等企业也研发生产了一批自主知识产权的射频识别读写器。

在应用方面，2009 年 RFID 在智能交通上取得跨越式发展，ETC 系统（不停车收费系统）在今年已经得到广泛应用。ETC 系统通过安装在车辆挡风玻璃上的车载电子标签，配合使用双界面 CPU 卡，与不停车收费车道上的微波天线进行短程通信、传输数据，使车辆经过收费站时不停车，实现自动缴费，这也是目前世界上最先进的路桥收费方式。这种收费系统每车收费耗时不到两秒，其收费通道的通行能力是人工收费通道的 5～10 倍。截至 2009 年 8 月，全国有 10 多个省（直辖市）建设并开通了不停车收费系统，开通了 600 多条不停车收费车道，用户已经发展到 60 多万，有 15 家企业能够按照中国不停车收费系统标准生产车道设备和车载机，不停车收费系统产业已经初步形成。在一卡通方面，医疗、教育和交通等行业在 2009 年均得到了非常广泛的应用。特别是在交通行业，全国大部分省市均实现了公交领域的一卡通服务。比如：杭州地铁 1 号线信号系统和自动售检票系统正式签约，未来杭州地铁自动售检票系统将和城市公共交通“一卡通”系统实现接轨；而哈尔滨市发行城市公交 IC 卡两年多来，发行量已达 170 万张。根据规划，5 年内哈市将大力推动城市通 IC 卡工程的跨行业拓展应用，使冰城公交 IC 卡成为真正的“城市一卡通”；

另外，酝酿中的珠三角公交“一卡通”将可在区域内通行，居民可以凭此乘公交、地铁、轻轨，而且还可用它购物刷卡消费、刷咪表，未来还将与香港八达通互认，跨区使用。

在应用创新方面，2009年的RFID手机支付、重要物品防伪、特种设备强检、CA认证与信息安全管理、动植物电子标识、食品/药品供应链安全监管、独生子女（新生儿）及宠物的跟踪管理、军用物资及集装箱、邮件、包裹的实时跟踪管理、特奥会（奥运会、世博会）的人员、赛事及票务管理，以及现代物流管理等领域都已先后启动了RFID应用试点，并取得了初步成效。

二、2010年展望

众所周知，物联网被视为继计算机、互联网之后的第三次信息化浪潮的代表，自动识别技术承担着将物品信息采集进入信息网络的角色，在物联网中具有非常重要、基础性的作用，是物联网中不可或缺的一个关键层面。没有充分的自动识别及其产业的配套，物联网将无法最终实现。未来自动识别技术将在物联网框架下，不断集成融合、发展创新。

对于条码技术，根据美国VDC公司的全球调查显示，2008年全球自动识别产业的总销售额为110亿美元，其中条码相关产品设备的销售额为45亿美元，占总销售额的45.1%，是自动识别产业的主流技术。另据估计，在未来五年内条码技术产业将以年平均3.6%的速度增长。

对于射频识别技术，根据美国市场研究和信息分析公司RNCOS的数据显示，预计2010—2013年，全球RFID市场总额每年将以超过28%的速度增长。另据我国驰昂咨询估计，2009年中国RFID产业市场规模将达110亿元，比2008年增长36.8%，另据我国咨询机构乐观估计，2010年我国RFID产业将继续保持快速增长的态势，增长幅度将超过50%。2010年我国RFID总产值预计将达到160亿。

展望2010年，我国自动识别技术行业将搭乘物联网快车，延续2009年以来的良好发展势头继续快速发展。RFID技术将从先前的技术、资金投入拉动以及政府支持的发展模式，向关注于ROI（投入产出比）发展模式过渡，通过RFID技术的自主研发、市场细分以及新领域的拓展，解决RFID成本高、投入RFID应用项目赢利模式不清等问题，从而带动RFID技术与产业的良性发展。

（中国物品编码中心　王　毅）

第三篇

资 料 汇 编

2009年中国物流与采购行业10件大事

2010年1月22日，“2010中国物流发展报告会暨A级物流企业授牌大会”在京举行。“2009年中国物流与采购行业十件大事”经全体参会代表现场投票揭晓。

1. 国务院发布《物流业调整和振兴规划》。

2. 中国物流与采购联合会提出60条物流政策建议。

3. 国务院批准自2009年1月1日起实施成品油价格和税费改革，到2009年年底已有13个省市取消了政府还贷二级公路收费，撤销站点1430个。

4. 国家发改委、国家税务总局委托中国物流与采购联合会推荐物流税收试点企业，并将税收试点工作常态化。

5. “落实物流业调整和振兴规划专项资金”“促进服务业发展专项资金”和“服务业聚集区专项资金”相继设立，一批物流项目得到财政资金支持。

6. 采购经理指数（PMI）准确预测经济回升势头，引起国务院领导重视和全社会广泛关注。

7. 商务部组织开展流通领域现代物流示范城市创建和评审工作。

8. 全国铁路全年完成基本建设投资6000亿元，营业里程跃居世界第二位。

9. 交通运输部等六部门联合下发《关于推动农村邮政物流发展的意见》。

10. 新修订的《邮政法》10月1日起实施。

（中国物流与采购联合会研究室供稿）

中国物流与采购联合会关于贯彻落实国务院《物流业调整和振兴规划》的政策建议

（二〇〇九年九月）

2009 年 3 月，国务院《物流业调整和振兴规划》（国发［2009］8 号）提出，“抓紧解决影响当前物流业发展的土地、税收、收费、融资和交通管理等方面的问题”。2009 年 6 月，国家发展和改革委委托中国物流与采购联合会进行“物流业发展政策措施研究”。按照《规划》的要求和国家发改委的委托，我们随即开始了相关政策的调研工作。

从 3 月起，中国物流与采购联合会组成调研组，由主要领导带队分赴珠三角、长三角和中西部地区进行了调研。在深入调研的基础上，针对物流企业遇到的突出问题，起草了六个方面的“60 条”政策建议。建议初稿形成后，一方面通过“中国物流与采购网”等媒体在业内外广泛征求意见；另一方面组织会员单位、业内专家、企业家及相关人士，反复讨论修改。可以说，“60 条”集中反映了物流企业的政策诉求，具有普遍性和紧迫性。

目前，我们已将“60 条”物流政策建议提交有关政府部门作决策参考。中国物流与采购联合会作为行业社团组织，将从实际出发，继续反映行业情况和企业诉求，协助政府有关部门，按照国务院的要求，尽快制定和完善各项配套政策措施，确保《物流业调整和振兴规划》目标的实现。

（“物流发展 60 条”政策建议联系人：
中国物流与采购联合会　贺登才
电话：010－58566575
邮箱：hdc@cflp.org.cn）

关于物流业税收问题的政策建议

物联研字（2009）49 号

为贯彻落实国务院《物流业调整和振兴规划》（国发［2009］8 号、以下简称《规划》）精神，我会于近期组织了三个调研组，分赴珠三角、长三角和中西部地区进行了调研，并就《规划》中提出的“抓紧解决影响当前物流业发展的土地、税收、收费、融资和交通管理等方面的问题”召开了专题座谈会。现将物流企业普遍遇到的税收问题及相关政策建议报告如下。

税收政策是调整和振兴物流业最重要的政策杠杆，也是企业最为关心的政策问题。为全面落实《规划》，促进物流业平稳较快发展，必须理顺税收政策思路。为应对国际金融危机的挑战，国家应该加大对物流业税收政策的支持力度。

一、在三年《规划》期内对物流企业采取特殊支持政策

2008 年下半年以来，由于国际金融危机的冲击，物流市场需求萎缩，服务价格下跌，物流企业经营出现严重困难。为落实《规划》，应在三年规划期内对物流企业采取特殊的税收支持政策。

我们建议：一是给予物流企业营业税减半征收的优惠政策，帮助物流企业渡过难关。二是对物流企业所得税实行按照一定比例先征后返的政策，返还税金作为企业发展的专项基金。三是对购置物流设施设备的进项增值税予以返还，对国内急需的进口大型物流设备给予关税减免。四是允许物流设施设备加速折旧并予以税前列支。五是简化国有大型物流企业（企业集团）内部资产调拨、股权转让、重组并购等行为的审批程序，免除相关环节税金。

以上政策如普遍实行不便界定，建议首先在按照《物流企业分类与评估指标》国家标准，经评审认定的 A 级物流企业实行。

二、将物流业各环节营业税税率统一调整为 3%

现行的营业税税目将物流业务划分为运输与服务（包括仓储、代理等）两大类。运输、装卸、搬运的营业税税率为 3%，仓储、配送、代理等的营业税

税率为5%。在实际经营中，综合型物流企业各项业务上下关联，很难区分运输与服务收入。各类业务税率不同，不仅有碍于物流业“一体化”运作，也不利于税收征管。此外，仓储业属于微利行业。据2004年全国经济普查数据显示，仓储业平均业务利润率只有2.6%，资产利润率只有0.92%，而营业税税率却高于运输业。

我们建议：统一物流业各环节业务营业税适用税率，仓储等业务参照现行运输业3%税率征收。

三、抓紧解决物流税收试点工作中存在的主要问题

2005年，国家税务总局发出《关于试点物流企业有关税收政策问题的通知》（国税发［2005］208号）。到目前，已有4批、394家物流企业进入试点范围。此举体现了国家支持物流业发展的产业政策，有效解决了试点企业营业税重复纳税问题，有力地支持了物流业发展。同时，对试点中遇到的问题也需要抓紧解决，我们建议：

（一）把“纳入试点名单的物流企业及所属企业”，界定为：试点企业及其分公司、全资子公司、控股子公司和相对控股的参股公司。这些“所属企业”不论是否具有“自开票纳税人”资格，均可享受试点企业总部的相关政策。“所属企业”名单由试点企业总部提供，经中国物流与采购联合会汇总后，报国家税务总局发文确认。

（二）将物流企业在“库存分拨管理”环节完成的装卸、盘点、搬倒、分拣、加工、包装、信息服务等解释为试点政策中“仓储业务”的内涵；在“库存分拨管理”所发生的费用，比如仓库租赁费用、营运、管理、维护费用等，视同“仓储费”，允许执行相应的抵扣政策。

（三）推行试点企业对个体车辆营业税代扣代缴并代开发票的政策。由税务部门认定的物流税收试点单位在实际支付给个体运输户运费时代开发票，并按照税务部门确定的征收比例扣缴应纳税额，同时接受税务部门监管。为防止物流企业为外雇车辆代开发票时，虚开给一般纳税人能抵扣增值税进项税额的运输发票，建议在代开的普通运输发票上加注“一般纳税人不能抵扣”字样。从根本上解决试点企业有效扣除凭证“取得难”问题，又从源头上堵住个体运输经营户的营业税款流失的“黑洞”。

（四）应该研究改进“自开票纳税人”的相关政策规定。首先，对于按照国家标准，经过评审认定的A级物流企业放宽限制，只要规范运作，加强管理，即使没有自备运输工具，也可以视同“自开票纳税人”对待。

（五）铁路、航空货运发票自成体系，种类繁多，部分铁路、航空业务发

票，不能作为允许扣除的凭证。对于试点企业使用铁路、民航专业公司运力，所产生的重复纳税问题，应该允许抵扣。

（六）积极扩大物流税收试点。建议将按照《物流企业分类与评估指标》国家标准，经评审认定的A级物流企业，自动纳入物流税收试点企业范围。

（七）从长远来看，建议将物流业营业税纳入增值税征收范围，从根本上解决重复纳税问题。

四、仓储设施占地仍执行2006年年底的土地使用税税率

物流园区、配送中心及仓储与分拨、配送基地，是保证城市正常运转、居民消费需求以及社会安定和国家安全的基础设施。2006年年底，国务院对《城镇土地使用税暂行条例》进行了修改，修改后的土地使用税税率比原来提高了2倍。物流企业一般占地面积大，赢利能力低，过高的土地使用税使企业不堪重负。

我们建议：凡物流企业为公共服务的仓储设施占地仍执行2006年年底的土地使用税税率，以维持物流企业的正常经营，使他们能够继续为社会提供相关服务。

五、取消物流企业库房租金收入适用税率

物流基础设施以长期持有、专业经营为目的，具有基础性和公益性，应该获得国家产业政策的支持和鼓励。依照现行的《房产税暂行条例》，房产出租部分，以房产租金收入为房产税的计税依据，适用税率12%；自用部分，以房产余值计算缴纳，适用税率1.2%。此外，物流企业出租仓库的租金收入，还要缴纳5%的营业税，总体税负高达17%，并存在重复纳税问题。

我们建议，取消物流企业库房租金收入12%的适用税率。物流企业所属仓库，不论是否出租，均以房产余值计算缴纳。

六、允许物流企业统一计算与缴纳所得税

2008年新的《企业所得税法》实施后，取消了对物流企业所得税统一缴纳的规定。在全国范围内经营，设置分支机构的物流企业执行《跨省市总分机构企业所得税分配及预算管理暂行办法》（财预［2008］10号）。该政策规定，属于中央与地方共享收入范围的跨省市总分机构企业缴纳的企业所得税实行“统一计算、分级管理、就地预缴、汇总清算、财政调库”的处理办法。“就

地预缴”，是指居民企业总机构、分支机构，应按本办法规定的比例分别就地按月或者按季向所在地主管税务机关申报、预缴企业所得税。网络化经营、一体化运作是物流企业基本的运行模式，预缴企业所得税的方式，割裂了物流企业的网络关系，严重制约着物流企业做强做大。

我们建议：针对物流企业网络化经营的特点，应实行企业所得税总分机构统一申报缴纳，取消对跨省市总分机构物流企业实行“就地预缴”的政策。

七、物流企业应享受增值税转型政策

自2009年1月1日起实施的《增值税暂行条例》（国务院令第538号）规定，允许增值税一般纳税人抵扣其新购进固定资产所含的进项税额，而增值税小规模纳税人的征收率统一降低至3%。物流业虽然需要大量的设施设备，但其主要业务均属于营业税纳税范畴，享受不到增值税转型的优惠政策。

我们建议：物流企业在新购固定资产时，享受与增值税一般纳税人相同的税收政策。即允许用新购进固定资产（运输工具以及其他与生产经营有关的设备、工具、器具等）所含增值税，扣抵当期应纳营业税，当期未抵扣完的可结转到下期继续抵扣。

八、国际物流业务的境内劳务判定标准应作调整

2009年1月1日前，发生在境外的劳务收入，无须缴纳营业税。新的《营业税实施细则》将境内劳务的认定标准由“劳务发生在境内”调整为“提供或者接受条例规定劳务的单位在境内”。这就意味着，将未发生在中国境内的劳务纳入营业税征税范围，对国际物流业务造成巨大冲击，如国际租船、国际海运、国际快递等。

我们建议：对营业税应税劳务认定标准再进行调整，仍然以“提供的劳务发生在境内”为应税劳务认定标准，凡发生在境外的劳务收入免缴营业税。

九、加快推进物流税收综合试点改革

已经纳入税收试点的物流企业都是物流业的龙头企业，应把物流税收试点作为培育企业做强做大的“孵化器”。建议把现有试点物流企业扩展为物流税收综合改革的试点单位，提供全方位的财税支持政策。对试点物流企业实施从经营（营业税、城市维护建设税、教育费附加、印花税）、利润分配（企业所得税）到资源（土地使用税、房产税）等“一揽子”税收综合改革政策，并

对这些企业的经营及纳税情况进行跟踪，实行动态管理。

十、研究使用全国统一的物流业专用发票

目前，我国物流业使用的发票种类繁多，都有不同的使用范围、标准和要求，使不同物流业务的税收负担不均衡，也给税收征管带来难度。

我们建议：把物流业作为独立的行业对待，整合与物流业务相关的各类发票，推出统一的物流业专用发票。

以上是我们经过深入调研，提出的主要税收政策问题及建议，请国家发展和改革委员会及相关政府部门予以重视并抓紧解决。中国物流与采购联合会作为行业社团组织，将从实际出发，反映行业情况和企业诉求，协助政府有关部门，按照国务院的要求，尽快制定和完善各项配套政策措施，确保《规划》目标的实现。

（中国物流与采购联合会

二〇〇九年五月十四日印发）

关于物流业发展中有关交通管理问题的政策建议

物联研字（2009）81号

2009年3月，国务院《物流业调整和振兴规划》（国发［2009］8号、以下简称《规划》）提出“抓紧解决影响当前物流业发展的土地、税收、收费、融资和交通管理等方面的问题”。2009年6月，国家发展和改革委委托我会进行“物流业发展政策措施研究”。按照《规划》的要求和发改委的安排，我会在深入调研的基础上，针对物流企业在交通管理中遇到的问题，提出以下政策建议。

一、从根本上解决“大吨小标”商用车的管理问题

“大吨小标”问题，是当前物流企业正常运营的严重障碍。由于我国长期以来实行按车辆行驶证核定载质量，来计征养路费的政策，相当部分商用车制造厂为了迎合客户少缴养路费的心理，对同样的车辆申报不同的载质量目录，形成了“大吨小标”问题。如：某汽车厂生产的一款厢式货车，箱长都是6.1米，容积也都是32立方米，采用完全相同的底盘、发动机和变速箱，却登记为两个目录。目录为“LZ5061XXYLAL”的，载质量标为1.80吨，每立方米容积只能运输56公斤货物；目录为“LZ5101XXYLAL”的，载质量标为4.99吨，每立方米就可以运输156公斤货物。

2009年1月1日起实施燃油税改革，公路养路费等依据载质量的收费取消后，“大吨小标”车辆“假超载、真罚款”现象十分突出。这些车辆按照“大吨”装货，“小标”罚款，形成了事实上的“假超载”。“假超载”10%以内罚款数百元，30%以内罚款两三千元。由于“假超载”问题，出现交通事故时也成为保险公司免责的理由。

我们建议：由工业和信息部牵头，组织商用车辆生产厂商，对全国各类“大吨小标”商用车辆在用目录进行一次全面清理，对同一车型统一按已批准的最高载质量重新核定和修改目录；请公安部车辆管理部门统一办理更换行驶证，把重新核定的载质量作为检查的依据。考虑到这项工作的复杂性，建议在

过渡期内，由生产厂商提出，工信部审核，在行驶证未变更前据实发放临时变更证书，尽快解决物流企业正常运营中的突出问题。

二、在燃油价格大幅度提高时对物流企业给予阶段性补贴

燃油税改革大大减轻了停驶或出勤率不高车辆的税费负担，但满勤满载的物流企业车辆成本增加较多。按目前价格计算，燃油成本约占物流企业运输成本的40%左右。在运输型物流企业平均利润率只有3%～5%的情况下，对其正常经营的影响是很大的。特别是国际原油价格已进入上升通道，我国已连续多次提高成品油价格，而受国际金融危机的影响，运输业务量持续下降，市场运价很难提升。在成本和价格的双重挤压下，物流企业的经营困难将进一步加剧。

我们建议：对物流企业运输车辆实行燃油价格补贴。在国内燃油价格提高超过5%时，对规模型物流企业进行为期3～6个月的阶段性补贴。补贴资金渠道可与营业税缴纳渠道相同，允许企业用燃油购进发票按比例抵扣营业税。为促进环保车辆加速更新，同步拉动商用车辆制造业，补贴应限于符合国家最新环保标准的绿色物流车辆。

三、全面清理撤并逐步取消高速公路收费站点

我国高速公路收费站点多，收费标准高。据物流企业反映，过路过桥费一般占运输成本1/3左右。这不仅增加了企业运营成本，也影响到车辆正常通行，降低了物流效率。

我们建议：对高速公路在用收费站点进行一次全面清理，进一步控制收费公路规模，撤并收费站点；根据政府财力情况，陆续回购繁忙路段经营权，减少收费站点；对一时难以撤并的站点，在三年规划期内降低收费标准；大力推行不停车收费系统，加快车辆通行速度。

四、为城市配送车辆进城通行停靠和装卸作业提供便利

城市物流配送系统，与供电、供水、供气和公交系统一样，是保证城市正常运转的动脉系统。如果物流系统运行受阻，将会影响城市人民生活和社会安定。我国大部分城市在这方面存在的主要问题有：通行证发放不透明，配送车型不统一，小型客车运货的现象比较普遍，通行的时间和路段限制太多等。这不仅抬高了物流企业运营成本，降低了城市物流效率，也增加了交通管理的难

度。由于货运车辆受进城通行证的限制，中小型客车载货的问题愈演愈烈。客车载货运量少，占用道路面积多，人为扩大了道路拥堵和尾气排放。

我们建议：确定城市配送车辆的标准环保车型和规模物流企业，采用公开拍卖方式，建立统一标识的“绿色车队”。在此基础上，最大限度地减少“绿色车队”的限行时间和路段，使他们能够合法、高效、放心地进行城市配送服务。

五、建立集装箱多式联运管理服务体系

集装箱多式联运是先进的运输组织方式，对降低交易费用，提高物流效率具有重要意义，已成为现代交通运输发展的趋势。而我国多式联运体系尚不完善，相关法规及服务不能够适应发展的需要。各种运输方式自成体系，基础设施配套性差；多式联运单证不统一，不能进行“一票到底”的业务；多式联运组织性差，指挥调度、信息系统和结算方式不支持一体化运作；集装箱运输的优惠政策落实不够。

我们建议：一是对各种运输方式进行统一规划，加强基础设施之间的衔接和配套；二是建立多式联运协调机制，制定支持多式联运发展的交通管理政策；三是建立统一的信息平台和结算系统，恢复实行多式联运发票，统一各运输方式的票据；四是落实集装箱运输通行费优惠政策，建立集装箱卡车“绿色快速通道”。

六、支持甩挂运输发展

甩挂运输是指牵引车（或载货汽车）按照预定的计划，在某个装卸作业点甩下挂车，挂上其他挂车继续运行的运输组织形式。甩挂运输与传统运输相比，成本更低，效率更高，车辆周转更快，节能减排效果更好，在欧美地区和日本等发达国家已成为主流运输方式。由于受在保险、牌照管理、车辆检测和海关监管等方面的制度约束，我国甩挂车辆仅用于港口集装箱集疏运，在其他领域基本没有采用。

我们建议：一是放开半挂车牌证管理，允许牵引车与挂车单独上牌，随机搭配；二是针对一个牵引头配多个挂车的情况，建立以牵引头为单位的车辆保险产品，避免牵引车、挂车单独保险，一车多挂情况下出现的重复保险现象；三是允许半挂车和牵引车分开检测，不要因为挂车检测影响牵引车运营；四是在海关监管方面，对牵引车和挂车实行分别监管。

七、切实解决大件运输的相关问题

不可解体大件货物通常是国家重点工程项目所需的核心设备，必须采用特种车辆承载运输。能否保障大件运输安全可靠、通畅便捷，直接关系到重点项目的成败。随着电力、石油、石化等行业快速发展和西部大开发的推进，我国重点工程涉及的大件运输需求快速增长，特别是公路承运的大件货物比重不断上升。而在实际运作中，大件运输“行路难、收费高”的问题十分突出。一是缺乏针对大件运输的专用管理办法及特定的通行标准，将国家重点工程急需的大件运输与非法的超限、超载相混淆。二是缺乏对跨省区大件运输的统一管理和协调，《超限运输许可证》不能够跨省区使用，导致大件运输车辆长期在省界滞留。三是通行费和道桥损坏补偿费奇高且各地标准不一。有的地方补偿费相当于运费的5~8倍，甚至超过了大件设备的总造价。四是特种运输车辆无法取得合法的营运牌照，“违规上路”现象严重。五是现有道路桥梁及收费站设计未充分考虑大件运输的特殊需求，临时拆除、重建的情况屡有发生。

我们建议：要正确处理好整顿非法超限运输与保障正常大件运输之间的关系，确保国家重大项目建设的顺利实施。一是针对大件运输的特点和作用，按照轴载荷及分布设定全国统一的大件运输通行标准，制定大件货物运输管理办法，规范申报和审批程序，使符合条件的大件运输合法化。二是各省区相关管理部门按照统一的标准和管理办法受理和核发全程有效的《超限运输许可证》，允许跨省区使用，国家层面要有专门机构负责管理和协调相关问题。三是在科学计算和实事求是的基础上，合理降低现有道桥损坏补偿费，并制定全国统一的标准，从严控制自由裁量权。四是对大件运输液压轴线车辆及大型汽车吊与普通车辆区别对待，重新制定牌照标准。对大件运输所需的临时性特种专用车辆发放临时性牌照。五是在道路、桥梁规划、设计、改造和施工中，充分考虑大件运输的特殊需要，逐步形成覆盖全国的大件运输主要通道。

八、允许中置轴挂车列车在高速公路行驶

2008年我国乘用车（含轿车）销售量为676万辆，公路车辆运输车承担着全国乘用车83%的运输总量。由于受专业运输车辆发展滞后等因素的影响，我国的车辆运输车多属半挂车或铰接列车。国标GB1589—2004规定这类车辆总长控制在16.5米，只能装载4辆中型轿车和6辆微型轿车，造成能源和运力资源严重浪费。目前，欧美国家已经普遍采用中置轴挂车列车，来提高公路运输能力。我们应该借鉴国外做法，推动中置轴挂车在国内的开发和应用。

从技术条件来讲，中置轴挂车列车转弯半径小，装载量大，安全性能稳定，比现有符合规定的半挂列车至少可以多装2辆轿车。以此计算，2008年可少用运输车辆28.1万次，全年可节约成品油8360万升。这对于提高物流效率，促进节能减排，维护道路交通安全以及支持汽车产业发展具有积极意义。但由于现行政策的限制，所有的中置轴挂车目前只能按全挂拖斗上牌，一律不能上高速公路行驶。

我们建议：根据我国新型运输方式和车辆发展的实际，对中置轴挂车与一般的拖斗车区别对待，为其上牌及上高速公路行驶提供政策支持。

九、加大对物流企业购置新型环保物流装备的支持力度

从总体上来讲，我国物流企业技术装备落后，自我更新能力较弱，特别是环保型装备使用率不高。为应对国际金融危机的挑战，物流企业必须尽快更新使用新型环保车辆等设备，提高技术装备水平和服务能力，减轻物流活动对资源和环境的压力。

我们建议：国家对物流企业更新新型环保装备给予支持。一是允许物流企业用营业税享受增值税转型政策，环保型车辆购置费用可以全额抵扣营业税；二是对物流企业购置新型物流运输装备，给予购置税减半的支持政策；三是支持物流企业引进国内急需的关键物流技术和设备；四是对物流企业购置环保型设备所需资金利息，纳入财政贴息支持政策；五是支持适应我国需求的物流装备研制与开发，新技术推广和相关标准的制修订。

十、维护全国交通运输管理的统一性和权威性

近年来，我国交通运输管理法规逐步健全，执法管理得到加强，公路“三乱”现象有所遏制。但仍有不少地方还存在许多问题：公路运输超限超载执法检查，除了执行国家的统一标准外，部分地区还存在自行制定的检查与处罚标准，因此出现了此罚彼不罚、你罚我再罚的现象，物流企业因同一问题被重复罚款，有的以罚款代替执法，不纠正违法行为，陷入愈罚愈超的怪圈，缺乏统一的投诉平台和纠错机制，物流企业即使被错罚，宁可忍气吞声，不少企业被迫把罚款列入成本支出计划。

我们建议：清理各地不同执法标准，设立全国性的统一执法与处罚标准。同时，全国统一执法程序、统一执法规范、统一执法用语。交通执法应纠正违法现象，不能罚款后再放行，更不能把“治超”变为某些人敛财的渠道。建立全国公路执法申诉、投诉平台，对处罚有异议的，可以申诉、投诉。建立执法

复核程序，对申诉、投诉限时回复。同时建立对全国公路运输执法队伍的考核程序，严厉处罚违规执法及执法舞弊现象。

以上是我们经过深入调研，提出的交通管理政策建议，请国家发改委及政府相关部门予以重视并抓紧解决。中国物流与采购联合会作为行业社团组织，将从实际出发，反映行业情况和企业诉求，协助政府有关部门，按照国务院的要求，尽快制定和完善各项配套政策措施，确保《规划》目标的实现。

（中国物流与采购联合会
二〇〇九年八月三日印发）

关于物流业投融资问题的政策建议

物联研字（2009）91号

投融资政策是调整和振兴物流业的重要政策杠杆，也是企业最为关心的政策问题之一。有关部门和金融机构应该采取相应措施，使适度宽松的货币政策能够惠及物流企业，通过物流业正常运作，促进其他产业发展。

为贯彻落实国务院《物流业调整和振兴规划》（国发［2009］8号、以下简称《规划》）精神，我会于近期组织了三个调研组，分赴珠三角、长三角和中西部地区进行了调研，并就《规划》中提出的"抓紧解决影响当前物流业发展的土地、税收、收费、融资和交通管理等方面的问题"召开了专题座谈会。现将物流企业普遍遇到的投融资问题及相关政策建议报告如下。

一、把物流业作为投融资政策支持的重点产业

当前，我国物流企业普遍面临融资瓶颈。首先，由于物流企业在提供物流服务过程中要给客户垫付大量资金，且账款回收周期较长，一般为1～3个月，有的达6个月，由此带来较大的流动资金压力和风险；其次，物流企业在基础设施建设、生产设备更新改造、信息系统建设和运营网络构建等方面，自有资金不能满足需要，银行贷款又缺乏相应的抵押物，所面临的资金短缺问题十分突出。物流业的价值，更多地体现在其他相关产业，应把物流业作为投融资政策支持的重点产业。

我们建议：要积极引导商业银行在防范资金风险的前提下，放宽物流企业贷款融资条件，降低其融资成本，缓解当前金融危机对物流企业的影响。鼓励金融机构对信用记录好、有竞争力、有市场、有订单，只是暂时出现经营或财务困难的物流企业给予信贷支持。针对资金实力比较薄弱、信用记录良好的民营物流企业，要加大在融资方面的支持力度，帮助其渡过难关。要鼓励民间资本参与物流业融资，发挥民间金融在支持中小企业发展、满足民间多样化需求中的独特优势。同时，允许物流企业将融资费用全部列入财务费用在税前扣除，以减轻其税收负担。以上政策如不便普遍实行，建议首先在按照《物流企业分类与评估指标》国家标准，经评审认定的A级物流企业中试行。

二、减轻物流基础设施建设与经营的投融资压力

物流园区（中心）等物流基础设施是带有基础性、公益性的重要节点，具有前期投资规模大、资金占用周期长、投资回收慢的特点。目前，许多物流园区（中心）存在建设资金不足的巨大压力。部分物流园区（中心）反映，物流园区（中心）作为平台公司，承担了大量的基础设施建设任务。但是，许多地方物流园区（中心）建设无法享受工业用地政策，土地价格奇高，导致园区高负债运营。

我们建议：考虑物流园区等基础设施建设投资较大且具有公益性质，应对其予以必要的融资政策支持，通过财政补贴、贷款援助、风险投资和直接融资等方式加以解决。可以考虑设立物流园区发展专项资金，对于纳入省级总体布局规划、具有发展潜力的物流园区（基地、中心）给予优先贷款和贴息。鼓励各级地方政府投资参与符合发展规划的物流基础设施建设，租赁给物流企业经营，减轻企业一次性投资的压力。

三、支持物流企业生产设备更新改造和信息系统建设投入

物流业是资金密集、劳动密集、技术密集的行业。只有加大技术创新力度，加快设备升级改造和信息系统建设，才能提升服务能力，形成差异化竞争优势。随着经营规模不断扩大，业务范围持续扩张，物流企业在技术装备及信息化建设等方面的资金压力越来越大，单靠企业自身能力无法解决。

我们建议：针对物流企业车辆设施与装卸设备更新改造、大型专业物流设备引进和IT系统平台建设等方面的资金需求，各级地方政府要予以重点项目投资补助、贷款贴息等方面的支持。支持装备生产企业采取融资租赁方式销售运输车辆及装卸、储存等设备。加大物流企业根据节能减排要求更新车辆和设备的支持力度。对于社会化的托盘或周转箱等共用系统项目的建设与运营，中央及地方政府应安排专门的资金予以支持，以进一步提升我国社会化物流系统的运行效率。

四、拓宽物流企业网络建设的投融资渠道

物流业是典型的具有网络经济特性的产业。根据客户供应链需要，集成社会资源，进行网络化经营，是现代物流企业基本的运作方式。许多大型物流企业反映，银行贷款对物流企业的网络建设支持力度不够，企业重

组兼并缺乏融资渠道。

我们建议：依据银监会于2008年12月发布的《商业银行并购贷款风险管理指引》有关规定，借鉴国际经验，科学制定物流网络价值的评估标准，鼓励符合条件的商业银行积极开展面向本土物流企业的网络并购贷款业务，对物流企业拓展经营网络的战略性并购给予信贷支持。要通过安排政府贴息资金和补助资金的方式，积极支持物流企业进行网络建设，尤其是面向农村的物流网络建设。应适当增加金融机构面向中小物流企业网络建设的贷款比重。以上政策如不便普遍实行，建议首先在按照《物流企业分类与评估指标》国家标准，经评审认定的A级物流企业实行。

五、建立支持物流企业贷款的专业担保机构

银行贷款是物流企业最希望获得资金的渠道，但大多数民营物流企业在获取银行贷款过程中难度较大。其中，缺乏完善的、社会化的担保体系是造成物流企业融资难的重要原因之一。

我们建议：政府部门和行业协会可凭借其公信力和中立性，联合有实力的企业，建立面向物流企业的专业担保机构。采用“贷款平台+担保平台+群众组织”的模式，形成行业“互保”、“联保”机制。在《物权法》规定的担保抵押物范围内，扩大物流企业动产抵押担保范围；对负债率较低、内部管理严格的民营物流企业，可适当放宽抵押担保的条件。

六、开展物流产业投资基金试点

国家“十一五”规划纲要提出：“发展创业投资，做好产业投资基金试点工作”。物流业涉及领域广，吸纳就业人数多，促进生产、拉动消费作用大，已被列入调整和振兴的十大产业。根据物流业在国民经济中的重要地位和作用，以及产业发展的需要，可积极推进产业投资基金试点工作。

我们建议：物流产业投资基金的资金来源由一定的财政补贴、金融机构及大中型国有企业、民营企业及私人的多元化投资组成，在相关法规的基础上，按照“专家管理、组合投资、利益共享、风险共担”的原则进行运营，以增加物流企业融资渠道，降低物流项目融资成本。物流产业投资基金主要配合国家物流业调整和振兴规划，投资于符合规划的物流基础设施建设和运营项目，已经发育成熟、但暂时还不能上市的物流企业，以及企业重组、并购等资金需求。

七、为物流企业上市、发行债券和其他融资创造方便条件

就物流业总体情况看，不仅直接融资困难较多，而且其他融资比例也远低于社会一般水平。

我们建议：为了帮助物流企业建立正常的融资渠道，证监会对物流企业在股票上市、企业债券发行方面可给予支持。允许有发展潜力的物流企业发行不同期限的长期债券和鼓励其推进股票上市，鼓励中小型物流企业在创业板市场发行股票融资。以上政策也可先在经评审认定的A级物流企业中试行。

八、加强物流行业信用评级工作

社会信用程度低，信用评级工作不健全，也是我国物流企业贷款难的原因之一。金融机构为了防范金融风险被迫采取严格的审查程序，并制定一系列贷款条件和担保措施，但也会将一些有强烈融资需求且信用较好的企业拒之门外。同时，多数商业银行仍然未能建立起全面、完善的物流企业信息库，而一般的物流企业信息管理系统比较落后，难以满足银行对其实时监管、快速反应的严格要求。

我们建议：政府要加快物流企业社会信用评级的推进工作，在金融机构内统一和共享物流企业信用信息，增设物流类别，增强优质物流企业获得信用贷款的能力。作为社会信用建设的重要组成部分，中国物流与采购联合会经商务部和国务院国资委批准实施的物流企业信用评级工作，实行规范化管理，已有一定规模，经银监会指导认可后可作为全国物流信用体系建设的基础之一。

九、完善有利于物流金融业务开展的政策环境

物流金融或供应链金融是一种创新业务，其通过供应链管理推动了中小生产与流通企业融资难问题的解决，我国已有相当一部分物流企业参与了物流金融服务并取得良好的经济效益和社会效益。由于我国物流金融服务是自下而上地推动发展，政府部门缺乏配套的政策支持，相应的政策制度环境亟待完善。

我们建议：依据《物权法》和《担保法》等相关法律法规，制修订并补充完善与物流金融业相关的各项法律规章制度。鼓励银行等金融机构、物流企业在物流金融业务模式上创新和探索，支持金融机构与物流企业特别是A级物流企业联合打造物流金融服务平台。可在全国范围内构建统一的担保品登记系统，降低物流金融业务交易成本和风险；针对物流企业代收货款业务现金流量

大的特点，探索开展“物流一卡通”、“物流支付宝”等联网结算业务；大力发展银行商业贷款以外的金融授信业务，以及银行承兑汇票、支票、信用证、保函以及物流保理等适合现代物流业发展的融资业务；同时加强市场监管，谨防物流金融风险。

十、探讨建立“中国物流银行”

物流业是资金需求量大，且流动性较强的行业，有不同于其他行业的资金运作方式，有必要建立专业金融机构。许多有实力的物流企业也有出资建立物流银行的意愿。

我们建议，可着手探索建立以物流企业为主要服务对象，适应物流业务发展需要的“中国物流银行”。相关政府部门、金融机构、企业共同参股，多方面筹集资金，实行市场化运作，调剂企业资金余缺，开拓物流企业融资新渠道。中国物流与采购联合会作为行业组织，将努力做好相关的联络、组织和协调工作。

以上是我们经过深入调研，提出的主要融资问题及政策建议，请国家发改委、财政部、中国人民银行、银监会、证监会等部门在制定《规划》落实措施时参考。中国物流与采购联合会作为行业社团组织，将从实际出发，反映行业情况和企业诉求，协助政府有关部门，按照国务院的要求，尽快制定和完善各项配套政策措施，确保《规划》目标的实现。

（中国物流与采购联合会
二〇〇九年九月一日印发）

关于推进制造业与物流业联动发展的政策建议

物联研字（2009）98号

制造业是我国国民经济的支柱产业，也是物流社会化的需求基础。物流业是重要的生产性服务业，对于促进制造业结构调整和产业升级具有重要作用。推进制造业与物流业联动发展，不仅是提升制造业核心竞争力的重要手段，也是促进物流业发展的基本途径。

国务院《物流业调整和振兴规划》（国发［2009］8号、以下简称《规划》），提出了“积极扩大物流市场需求”和“大力推进物流服务的社会化和专业化”的主要任务，并把“制造业与物流业联动发展”列为九项重点工程之一。推进“两业”联动，要靠企业市场化运作，也需要相关政策支持。现将我们在调研中了解到的相关问题及政策建议报告如下。

一、把“两业”联动作为推进制造业产业升级的重点工程

近年来，我国制造业和物流业发展较快，但两者联动相对滞后。一方面，制造企业沿袭“大而全”、“小而全”运作模式，内部资源缺乏有效整合，物流外包多有顾虑；另一方面，物流企业总体上“小、散、差、弱”，一体化服务的能力还不强。由于物流的社会化需求不足和专业化服务能力不够，缺乏必要的物流服务市场体系与政策环境，“两业”联动进展缓慢，导致物流资源利用率偏低，运作成本相对较高。

我们建议：相关企业和政府主管部门，要充分认识“两业”联动的重要性，切实把“两业”联动作为启动物流需求、推进制造业升级的重点工程。要在发挥市场机制作用，调动企业积极性的基础上，积极营造有利于“两业”联动发展的政策环境。可以考虑，首先在列入调整和振兴规划的钢铁、汽车、造船、石化、轻工、纺织、有色金属、装备制造、电子信息等九个产业中，积极推进“两业”联动。要通过政策手段，鼓励制造企业转变传统观念，改造业务流程，分离外包物流业务；要有具体措施，支持物流企业采用现代物流理念，提升服务水平，提高适应制造企业需要的一体化服务能力；要引导制造企业与物流企业信息沟通，标准对接，业务联动，结成战略合作伙伴关系，共享“两业”联动发展的成果。

二、加快推进制造企业物流服务社会化

总体上来看，我国制造业物流社会化程度偏低、自营比例较大。大量的物流需求分散在企业内部的各个部门，得不到集成整合，降低了资源使用效率。

我们建议：大中型制造企业特别是国有或国有控股的大型制造企业，物流需求量大，专业化程度高，应该作为物流服务社会化的重点。要鼓励制造企业突破“大而全”、“小而全”观念束缚，整合优化业务流程，分离、分立物流资产和业务，创新物流管理模式。要鼓励制造企业调整优化物流业务管理机构，制定原材料采购、生产、销售等环节或整体的物流整合、分离、外包方案及推进措施。要积极创造条件，引导制造企业根据自身需要，将能够整合外包的物流业务外包给专业物流企业。

三、大力支持物流企业增强一体化服务能力

近年来，我国物流企业取得快速发展，产业规模不断扩大，但满足制造企业需要的专业服务能力还不强。在运输和仓储等传统服务领域，产品和服务同质化倾向严重，粗放式经营、低水平竞争愈演愈烈；而制造企业急需的增值服务、一体化服务，特别是在物流方案设计以及供应链全程服务等方面的能力严重不足。

我们建议：要鼓励现有运输、仓储、货代、联运、快递等有关企业，进行功能整合和业务延伸，加快向现代物流转型；提倡条件成熟的制造企业内部物流机构，进行社会化重组改造，开展面向社会的物流服务；支持制造企业和物流企业通过参股、控股、兼并、联合、合资、合作等多种形式进行资产重组，联合组建第三方物流企业；鼓励大型物流企业做强做大，中小物流企业做专做精，发展各类企业在专业化分工基础上的联合协作。要鼓励物流企业深入了解制造企业物流和供应链运作模式，提供定制化服务；要引导物流企业按照集成整合、便捷高效、服务增值、绿色环保的原则，不断提升一体化服务能力，实现从传统运输、仓储服务向现代物流服务提供商、供应链集成商的转变。

四、整合提升制造业集聚区物流功能

目前，制造业集聚的趋势发展很快，由此带来物流需求的大量集聚。如何按照社会化的思路，形成物流供给集聚、需求对接，整合提升制造业集聚区物

流功能，是“两业”联动的重要课题。

我们建议：要积极引导工业园区、经济开发区、出口加工区、高新技术产业园区等制造业集聚区释放和集聚物流需求。要统筹规划制造业集聚区的物流服务体系，倡导集聚区内物流基础设施、物流信息平台共享共用，严格控制区内制造企业自营物流用地。鼓励区内制造企业与专业物流企业建立物流业务托管机制，凡能够集成整合、委托外包的物流资产和业务，都要实行社会化运作。生产服务型物流园区要面向周边制造企业，充分发挥园区布局集中、用地节约、功能集成、经营集约等优势，提高为制造业服务的能力和水平。

五、构建物流服务市场体系和公共信息平台

调研显示，许多地区缺乏必要的专业物流市场，公共信息平台建设滞后，“信息孤岛”、信息不对称现象比较严重。一方面，许多物流企业在运输和仓储等普通物流服务领域低价竞争；另一方面，制造企业在专业服务领域又找不到合适的合作伙伴。“两业”联动急需相应的平台和桥梁。

我们建议：要充分利用电子商务平台信息资源整合功能，促进物流服务统一大市场的建设和发展。要建立区域性物流资源交易市场，把运输、仓储、配送、加工和联合采购、咨询服务、供应链管理等外包服务纳入市场交易。要注重各类专业物流市场，物流市场与相关要素市场，以及物流服务交易网络与政府监管信息网络的对接。要根据需要，组织形式多样的物流供需见面会、洽谈会，为制造业物流供需衔接创造机会和条件。要研究制定物流市场运作的法律法规，加强行业自律。要打破地区封锁和地方保护等行政性垄断，逐步建立统一开放、竞争有序，覆盖全国的物流服务市场，促进物流资源规范、有序、高效流动。

六、鼓励物流企业托管置换制造企业物流要素

制造企业特别是国有和国有控股企业，一般都有自己的物流管理机构、设施和人员。在推进物流社会化的进程中，这些物流要素缺乏通畅的退出机制，已成为“两业”联动的一大障碍。

我们建议：要鼓励物流企业托管置换制造企业物流要素。对制造企业将闲置物流设施进行出租的，可减征或免征租赁收入的营业税。物流企业在承接国有大中型制造企业剥离的物流设施时，应在土地置换和税收等方面予以鼓励。对物流企业租赁制造企业的仓储等闲置物流设施，允许将租赁支出一次性计入费用，降低物流企业所得税税基等。对物流企业接受原制造企业物流分流人

员，或分流人员创办物流企业，应在项目审批、资金补助、税收、贷款贴息等方面给予支持政策。

七、促进制造业与物流业信息共享、标准对接

信息共享、标准对接，是促进物流社会化的重要保障。现在的问题是，制造企业和物流企业的信息系统不能互联互通，信息资源不能有效交换与共享。制造业的原材料或产成品的标准与物流业的技术设施标准缺乏有效衔接，影响了物流的运作效率。

我们建议：鼓励制造企业在企业物流管理流程规范化、核算精细化的基础上，积极推进物流管理标准化和信息化进程。支持制造企业、物流企业建立面向上下游客户的信息服务平台，实现数据实时采集和对接，并建立物流信息共享机制。加大对公共信息平台服务企业的扶植、奖励力度。建立和完善制造业物流标准体系，鼓励制造企业采用物流业相关运作标准，制修定物流信息、物流服务流程、工具器具和技术装备等领域的标准和规范。鼓励联动发展的制造企业和物流企业主动采用国家物流标准，充分发挥行业协会和龙头企业在制定和宣贯标准中的重要作用。

八、建立分行业的物流运行评价体系

由于行业特殊性，每一细分制造行业的物流需求都有不同特点，物流运作方式也各不相同。目前，我国仍然缺乏分行业的物流运行评价体系，企业之间不能相互比较物流运作成本和服务水平，不能判定企业物流运作绩效在行业中的位置和努力目标，不利于调动制造企业物流改造的积极性。

我们建议：首先选择列入国家调整和振兴规划的九大行业，对分行业的物流运行评价体系进行深入研究，建立相应的物流成本和服务水平考核绩效指标体系。选择不同规模和层次的制造企业和为其提供服务的物流企业，定期分析物流成本和服务水平的基本情况。政府部门要委托行业协会，建立分行业的物流运作评价分析制度，向社会定期发布相关信息。政府有关部门应该从资金和政策方面给予支持。

九、采取鼓励联动发展的财税政策

推进“两业”联动发展，是关系国民经济全局的大事，应该得到国家政策的支持。有关财税政策，是最重要的政策杠杆，也是制造企业和物流企业

最企盼的政策。

我们建议：一是要鼓励有条件的国有制造企业将企业的物流资产从主业中分离出来，成立独资或合资法人企业，或者整体转让。其税收减免、资产处置、债权债务、劳动关系处理等可延续享受国务院九部门联合下发的《关于国有大中型企业主辅分离辅业改制分流安置富余人员的实施办法》（国经贸企改［2002］859号）中的有关扶持政策。二是物流企业承接或租赁制造企业剥离的物流设施，在土地置换和税收等方面应予优惠；制造企业或物流企业内部重组，免缴相关税费。三是制造企业物流业务剥离经营后新增的地方税收，可由同级财政主管部门从中提取一定比例用于补助该企业。制造企业向各地税务部门提出申请，审核认定外包前物流成本平均基数，物流外包后一段时间内企业物流成本，以平均基数为标准，成本节省部分可税前列支。四是各地可根据财政状况，通过专项资金、无偿资助和贷款贴息等方式给予示范工程和重点项目承担企业以必要的财政资金支持。五是物流企业与制造企业以合同方式实行联动运行的，其用电、用水、用气等价格与工业企业同等待遇。六是对于制造企业分离外包后，所产生的物流费用应该允许按照进项税，全额抵扣增值税。

十、组织实施联动发展示范工程和重点项目

“两业”联动，是一项新的工作，需要通过试点、示范，总结经验，逐步推广以起到“以点带面”的效果。

我们建议：选择一批不同行业、不同生产方式、不同区域的重点制造企业和物流企业，制造业物流集聚区，作为联动发展示范工程或重点项目。纳入示范工程的制造企业，主要经济指标要处于国内同行业先进水平，采用了先进的物流技术与管理方法；纳入示范工程的物流企业，必须是以为制造业企业服务为主的3A级以上物流企业；引导制造企业与物流企业结成供应链合作伙伴，形成联动发展组合；纳入示范工程的制造业物流集聚区，区内物流资源进行了整合，实现了一体化运作。联动发展的重点项目，从纳入示范工程的单位中择优确定。

示范工作由国家发展改革委牵头，制定相应的申报和评审办法，明确示范工程和重点项目的条件、程序和规则，组织实施全国示范工作。委托中国物流与采购联合会，总结和推广联动发展的做法与经验。各省市（区）物流工作牵头部门也要组织开展本地区的示范或试点工作。示范工程和重点项目，优先享受促进物流业发展的扶持政策和激励措施。

以上是我们经过深入调研，提出的促进“两业”联动发展的政策问题及建

议，请国家发展和改革委员会并各有关部门予以重视并抓紧解决。中国物流与采购联合会作为行业社团组织，将从实际出发，反映行业情况和企业诉求，协助政府有关部门，按照国务院的要求，尽快制定和完善各项配套政策措施，确保《规划》目标的实现。

（中国物流与采购联合会
二〇〇九年九月十五日印发）

关于支持物流企业做强做大的政策建议

物联研字（2009）99号

2009年3月，国务院《物流业调整和振兴规划》（国发［2009］8号、以下简称《规划》）提出，“到2011年，培育一批具有国际竞争力的大型综合物流企业集团”。按照《规划》的要求，我会在深入调研的基础上，针对物流企业做强做大中遇到的突出问题，提出以下政策建议。

一、进一步明确支持物流企业做强做大的政策导向

物流企业是推动物流业发展的主体。支持物流企业做强做大，是落实《规划》的重点任务。进入新世纪以来，我国专业化、社会化物流企业发展很快，多种所有制、不同服务方式的物流企业逐步成长壮大。但总体来看，多数物流企业仍处于数量扩张阶段，“小、散、差、弱”的状况没有根本性改变。物流的行业地位尚未得到相关经济工作管理部门的有效落实，一些现行具体政策仍然不支持物流企业一体化运作和网络化经营。因此，有必要进一步明确支持物流企业做强做大的政策导向。

我们建议，要从工商登记、财政税收、统计信息、法律事务等经济管理的各个层面，对物流企业进行界定，明确物流行业的主体地位和主管部门。根据物流业一体化运作、网络化经营的实际，调整现有政策思路，明确支持物流企业规模化、一体化、网络化、国际化发展。有计划、有重点、有政策，培育一批基础条件好、服务水平高、国际竞争力强的大型现代物流企业。这一思路，要落实到相关政府部门具体的管理工作当中。

二、鼓励物流企业兼并重组

近年来，我国物流企业数量发展很快，但一般来说规模较小、业务模式单一，网络化、一体化服务能力不强，与跨国物流企业相比，还有较大差距。与此同时，也有一些企业经过多年发展，积累了一定的经营实力和管理经验，具有做强做大的基本条件。

我们建议，鼓励和支持大型物流企业通过增资扩股、加盟连锁和委托管理

等方式对中小物流企业进行兼并、重组和托管。有关部门应协助解决物流企业在兼并重组过程中遇到的流动资金、债务核定、人员安置等方面的问题。对重组企业增设网点，技术改造，发行股票、债券，申请贷款等提供方便。要支持大型物流企业对场站、码头、机场、仓库、车辆等物流资源的兼并重组和整合利用。鼓励大型物流企业加快技术改造，拓展原有业务，加快向一体化物流服务转型。要鼓励中小型物流企业与大企业规模化服务相配套，开展专业化的特色服务，满足多样化的物流需求。国家有关部门应对物流企业兼并重组提供资金支持和政策保障。

三、简化国有大型物流企业内部产权转让程序

大型国有物流企业下属分支机构众多、资源容易分散。根据业务变化，常常需要调整内部结构和资源配置，进行内部产权转让。但现行政策法规认定，国有企业内部产权转让属于交易性质，要求对转让标的企业进行审计、资产评估，并产生大量的交易费用。包括：聘请中介机构的费用、资产评估费用，以及因资产评估引起的所得税、增值税、契税、印花税等。而且上报审核需要大量的等待时间，大大增加了企业的交易成本和时间成本。

我们建议：对国有企业产权转让行为作分类处理。第一类，向社会投资者或内部员工转让企业产权、资产的行为，应严格适用现有国有资产管理关于产权转让的法律法规；第二类，国有企业内部的产权转让行为，原则上由企业自主审批，并免去专项审计、资产评估、进场交易等程序；第三类，国家国有资产监管机构组织的两个国有企业之间的重组合并行为，应采取行政手段、无偿划拨方式，帮助大型企业尽快做强做大。

四、为物流企业设立分支机构提供方便

“总部签约，分部经营”是大型物流企业集约化经营的基本模式，可以发挥网络资源优势，灵活、统一、便捷、高效地提供多样化服务。但是，各地还存在一些阻碍和限制分支机构设立和经营的问题。许多地方要求企业在当地登记注册有独立法人资格的子公司，不允许注册非独立核算的分支机构；有些地方规定，物流企业设立分支机构要在当地找“挂靠单位”，并要求进入指定地点经营；一些地区还简单地照搬运输企业的注册要求，硬性规定物流企业分支机构所需车辆的台数，或者不允许非独立核算的分支机构拥有或租赁车辆；一些地区要求运营企业缴纳一定数量的押金，增加了企业的财务负担。

我们建议，要允许物流企业异地设立非独立核算的分支机构，实行总部领导下的统一经营、统一管理、统一核算；允许物流企业自主选择经营地点，取消车辆台数的硬性规定，取消不分企业状况收取押金等不合理限制，允许分公司、营业部等非独立核算的分支机构拥有或租赁车辆，消除为物流企业设立分支机构人为设置的各种障碍。

五、允许物流企业分支机构使用总部取得的各类资质

物流运作涉及运输、仓储、货代、流通加工、配送、质押监管等多种业务环节，大型物流企业所需业务资质证明超过30种。随着企业相关业务的开展，各地分支机构需要具备各类资质才能完成总部分派的工作。但一些地方不承认物流企业分支机构在总部取得的经营资质，要求在当地重新登记申报，增加了企业不必要的时间和费用负担。同时，赋予总部的政策，有些分支机构还享受不到。如，一些大型物流企业反映，虽然总部已经获批税收试点单位，而许多分支机构不被当地税务机关认可。

我们建议，有关部门调整物流相关业务的资质登记要求，精减相关资质证明。必需的资质证明，要允许企业分支机构在全国通用。凡赋予总部的各种优惠政策，分支机构要同样能够享受，无须再次申报。

六、为物流企业跨区域运营提供便利

网络化经营是物流企业的基本特征，但是还有很多制约物流企业跨区域运营的问题。如，企业所得税还不能够统一缴纳；企业与银行间的结算，只能在各地分支机构与当地银行间进行；许多营运证件不能跨区域使用；物流企业全国运营的车辆必须回到登记所在地办理年检；外雇车辆无法在异地缴纳税费和开具税票；一些地方设置不合理的准入门槛，人为地限制外地企业进入本地市场，甚至有黑恶势力欺行霸市行为。

我们建议，取消对跨省市总分机构物流企业实行“就地预缴”的政策，允许企业所得税总分机构统一申报缴纳；支持物流企业与银行间开展总部对总部结算模式；逐步扩大营运证件跨区域使用范围；允许物流企业全国运营的车辆异地年检；允许外雇车辆的物流企业代开发票；加强对地方保护和地区封锁等行政性垄断文件的清理整顿；放宽物流市场准入政策，加强对物流市场的监管，为物流企业异地经营提供方便。

七、引导物流企业和工商企业实行战略合作

制造业和流通业，是物流业发展的需求基础。现在的问题是，一方面，制造企业和流通企业沿袭“大而全”、“小而全”运作模式，内部资源缺乏有效整合，物流外包多有顾虑；另一方面，物流企业总体上来说，一体化服务的能力还不强。迫切需要引导物流企业和工商企业实行战略合作，共同建立现代物流服务体系，以促进制造业和流通业发展。

我们建议，引导国内大型制造和商贸流通企业集中精力做强做大主业，与物流企业加强各种形式的战略合作，推进物流需求社会化。要在发挥市场机制作用，调动企业积极性的基础上，积极营造促进物流业与工商企业战略合作的政策环境。

八、支持大型物流企业“走出去”

随着对外开放的扩大，我国的物流企业开始“跟随”核心企业“走出去”，建立全球化的物流网络。但总体来看，我国物流企业“走出去”的步伐，大大落后于国外企业“走进来”。主要是我国物流企业对国外的政策和法律环境了解不够；物流企业“走出去”还缺乏相应的政策配套，如税收征管、外汇结算、人员安排等；海外基地的建设也需要大量的资金支持。

我们建议，要支持国内大型物流企业通过多种方式，整合购并国际物流资源，建立覆盖全球的物流网络；简化项目审批程序，完善信贷、外汇、财税、人员出入境等政策措施；对符合条件的大型企业，在境外投资的资本金注入、外汇使用等方面给予支持；了解和介绍国外投资环境，为走出去企业提供信息和法律援助。

九、加快物流企业综合评估工作进度

国家标准《物流企业分类与评估指标》（GB/T19680—2005）在全国宣传贯彻以来，受到各地普遍重视，许多部门在相关政策文件中对 A 级物流企业予以肯定，一些地方还出台了与国家标准相挂钩的激励政策。这对于明确物流企业范围，规范和提升物流企业管理水平，促进物流行业有序健康发展，发挥了重要作用。但总体来看，通过评估的企业数量还不多。随着行业发展，也对企业综合评估工作提出了新的要求。

我们建议，要加快物流企业综合评估工作进度，建立覆盖全国的地方评估

机构；以评估认定的A级物流企业为依托，尽快建立重点企业统计直报系统；疏通企业反映问题的正常渠道，了解企业诉求和行业发展趋势；有关政府部门要明确将A级物流企业资质，作为享受物流政策的必要条件。经过几年努力，使绝大多数符合条件的物流企业进入A级物流企业序列。

十、开展重点物流企业综合改革试点工作

物流业是新行业，新产业。物流企业做强做大，需要典型引路。物流政策的推行，也需要设立试点。因此，有必要开展重点物流企业综合改革试点工作。

我们建议，在经过评审认定的3A级以上物流企业中选择一批试点企业，开展物流企业综合改革试点工作。对不同类型的企业提出不同的要求，及时总结推广试点企业的做法与经验。有关部门出台有关财税、交通、融资等政策措施时，首先在这些企业进行试点。待条件成熟时，再在全行业逐步推广。物流工作主管部门和行业协会，要建立和完善重点物流企业联系制度，为重点企业开辟“绿色通道”。

以上是我们经过深入调研，提出的影响物流企业做强做大的问题及政策建议，请国家发展和改革委及相关政府部门予以重视并抓紧解决。中国物流与采购联合会作为行业社团组织，将从实际出发，反映行业情况和企业诉求，协助政府有关部门，按照国务院的要求，尽快制定和完善各项配套政策措施，确保《规划》目标的实现。

（中国物流与采购联合会
二〇〇九年九月十六日印发）

关于促进物流园区健康发展的政策建议

物联研字（2009）100号

物流园区是现代物流业发展中出现的新型业态，是物流基础设施的重要组成部分，在提高物流的组织化水平和集约化程度，转变经济发展方式，促进经济发展和保障社会稳定等方面发挥着重要作用。近年来，我国物流园区有了较快发展，但也面临许多困难和问题，迫切需要相应的政策引导和支持。

国务院《物流业调整和振兴规划》（国发［2009］8号、以下简称《规划》）提出，优化物流业发展的区域布局，并把物流园区列入九项重点工程之一。我会于近期组织了三个调研组，分赴珠三角、长三角和中西部地区进行了调研。现将物流园区发展中遇到的问题及相关政策建议报告如下。

一、开展物流节点城市仓储类物流设施的调查工作

当前，我国仓储类物流设施已有一定规模。包括依托铁路、公路、航空、港口/码头等建设的货运场站，隶属于原物资、商业和供销等系统的储运设施，生产和流通企业内部仓储设施，以及近年来各地政府规划建设的物流园区、物流（配送）中心等。这些数量庞大的仓储类物流设施，是目前我国物流系统运作的重要基础。但没有一个机构负责相关信息的统计工作，其总体规模、结构布局、技术状况、功能条件、隶属关系和匹配程度等基础资料很不健全。这是当前规划建设物流园区、构建现代物流服务体系必须建立的基础工作。

我们建议：鉴于这项工作的复杂性，首先在《规划》确定的21个全国性物流节点城市和17个区域性物流节点城市，进行一次仓储类物流设施的全面调查。政府主管部门可以委托行业协会，制定统一标准和调查方法，摸清基本情况，为有针对性地制定物流园区发展规划及相关政策提供依据。在此基础上，逐步在有条件的其他地区开展调查工作。要积极创造条件，把仓储类物流基础设施信息纳入国家统计信息体系，形成定期统计制度。

二、抓紧制定全国物流园区发展专项规划

近年来，各地区、各部门普遍重视物流业发展，都在制定相关规划。这些

规划，在地方和部门来看，也许是必要的。但从全局来看，很容易形成同类物流园区在同一地区有效辐射范围内的重复建设，导致土地、人力、财力和相关资源的严重浪费。在各地方、各部门重视物流业发展，布局新一轮物流基础设施的时候，更应该注意这个问题。

我们建议：由国家发展和改革委牵头，抓紧制定全国物流园区发展专项规划。第一，物流园区规划应该立足于物流业发展的实际需求，服务于经济发展的大局。第二，要在摸清现有仓储类物流设施的基础上，明确物流园区规划布局的基本标准和原则。第三，在确定总体建设规模的基础上，优先安排现有物流资源的整合利用和改造提升，特别要注意各种联运、转运设施的配套。第四，物流园区规划要体现九大物流区域、十大物流通道和三级节点城市等基本布局，各地规划要服从于全国规划。第五，铁道、交通、商务、民航、国土、规划等相关部门要参与规划制定，部门规划要与全国规划相衔接。第六，要严格相应的约束机制，全国性物流节点城市的物流园区建设规模由中央政府统一调控和管理；其他地区物流园区规划应报省级人民政府批准。对未纳入全国或省级物流园区规划的项目要严格控制。

三、整合利用现有仓储类物流设施

我国现有的物流基础设施分属不同的部门和行业，社会化程度较低、利用效率不高；布局分散、有的已被城市扩建所“包围”；新建、改建比例小，建设水平低，二十世纪五六十年代的老旧仓库甚至还在“超期服役”。总体来看，现有仓储类物流基础设施不能很好地适应现代物流业发展的需要。

我们建议：要出台鼓励整合利用、提升改造现有物流基础设施的相关政策。要支持大型优势物流企业通过资产划转、增资扩股、加盟连锁和委托管理等方式对现有分散的物流基础设施进行兼并整合重组。要简化国有大型物流企业集团内部兼并重组的审批程序，免除相关税费，推动国有大型物流企业加快内部资源整合。鼓励工业企业以老旧厂房、仓库置换物流用地、或交给物流企业托管经营。要制定相关的规划和标准，限期淘汰不符合标准的老旧设施，促进其升级改造。对物流园区以外的仓储设施，应根据实际需要和自身条件，分别采取就地改造、异地搬迁或改变用途等多种措施。隶属于条条管理的部门仓储设施，要对地方和社会扩大开放。

四、妥善解决物流园区的用地问题

用地方面的障碍，导致物流园区规划难以“落地”。一是由于用地指标限制，无法取得《国有土地使用证》，不能满足银行贷款要求，进而导致项目引进的失败。二是物流用地价格大大超过物流业的承受能力。建设成本成倍增加，物流园区已无法运作物流业务。

我们建议：物流园区具有基础性、公共性和公益性特点，应该妥善解决用地问题。对纳入国家规划的物流园区土地征用给予重点保障，土地管理部门在审批用地时，要充分考虑物流工作主管部门的意见，优先计划安排。对于资金短缺而成长性又较好的物流企业，应当允许其租用物流园区土地进行项目建设，租金应适度优惠、租期适度放宽。要鼓励物流园区节约使用土地。例如，对重点物流企业以原划拨土地改建物流项目的，在办理土地出让手续时优先、优惠；重点物流企业异地搬迁，原土地拍卖所得可返还用于搬迁安置；建设多层库房的，应减免相关规费。重点物流项目用地，在地价上等同或低于工业用地，相关规费按照下限收取或减征、免征、先征后返。在保证消防安全的情况下，放宽容积率及单体库房面积的限制，消防设施的配备也要区别不同的情况。

五、拓宽物流园区建设的投融资渠道

物流园区具有高投入、低回报性质，前期投资规模大、资金占用周期长。尽管其收入来源相对稳定，但一般利润率较低，资金短缺问题相当严重。

我们建议：第一，建立支持物流园区发展的专项资金。对于纳入全国物流园区规划、具有发展潜力的物流园区给予优先贷款和贴息。鼓励各级地方政府投资参与符合发展规划的物流基础设施建设，租赁给物流企业经营，减轻企业一次性投资的压力。第二，允许有发展潜力的物流园区发行不同期限的长期债券，或在创业板市场发行股票融资。第三，依据《商业银行并购贷款风险管理指引》有关规定，鼓励符合条件的商业银行积极开展面向本土物流企业的网络并购贷款业务，对物流企业拓展物流网络的战略性并购给予信贷支持。第四，要允许金融机构投资参与物流园区建设，开展多样化的投融资服务。第五，鼓励外资和民间投资物流园区，形成多渠道、多层次的投融资环境。

六、注重物流园区周边交通运输配套设施建设

物流园区集中了大量的物流企业，特别是从事配送、运输的企业和所属车辆，这给园区临近的交通基础设施提出了较高的要求。但多数物流园区内部交通微循环和主次干道接驳不利，造成交通拥堵，极大地影响联运效率，迫切需要改善集疏运条件。

我们建议：第一，加大对物流园区道路、交通设施等部分公用基础设施的财政预算投资，对周边道路进行拓宽和扩建。第二，适当放宽入区物流企业车辆限行/禁行限制。第三，有针对性地建立进出园区的绿色通道。第四，考虑物流园区与周边的公交畅通和接驳，增加公交线路进入园区，与外部交通系统形成有效衔接。

七、实行适宜物流园区运营的税费政策

税收政策是影响物流业发展的重要政策杠杆，相关税赋过重给物流园区的建设和运营带来巨大影响。例如，土地使用税是定税，不随经营状况征收，所以对拥有较大仓库和加工、配送使用场地的物流企业来讲，可以说是决定其经营和生存的关键因素。2006 年年底，国务院对《城镇土地使用税暂行条例》进行了修改，税率比原来提高了 1～3 倍。部分地区由于土地使用税等级范围和单位税额标准调整幅度过大，增幅甚至高达 10 倍，全额交纳就会出现巨额亏损。其他相关税费，也有负担过重的问题。

我们建议：第一，凡物流企业为公共服务的仓储设施占地仍执行 2006 年年底的土地使用税税率，以维持物流企业的正常经营。第二，以物流园区为单位，进行营业税差额纳税试点。凡进驻园区的物流企业，均可享受运输、仓储营业税抵扣政策。第三，落实国家有关企业购置用于环境保护、节能节水、安全生产等专用设备投资抵免的企业所得税政策。第四，设立物流园区辅助税收征管政策。对入园物流企业所使用的小规模运输业主的统一管理与运输业发票实行代开、代征，可在有条件的物流园区先行试点。第五，物流园区用电、用水、用气等采用工业价格，取消向物流企业收取的不符合国家规定的各种收费项目，减轻税费负担。

八、建立健全物流园区考核评价体系

物流园区的健康发展有赖于规范的物流市场环境。一些地方在物流园区快速发展的同时，也存在定位不准、规划不明、经营不善、管理不力，甚至盲目发展、重复建设的问题，严重影响了物流园区的健康发展。因此，急需建立健全相应的考核评价体系。

我们建议：第一，结合我国物流园区的发展特征，综合考虑区域经济发展、减少城市交通压力、优化城市布局、促进资源整合、减少环境污染等各项指标，建立社会化的物流园区评价体系和方法。第二，充分发挥行业协会的作用，深入开展物流园区综合评价工作，从行业自律层面强化对物流园区的管

理，规范物流市场经营秩序，引导物流园区健康发展。第三，加强物流园区规划、立项的后评价工作，对于占用土地而又迟迟不开工的项目，采取有针对性的措施。

九、组织实施物流园区示范工程和重点项目

物流园区是一个新的事物，也是一项复杂的系统工程。近年来，以物流园区为代表的物流业集聚区发展很快，但也显现出良莠不齐、鱼龙混杂的局面。不仅需要加强管理和约束机制，也应该树立典型，加以引导。

我们建议：在深入调查，建立健全考核评价体系的基础上，组织实施物流园区示范工程和重点项目。示范工作由国家发展和改革委牵头，制定相应的申报和评审办法，明确示范工程和重点项目的条件、程序和规则，组织实施全国示范工作。对于示范工程和重点项目，应在土地、投融资以及税收等政策方面给予重点扶持，促其快速发展，也为其他物流园区树立标杆，起到示范和带动作用。

十、统筹协调物流园区的规划建设和运营管理

物流园区的规划建设不同于一般的城市基础设施建设，涉及发改委、国土资源、交通、铁道、建设、海关、税务、工商等多个部门，以及各省区市，必须加强协调与配合。

我们建议：中央政府层面，应由国家发展和改革委员会牵头，吸收相关部门参加，制定有关的规划与政策，加强对物流园区发展的指导、协调和宏观管理。各级各类物流园区应该实行分级、分类管理，重要节点城市的物流园区应该纳入全国统一规划。地方政府要服从于全国统一规划，指定专业职能部门分管物流业及物流园区相关工作。政府相关部门要委托行业协会，了解情况，参与规划，落实政策，加强行业自律。

以上是我们经过深入调研，提出的物流园区及相关政策建议，请国家有关部门予以重视并抓紧解决。中国物流与采购联合会作为行业社团组织，将从实际出发，反映行业情况和企业诉求，协助政府有关部门，按照国务院的要求，尽快制定和完善各项配套政策措施，确保《规划》目标的实现。

（中国物流与采购联合会
二〇〇九年九月十六日印发）

后 记

2009年，国务院发布《物流业调整和振兴规划》（以下简称《规划》），标志着物流业发展进入国家战略层面。这一年，注定在我国物流业发展的历史进程中留下重要一笔。《中国物流发展报告》（2009—2010）版，就是要把《规划》出台以后中国物流业发展的足迹记录下来，对2010年及今后一个时期的发展轨迹作出自己的判断。以便提供给与物流相关的政府、企业、科研、教学、新闻单位和境内外投资者，以及关心中国物流业发展的各界人士阅读、参考。

感谢参与本书各章节撰写的作者，他们在紧张的本职工作之余，热心参与这项工作。有许多作者连续多年持续关注某一领域，不辞劳苦，不计报酬，为本书按期编辑出版作出了重要贡献。为此，我们向新老作者，资料和信息提供单位，以及所有关心、参与、支持本书编辑出版的同志们、朋友们表示深深的谢意！

《中国物流发展报告》已经连续出版八年。我们深知其中的艰辛，也面临新的困惑。如何在原有基础上，追求突破与创新？如何吸引更多的作者，更全面地反映相关领域？如何保证材料的准确和完整，观点的独特和鲜明？如何恰如其分地记录历史，不遗漏重大事件？如何更准确地预测未来，进一步提高参考价值？如何使各个章节既各有特色，又相对统一？等等。恳请广大读者朋友提出宝贵意见，和我们一起出谋划策，促使《中国物流发展报告》与我国物流业一起成长。

编　者

2010年4月